RISK BUSINESS

风险经营

RISK BUSINESS

黄志凌 著

商业银行的精髓

THE ESSENCE OF COMMERCIAL BANKING

人民出版社

目　录

观察思考与实践感悟（代序）……001

引言　风险管理的核心就是风险经营……001

为客户提供风险管理服务始终是商业银行的核心功能，而经营风险始终是商业银行经营管理的精髓。就风险经营的内在逻辑与核心价值而言，风险选择的实质是确定自身风险经营目标的过程，风险安排的核心是实现风险价值创造，而风险偏好则是决定风险经营成功与否的关键。

一　经营风险始终是商业银行经营管理的精髓　003

二　风险选择：确定自身风险经营目标的过程　006

三　风险安排：实现风险价值创造的过程　009

四　风险偏好：风险经营成功与否的关键　014

第一章　把握风险经营的核心理念……035

借鉴国际银行经验，对照中国银行业的现实，在理性观察和实践碰撞中感悟出一些风险经营时必须把握好的核心理念与逻辑方法：风险管理不是“控”与“堵”，而是积极主动的风险选择；针对不同类型的风险要有不同的管理重点；风险决策必须基于准确的风险计量和风险排序；潜在风险的有效管控有赖于前瞻性的识别和预警；解决现实风险暴露的关键在于行动；风险安排要与客户服务方案有机结合；应对小概率事件重在事前的预案和演练；将监管合规视同银行风险经营的生命线。

一　风险管理不是“控”与“堵”，而是积极主动的风险选择　037
二　针对不同类型的风险要有不同的管理重点　047
三　风险决策必须基于准确的风险计量和风险排序　059
四　潜在风险的有效管控有赖于前瞻性的识别和预警　066
五　解决现实风险暴露的关键在于行动　071
六　风险安排要与客户服务方案有机结合　075
七　应对小概率事件重在事前的预案和演练　079
八　将监管合规视同银行风险经营的生命线　085

第二章　环境变化最能考验银行持续经营能力……091

银行在风险经营中面临的最大挑战是经营环境的突变，如果不能预知这种环境变化、不能及早做好应对准备，可能是致命的。此次金融危机之后，我国商业银行面临的监管环境、市场环境都发生了根本性的变化，尤其是持续的经济下行对银行的资产质量和盈利能力带来了前所未有的压力，考验着银行的生存能力。环境在变，银行也必须随之转变。更进一步观察，银行的存续能力，不仅仅是应对环境突变的能力，更重要的是培育跨经济周期的风险经营能力。只有如此，才有可能基业长青。

一　关注危机之后银行经营环境的突出变化　093
二　经济形势变化促使银行调整经营模式　114
三　无法回避的六大挑战将引致银行风险经营能力分化　125
四　重视并努力提升跨周期经营能力　140

第三章 精准化政策、差异化策略、实用化手段是信用风险经营的制胜法宝 159

信用风险仍然是商业银行经营的主体风险。基于信用文化、市场环境和监管体制的差异，中国商业银行面临的信用风险与西方商业银行有很大的差异。例如怎样制定“精准化”的信贷政策，怎样构建兼顾质量与效率的审批决策机制，怎样构建基于不同客户和不同产品的差异化信用风险管控策略，怎样正确使用信用风险管理的技术手段等等，都是我们面临的实践困惑，无法在教科书上找到答案，需要我们在实践中不断感悟。

一 借鉴“画像”方法制定“精准化”的信贷政策 161
二 只有把握授信要点才能提升信贷决策质量和效率 180
三 构建基于客户和产品类型的差异化信用风险管控策略 191
四 技术手段制约着信用风险管理能力 226

第四章 市场风险不是简单的波动性风险 245

深入观察本世纪之初的这次金融危机，市场风险的外延已经超出了传统理论的“波动性风险”。尽管“波动性风险”仍然是市场风险的核心，但交易对手信用风险已经成为个体波动风险向同业传染进而演化成系统性风险的重要通道，流动性风险成为金融市场震荡的放大器，而且市场风险与操作风险的交织日趋紧密，不仅如此，中国商业银行还面临着利率市场化的挑战。

一 市场风险观察的新视角和管理的新思路 247
二 存款利率市场化才是真正的挑战 264
三 透过市场风险资本监管的演变进程观察市场风险变化趋势 272
四 交易对手风险管控是银行交易性业务健康发展的基础 278

第五章　操作风险管理的非经营特性与持续经营的操作风险管理 285

操作风险是不可经营的风险，但又是银行经营风险中不可避免的风险，有些甚至是致命的风险。操作风险是银行与生俱来的古老风险形态，也是时时变异、经常被人们“发现”的未知风险。因此，“道高一尺，魔高一丈”，切实加强操作风险管理，确保银行持续经营，就显得十分必要了。

一　厘清操作风险管理的认识 287
二　感悟操作风险的管理重点 304
三　推进业务持续性管理，防范业务中断风险 314
四　应对IT风险的关键在于深刻理解与专业管理 335
五　电子银行风险管理应有新思路 341

第六章　风险经营的根基在于基础架构 349

风险经营的根基在风险管理架构，但银行风险管理架构没有“最佳”，只有“最适合”。市场关注的“集中垂直的风险管理架构”日益体现出其独特的体制价值，但也不奢望其可以“刀枪不入”。金融危机之后国际银行业都在重检风险管理体系的职责定位，强化内部控制，完善经营机制。对于中国大型银行而言，有效监控二级分行性质的分支机构，具有特殊重要意义。

一　寻找最适合的风险管理架构 351
二　重新考量银行风险管理体系的职责定位 367
三　把握银行内部控制体系的核心价值与建设要点 377
四　建立全面风险经营责任制，实现有效风险管理 396
五　大型银行有效监控二级分支机构具有特殊重要意义 400

第七章 风险管理的未来重任......407

近年来，中国大型银行的风险经营能力提升很快，风险管理技术进步更大。但是要想成为全球领先的商业银行，风险管理体系建设真可谓“任重道远”。作为一个专业人士，我觉得以下几个方向应该成为我国银行业未来的努力方向：管控银行系统性风险；借助压力测试工具管控银行整体风险；探索完善信用风险管理的薄弱环节；关注新形势下的国别风险管理；认清表外业务的挑战与机遇；探索建立大数据管理体系；借助机控实现全面风险的有效管理是每个银行家的梦想。

一 管控银行系统性风险 409

二 借助压力测试工具管控银行整体风险 419

三 探索完善信用风险管理的薄弱环节 429

四 关注新形势下的国别风险管理 447

五 认清表外业务的挑战与机遇 458

六 探索建立大数据管理体系 480

七 借助机控实现全面风险的有效管理是每个银行家的梦想 489

附 录 495

优势是怎样形成的——以个人住房按揭贷款风险经营为案例 497

缩略词对照表 527

观察思考与实践感悟

（代序）

上个世纪80年代，我在西安南郊的一所高校研习货币银行学时，经常在傍晚绕着当时的“大雁塔郊野公园”（其实是一片白杨林）散步。落日的余晖中，大雁塔显得威严与厚重，仿佛在向人们讲述着玄奘法师印度取经的历史。除了熟读万卷经书之外，西行取经途中经历的十八年风霜雪雨和长达数万里的艰苦跋涉，可能才是玄奘法师对于佛经深刻领悟的根本原因。

回过头来看，对于银行①风险管理的理解，我们也经历了一个逐步深入的过程。求学时期，即使是货币银行学专业也很少专门设置风险管理课程，能够接触到的只是个别概念；1994年加入到建设银行商业化改革的洪流，多了一些近距离的观察和思考，但更多的是管理疑惑；其后在信达资产管理公司工作期间，则是感受处置银行不良资产时的切肤之痛；而在2006年至2013年间，在建设银行风险管理部的工作经历，让我有机会在大型银行风险管理的实践中，瞪大眼睛观察着形形色色的风险事件，全神贯注地思考着不同条件下的应对策略，如履薄冰地进行着各种实践和探索。随着时间的推移，很多事件被人们逐渐淡忘，偶尔提

① 本书中讨论的银行，主要是指商业银行。

及时有人会说“当时真傻”，有人还会一如既往的“愤青”。应该说，在实践中我们都或多或少、程度不同地“犯过傻”，但一个职业经理人，“我们一直在努力”，不断总结、反思、感悟，当然很多探索和实践中付出的努力也超乎了最初的判断。离开风险管理条线几年之后，最让人难以忘怀的仍然是这一段艰苦而宝贵的亲身经历，让我对银行风险管理甚至银行本身，有了更多的感悟。

在2014年着手整理本书资料的时候，才发现此时的世界、中国和银行业，不仅与上个世纪90年代截然不同，竟然与2006年也是大相径庭。回顾二十多年来中国银行业的发展史，我们经历了前景迷茫、引入战略投资者的新奇、分享改革红利的兴奋、市场地位提升的骄傲（一定程度上是欧美银行因为金融危机而衰退）以及经济持续下行带来的前所未有的压力。在此期间，虽然银行还是那家银行，但风险形态、风险理念、风险管控和风险压力是完全不同的。同事们的情绪变化，促使我沉思。我不断地在回顾金融史、观察国际银行业，并反问自己，为什么会存在银行呢？银行与一般的工商企业的本质区别在哪里？今天的银行为什么会与过去的银行有那么大的差别？从意大利文艺复兴时期到当今网络时代，回顾欧洲早期从事放贷的英格兰金匠、山西的钱庄票号以及当今的全球系统重要性银行集团或者境内系统重要性银行，银行经营的外在表现的确越来越复杂而多样，银行提供的金融服务越来越丰富多元，但银行的核心定义依然是“主要从事吸收公众存款和发放贷款的机构”。发放贷款时，银行面临借款人偿还的不确定性，即如果借款人未能按照约定还本付息，则形成所谓的信用风险；吸收存款时，银行也面临提款的不确定性，即如果储户需要提前提取，则也会造成银行的支付压力即所谓的流动性风险。随着经济、金融、科技和银行自身的发展，银行交易的对象越来越多元，提供的金融服务越来越多，服务的内容和方式越来越灵活，银行自身运营和管理的形式也不断变化，因此银行面临的不确定性更多。不确定性即是风险。也就是说，银行永远面临着不确定性，经营风险始终是商业银行经营管理的精髓。问题在于，如何才能有效地经营风险呢？围绕这一核心，我在与同事们反复交流之后提出了风险选择、风险安排、风险偏好三者之间的内在逻辑与相应的核心价值观。

知易行难！具体的经营管理实践中，风险经营的核心理念时常被淡忘甚至受到很大的冲击。无论是当初巨额不良资产给银行从业人员带来的巨大心理压力而导致更多的人本能地“控”与“堵”，还是经济高速增长时期基层机构对于上级管理部门、前台营销部门对于信贷审批部门的批评，都在于忽略了银行经营的本质是经营风险、缺乏对银行风险经营核心的全面准确把握。

我从事风险管理工作期间，既是职业生涯中工作压力最大的时期，同时也是收获最大的时期。回顾这几年的工作，有几点实践的感悟。

一是探索有效的风险管理体制。如果说过去国有银行风险管理主要是针对不良资产的管理，那么重组改制后的银行风险管理则面临一个全新的课题。“好银行”的风险管理应该是什么样的？对此，我觉得自己无论在理论研究还是实务经验方面的准备都远远不够。唯一的出路是学习，下决心“沉下去”做调查研究，掌握第一手材料，并且广泛搜集和分析国外领先银行的风险管理经验和做法，在达成共识的基础上坚定推动风险管理“三道防线”建设，实现了“垂直管理”、“平行作业”和“专业化审批”等预定的改革构想。从实践来看，这套风险管理体制尽管不太完善，但比较优势还是很明显。

二是培养积极主动的风险管理理念。一个优秀的风险经理，不仅是识别风险的专家，还应该是选择风险、平衡风险与收益的高手，必须具备积极主动的风险管理理念。这是我的粗浅感悟，也是实践的方向。

例如深入研究风险偏好，比较明确地描述了风险承担总量和目标风险轮廓，为客户选择和风险安排提供了偏好指引；制定了清晰可操作的信贷政策，将结构调整要求细化落实到行业、区域、客户和产品维度；在具体信贷业务、表外业务、金融市场业务、理财业务等方面出台一系列风险政策底线，初步搭建了以风险偏好为中心的风险管理政策体系。同时，积极主动地参与风险揭示和风险安排方案的设计审核，支持和促进业务健康发展。

三是以实施新资本协议为契机，加强风险管理基础设施建设。对于中国银行业来说，实施新资本协议不是一个简单的合规动作，而是缩短与国际先进银行差距的良好机遇。我和同事们一起，从制度流程梳理、技术工具开发入手，做了一些基础性工作。在技术工具开发方面，立足自主创新，初步建成符合现代商业银行要求的风险管理技术体系，风险管理工具库基本覆盖各类风险、各项业务和各风险管控环节，大量工具已投入运用并转化为生产力。在制度和流程梳理方面，按照“了解客户、把握关键”的原则，调整不适应客户需求、不利于风险管控、不便于实务操作的管理措施和制度安排，对于改善金融服务水平和风险管控效率起到了一些作用。

四是针对性强化薄弱环节。中国银行业存在许多风险管理薄弱环节，在金融危机之后这些风险管理薄弱环节逐渐暴露出来。冰冻三尺非一日之寒，这些问题解决起来十分困难，我也只能是针对性地提出一些解决思路。例如，系统提出解决贷后管理薄弱问题的若干建议，促进贷后管理长效机制建立；指导押品管理基础制度建设和押品管理系统开发，弥补该领域空白；推动专业化风险管理团队建设，强调将所有机构纳入统一风险管理体系；提出以“估值方法、限额体系以及止损机制”为抓手，完善市场风险管理架构、建立市场风险计量体系，改进数据和信息系统等市场风险管理基础设施；明确以流程缺陷观察作为操作风险管理主要方法，依托自评估、关键指标体系和关键风险点监控排查强化操作风险管理基础；等等。

五是试图将内部控制与风险经营有机地结合起来，提升银行风险管理的价值创造能力。银行风险管理不能停留在“内控不出大纰漏、风险暴露比较少、不良率比较低”的层次上，内控有效性也不能停留在“人盯人”、“层层加锁”，而是要着眼于业务流程和基础制度的梳理完善，依托先进信息系统，通过管控节点合理设置来提高风险管理的质量和效率。从根本上说，只有提高银行风险经营能力，才能增强内控的有效性。为此，在同事之间达成了这样的共识：应该建立组合风险管理的体制机制，依托经济资本、风险限额等组合管理工具，实现覆盖不同类别、不同机构、不同产品、不同客户的整体风险管理，提高资产组合的盈利能力和抗风险能力；提高风险管理政策的精细化水平，提高客户选择能力，从源头控制好风险；深化先进风险管理工具的运用，提高面对具体交易的风险安排能力。例如，利用内部评级模型，提高客户选择能力；利用风险成本计算器，提高贷款风险定价能力；利用各类价值分析模型和评分卡，提高差别化市场营销的有效性；利用押品管理系统，提高风险缓释能力。从外部环境和内部的制度和技术积累来看，银行风险管理从“内控导向”转向“风险经营与内控相结合”的条件已经基本成熟，积极主动的风险管理理念也获得越来越广泛的共识。加快这种转变并将其落实到具体的政策、制度和流程安排上，以保障和促进长期可持续发展，这是当前以及今后大型银行风险经营管理的重点。

2007年，中国银行业全面启动了新资本协议实施的各项准备工作。为此，我和很多同事们一起，全方位地研究和跟踪国际最新银行监管体系，全面地梳理和分析大型银行全面风险管理体系，试图设计出一套以国际领先水平为目标的国内大型银行全面风险管理的实施路线图。就风险管理实践而言，我们逐渐领悟到，除了基于统一的资本框架、建立全面风险管理体系的重要性，大型银行还应当针对面临的实质性风险，即信用风险、市场风险、操作风险、流动性风险等，建立全面有效的管控体系。同时，应当根据各类风险的不同特征，采用不同的管理模式和技术，确定不同的管理重点。

信用风险管理是银行风险管理的核心。信用风险的管理重点是观察和控制违约概率，而信贷政策、管控策略、技术手段等等一直是信用风险管理的永恒课题。信贷政策既是信贷经营的底线，也是风险经营的导向，因而也是前中后台部门和总行与分支机构认识分歧的焦点。经过分析和讨论，我们发现问题的关键在于有些政策过于宽泛（其实是粗放）。为此，借助于统计数据和计量模型，基于宏观经济、产业发展、区域经济、企业风险特点，我们尝试建立精准化的信贷政策，区分大型客户、机构客户、中型公司、小企业、零售客户等多个维度，从而大大提高了信贷政策适用性和执行力。“熟悉你的客户”，是银行信贷的基本常识，但发生在国内个别民营企业集团、部分地区的中小企业、汽车贷款等领域的风险事件也提醒我们，仅仅有精准化的信贷政策还不够，必须根据客户和产品的实质性风险，建立差异化的管控策略。“工欲善其事，必先利其器”。实际上，无论是在总行层面，还是在基层，信用风险管理技术手段的落后甚至缺乏，是信贷人员的普遍感觉。为此，银行业普遍加快了内部评级体系的建设，就违约概率模型、违约损失率模型、零售评分卡、经济资本模型、风险限额模型等，与各领域的咨询公司进行了广泛的合作，初步构建了信用风险模型体系，但从数据基础、模型的稳定性及精细度、适用性等方面看，还需亟待提高。

此前，很多同事包括我个人在内，对于市场风险的理解不够准确，仅仅将其看成是简单的波动性风险。2008 年以来，国际各界对于市场风险管理有效性的质疑，客观上促使我们认真地审视市场风险。我和同事们先后从一条一条曲线的特征、一个一个参数的含义、一个一个异常现象的原因分析入手，就市场风险计量模型、交易对手信用风险、限额体系、管理流程等进行了全面评估，深刻理解和准确把握市场风险的规律。尽管如此，面对利率市场化进程的全面加速和国内金融交易的日益活跃，在数据、流程、工具、系统等方面的改进任务仍然非常艰巨。

在业务实践中，我逐步领略到操作风险的庞杂和细碎。我清晰地记得，国内很多专家最初无法接受巴塞尔委员会操作风险的定义，即使到现在也有很多人并不理解操作风险监管资本计算的基本指标法和标准法，无法接受高级计量法的理论假设。虽然分歧总是难免的，但是对于巴林银行、法国兴业银行发生的操作风险事件，核泄漏、接连的地震和恐怖事件等，大家都感到非常震惊，也促使银行业更加关注操作风险的管控。就操作风险管理技术而言，随着银行业务信息化程度的持续提高，业务持续性管理（特别是信息系统的持续性管理）和内外部欺诈的防范，已经成为近期各家银行管控的重点。

作为一名曾经参与中国银行业风险管理实践的“风险经理”，我感到非常幸运的是，职业生涯中既经历了改革开放初期到亚洲金融危机期间银行业风险管理的落后阶段，也经历了银行股份制改造后风险管理技术能力的快速提升阶段，切身体会了经济高速发展时期关于风险管理的种种“争议”，也体会了全球金融风暴冲击和宏观经济波动带来的阵阵寒意。

曾几何时，我们心无旁骛，一群志同道合、朝气蓬勃的同事并肩战斗，夜以继日地跟踪国际经济和金融的最新动态，悉心观察中国宏观经济和区域经济新变化，热火朝天地讨论着银行经营和管理中的新趋势，平心静气地收集着来自各个机构和领域专家的建议和意见，不厌其烦地比较着不同风险管理措施、技术的可能效果，小心翼翼地尝试着将国际成熟经验化为国内银行的内部风险管理技术，提出符合本土市场的风险管理理念和一揽子解决方案。

近几年，中国经济发展的压力更加明显，“三期叠加”成为宏观经济新闻中的热词，银行高速发展的“黄金期”不再；市场主体“脱媒”、利率市场化、更激烈的外部竞争、更严格的外部监管要求，都使银行面临巨大的挑战；区域经济景气下行、大宗商品贸易波动、行业结构调整、民间融资链和担保链断裂等重重风险因素冲击之下，中国银行业的不良贷款余额也开始出现了上升趋势。在此情境下，同事们建议我将风险管理的观察、思考、探索和收获作一个梳理，将一些实践感悟整理出来，提供给仍然战斗在风险管理一线的“风险经理们”参考，也算对中国银行业发展尽绵薄之力，这便是编纂这本书的初衷。本书的文字，客观记录了风险管理实践中我的心路历程，是对过去一个阶段的总结和反思。当然很多观点的形成，得益于诸多同事和朋友的启发。我曾经试图对在本书思想形成过程中作出贡献的同事列出一份清单，但最终还是放弃了，因为很多观点是集体智慧的结晶。在此，我对于当时建设银行风险管理条线的全体同事表示衷心的感谢。最后，我不得不提的是人民出版社的曹春博士，当她从我的同事处得知我们正在进行文稿整理时，立即参与到相关的讨论研究工作，全面提供技术指导并认真校对文稿（最初文稿体量将近80万字，经过多次讨论修改、精练压缩至目前的篇幅）。对于曹春博士及其编辑团队表现出来的职业（专业、敬业）精神，我和我的同事都表示由衷的钦佩！

黄志凌

2015年5月25日于北京金融街

引言

风险管理的核心就是风险经营

——对商业银行本质的深刻理解

多年来我一直在思考一个问题，商业银行到底是经营什么的？在与国内外同行不断加深的交流中，我逐渐接受并坚信这样一个理念：商业银行从根本上说是经营风险的。

从早期形态看，承担风险管理的社会分工，是银行产生的根源。在随后的发展历程中，尽管银行形态和功能不断演化，但是为客户提供风险管理服务始终是银行的核心功能，并随着金融创新得到日益强化。现代银行不仅仅是交易中介、信用中介，更是专业风险管理服务的提供商。在可以预见的未来，这种专业风险管理服务提供商的地位将越发凸显。正是由于承担了普通企业和个人所不愿意或者无法承担的风险，银行才能够在社会分工中获得立足之地。

对于银行来说，经营风险是个恒久弥新的课题。把握风险经营的方法和路径，是银行保证竞争力和实现长期稳健发展的关键。对于我自己而言，这一理念萌发于上世纪90年代末，形成于本世纪前十年，并成为我分析观察商业银行持续经营能力的思想基础。

一
经营风险始终是商业银行经营管理的精髓

从银行的早期形态看，通过集中和专业化的服务，为企业、商人等生产经营提供便利，管理风险，是银行产生的根源。钱币兑换商、存款银行和票据经纪商是意大利早期银行的三种常见形态，它们帮助企业和商人降低国际贸易风险，促进生产经营。例如，钱币兑换商提供货币兑换服务，方便各国商人进行商品货币交割，这些大大降低了货币种类繁杂可能引发的风险。又如，存款银行吸收商人交存的各种贵金属钱币并发出收据，这种收据代表了一种“准标准货币”，减少了各种不同货币由于面值差异、成色、耗损等因素造成的折算困难和交易风险，促进市场融通。再如，票据经纪商为各国商人提供账簿服务，降低了资金支付划转的风险。

在随后几百年的发展历程中，尽管银行形态和功能不断演化，但是为客户提供风险管理服务始终是银行的核心功能，并且随着金融创新得到强化。银行的各种创新，包括使用新的技术、采取新的组织框架、提供新的产品等等，从根本上看都是为了满足客户规避风险的需要而出现的。例如，早期银行通过创新和发展商业票据，为工商企业提供短期生产经营性资金融通和清算等方面的风险管理服务。第二次世界大战后，银行遵循“预期收入理论”开发固定资产贷款产品，为工商企业扩大再生产引发的资金流波动风险提供管理服务。20 世纪末以来，随着汇率和利率波动的风险日益增大，银行开始创新并运用衍生金融工具，为客户提供利率风险管理和汇率风险管理服务。正是由于承担了普通企业和个人所不愿意或者无法承担的风险，银行才能够在社会分工中获得立足之地。换句话说，不承担风险，银行就失去了存在的基础。这是银行与普通企业的重要差别。

过去不少人（包括微软创始人比尔·盖茨）曾经预言，随着信息技术带来的“去中介化”，银行将成为“21 世纪的恐龙”。不过这个预言非但没有应验，银行在信息化大潮中反而迎来了蓬勃发展。究其原因，正是银行“经营风险”的核心职能和社会分工所决定的。现代银行不仅仅是交易中介、信用中介，更是专业风险管理服务的提供商。现代社会实际上已经发展成为“风险社会”[①]，随着科技发展的日新月异、经济社会的日趋复杂、信息网络的无远弗届，无论是企业还是个人，在面临更多的机会和选择的同时，也面临越来越多的不确定性，这在金融领域表现尤为突出。因此可以预见，银行在未来的发展中，专业风险管理服务提供商的地位将越发凸显。

作为专业经营风险的特殊企业，商业银行不是将风险看作“洪水猛兽”，而是以获取风险经营回报为目的，主动选择“有利可图”的目标风险，合理安排风险结构，积极实施风险转移、分散或对冲，通过有效定价、缓释等获得风险补偿，既将风险控制在可承受范围，又争取获得超额回报。在经营风险的过程中，银行并不是不加选择地承担所有类型的风险，承担的风险也不是越多越好。面对风险，银行要考虑自身的资本实力、股东期望、管理特长以及监管要求，做到“有所作为、有所

① 1986 年，德国社会学家乌尔里希·贝克（Ulrich Beck）在其著作《风险社会》一书中，首次提出了“风险社会”（risk society）的概念。

不为”。

首先，银行根据一定的标准吸收风险，有选择地将外部社会经济活动中的风险内部化。在社会专业化分工中，管理好客户（企业、个人）所无法有效管理的风险，成为银行的一个重要社会经济功能，这是银行生存和发展的基础。其次，银行根据不同类型风险的不同特征，采取不同的管理策略，利用风险转移、风险补偿、风险缓释和风险对冲等一系列方法和手段，主动安排风险，并通过科学合理的风险安排获取风险溢价。最后，银行还必须依托合理的风险管理组织体系、先进的风险管理工具，控制那些无法有效转移或对冲的剩余风险。因此，银行经营风险的过程就是通过选择和安排风险实现价值创造的过程，平衡风险与回报的能力是银行核心竞争力的根本体现。

长期以来，国内银行往往习惯于将业务经营和风险管理视为两个不同的范畴，无论是管理理念还是方式方法，都与“经营风险”有很大差距。从驱动因素来看，风险管理的动力主要是外生的（例如监管要求等），缺乏内生机制的驱动；从管理理念来看，往往将风险看成是“负面”因素，片面追求“风险最小化”；从管理战略来看，往往习惯于采取“被动防御”的战略，主要以“回避”的方式应对风险；从目标市场选择来看，习惯于定位在较低风险的市场（相应获得的收益也比较低），不敢通过主动经营风险来把握市场机会。因此，树立经营风险的文化理念、培养经营风险的专业技能是目前当务之急，也是银行科学发展和经营模式转型的必然要求。

经营风险对于银行来说是个恒久弥新的课题。把握风险经营的方法和路径，是银行保证竞争力和实现长期稳健发展的关键。本书即是围绕风险经营这个主题，总结了笔者关于银行管理的一些思考，供与业界和学者朋友交流。

二

风险选择：确定自身风险经营目标的过程

风险选择是银行立足经营环境，遵循风险偏好，着眼管理资源，以贴近市场的客户关系管理为载体，以长期可持续的价值创造为目标，按照“能够承担、可以获利、擅长管理”的基本要求，确定自身目标风险的过程。

（一）风险选择是安全性选择，“能够承担”是基本前提

风险选择首先应该是安全性选择，要选择银行能够承担的风险，摈弃那些虽然可能给银行带来可观利润但自身无法承担的风险。由于承担的风险敞口超越了自身管控水平而导致诸多金融机构的倒闭，是2008年全球金融危机最重要的教训之一。①

“能够承担”包括三个层面的内涵，一是在风险总量上不能超越银行的资本实力，只能在既定的“风险容忍度”内开展风险选择；二是在资产组合层面上要控制好风险集中度，做好区域、行业、客户、产品、期限等合理规划，要能够承受系统性风险的冲击；三是在单项交易层面

① 本书所讲的“全球金融危机”均指2008年发端于美国、随后席卷全球、至今尚未完全摆脱阴影的全球金融危机。其他历次全球金融危机均为特指并有明确描述。

上要确保交易活动顺利完成，着眼于交易对手能否正常履约。

（二）风险选择是价值选择，“可以获利”是最终目标

银行的风险经营是银行依托风险识别和计量能力，在众多风险 / 机会之中，筛选出“能够识别、可以计量、有利可图”的部分，采取风险补偿、风险转移、风险缓释、风险对冲、风险控制等策略，通过合理有效的风险安排获取风险溢价（risk premium），这实际上是银行实现价值创造的过程。需要指出的是，所谓“风险溢价”不是简单的息差概念，而是银行在各项收入中扣除资金成本、营运成本、税负成本、风险成本（包括预期损失和非预期损失）之后所得到的剩余。

在现阶段国内经济环境下，有四类客户对银行的价值贡献相对较大。一是信贷金额大的；二是谈判地位弱、贷款利率高的；三是所使用银行产品附加值较高的；四是所使用银行产品种类多的。利差收入是目前银行最主要的收入来源，信贷规模和利率水平决定了客户价值贡献的高低。但是，从长远发展看，单纯依靠做大规模或提高利差来获利的经营模式将越来越受到限制。除了为客户提供更高附加值的产品、更丰富的服务手段之外，银行还应当依托自身先进的风险管理技能，为客户提供一揽子的风险解决方案，最大限度降低风险成本，提升客户的综合价值贡献。

从经营风险的角度来看，“好”客户应该是能给银行带来较大风险溢价的客户。很多人习惯上把信用评级高的客户当作“好”客户，也热衷于选择这类客户。实际上，这些“好”客户一般在市场上具有很好的表现，同时也是很多银行追逐的对象，同业竞争激烈，从而具有较强的谈判能力，尤其是随着多层次资本市场发展进程加快，大型高评级客户的融资安排将更多地转向直接融资，因而留给银行的利润空间可能很

小。相比之下，信用评级稍低的其他客户，包括一些不错的小企业客户，虽然违约概率相对较大，但是只要银行能够运用自身的专业技能，审慎比较和筛选，差异化地安排好风险（包括严谨的交易结构和合理的定价），风险调整后的实际收益往往要高很多。

（三）风险选择是比较优势的选择，“擅长管理”是必要条件

银行以经营风险为生，但不同银行驾驭风险的能力则有很大差异。面对同样的客户，由于风险识别能力、风险计量水平以及风险安排技巧的差异，银行获取风险溢价的能力不尽相同，因此必须着眼于自身优势，将“擅长管理”作为开展风险选择的必要条件。

一是要着眼于专业技能。要经营好目标风险，必须掌握管理技能，拥有专业化队伍。也就是说，某一领域里的专门人才，成熟规范的管理技术，在此领域具有竞争优势，是着手风险选择的重要考虑因素。二是要着眼于客户基础。“了解市场、理解客户”是银行开展客户金融服务的前提。对于长期往来的客户，银行更易于理解其风险特征，更善于把握其风险控制要点。三是要着眼于业务特色。金融产品是联系银行与客户的纽带，业务特色是银行服务能力和风险管理能力的集中体现。例如，中国银行以国际结算业务吸引进出口企业，工商银行以人民币清算业务吸引国内工商业企业，外资银行凭借理财产品吸引高端客户。银行只有形成并突出自身业务特色，才能把握住风险选择的重点，确定自己最擅长经营的到底是什么样的风险。

三

风险安排：实现风险价值创造的过程

风险选择与风险安排是一个问题的两个方面，理性风险选择的成效依赖于科学的风险安排。选择了目标客户，最终能否为银行带来“风险溢价”，实现价值创造，关键还在于银行的风险安排是否得当。

（一）通过风险分散解决集中性问题

风险分散是指通过多元化的投资和组合管理来分散和降低风险的各种办法。“不要将所有的鸡蛋放在同一个篮子里”、“再好吃的东西也不能被撑死”等，就是这个策略最通俗的诠释。风险过度集中是银行经营中面临的一个突出的现实问题，甚至是一个生死存亡的问题，因此分散风险对于银行经营管理具有重要意义。通常来看，风险分散有以下几种途径：一是银行业务领域多样化，既发展信贷业务，也要发展资金业务，还要发展非息差收入的其他金融服务，防止对信贷业务的过度依赖。二是银行信贷业务多样化，要合理搭配各种类型、不同期限的信贷产品。三是授信对象多样化，银行风险敞口不应过度集中于同一性质（包括同一国家、地区）的借款人。采用客户、行业、区域、产品和国别等限额管理的办法，防止单一因素波动对银行造成重大冲击。四是银行负债来源应当多样化，要重视发展主动负债，同时还要充分发挥商业银行网络优势，通过大量汇集不同储户的短期、小额存款筹集资金，防止少数客户资金大规模转移带来的流动性风险。

（二）通过风险对冲解决相关性问题

对于集中度风险，商业银行和监管当局都比较关注，但对于相关性风险人们往往容易忽视。举个例子，100 个鸡蛋放在 10 个篮子里，好像是风险分散了，但如果 10 个篮子系在同一条绳子并悬在房梁上，一旦绳子断裂，10 个篮子的风险与 1 个篮子的风险几乎是一样的，甚至更大。解决相关性问题的基本方法就是风险对冲。简单来说，风险对冲是一种“反向操作”，即通过投资或者购买与标的资产收益波动负相关的某种资产或者衍生品，来冲销标的资产潜在损失的一种风险管理策略，是管理利率、汇率等市场风险非常有效的办法。近年来，随着信用衍生产品的发展，风险对冲也被用来管理信用风险。

金融机构的风险对冲，可以分为自我对冲和市场对冲两种类型。所谓自我对冲，是指金融机构利用资产负债表或者某些具有收益负相关性质的业务组合本身所具有的对冲特性来对冲风险。市场对冲是指以同交易对手叙做衍生产品交易等方式对残余风险进行对冲。

（三）通过合理的交易结构平衡风险收益

面对同样的客户，交易结构安排方案不同，最终风险管控的效果可能大相径庭。合理的交易结构安排，实际上是将客户的需求、银行的风险安排和回报要求等有机融合在一起。例如，一些银行倡导采用自偿性的信贷产品，用与物流、现金流、供应链等紧密关联的产品来替代或置换流动资金贷款，正是出于这方面考虑。不少客户（特别是小企业客户）经营管理不太规范，银行很难有效管控传统流动资金贷款风险。有的贷款一放就是一年两年乃至更长，信贷资金与客户资金循环在期限上存在明显的不一致现象，最终往往被客户挪为他用；有的客户比较规矩，没有挪用贷款，但是客观上又容易造成阶段性资金闲置，增大财务负担。因此，无论是从风险管控的角度还是从客户需求的角度，流动资金贷款都不是最佳之选。而采用与物流、现金流、供应链等紧密关联的授信方案，实现交易结构与客户需求、经营周期相匹配，不仅能够满足客户阶段性的资金周转需求，同时又有利于银行主动、有效地管控风险。另外，在这种交易结构下，授信期限通常较短，虽然定价相对高一些，但是客户整体财务负担反而是下降的。而对银行来说，随着信贷资金的利用效率（周转速度）大幅提高，同样的信贷规模可以满足更多的客户需求，这种交易结构能够避免所谓的“公共汽车效应”①，提高社会的整体福利。

（四）通过支付对价或让渡收益转移风险

风险转移是指通过购买某种金融产品或采取其他风险安排技术，将特定风险或部分风险转移给其他经济主体的风险管理方式。风险转移不是“嫁祸于人”，不涉及商业道德问题，而是通过市场交易的方式进行的正常的风险技术安排。由于每个个体的风险偏好不同，对风险的判断能力不同，对风险的管理能力也不同，因而对同样的风险类型会做出

① 在公共汽车容量有限、乘客较多的情况下，先上车的乘客往往不愿意车下的更多人挤上车，以免与后上车的乘客分享有限的空间和设施，从而降低自己的舒适度。

吸纳与否的不同决策。尽管银行是专业经营风险的，但不同机构有自己的风险偏好，有自己在某个领域的风险管理专长。因此，通过风险转移（相应支付对价或让渡部分收益），一方面可以锁定风险，另一方面也可以发挥各自的比较优势。

风险转移通常有以下几种常见的方式：一是购买保险。银行通过投保，以支付保费为对价，将风险转移给承保人。当保险人发生风险损失时，由承保人按照合同约定给予经济补偿。二是第三方提供担保。当风险事件发生时，银行可以向第三方求偿，实际上将借款人的信用风险转移给了担保人。三是利用资产证券化，采取“发起—出售”策略，将存在风险的资产，通过打包卖给愿意承担风险的其他市场主体，实现风险转移。另外，还有信用违约互换（CDS）等衍生工具，如果运用得当，也是转移风险的有效手段。

（五）通过科学定价实现风险补偿

风险补偿主要是指通过科学定价对不得不承担的风险进行合理补偿。对于那些无法通过风险分散、对冲或转移进行管理，而又无法回避、不得不承担的风险，银行可以采用提高风险回报的方法，获得承担风险的价格补偿。就银行而言，对于各类风险进行合理的定价是风险管理的重要方面。如果风险定价过高，将会丧失市场竞争力，造成业务萎缩并制约长期发展；如果风险定价过低，则可能导致自身所承担的风险难以获得足够的补偿，最终侵蚀银行资本。

以贷款定价为例，在实务操作中通常有三种主要模式：一是成本加成贷款定价法。即在计算资金成本、风险成本、经营管理成本和税费分摊的基础上，加上目标收益（如经济资本最低回报要求）。二是市场价格领导定价法。即在市场基准利率的基础上，根据市场竞争情况、客户信用状况等加上风险溢价点数（例如 LIBOR 加上若干点）。[①] 三是客户盈利综合定价法。即在客户关系管理的基础上，衡量客户整个账户综合收益（而不是单笔贷款），以此确定贷款利率和费率水平。实际上，无论上述哪一种定价方法，计算贷款风险成本都是基础性工作。如果定价没有充分覆盖风险成本，那么就成了“赔本赚吆喝”；同时，如果不考虑每笔贷款风险成本的差异采取一刀切的定价，那么可能造成优质客户流失，甚至出现严重的“逆向选择”[②] 问题。

---

① LIBOR，伦敦同业拆借利率（London InterBank Offered Rate,LIBOR），是大型国际银行愿意向其他大型国际银行借贷时所要求的利率。目前，LIBOR 已经成为伦敦金融市场上银行间交易市场上的商业银行进行交易时所参照的基准，并作为商业贷款、抵押、发行债务利率的基准。

② 逆向选择（adverse selection）是信息经济学中的一个概念，指由于交易双方的信息不对称所造成市场资源配置扭曲的现象。“逆向选择”是制度安排不合理所造成市场资源配置效率扭曲的现象，而不是任何一个市场参与方的事前选择。

四

风险偏好：风险经营成功与否的关键

商业银行是经营风险的企业，风险经营成功与否的关键是必须具有科学、明确的风险偏好（Risk Appetite），包括愿意承担多大的风险，在既定的风险容忍度内选择什么样的风险来经营，最终要形成怎样的目标风险轮廓（Risk Profile）① 以及如何实现，等等。这些既是银行经营管理活动的方向和准则，又是银行经营管理活动的边界和底线。可以说，科学明晰的风险偏好是引导商业银行经营成功的关键，也是银行风险管理战略的核心。

（一）对银行经营成功的理解

正确理解和认识银行风险经营成功的内涵是很有必要的。纵观全球商业银行的发展史，一家能够保持基业长青的好银行必然是具有充足的资本保障、能够获取有效覆盖各类风险的收益、提供满足市场预期的资本回报率、具备跨经济周期的稳健经营和持续发展能力的银行。概言

---

① 风险轮廓（Risk Profile），或译成“风险概况”，是指银行所承担的各类风险的结构分布。

之，银行经营成功与否的基本内涵大致包括以下几个方面：

1. 以资本约束为前提的稳健增长

作为抵补风险损失的最后手段，资本对商业银行的稳健经营具有非常重要的意义。银行资本有别于普通工商企业资本，其重要用途不是满足日常经营所需，而是用于抵御风险，确保银行不会因突发风险事件而倒闭。因此，银行必须在资本约束的前提下根据风险偏好和自身风险管理水平确定最大的风险承担能力，对愿意并且能够承担的风险进行主动管理、科学安排，在此基础上优化配置各类业务资源。资本约束实际上构成了银行科学发展的重要边界条件——这也是巴塞尔协议的重大贡献。

2. 追求风险调整后收益最大化的有效增长

过去人们对商业银行“发展”的理解，主要侧重于市场份额、资产规模和利润等指标的增长。事实上，由于各家银行承担的风险敞口不同，其市场份额、资产规模和利润增长速度是无法进行简单对比的。尤其是当前各种创新产品、表外业务层出不穷，涉及的各类信用风险、市场风险、操作风险等相互叠加和渗透，银行面临的风险特征正发生深刻变化，风险敞口较以前单一的信贷业务更具有隐蔽性和复杂性。如果单纯追求市场份额的扩大、资产规模的扩张和账面利润的增长，那么很容易导致以承担较大的风险敞口换取相对微薄的利润，或者说以承担长期的、潜在的风险换取即期的、账面的财务收益的现象，长期来看必将侵蚀银行的盈利能力和核心竞争力，难以保证发展的可持续性。基于银行经营风险这一特殊性，对银行发展必须同时从风险承担方面予以考量，衡量银行发展的标尺中必须引入风险调整因素，银行发展模式也必须向以风险调整后收益最大化为导向的内涵式增长转变。

3. 实现跨经济周期经营的持续增长

银行业是一个具有高度外部性的行业，即银行业的风险具有很强的亲周期性、外部传染性和系统扩散性，因此准入壁垒比较高，这也要求商业银行必须审慎经营以保持长期、稳定的增长。具体而言，银行在风险偏好、市场定位、客户选择、经营策略等方面都要遵循审慎稳健的原则，确保银行能够经受经济周期波动的冲击，既能在经济景气上行的时候积极进取、蓬勃发展，又能在经济衰退的时候稳妥应对、安全“过冬”。应该说，历经了大繁荣以及次贷危机大动荡的“冰火两重天”境况之后，国际银行业以及监管当局已经充分认识到银行必须实现跨经济周期经营的持续性增长。

4. 积极主动调整业务结构的协调发展

外部市场和客户需求在不断变化，银行必须通过积极主动地调整业务结构以适应变化，寻求最适合自身的发展路径。长期以来，我国大型商业银行的资产结构以贷款为主体，收入结构以利差为主体，客户结构以大中型企业为主体，产品结构以“存贷汇”为主体，被动承担风险的现象比较普遍，经营模式与业务结构比较僵化，很容易受经济周期波动的冲击。科学发展要求银行根据外部市场环境和竞争格局，以及自身的经营特点、客户基础、业务专长等，通过主动的业务战略转型和结构调整，建立具有相对竞争优势和较高稳定性的多元化业务结构、资产负债结构、收入结构、产品结构和客户结构，适应市场变化，实现各项业务的高质量、协调发展。

5. 以先进的企业文化为根基的健康发展

企业文化是由知识、制度和精神所构成的整个管理方式。具体来讲，知识层面是指银行在经营管理过程中形成的技术和艺术；制度层面是银行经营活动中的一整套制度安排；精神层面是银行在长期发展中形成的统一思想、价值标准、道德规范和行为方式等精神因素。通常价值观念形态比制度具有更长远的效应，这种观念的传承可以超越制度本身，乃至超越时间和空间的限制。因此，有人把企业文化称为企业的"软实力"，是企业发展的潜在驱动力。从近年来的改革发展实践来看，国内银行在借鉴和移植国际领先银行先进的制度、技术等方面取得非常大的进展，但这并不意味着国内银行已经迈进了国际先进银行的行列。文化作为现代企业的灵魂，它是不可移植的，因此要从"形似"走到"神似"，还需要在企业文化建设方面下大功夫。

（二）风险经营离不开风险偏好的引导

风险偏好通俗地讲就是银行对"愿意承担多大的风险敞口"、"希望选择什么样的风险作为经营对象"、"所期望承担风险种类与分布是什么样的"等银行业务发展和风险管理的基本问题做出回答。从这个角度看，它是银行风险管理战略的核心和关键。"事实上，风险管理的关键是确定风险偏好，其他的一切都由此而生。"① 因此，要准确定位银行的业务经营和风险管控目标，首要任务是建立起清晰、符合银行科学发展要求的风险偏好。缺乏风险偏好或风险偏好模糊、混乱，会造成银行决策层在制订发展战略上的摆动，加大战略风险；会加大管理层进行业务选择、平衡风险与收益的压力；会导致执行层出现理解偏差，其经营行为无法正确体现董事会、股东的意愿，偏离既定的战略方向和发展目标。

---

① 参见英国 K.H. 斯宾塞·皮克特和詹妮弗·M. 皮克特所著的《经理人审计——终极风险管理工具》一书。

可以说风险偏好是引导银行发展方向和路径的指南，银行的科学发展离不开风险偏好的引导。

1. 从公司治理机制来看，风险偏好是传达股东意志的重要载体

现代企业制度的重要特征是所有权与经营权分离，确保股东与管理层间的委托—代理关系有效运行是公司治理的核心问题。股东是银行的所有者，也是银行风险的最终承担者。管理层受托开展业务经营和风险管理，对经营业绩负责，需要在风险选择、风险决策和风险安排中获得股东授权，体现股东的意志。

为了确保银行的日常风险经营活动能够充分反映股东的风险承担能力和盈利要求，股东（由董事会代表）必须将自己的"风险偏好"清晰地传达给管理层。股东的风险偏好将成为管理层制定业务发展战略的起点，开展经营活动和风险管理的依据，也将作为股东考核评价管理层业绩的重要标尺。因此，风险偏好是银行经营活动和风险管理的出发点。

近年来，国有商业银行股份制改革深入推进，公司治理机制不断完善，为统一风险偏好的建立提供了前提和基础。但是，受制于国有商业银行传统的层级管理架构（实际上是内部多层级的委托—代理关系），银行的风险偏好还没有真正成为全行上下统一的风险偏好，这在很大程度上制约了管理效能的发挥。由于缺乏统一的风险偏好，一些分支机构俨然成为一个自成一体的小银行，在这些分支机构追求"局部最优"的同时，往往制约了"全局最优"目标的实现，实际上也侵蚀了银行利益和股东的利益。

2. 从发展战略来看，选择和确定风险偏好是银行最重要的战略管理行为

风险偏好不仅仅是风险管理范畴，它与银行总体发展战略紧密相连，

体现并服务于银行的总体战略。银行有不同的发展战略，相应也有不同的风险偏好。同时，不同的风险偏好也影响银行业务发展战略实现路径的选择。有的银行已经保有较高的市场份额和盈利水平，希望通过稳健经营来巩固市场地位，体现在战略上就是，力求以承受较小的风险来获得稳定的收益，并通过对风险的有效管控来赢得良好的市场声誉和较高的外部评级。有的银行希望通过积极进取来快速提升自己的市场份额和盈利水平，体现在战略上就是愿意承受较高风险来拓展市场，获取更多的收益。从这个意义上看，风险偏好本身体现了银行的战略选择、价值导向和业务取舍，没有科学的风险偏好也就谈不上科学的发展战略。

在这一轮由美国次贷危机引发的全球金融危机中，受到波及的银行很多，包括一些国际知名银行。虽然人们从这次教训中总结出很多银行内部经营管理中的原因以及诸多的外部诱因，但是归根结底恐怕还是风险偏好出了问题。由于风险偏好过于激进，原先那些避之唯恐不及的 FICO 评分① 低于 620 分的次级贷款、Alt-A 贷款② 等，后来都成为银行和贷款机构竞相追逐的对象，这种风险偏好的选择超出了银行自身的风险承担水平，超出了金融机构的风险管理能力，也超出了监管机构的监督能力，最终导致这场金融危机的爆发及蔓延。由此可见，一家银行一旦风险偏好出现问题，其经营决策往往是游移在贪婪和胆怯的两极，导

---

① FICO（Fair Isaac Corporation）分数是指美国个人征信机构根据个人信用数据得出的个人信用评分，评分范围介于 300—850 分之间，作为衡量个人信用风险和发放个人贷款的重要依据。

② Alt-A 贷款通常是指发放给信用评分在 620—660 分的消费者（介于优质抵押贷款和次级抵押贷款二者之间），或者虽然信用评分高于 660 分但不愿意或不能提供收入证明的消费者。泛指针对那些信用记录很好或不错，但缺少或完全没有固定收入、存款、资产等合法证明文件的人发放的贷款。对借款人来讲，其利率通常比优质贷款产品高 1%—2%。“Alt-A”贷款中又分为无本金抵押贷款（Interest Only Loan）和选择性可调节利率贷款（Option ARMs）。

致银行经营管理战略和发展方向的迷失，甚至会导致银行破产和经营生涯的终结。

3. 从银行经营管理来看，风险偏好是业务发展和风险管理活动的共同指针

过去由于对风险的认识有限，人们往往把业务发展和风险管理活动简单视为相互制衡乃至对立的关系。有的由于盲目发展导致风险失控；有的则是片面强调风险管理，处处谨小慎微，影响正常业务拓展。现代银行经营理论认为，银行是经营风险的企业，要通过主动地管理风险、科学地安排风险来实现风险调整后的收益最大化。如果一味地规避甚至拒绝风险，则必然导致业务发展停滞，最终因丧失竞争力而被淘汰出局；如果只追求业务发展规模、速度和即期效益，不考虑潜在风险及其风险承受能力，处于完全被动承担风险和事后处理损失的状态，很难保证银行的持续经营。要主动管理风险，处理好业务发展和风险控制之间的关系，核心的问题是确立科学、明晰的风险偏好。银行风险偏好将风险与收益有机统一在一起，成为联结前中后台的纽带和相互沟通的共同语言，是业务经营和风险管控活动的共同指针。以信贷业务为例，银行的风险偏好既体现在营销指引中，指导业务部门选择目标市场和客户，同时也体现在风险管控指引中，指导风险管理和审批部门的决策判断。可以说，建立业务发展和风险管理的良性互动与和谐运行机制，统一的风险偏好是前提和基础。

（三）风险偏好的选择有其客观规定性

在理论研究中，人们对风险偏好有不同的理解。在银行实务中，风险偏好通常被定义为银行为实现持续盈利，在自身风险承受能力范围内愿意接受的风险水平。从表面上看，偏好属于主观意识范畴，但风险偏好作为现代商业银行经营管理的核心工具，并不完全体现某一个人甚至某一个机构的主观意志，尤其是风险总量的确定、目标风险的选择和风险轮廓的规划等重要内容受到多方面客观因素的制约，有其内在的客观规定性和科学规律。

1. 银行风险承担总量的确定

银行风险偏好的选择，首先涉及风险承担总量的确定。由于银行具有强烈的外部性特点，风险总量的确定受到诸多客观因素的制约。

（1）经济资本总量

银行是经营风险的，在经营风险的过程中，必然会发生各种预期损失和非预期损失。一般说来，银行是以收益覆盖预期损失，以资本抵御非预期损失。由于非预期损失是银行面临的真正风险，因而计算出的银行经济资本越大，它承受的风险总量也就越大。在确定经济资本总量的过程中，首先必须考虑实收资本总量，一般情况下经济资本总量要小于实收资本总量。其次是要确定置信水平①，这是银行风险偏好一个很重要的量化指标。置信水平越高意味着银行需要准备更多的经济资本来应对未来可能出现的风险，相应地风险偏好表现为比较保守；置信水平越低意味着对银行经济资本总量的要求越低，相应地风险偏好表现为比较激进。此外，客户的违约概率、违约损失率、资产的集中度、相关性、期限等也都从不同侧面决定着对银行经济资本总量的要求。

---

① 置信水平（Confident Level）是指总体参数值落在样本统计值某一区内的概率，是计量经济资本的重要参数。例如，银行确定经济资本计量所需的置信水平为99%，则表明在未来一年内银行破产的概率小于1%。换言之，正如修建水坝一样，银行希望能够抵御百年一遇的破产风险。

（2）股东期望

股东的期望包括收益和风险两个方面。股东对收益的期望通常表现为资本回报要求，也体现为市盈率等指标；对风险的期望通常表现为资本充足要求，也体现为股票 β 值等指标。① 从一般意义上来分析，股东当然希望以最低的风险承担带来最高的收益。但实际上收益提高必然意味着要承担更多的风险，而降低风险就意味着降低预期收入水平。换句话说，股东的期望直接影响银行的风险偏好，但股东的期望并不是无约束的，需要在风险和收益之间做出权衡。

（3）监管当局要求

出于维护整个银行体系稳健性的考虑，监管当局通常对银行承担风险的总量乃至业务发展规模做出一些限制。监管当局的约束直接影响银行风险偏好的确定。例如，8% 的资本充足率就是监管当局对银行风险总量的容忍度限制，贷款集中度等则是对风险结构的限制，等等。监管当局的要求是银行确定风险偏好时应遵循的刚性底线。

（4）银行自身管理水平

如果说巴塞尔新资本协议可以看作银行业的行业标准的话，那么银行的风险偏好则是因银行而异，在业界没有统一的标准，原因在于一家银行的风险偏好是与它自身的管理水平密切相关的。银行的经营管理优势、资源配置、人员结构等决定了风险偏好的选择。例如，一个前景十分好的行业或客户，可能由于银行并不具备相应的管理能力而有可能给银行带来损失，同样一些银行可以承担和经营的风险并不能表明是所有银行都可以承受的，盲目地跟从恰恰就是错误的开始。

---

① β 值也称为贝塔系数（Beta coefficient），反映了股价与市场总体价格波动之间的关联度。其绝对值越大，显示其收益变化幅度相对于大盘的变化幅度越大；绝对值越小，显示其变化幅度相对于大盘越小。如果是负值，则显示其变化的方向与大盘的变化方向相反；大盘涨的时候它跌，大盘跌的时候它涨。β 值越高说明股东愿意承担的风险越大。

所以风险偏好没有优劣之分，银行需要做的就是了解自己，清楚自身的定位，找到最适合、最符合银行科学发展要求的风险偏好。以资本约束为例，同样资本规模的银行，风险管理能力越高，就有可能获得更大的业务拓展空间，承担更大的风险总量，并在总量范围内合理布置风险结构。这也体现了新资本协议倡导的资本监管“激励相容”原则。

2. 银行经营风险的选择

银行是经营风险的，但并不是所有的风险都适合一家银行来经营。银行必须结合自身实际有选择地经营风险，这就是银行风险偏好中的目标风险选择。前面已经涉及相关观点，此处从偏好选择的角度再次强调以下几方面：

（1）具有较大的市场容量和发展潜力

如果某种风险的市场容量既小又缺乏潜力，即便具体业务本身收益率可能很高，但因市场容量有限或缺乏增长潜力，综合考虑后成本和收益也可能是不相称的，因此不适合作为大型银行的风险经营对象。

（2）应是银行擅长管理和承担的风险

具体地说，银行选择的目标风险必须具备经营管理比较优势。通常可以从以下几个方面来考察：

一是专家资源。现代银行经营管理的精细化、专业化程度越来越高，不同的风险需要不同的风险管理技能以及相应的专业化队伍。专家资源是银行最宝贵、最稀缺的资源，也是银行选择风险时要考虑的重要条件。从国际经验看，不同的银行在不同风险经营中各有所长，没有一家银行能够在所有领域都占据绝对优势，因此选择风险时要看银行是不是已经拥有了相关领域的专家队伍，或者是否有可能在短时间内培养起相应的专家队伍。

二是技术储备。工欲善其事，必先利其器。不同种类风险需要不同的管理技术。例如，商业银行要着力拓展国际金融市场业务，首先需要储备必要的市场风险识别、计量和管控技术以及配套的IT系统等。即便是外购的技术或模型，也需要结合自身情况进行全面的压力测试、返回检验以及有效的模型验证及配套的数据库建设等。又如，商业银行要把零售业务作为自身的战略性业务，首先需要积极研发零售信贷评分卡，依托先进的风险管理技术和业务流程，实行批量化、专业化的管理，传统的高成本、低效率的人工作业模式显然是难以适应现代银行零售信贷业务的发展需要。

三是制度准备。银行开展任何一项业务，必须做到制度先行。制度实际上体现了银行对风险承担和管理的一揽子安排。有没有做好政策制度准备，实际上反映了银行是不是找到了目标风险经营的控制点，是不是建立起了有效的管控流程，等等。换句话说，它反映了银行对目标风险是不是做到了"心中有数"。

四是组织架构。组织架构直接影响银行资源配置能力和市场响应能力。针对不同风险的特征，需要建立适合的组织架构以实现资源的合理配置。例如，如果银行将业务定位于大公司等批发业务，通常选择集中型组织架构，相应经营重心需要上移；如果定位于个人客户等零售业务，那么营销层面则需要相对分散的组织架构，相应经营重心需要下沉。因此，银行有必要根据所选择的风险特征，建设与之配套的合理组织架构。

3. 银行现有风险轮廓的分析

风险轮廓是用量化手段描述银行风险种类构成和分布特点，它将银行的整体风险特征"浓缩"成简要的数据，便于银行管理者和员工认知和使用，是银行确定风险偏好的一个重要环节。银行现有风险轮廓是以往经营管理活动的反映，从定性角度看它取决于银行的资产负债结构、业务结构、产品结构和客户结构，与银行的经营组织模式有着密切的关系，是银行业务发展战略执行情况的集中体现。对现有风险轮廓的描述可以帮助银行管理者和员工掌握银行风险形态构成和风险分布等关键特征。例如，信用风险敞口、市场风险敞口和操作风险敞口的比例，信用风险内部零售敞口和对公敞口的比例，市场风险内部本外币敞口的比例，操作风险内部不同产品线的比例，信用风险、市场风险、操作风险在不同层级经营单位的分布特征等。从科学管理的角度看，准确描述风险轮廓有赖于银行的数据基础和风险计量能力。只有以量化技术和工具来描述风险轮廓，才能实现精细化的管理，才能将风险偏好转变为资源配置、限额体系、业务指标和考核标准，进而引导银行日常的业务经营和风险管理活动。

4. 银行目标风险轮廓的规划

银行目标风险轮廓描述了银行期望的风险总量、形态构成和分布特征，它反映了银行未来业务发展的战略走向，是未来经营管理活动要形成的目标结果和反映。首先是根据股东要求、市场形势和自身实力规划总量指标。例如，银行最主要的是要抵御非预期损失，防止资不抵债，因此经济资本总量是风险偏好中很重要的总量指标，它回答了银行愿意承担多大程度的风险这一问题。其次是根据市场潜力、比较优势和战略判断，将各总量指标分解到各区域单元、产品单元，形成组合层面的政策、标准和限额体系。比如经济资本总量根据不同风险的比例进行分配，确定各主要风险和资产组合的经济资本配置，形成若干个组合层面的风险轮廓。最后是各单元根据指标分解情况，针对特定市场，设定准入门槛，制定营销策略、风险管控措施和各种操作规程。现有风险轮廓与目标风险轮廓之间的差距就是银行制订战略的着力点，也明确了战略的实现途径。

（四）建立以风险偏好为核心的风险经营体系

统一的风险偏好，是银行各项风险管理活动的指南，是大型商业银行实现风险管理目标的重要保障。选择与确定风险偏好是银行最重要的战略管理行为，同时围绕风险偏好，构建科学合理的风险管理体系才能确保风险偏好成为业务发展和风险管理活动的共同指针。从国际活跃银行的领先实践看，风险管理水平高、在危机中能够经受考验的银行大都确定了适当的风险偏好，并围绕设定的风险偏好，构建了适宜于风险偏好传导和运行的风险经营体系。

国内银行和监管机构也逐步认识到风险偏好对于银行科学发展的重要性，特别是在当前国内外经济形势严峻、国际金融业危机重重、银行风险管理面临新挑战的特殊阶段，中国大型银行应充分借鉴国际领先银行实践经验，结合自身实际，尽快建立起以风险偏好为核心的业务经营和全面风险管理体系，以政策和工具为主要载体，以组织架构和全面风险管理基础设施建设为依托，将风险偏好顺畅传导至银行的业务经营和管理活动中，实现健康科学可持续发展。

1. 构建全方位、多层次、统一协调的风险偏好体系

从近年来国际金融市场特别是全球金融风暴中出现的银行破产潮、金融机构去杠杆化及向传统商业模式回归等现象来看，科学、合理、稳健的风险偏好的缺失是这些银行破产的重要原因之一。国际银行业百年来的经验和教训表明，商业银行在设立自身风险偏好时，有几个需要遵循的底线和原则：第一，突破原有商业模式开展业务要审慎。现有商业

模式中多年积累起来的比较优势，有可能在业务转型和多元化经营调整过程中不断丧失，也可能在分散风险的同时产生风险叠加的负效应，需要在创新和综合化转型的同时，引入防火墙机制。第二，银行业多年来形成并坚持的基本准则不能弃守，“三性原则，安全性第一”、“不能贷款给那些还得起钱的人”、“5C法”[①]等基本信条经过了实践的充分检验，是确保银行基业长青的法宝。在次贷危机中一些银行之所以能安然无恙，主要是坚持了按揭贷款成数要求这个简单而有效的方法。第三，要有自己的判断，不能跟风走。银行在确定风险偏好时不能把眼睛盯在同业上，应更多地放在市场和产品的研究和分析上，合理的风险偏好只能建立在大量研究和科学判断的基础之上。

商业银行在设立风险偏好时，除应关注上述基本原则外，还需要从全面性、层次性、统一性和协调性等角度统筹规划。

风险偏好的全面性。一是银行应对其面临的各类风险，包括信用风险、市场风险、操作风险、流动性风险、声誉风险以及集中度风险等确定管理目标，设置风险偏好。二是银行应对其资产和负债在不同阶段下的风险设置偏好。如在客户准入阶段，要明确客户准入标准；业务办理阶段，要明确风险缓释后的净敞口情况；在贷款发放阶段，需要明确客户情况动态变化时的持续标准等。三是风险偏好设置不仅要关注当前风险和损失，还要关注未来可能的压力状态下的风险和损失。

风险偏好的层次性。传统的风险管理主要从单笔业务、单项资产角度明确管理要求，实施具体的管理活动。现代风险管理更加关注资产组合层面以及资产负债表层面的风险管理。同样的，在风险偏好的设定上，需要从单笔业务、资产组合和资产负债表三个层面明确银行的风险

---

① 5C是指品质（Character）、能力（Capacity）、资本（Capital）、抵押（Collateral）和现金流（Cash flow）。

管理战略。从单笔层面看，主要包括客户和市场细分、产品交易结构等；从组合层面看，主要包括国别、行业、区域、风险驱动因子的风险配置和分散化管理要求等；资产负债表层面则主要关注银行账户利率风险和流动性风险问题。分析此次金融危机中出现问题的银行，都具有两个特征：一是高杠杆状态运行，对其资产负债表层面的风险管理关注不够；二是资产集中度高，在次贷及相关产品过度投资，组合层面的风险偏好不够谨慎。

风险偏好的统一性。近年来，国内商业银行特别是大型商业银行纷纷施行了业务转型战略，经营领域的广泛性、业务产品的多样性、风险驱动因素的复杂性日益增加。在风险偏好的设定上，应透过业务流程和产品差异，全面评估和把握银行的实质风险承担状况，并以此为基础，建立对各类业务、各风险类别相互可比的风险偏好体系，避免在一家银行内部的不同条线或业务板块之间出现“旱路不通走水路”的情况。

风险偏好的协调性。随着客户需求的多元化和产品创新的发展，银行业务复杂度日益提高，单笔业务、单项资产可能同时包括多类风险，此时风险管理的有效性不在于某类风险管理的有效性，而是所有类别风险都得到了有效管理。在法国兴业银行事件中①，法国兴业银行设定了股指期货净敞口头寸要求，未设定总敞口限制，同时设置了一系列的系统控制手段来防范操作风险，当这些控制都一一被破解时，市场风险管理随之失效。法国兴业银行事件充分说明了对各类风险进行整合化管理的重要意义。前期，让国内众多银行损失较大的人民币结构性理财产品交易（Quanto），银行承担的是由市场风险引发的客户信用风险，

① 2008 年 1 月份，巴黎法国兴业银行惊爆交易损失，“魔鬼交易员”杰洛米·科维尔（Jerome Kerviel，法国人，出生于 1977 年 11 月）擅自投资欧洲股指期货，造成法国兴业银行 49 亿欧元（71.6 亿美元）税前损失。

协调管理好信用风险和市场风险管理就显得极其重要。

2. 塑造灵敏高效的风险偏好传导机制

风险管理活动是一项围绕风险偏好展开的自上而下、又自下而上的动态管理过程。银行的风险偏好需要通过政策制度、授权管理、授信审批、限额管理、经济资本、绩效考核等手段，自上而下地分解并及时有效地传导，成为各部门、业务单元和业务人员的具体目标，细化到每一个过程中。同时，对各微观层面交易涉及的风险、收益等情况，通过监测、检查、报告、评价、考核等制度对各层次决策的目标及实现情况进行对比，并进行反馈纠正和持续改进，自下而上地传递并汇总形成银行总体风险信息，为银行风险偏好管理服务。这一过程是以风险偏好为核心，以政策和程序为传导路径，以限额、授权、经济资本等风险管理工具为传导信号，以内控体系作为纠偏和改进机制的有机整体。

重检风险政策制度体系。风险偏好的一个重要传导途径就是通过政策制度的制定把战略层面的风险偏好转化为执行层面可操作的政策、指引、标准和底线。在银行内部管理中，风险偏好是银行资本管理、资源配置、绩效考核、风险管理、市场营销及信贷审批等工作的指引。风险管理政策是对风险偏好的进一步解读、阐释，是银行在承担该类风险时所应遵循的政策导向，是业务经营活动的行动指引，具体体现战略意图和风险偏好。在市场营销和审批过程中，准入退出标准、信贷政策和审批标准也需以风险偏好为依据来制定，以保证在风险偏好的框架下开展各项经营管理活动。因此，银行需要以风险偏好为指引，在银行经营的各业务领域，在总量、组合和交易层面，建立包括政策、制度和操作规程在内的矩阵式政策制度体系，清晰地表达政策导向和要求，对具体决策和行动形成明确统一的约束，确保风险偏好自上而下在银行的各条线、各层级得到正确的体现和顺畅的传导。

提升风险管理工具开发应用能力。风险管理工具是传导风险偏好的重要手段。其中经济资本这一管理工具在风险偏好的传导过程中占据核心地位。从定义上看，经济资本是银行业务发展中实际承担风险水平的真实反映，体现了银行平衡风险和收益的管理内涵。经济资本总量和在不同风险之间的配置恰恰描述了银行的目标风险轮廓，是风险偏好的核心内容。从计量和考核上看，银行通过经济资本的计量可以计算出总量、组合乃至客户单笔交易层面实际承担的风险水平，并可以在资源配置、业务经营决策、产品定价、风险管理、绩效考核等领域运用。经济资本既可以用于战略决策层面，也可以作为信贷政策调整的依据，还可以辅助具体业务的取舍和进退，它的易于分解和能够平衡风险与收益的特性使其成为表述和传导风险偏好的核心工具。在此基础上，银行可以建立包括风险限额、授权、信用评级、监控预警等风险管理工具，实现业务发展和资源的合理配置，实现风险承担和收益回报的有效平衡。随着风险计量能力的提高和风险管理工具建设的加强，银行风险偏好的传导将更加科学，执行情况的监督考核也将更加客观。

加强内控管理。内部控制是确保风险偏好传导过程准确有效的重要保障。加强内部控制，一是按照"三道防线"①要求加强内部组织结构的控制。按照业务流程、内控制度的要求，建立决策层、管理层、经营层、监督层、保障层的组织结构。强化稽核部门在内控体系中的特殊地位和作用，促进内部稽核从合规性稽核向风险性稽核转变，从单一的事后稽核向事前、事中、事后全过程稽核转变。二是建立以风险评估和控制为核心的风险管理系统，加强信贷风险预警、企业经营风险预警，并及时向经营部门反馈。三是强化会计系统控制，运用科技手段，强化会

---

① 中国人民银行《关于印发〈加强金融机构内部控制的指导原则〉的通知》（银发[1997]199号），提出银行应当设立顺序递进的三道监控防线：即一线岗位监督、部门岗位制衡以及监督部门监控三道防线。

计监督，进一步完善会计管理体制，对基层网点会计主管实行委派制和定期岗位轮换制，建立柜员、综合员、会计主管三线监控体系。

3. 重视以风险偏好管理为核心的基础设施建设

全面风险管理基础设施建设包括组织架构、职责安排、数据系统建设、人员建设和文化建设，这些既是传导风险偏好的根基，更是银行在未来激烈竞争中保持核心竞争力，实现科学发展的最终决定因素。

在组织架构方面，风险管理组织架构是风险偏好传导的重要依托，组织体系合理、职责分工明确、报告路径顺畅将有利于风险偏好的准确传导。在集中型风险管理组织架构下，银行董事会根据股东要求、监管约束、资本总量和管理能力，确定风险承担总量、规划目标风险轮廓，选择确定银行风险偏好。高管层根据不同风险对象的市场发展潜力和自身比较优势，选择目标风险，制订业务计划和配置资源，制定主要风险管理政策和限额，负责实施风险偏好。执行层根据职能分工，以客户准入退出标准、信贷政策、信贷审批标准、投资指引和风险限额体系等为载体，在日常经营管理活动中传导风险偏好。同时，由于银行承担风险具有不同的特性，不同风险管理的组织机构设计应体现专业化的特点。通过建立专业化管理团队、专业化的风险管理信息系统、专业化的风险计量方法和分析工具，提高风险管理的效率和质量，使统一的风险偏好在不同的风险领域得到充分合理的体现，进而实现风险计量方法、文化理念、政策制度、绩效评价标准和风险管理策略的统一。

在数据系统建设方面，国内大型商业银行要加快整合数据资源、严格数据质量管理，建立专业化数据集。遵循“面向服务”原则，按照渠道整合、客户管理、产品服务与业务操作、管理决策和应用环境五个层级，建立架构合理、便捷高效、功能集成度高的信息系统，为风险计量能力的快速提升创造条件。

在人员建设方面，从偏好制定和调整的角度看，重点要培养一批宏观形势分析专家、行业分析专家和金融市场分析专家，同时要重视风险计量人才的培养。商业银行应该充分重视人力资源建设，建立不同层次、不同业务领域的专家团队或专家库，强化岗位技能培训从建立专业技术人员梯队，形成相对稳定的经营管理和风险管控专业化团队，确保宝贵的专家资源充分发挥作用。

在文化建设方面，要让银行所有的员工通过正确理解和执行风险偏好，把风险偏好变成自觉遵守的行为准则，变成职业生涯的共同价值观。国内商业银行近几年在文化建设方面取得了很大进步，内涵逐步丰富和科学，“资本约束”、“风险—收益平衡”、“促进业务健康发展”和“为股东创造更大价值”为根本的价值创造型风险管理理念在逐步融入到日常经营管理行为中。在风险偏好的传导过程中，银行要通过宣传教育、执行和监督，将先进的风险文化理念植入每一个员工心中，形成强大的凝聚力，为银行的科学发展奠定坚实的根基。

4. 强化组合管理，控制银行的整体风险

组合风险管理的核心理念就是以既定风险偏好，挖掘那些与现在组合呈负相关或正相关很小的资产，充分利用分散化的可能，在规模和整体收益基本保持不变的情况下，将组合的风险降到最低，或者在可承受风险能力基础上，实现收益最大化。由次贷危机触发的金融海啸，“受伤”严重，甚至“丧命”的国际知名金融机构，恰恰是业务过于集中，脆弱的组合难以承受巨大的系统风险，从而引发的流动性危机就成了最终导致破产倒闭的致命因素。

因此，商业银行尤其是大型商业银行应该从这次金融海啸中充分汲取经验教训，加强组合风险管理，加强对各类风险整体上的把控和资产组合的主动安排，对资产组合实施积极主动的管理，实现资源最佳配

置，平衡风险和收益，谋求资本约束下资本回报的最大化。一是运用相关性、集中度等分析工具，在单一风险管理基础上，考虑不同类型客户和不同类别风险的相关性，关注对整体资产组合的边界风险贡献，灵活运用各类信贷资产组合管理手段改变贷款组合风险特征，通过分散化效应降低贷款组合波动性，提高资产整体回报水平。二是通过经济资本配置等手段，对愿意并且能够承担的风险进行预先安排，主动挑选风险对象，将有限的资源在各业务领域进行最佳配置，通过主动承担这些风险敞口谋求更高收益。三是主动利用各种手段调整和优化组合结构，及时减少风险较高而相对收益较低的风险敞口，增加对组合风险回报率产生正面贡献的敞口，改善组合风险收益状况。这样，银行就能够在逐步提高各项经营活动预期损失和非预期损失测算能力的基础上，实现风险成本和资本成本的合理补偿，将风险调整收益作为资源分配和绩效评价的基本依据，引导各业务单元将风险管理由事后的被动行为向事前的自觉行为转变，实现风险管理对价值创造的支持作用。

第一章

把握风险经营的核心理念*

---

* 由于工作关系，1996年以来我有幸持续观察并亲历商业银行风险管理（或风险资产处理）实践。作为一个职业风险经理（我过去一直是这样定位自己的职业理想），既要严格遵循职业操守，尽职尽责，还应该像传教士那样用通俗语言传播先进的风险理念。在过去的近八年中（2006—2013年），我试图对银行面临的各种风险及其规律进行深入分析，对风险管理的基本方法进行了提炼和综述，形成若干对风险经营理念的具体理解，并尽可能用大家容易理解的通俗语言在各种场合进行宣讲、传播。

风险的本质就是不确定性。尽管绝大多数人不喜欢不确定性，但经济领域的不确定性恰恰是银行存在的理由。相信大家在看完《引言》之后，能够接受和理解这一观点。

在国内大型银行部门制和层级制之下，很多人容易将风险管理片面地理解为“控”与“堵”。在对风险缺乏准确计量和有效管理的前提下，基于当期账面利润考核，往往导致基层机构与上级管理机构、前台营销部门和中后台管理部门的对立。

在层级博弈和前中后台碰撞中，有许多看似理直气壮的说法，致使决策者常常犹豫不决。其实，真正意义上的商业银行无论如何也不可能成为“江湖意义上的商业银行”，多年形成的大量“显规则”是不容忽视的，更是不能亵渎的。现代银行管理的核心，是积极主动的风险选择。现代经济和社会的复杂性，决定了银行面对的信用风险、市场风险、操作风险等实质性风险的多元性。在不同的内外部环境下，银行需要根据不同类型实质性风险的特征，运用不同的方法和工具，进行具有前瞻性的有效管理，从而实现风险收益的最大化。

一
风险管理不是“控”与“堵”，而是积极主动的风险选择

在讨论风险经营的核心理念之前，有必要探讨一下最基础的“风险态度”问题，即银行要用什么样的方式、方法来观察风险和处理风险。分析百年来商业银行风险管理走过的历程，随着对风险的认识不断深入，人们对待风险的态度正在发生质的变化。这个变化不断驱动风险管理技术方法的创新和发展，而技术进步又在不断丰富和拓展现代银行风险经营的内涵。

（一）风险管理正在从内控导向走向风险经营与内控相结合

风险的本质是“不确定性”。过去人们常常把风险等同于损失，后来明白这是完全不同的两个概念。举个例子，贷款进入不良形成损失，那么就不是严格意义上的“风险”了。因为损失已经实际发生，原先的不确定性已转化为确定。

银行风险管理面对的核心问题是不确定性，而不确定性主要源于信息不对称。信息不对称给银行经营管理带来很多挑战，其中最突出的就是道德风险。因此传统银行的风险管理主要着眼于防范道德风险，防

止一部分人垄断信息，从治理结构安排、组织架构设计，到风险控制流程、岗位制衡约束等等，都体现了内控的基本思路。

现代银行业发生了很大变化，最显著的变化是在信息方面。随着信息网络化、IT 技术进步、征信体系不断健全，银行在获取内外部信息的能力、掌握信息的广度和深度、处理信息的技术和方法等方面都有了质的提升。在这个背景下，原先困扰银行的信息不对称问题得到明显缓解。与此同时，海量信息为银行有效甄别风险并从中发现市场机会提供了可能。人们逐渐发现，原来风险并不是“洪水猛兽”，银行风险管理不单纯是针对成本问题的管理活动，而应该是着眼于价值创造的经营活动。

因此从方法论上讲，现代银行的风险管理不再像过去那样主要围绕防范道德风险进行“控”与“堵”，而是逐步走向积极的风险经营与严谨的内部控制相结合。银行越来越重视对信息的收集和分析，力求“知己知彼”，一方面最大限度减少信息不对称带来的风险；另一方面则是通过积极主动的风险识别、风险选择和风险安排，促进价值创造。

（二）风险经营核心是风险选择，风险选择决定银行的经营基础和竞争力

现代银行强调经营风险。经营风险的关键是做好风险选择和管控。不重视风险管控，银行将会时时面临不虞之患；但是如果只盯着风险管控，一味规避风险，那么银行将丧失活力和竞争力。因此，国际先进银行非常重视主动的风险选择。恰当地选择好风险，银行经营已经成功了一半（乃至更多）。反之，如果风险选择不当，不仅后续的风险管控难度大，而且管理效果也不会好。科学、精准的风险选择，可以为银行赢

得稳固的经营基础和可持续的竞争优势。

1. 风险选择影响银行整体抗风险能力

银行做出特定的风险选择，客观上就决定了其风险敞口、风险轮廓（risk profile），锁定了风险经营的路径，进而决定其经营基础是否稳固，是否能够经受市场波动的冲击等等。这在金融危机中得到充分印证。如果仔细分析会发现，很多国际知名金融机构在风险管控能力上实际上并没有太大的差距，但在金融危机中的表现却判若云泥，其中重要的原因就在于风险选择策略不同。

例如，在金融危机爆发前，以结构化衍生产品为代表的金融创新非常活跃，利润丰厚，很多银行趋之若鹜。但也有银行例外，渣打银行就一直恪守"聚焦战略"，专注于自身核心优势业务领域(包括贸易融资、以资金管理为主的资本市场业务、现金管理及托管业务等)，只持有与核心业务密切相关的资产和衍生品，很少叙做复杂的衍生交易。正是由于采取审慎的风险选择策略，在金融危机中，渣打成为欧美大型银行中少数几家独善其身的银行[①]，并以稳健的业绩增长在金融危机之后跃居英国市值第二大的金融机构。

再如摩根大通银行，也是基于审慎的风险选择避免了金融危机的冲击。据介绍，摩根大通较早意识到 SIV 等结构性投资工具、CDO、CDS 等产品的内在风险，避免发起或叙做相关业务，并在 2005 年出售了该公司唯一的一个小型 SIV。此外，摩根大通在 2006 年即大幅削减次级按揭贷款相关的风险敞口，且没有介入选择性可调利率按揭贷款等

① 2008 年，在全球贸易大幅萎缩的背景下，渣打银行贸易融资收入却增长了 46%，市场份额得到提升。同时，对公业务不仅实现业绩增长，还通过现金管理和托管业务吸收了大量存款，确保了充裕的流动性，而良好的流动性也为公司提供了更多逆市收购机会。参见《渣打为何在金融危机中幸存》，《新财富》2009 年 6 月。

业务[①]。这些有别于同业的风险选择策略，使得摩根大通银行最大限度地减少了损失并躲过危机的冲击。

2. 风险选择能力决定银行的竞争力

银行以承担风险为对价来获取收益。大家都知道“高风险高收益、低风险低收益”，但这只是理论上的“常态”。很多实际情况是高风险并不必然带来高收益，低风险也未必就是低收益。之所以出现这个现象，关键在于不同银行风险选择的差异。风险选择能力强的银行，相对于同业平均水平来说，完全可能做到“低风险高收益”；反之，风险选择能力差的银行，很可能出现“高风险低收益”的情况。

表 1–1 商业银行风险 / 收益矩阵

风险 收益	高	中	低
高	常态	具有较强的风险选择能力	具有超过同业的优秀风险选择能力
中	风险选择能力不足	常态	具有较强的风险选择能力
低	风险选择能力与同业相比有明显差距	风险选择能力不足	常态

表 1–1“商业银行风险 / 收益矩阵”在实际经营中可以找到很多的例证。下面举一个美国银行业信用卡业务的案例进行分析（之所以选择信用卡的例子，主要因为美国银行业信用卡业务管理流程的标准化程度普遍较高，不同发卡机构之间最主要的差别就在于风险选择）。

① 参见郦锡文：《问道摩根大通——从摩根大通风险管理文化中得到的启示》，《银行家》2009 年 6 月。

表 1–2　美国十大信用卡发卡机构的风险 / 收益对比[①]

信用卡发卡机构	坏账率（%）	利息收益率（%）	净收益（%）
Discover	4.15	13.33	9.18
Capital one	2.99	4.97	1.98
J.P.Morgan Chase	4.62	12.81	8.19
American Express	3.59	11.38	7.79
Providian*	4.38	8.64	4.26
Bank of America	1.85	9.96	8.11
Fleetboston	5.37	15.13	9.76
Metris*	9.58	4.19	–5.39
Wells Fargo*	3.83	9.09	5.26
U.S.Bancorp*	5.03	11.71	6.68

数据来源：Card Industry Directory，2003 edition. 数据多为 2000 年。* 数据为 2001 年。

对表 1–2 分析可以发现：

如果只看坏账率，Capital one 的坏账率不到 3%，但是其利息收益率不到 5%，因此反而是净收益（1.98%）最低的银行之一。Fleetboston 的坏账率高达 5.37%，但其利息收益率高达 15.13%，因此净收益（9.76%）是最高的。这两家是“低风险低收益”和“高风险高收益”的典型。

但是，Bank of America（美国银行）的坏账率最低，仅 1.85%，而利息收益率却达到9.96%，是净收益(8.11%）最高的银行之一，可以说，这是“低风险高收益”的经营成功典范，说明美国银行选择了自己擅长经营的风险。与此形成鲜明对照的是，Metris 的坏账率高达 9.58%，而利息收益率仅 4.19%，净收益率是 –5.39%，这是比较典型的“高风险低收益”的例子。这说明其风险选择不够准确，或者说选择了自己不擅长

① 引自陈建：《现代信用卡管理》，中国财政经济出版社 2005 年版。

经营的风险。

（三）现代银行风险管理主要范畴都与风险选择密切关联

风险选择已经融入到现代银行各项风险管理活动中。例如风险偏好、风险战略、政策底线、资源配置和绩效考核等，都与风险选择密切关联。

1. 风险偏好

风险偏好是风险管理的核心，它实际上体现了一家银行对目标风险的基本态度、价值取向(例如是激进还是保守，是进攻型还是防御型等)。风险偏好决定银行的风险选择，风险选择具体体现银行的风险偏好。

2. 风险战略

风险战略体现了银行对风险承担的总量、结构、实现路径等重大经营方略的选择。在有限资源（包括资本、管理资源等）和市场条件等边界约束下，风险战略的重点和难点都在于如何来选择风险，如何进行合理的取舍和布局。

3. 政策底线

风险政策、风险底线是银行经营管理实务中对风险选择的指引性文件和标准。例如，银行信贷政策要求找出符合市场优势、资源优势、技术优势、区位优势、管理优势的客户和项目，这就体现了风险选择的导向。再如银行的各种风险底线，实质上就是划定风险选择的合理范围，既保证风险偏好的统一，又赋予业务经营人员必要的风险选择自主权，便于对市场做出快速反应。

4. 资源配置和绩效考核

商业银行的资源配置、绩效考核不是单纯的内部管理问题，实际上也是风险选择的问题。向哪个业务板块、哪个条线、哪个分行多配置资源，说到底还是基于对风险的判断、选择和取舍。再如绩效考核中设置的各类指标，有人比作是“指挥棒”，从主要指标的内在逻辑看，实质上也是在引导被考核机构和人员的风险选择行为。

（四）把握风险选择的“五个基本原则”

在业务实践中如何做好风险选择，针对不同的市场、不同的客户、不同的业务，不同的银行有不同的方法和标准。基于我自己的体会，至少应该把握五个最基本的原则：

1. 能够识别

必须选择那些自己能够清楚识别的风险。无法识别风险，遑论有效的管控。对于自己“看不明白”的业务，即便市场上同业趋之若鹜，优秀的银行通常也不愿意涉足。例如前面提到的摩根大通银行，在香港市场雷曼迷你债券销售异常火爆的情况下，摩根大通没有介入。据有关资料介绍，摩根大通的销售部门原先也想做，因为利润异常丰厚（香港市场上商业贷款的利差通常只有几十个基点，而销售雷曼迷你债券却可以拿到200—400个点的手续费）。但是，该项申请在内部审查中被否决了。否决理由很简单：“我看不清楚这个产品，它或许对银行有利可图，但对客户的利益缺乏保障”[①]。拒绝承担无法识别的风险，不仅为摩根大

① 引自陈建：《现代信用卡管理》，中国财政经济出版社2005年版。

通避免了损失，也为其赢得了良好声誉。

2. 可以承担

风险选择要考虑自身的承受能力，要确保承担的风险敞口与银行自身保有的资本、可用的资源、现实管理能力等相匹配。资本、资源和管理能力，都是银行在承担风险过程中的边界约束。不同银行的风险偏好、风险政策固然有激进或保守之分，但是每个银行都需要遵循这些“硬约束”。在这次金融危机中，为什么一些看来很小的事件会成为压垮大型金融机构的“最后一根稻草”，最直接的原因就在于，其原本承担的实际风险敞口已经达到乃至超过安全边界。例如贝尔斯登公司，在2007年11月30日账面有接近4000亿美元的资产，但股东权益仅118亿美元，总杠杆率高达34倍（行业惯例风险警戒区是25—30）。在风险敞口超过自身可承担能力的情况下，一旦出现不利的市场波动，就很容易出大问题。

3. 有利可图

获取合理的“风险溢价”是银行风险经营的目标。大家都知道不能赔本赚吆喝，但是怎么把账算清楚却是值得研究的问题。过去国内银行的信贷员主要盯着收息率，收到利息就是赚钱。随着管理水平提升，大家开始接受“财务利润”的概念，知道从客户收取的利息等各种收入，还需要扣减掉资金成本、信贷成本、内部管理成本、税金、监管费等等。但是，从银行风险经营的角度来看这还不够，因为资本成本的因素没有考虑。要准确衡量银行是不是赚到钱、赚到多少钱，还需要在财务利润的基础上扣减业务所占用资本的成本，这就是现代银行“经济利润”的概念，即基于风险调整后的真实利润。国际先进银行通常使用EVA、RAROC等指标来衡量。在实际业务经营中，存在不少表面上看“有利可图”但事实上不产生经济利润，甚至经济利润为负的现象。例如，国内很多银行的分支机构喜欢做的保函业务，按照监管规定的风险转换系数，其风险敞口占用大量的资本，因此并非“有利可图”①。

4. 擅长管理

同样的风险类型、同样大小的风险敞口，有的银行可以通过有效经营获得丰厚利润，但是有的银行却可能亏损。为什么会出现这种情况？关键在于是否擅长管理。怎样理解“擅长管理”？主要有几个方面：一是专业、专注。银行的风险管理是一个“厚积薄发”的积淀过程，专业技术的优势最终可以转化为市场竞争的优势。二是独特的管理优势。包括特定的业务经营和风险管理能力、专业人才储备、先进管理文化等。这方面有很多例子。一家银行在某个领域的产品或服务方案很容易被同业仿效或复制，但是其管理优势却很难在短期内被超越。三是制度基础。制度表现为一系列经营管理的规范，实质是一家银行经营管理经验和智慧的物化载体。所谓“没有规矩，不成方圆”，缺乏必要的制度准备，风险经营过程中的不确定性将会大大增加。

5. 市场潜力大

银行确定风险选择的目标，并投入相应资源，需要考虑整体的投入产出，这对大型银行来说尤为重要。在风险选择过程中，除了前面谈的几个原则外，往往容易忽略“市场潜力”的标准。对于一家大型

---

① 按照目前监管规定的风险转换系数（融资性保函为100%，非融资性保函为50%）和最低资本充足率底线（最低8%，对于大型银行要求在11%以上）进行简单测算，1个亿的融资性保函要占用800万—1100万的监管资本，1个亿的非融资性保函要占用400万—550万的监管资本。如果资本回报率按10%（国外先进银行以及国内大型银行的资本回报要求通常都超过10%）粗略测算，那么相应资本成本是80万—110万和40万—55万左右，而国内银行很多分支机构的保函收费远低于这个水平（特别是非融资性保函，基本上是象征性地收取一些费用）。

银行来说，要将某类风险作为自己要承担的目标风险，必须要充分考虑其市场容量。如果市场容量不大（甚至仅有一单两单的业务），就很难作为风险选择的标的。在政策制定和调整过程中，要防止简单通过“讲故事”来影响决策的现象。这个问题在国内不少银行都存在。有些分支机构的同事往往会举出某个具体项目作为例子，努力说服政策制定部门调整相关政策制度。实际上，这里需要深入分析，即便是真正的好项目，也要考虑是不是值得为这些特例而改变整体的政策导向或制度安排。换句话说，要考虑如果为此改变政策或制度安排并投入相应资源，后续是不是有足够大的市场空间？如果不是，那么只能作为个案来处理，而不宜成为大型银行政策制度层面的风险选择目标。

二

针对不同类型的风险[①]要有不同的管理重点

在端正风险态度的基础上，对于经营管理中遇到的各种类型的具体风险形态还要进一步深入分析，掌握和运用好相应的方法和工具。现代商业银行时刻要面对形形色色的风险，不同类型的风险具有不同的形态、要素和内在规律。科学的风险管理不是拿一个模式来应对所有类型的风险，而是要抓住关键，找出主要矛盾和矛盾的主要方面，有针对性地加以识别和管理。

（一）信用风险——重点观察违约概率

信用风险的本质是客户或交易对手违约的风险。这个概念很好理解。但从实务的角度看，违约/不违约的简单两分法对于风险管理来说并没有太大意义，因为违约/不违约只有在发生以后才能知道。因此，现代银行信用风险管理的重点在于观察违约概率，即对客户（或交易对手）未来违约的可能性做出前瞻性预测，并采取针对性的风险管理策

---

① 风险分类有不同的划分标准，业内一般遵循巴塞尔委员会（BCBS）《有效银行监管的核心原则》所确定的定义和划分标准。

略。现代银行都是基于违约率的定量计量，实现对信用风险的精细化管理。

基于“概率”采取针对性的风险应对策略，这个方法在现代社会得到广泛的运用。例如，现在电视台、广播、报纸等每天会预报降水概率，老百姓在出门前可以根据这个概率，结合自己的风险偏好、风险防范成本来选择自己的应对策略。如果降水概率达到 80% 或者更高，那么多数人都会带上雨具（当然如果那天你刚好穿一套昂贵的新衣服，那么可能降水概率达到 50% 就要考虑带上雨具）；但是如果降水概率只有 10% 或更低，大多数人不会带雨具，因为携带雨具这个风险防范措施是需要成本的。

现代商业银行信用风险管理也是如此。风险管理资源是有限的，因此需要针对不同违约概率的客户采取差别化的管理措施，而不是眉毛胡子一把抓。这是精细化管理的基础，也是提高风险管理资源配置效率的必然要求。例如，国外很多先进银行综合客户违约概率、与违约概率密切相关的行为特征等关键指标，建立客户信用风险预警机制，采取差

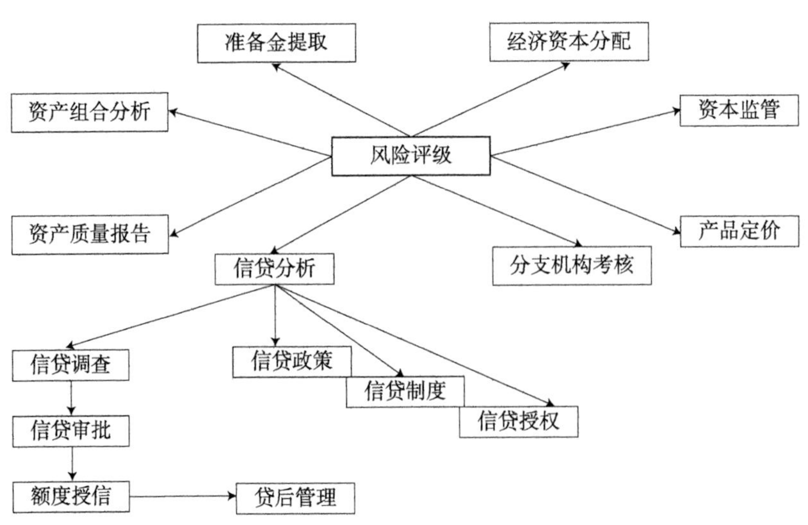

图 1–1　内部评级法的基本体系

别化的管理策略。有的客户只需要采取例行的定期风险监测，有的客户还需要增加监控频率，有的客户则必须采取积极的干预措施（如贷款期限和还款方式调整、利率调整、资产置换等）以避免出现违约。实践证明，这种差别化、针对性的违约前干预措施是非常有效的。根据美国银行（BOA）的经验，处于风险状态中的住房按揭贷款（属于违约概率较高的贷款），通过前述针对性的干预措施，有2/3可避免进入实质损失状态。

从贷款的整个生命周期过程来看，无论是客户选择、风险识别、贷款审批、差别化定价、风险缓释安排，还是贷后的风险监测、违约前干预、风险处置化解等，分析计量违约概率都是最基础的工作。违约概率是银行风险评级体系的关键（Basel协议要求实施内部评级法的银行都必须能够自行计量违约概率，见图1–1），也是现代银行风险管理的重要基石。

这次金融危机给了人们很多教训。其中有一个非常值得思考的问题，就是对违约概率的重新认识。《华尔街日报》做过报道，早在2006年初，标准普尔等机构就研究证实，次级按揭贷款的违约概率要比普通按揭贷款高出43%以上。但是在当时的市场上，以次级按揭贷款为基础资产的债券所获得的评级，与普通按揭贷款支持债券并没有太大区别。据有关专家统计，金融危机爆发前，市场上次贷相关债券大约有75%获得AAA的评级，10%得到AA，8%获得A，仅有7%被评为BBB或更低①。很多机构投资者和个人盲目信赖评级机构给出的评级而购买了次级按揭债券。实际上，评级的基础是违约概率（无论是内部评级还是外部机构的评级，都需要严格映射到违约概率上），只看评级而

① 参见符浩东《构建风险应急机制　稳健推进金融创新——次级贷危机对中国资本市场的启示》，《证券市场导报》2008年6月号。

不去深入分析（质疑）背后真实的违约概率，很容易误入歧途。例如，穆迪给出同样是AAA级（最高评级）的优质住房按揭贷款支持债券和次级按揭贷款支持债券，从评级迁徙情况来看，一年之后前者有89%仍保持AAA级，而后者仅74.9%保持在AAA级[①]，内在的违约概率变化等特征存在明显的差异。

（二）市场风险——重点观察价格波动

市场风险的本质是价格波动的风险。从市场风险管理的主要内容来看，无论是利率、汇率、股票还是商品，都是要抓价格波动这个基础驱动因素。

例如购买国债，因为国债是国家发行的，违约的可能性微乎其微。但是国债同样存在风险，主要是市场风险。国债的价格随着市场利率（资金价格）的变化而变化，利率上升了，国债的价格就相应下降，且期限越长的国债面临利率风险越大。以一次还本付息的国债为例，其价格的计算公式如下：

$$V=M\times\frac{1+i\times n}{(1+K)^{n}}$$

（其中，V为市场价格，M为面值，i为票面利率，K为市场利率，n为付息总期数）

市场价格波动及其内在驱动机理的复杂性，决定了市场风险管理是银行风险管理中最复杂、专业性最强的领域之一。长期以来，西方先进银行在市场风险管理中开发了很多模型和技术，并大量引入现代金融工程技术和金融衍生对冲工具。但是从这次金融危机来看，在市场出现

① 资料来源：穆迪评级网站。

大幅度波动的情况下，原来看似很完善的市场风险管理模型以及相关机制安排，还是暴露出了很多缺陷。

我国银行业的市场风险管理近年来刚刚起步，与国际领先银行相比，在管理机制、制度流程、技术工具等方面都有不小的差距。当下要做的工作很多，但最急迫、最基础的还是重点抓好以下几个方面：

1. 估值

市场价格出现波动，银行所持有的资产、交易合约等价值也随着发生变化。对于这些变化所带来的风险/收益，银行要随时做到心里有数。具体来讲，不仅要弄清价格变化的方向，更需要准确计量价格变化的幅度。因此，针对市场价格波动做出及时、准确的估值，是现代银行市场风险管理的基础。衡量一家银行的市场风险管理水平，首先是看估值能力。而提升估值能力的关键，是完善估值模型及相关技术工具。例如，估值中要用到收益率曲线，国外绝大多数大型银行做得非常精细，有上百条的收益率曲线模型，而且是结合自身的交易结构自己开发的，不是单纯外购的，因此估值的可靠性和精确度自然大大提高。这方面国内银行还相对落后，有的银行只有一两条收益率曲线，而且依靠外购，估值能力亟待提升。

2. 限额

市场价格波动可能导致银行风险敞口的变化，银行愿意承担多大的风险敞口，需要有一个明确的限额。限额是风险管理最传统的手段，实践证明也是最简明、有效的手段之一。市场风险限额指标通常分为整体组合、业务组合、单笔头寸等层面来分别设置。确定的限额作为刚性约束，要按一定的监控频率进行监测和报告，达到预警线的将触发预警机制；确需超限额开展业务的，必须经过严格的审批程序（通常是高管层审批)。近年来，国内大型银行经过学习借鉴和不断摸索，陆续建立了市场风险限额的管理机制和指标体系。

3. 止损

随着市场价格的波动，银行持有的头寸、叙做的交易等可能出现盈利，也可能发生亏损。针对亏损的情景，要建立止损机制。止损是现代投资的一个基本理念，也是市场风险管理的重要手段。止损的实质是在变幻诡谲的市场波动中确保生存。盈利固然可喜，但及时果断地止损更是一种智慧。在金融交易中，由于不甘愿认赔而输光全部的案例比比皆是。当然，止损说起来容易做起来难，很多人都有过切身经历（例如炒股)，这也是人性固有的弱点所决定的。因此，在市场风险管理中必须建立一套严格的止损规则，合理设置止损点。这既是业务操作的技术安排，更是风险管控的重要机制。

（三）操作风险——重点观察流程

操作风险的本质，是由于流程缺陷导致的风险。按照 BCBS[①] 的定义，操作风险涉及人员、系统、内部操作、外部事件等。从国内外银行的实际案例来看，操作风险的表现形态五花八门、不胜枚举，很难像信用风险、市场风险那样做出清晰的分类并制定针对性的风险管理策略。不少国际领先银行针对操作风险构建了关键风险指标（KRI）体系，但

① 1974 年底，面对国际货币与银行市场刚刚经历了剧烈动荡（原西德的赫斯塔特银行倒闭后)，“十国集团”的中央银行发起设立巴塞尔银行监管委员会（Basel Committee on Banking Supervision, BCBS)。委员会是其成员就银行监管问题进行交流的一个论坛，没有任何凌驾于国家之上的正式监管权力。2009 年，中国成为委员会的成员。委员会的详细信息和所有的技术文件，参见其官网 http://www.bis.org/bcbs/index.htm。

是 KRI 主要作用还只是分析和监测。

虽然操作风险种类繁多，但是仔细分析各种操作风险形态，还是可以发现不少内在规律。实际上，不管是人员、系统、内部操作，还是外部事件，操作风险产生的根源都与流程密切相关。操作风险都是隐藏在流程当中，不恰当的流程可能滋生风险（甚至诱发外部欺诈），同时流程的变化本身也可能带来新的风险。因此，对操作风险的防范不能就事论事，“头痛医头、脚痛医脚”，而应该更多地关注最基础的流程，通过优化完善流程来增强对操作风险的防控能力。这是最简单的办法，却也是最有效的办法。就像感冒，可能由不同的病毒、细菌引起的（而且很多病毒还经常发生变异），不可能都通过打预防针的方式来防范，最

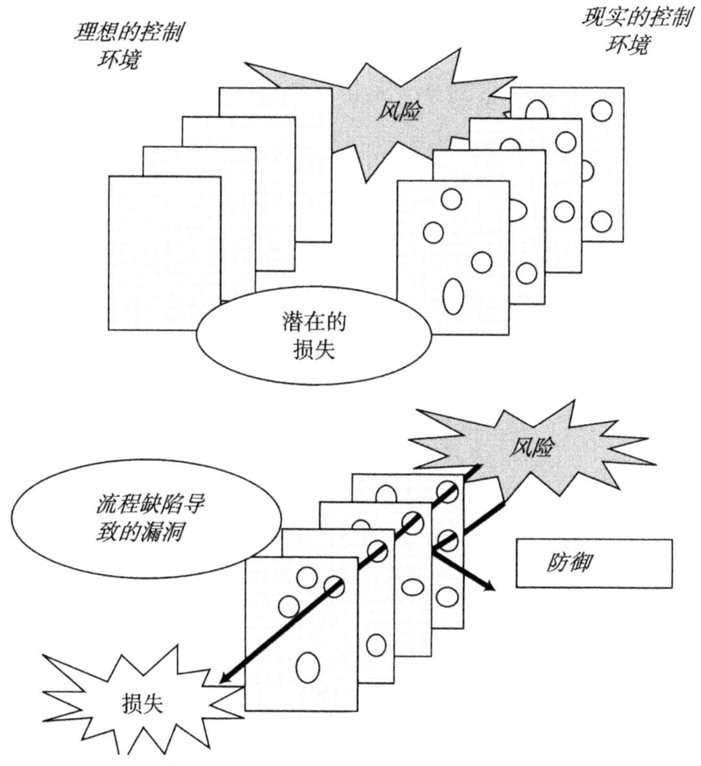

图 1–2　风险管理的瑞士奶酪模型

好的办法还是保持健壮肌体，增强对疾病的抵御能力。

如何来观察流程缺陷、识别操作风险？现在国外银行比较常用、效果比较好的做法是操作风险自评估。通过持续、高频率的自评估来发现流程中的风险点，采取针对性的解决方案。在实务中，既可以基于已发生的操作风险事件（操作风险损失数据库）来进行梳理和评估，也可以采取主动的测试方法（如穿行测试）来检验流程是否完善，发现流程中的风险管控漏洞。这方面有个非常耐人寻味的例子——“瑞士奶酪现象”或者“瑞士奶酪模型”①（见图 1–2）。

分析“瑞士奶酪现象”可以看到，流程中的控制环节（每一片奶酪）不是越多越好，关键是看能不能起到应有的作用。如果风险能够把所有的环节洞穿，那么控制环节再多也是没用的，反而影响效率、增加不必要的成本。反之，如果奶酪摆放得当（流程中控制环节设计合理），只要有 3 片奶酪就足以防止洞穿。因此，防范操作风险的关键不在于流程中要加多少个“锁”，而是在于如何在关键环节设置恰当的风险管控措施。要做到这一点，首要工作是把流程中的关键风险点弄清楚，把操作风险自评估做扎实。借助自评估工具，定期梳理重检流程的风险管控有效性、控制系统的健壮性，形成持续优化改进机制，这样可以大大增强对各类操作风险的“免疫”能力。

（四）整体风险——重点观察经济资本

整体风险的本质是各类风险敞口的集中耦合。衡量整体风险的时

① “瑞士奶酪模型”也叫“Reason 模型”或“航空事故理论模型”，其主要思想是：组织活动可以分为不同层面，每个层面都有漏洞，不安全因素就像一个不间断的光源，刚好能透过所有这些漏洞时，事故就会发生。这些层面叠加在一起，犹如有孔奶酪叠放在一起，所以被称为“瑞士奶酪模型”。

候，不是把每个类型的风险、每个业务的风险进行简单加总。首先，不同风险之间不是“1+1=2”的关系，实际情况可能是“1+1>2”或者“1+1<2”。不同风险类型之间可能出现风险的相互叠加放大（风险的“传染性”），也可能发生相互对冲减少。其次，不同风险之间可能存在内在的相互关联。例如，有的市场风险是由交易对手信用风险引起的，有的是由操作风险诱发的，而有的信用风险则是由市场风险引发的。在这次金融危机中就有很多典型的案例。

整体风险是现代银行风险管理中相对独立的范畴。一家银行可能在信用风险、市场风险、操作风险等各方面都管理得很好，但是整体风险的管理状况却不理想。有的银行对绝大多数具体类型的风险都管得很好（甚至在业内领先），但是可能由于某一类风险的管理短板导致银行破产倒闭。北岩银行就是典型的例子①。从商业银行的经营规律来看，整体风险的大小受到各个风险敞口的类型、结构、相关性等多方面因素的影响。因此，针对各个具体领域的风险管理，无法替代对整体风险的管理。

长期以来，很多专家从不同角度对整体风险管理进行探索，COSO委员会② 发布的整体风险管理框架（Enterprise Risk Management, ERM）就是其中有代表性的成果③。应该说，COSO提供了整体风险管理的基本

① 北岩银行对贷款等各项业务的风险管理水平应该说是相当不错的，过去十多年不良贷款率保持在业内平均水平的一半左右。但是，由于在流动性风险管理方面存在明显缺陷，最终导致银行陷入困境，在金融危机之初就被托管。

② COSO是全国反虚假财务报告委员会下属的发起人委员会（The Committee of Sponsoring Organizations of The National Commission of Fraudulent Financial Reporting）的英文缩写。1985年，由美国注册会计师协会、美国会计协会、财务经理人协会、内部审计师协会、管理会计师协会联合创建了反虚假财务报告委员会，旨在探讨财务报告中的舞弊产生的原因，并寻找解决之道。两年后，基于该委员会的建议，其赞助机构成立COSO委员会，专门研究内部控制问题。1992年9月，COSO委员会发布《内部控制整合框架》，简称COSO报告。

③ COSO委员会在原先的内部控制框架基础上，提出了整体风险管理框架（Enterprise Risk Management, ERM）。ERM由相互联系的8个模块（要素）组成，分别是：内部环境、目标设定、风险事件的识别和确认、风险评估、风险应对、控制活动、信息和沟通、监督等。

框架，但是还无法回答银行最关心的问题，即用什么方法来准确识别、定量计量、统筹管理银行的整体风险。

对于上述问题的研究虽然还没有定论，但是从现实可行的角度看，我们可以借助经济资本的工具来解决。之所以说经济资本是首选的管理工具，主要基于以下因素：首先，经济资本是目前信用风险、市场风险、操作风险等各领域共同适用的风险计量和管理工具，将其运用于对整体风险的管理，可以确保标准和尺度统一，而且也便于整合加总。其次，在目前经济资本计量中，对“相关性”的处理已经形成一套较为成熟的技术方法，可以为整体风险的经济资本计量提供良好的基础和有价值的思路。针对各个不同类型的风险，如果能够找出风险因素之间内在的相关性规律，由此计量出来的经济资本（非预期损失）即可准确表征整体风险的状况，反映各类风险的集中耦合效应。

当然，如何通过经济资本来识别、计量、管理银行的整体风险，从理论到可操作的技术方案和实现路径，还需要进一步探索。当前需重点推进以下几个方面工作：

1. 攻克经济资本计量的技术难关

目前商业银行在 PD、LGD、EAD 等方面的计量技术方法已经比较成熟。但是，在经济资本计量中还有几个关键性问题需要重点解决。一是相关性风险。除了不同客户之间的风险相关性之外，还需深入探索研究信用风险、市场风险、操作风险等不同风险类别之间的相关性，以准确计算资本。二是集中度风险。Basel 协议第一支柱的资本计量中没有覆盖贷款集中度风险，而是将其放在第二支柱（监督检查）中，要求在评估资本充足率时充分考虑信用风险集中程度。但是，集中度风险如何在资本计量上予以体现，目前还没有成熟的技术方法。三是期限因素。在资本计量中如何科学、准确地体现期限因素的影响，使得期限的风险能够被资本充分覆盖，这方面相关计量技术和方法还有待进一步研究。

2. 通过合理的结构安排降低相关性风险

国内大型银行在相关性风险的研究方面已取得初步进展。下一步要在资产组合经济资本计量的基础上，充分利用相关系数等技术成果，分析组合的分散效应和边际风险贡献，从客户、行业等多个维度优化资产组合配置，降低相关性风险。这方面保险公司有一些做法值得借鉴。例如，人寿保险公司通常会同时销售年金产品和死亡保险产品，这两类保单的风险驱动因素都是死亡率，但是对保单价值的影响刚好是反向的①，基于内部负相关风险敞口的自然对冲，业务组合的整体风险大大降低。因此，从过去关注单笔业务/单项交易的风险管理，逐步过渡到积极主动的组合风险管理，这是现代金融风险管理发展的大趋势。当然，积极主动的组合管理还需要外部市场机制的配套。目前，国内还缺乏市场化的贷款转让、证券化等通道，信用衍生业务尚未开展，银行主动的组合管理手段相对有限。这方面还需要监管部门和银行业的大力推动。

3. 通过限额管理合理控制集中度

要着力健全行业、客户等风险限额管理机制，解决集中度问题，降低整体风险。对于当前商业银行的贷款组合集中度风险，要从多个维度进行监测和管控：一是针对单个客户、相互密切关联客户群的贷款集中度；二是针对同一行业、区域客户的贷款集中度；三是针对还款来源相同（如依赖同类业务、商品等）的客户贷款集中度；四是针对风险缓

① 如果死亡率上升，死亡保险产品盈利下降（乃至亏损），但是年金产品盈利上升；反之，如果死亡率下降，年金产品盈利下降，但是死亡保险产品盈利上升。

释来源相同（例如由同一抵质押品覆盖、由同一客户提供保证等）的贷款集中度。

4. 探索建立科学的资本预算和资本配置机制

经济资本的作用不能仅仅局限于事后的风险计量，需要逐渐向前端延伸，建立科学的资本预算和资本配置机制。资本是银行最稀缺的资源，资本预算和资本配置应该成为现代银行资源配置的枢纽。经济资本预算和资本配置计划，要与银行的战略规划、发展目标紧密衔接，体现并传导银行的风险偏好。建立科学的资本预算和资本配置机制，一方面可以大大强化经济资本对风险资产总量的约束，避免整体风险超出银行可承受范围，同时有助于杜绝一些分支机构的业务扩张冲动对银行资本的“倒逼”现象。另一方面，可以通过资本配置来引导和促进业务结构的调整优化，将资源最大限度地运用于资本回报高的业务领域，压缩退出无效、低效的资本占用，提高银行整体资产组合的盈利能力和抗风险能力。

三

风险决策必须基于准确的风险计量和风险排序

现代金融市场日趋精细复杂，面对不同的风险银行要迅速做出判断、选择和应对，这是个复杂的决策过程。决策需要魄力，但是更需要底气。这个底气来源于“知己知彼”的判断——只有准确了解风险到底在哪里、有多大，才能有底气做出决策，才能做出正确的决策。

（一）风险计量是现代银行科学决策的基础

传统银行的风险管理主要依赖专家经验，以定性的手段和方法为主。随着金融的发展创新，现代银行面对的风险形态和特征与传统银行相比已经发生了很大变化。例如同样是信用风险，都是要观察和管控客户（或交易对手）违约的可能性，但是现代银行面临的信用风险比过去要复杂得多。其原因主要在于客户（或交易对手）已经越来越广泛地融入到现代经济和金融活动中，因此可能引发违约的因素越来越多。除了客户自身的经营管理、上下游交易链等传统因素外，还受到资本市场、大宗商品市场、国际市场等诸多方面的直接或间接影响，各种风险因素之间的关联和传递效应越来越显著。这方面例子很多。近年来，国内就有不少生产经营状况原本非常好的企业，由于在资本市场或大宗商品交易市场出现巨额亏损，导致银行的贷款成为不良。

因此，依赖传统的经验判断和定性管理方法已经难以适应现代银行风险管理的需要。从国内外商业银行风险管理的发展路径来看，经历了从定性到定量、从经验到技术的过程。这是必然趋势。西方金融业有句名言：无法计量的风险就无法管理。风险计量已经成为现代银行风险决策的基本依据。

在这次金融危机之后，风险计量的方法和技术也受到一些质疑。有人指出，复杂的风险计量模型是次贷危机的罪魁祸首。我个人认为，这个看法是片面的。剖析金融危机发生和传导路径可以看到，问题的真正根源在于经济金融市场的深层次结构性矛盾（例如长期低利率驱动高房价、非理性竞争驱动银行不断降低贷款政策门槛以及无约束的资产证券化创新等带来的房贷市场畸形繁荣、虚拟经济发展与实体经济脱节等），以及监管漏洞和监管不作为。实际上，从这次金融危机来看，目前商业银行等金融机构掌握和运用的风险计量技术工具不是太多而是太少。随着金融市场的不断发展创新，风险计量技术还存在很多空白。例如，对于不同资产组合、不同风险类型之间的相关性、风险传导和转化效应等，还缺乏成熟的技术工具进行识别和计量。因此在金融风暴中遇到这些问题的时候，往往措手不及，导致决策的失误或延误。

（二）计量技术是提升风险管理能力的关键驱动因素

风险计量技术在国外先进银行的经营管理中得到广泛运用，国内银行业也在探索起步，近年来取得重大进展。过去，大家比较习惯于基于经验、通过举例子、“讲故事”的方式来分析和决策。这种决策模式存在不严谨、不规范甚至不科学（很多情况下与发展趋势相背离）的弊病。依托定量的风险计量成果，可以在很大程度上提高决策的质量和效率。首先，风险计量强调科学分析和逻辑演绎过程，这种基于大量数据的深度分析，能够发现过去靠专家经验难以发现的风险规律，而且比专家经验和感觉更可靠。例如，借助现代风险计量技术，可以从成百上千的指标中筛选出最能预测客户违约率的指标，并精确地赋予各个指标以不同的权重。这些都是依靠专家经验所无法实现的。第二，基于风险计量的分析和决策过程，其依据是充分的、可准确描述的数据信息，流程是清晰可控、可追溯的，既能大大提高管理透明度，而且有助于促进知识积累。第三，引入量化技术在提升决策效率的同时，可大大提高决策的规范化、科学化、标准化水平，最大限度减少主观因素（甚至经营管理人员的主观好恶）对决策结果的影响。这对于一家大型银行来说非常重要，因为直接影响到银行风险偏好能否在银行各级机构中得到统一的贯彻执行。

从国内银行业的情况来看，近年来风险计量技术运用的深度和广度都有了长足进步，对风险管理能力的提升有明显的促进。以信用风险计量为例，它已逐渐成为国内大型银行客户选择、贷款定价、贷款审批、结构调整等各项信贷经营管理和决策的重要依据。这些年来，国内大型银行新发放贷款质量明显好于以往年度。究其原因，除了经营管理体制的变革外，风险计量技术的改进是关键因素。没有信用风险计量的快速进步，不可能做到新增贷款不良率持续稳定在较低的水平。

再举个例子，就是近年来日益受到关注的贷后管理问题。贷后管理之所以长期薄弱，原因不仅仅在于对贷后管理重视不够（大家都忙着去做营销）、人员配置不足、管理机制流程不尽合理等，问题症结还是在于贷后管理方面风险计量支持不够，相对于贷前、贷中环节而言，这些年来贷后环节的风险计量技术进步明显滞后。国外先进银行开发了大量的风险计量模型服务于贷后管理。例如在零售信贷领域，有行为评分卡（B 卡）、催收评分卡（C 卡）等等。据了解，美国银行有专门的风险计量技术团队承担评分卡的开发和维护。基于风险评分模型（评分卡）的支持，可以实现科学、高效的贷后风险监测、预警、违约前干预、违约后催收处置等。以违约后的催收处置为例，可以借助行为评分、催收响应评分等模型，科学确定客户的催收顺序、催收手段、催收渠道、催收时点和频率选择等，实现贷款损失最小、催收成本最低的目标。这方面国内银行还有很大差距，目前国内银行贷后管理基本还停留在个人判断、手工操作的初级阶段，引入先进风险计量技术是当务之急。

（三）风险排序是风险选择的主要依据

有了定量的风险计量方法，在经营管理中就有条件对风险做出科学的排序。商业银行的风险选择不完全是一个好 / 坏的选择。银行管理者在实际业务中经常讲这个客户好不好，判断好 / 坏是做出风险选择的基础，但这还远远不够。

银行的“风险资源”是有限的，这个“风险资源”就是银行能够承受的最大风险敞口，而最大风险敞口是由银行资本、管理资源等方面决定的。因此，在资本稀缺、管理资源有限的约束条件下，“好客户”的需求往往是无法全部得到满足的。那么资源要往哪里配置？这就存在谁先谁后的优先级排序问题。排序的方法很多，过去国内很多银行喜欢“垒大户”，大客户优先满足。后来发现不行，风险太集中，而且大客户议价能力强，银行经常被迫最大限度下浮利率。前些年大家开始关注“财务利润”，学会了算账，信贷资源优先配置给“财务利润”贡献大的客户。再往后，随着风险管理水平的提升、资本约束的强化，大家开始意识到仅仅看“财务利润”还不够，还要看风险成本，看资本占用。于是大家慢慢就接受了“经济利润”的概念，EVA、RAROC 等指标逐渐被国内银行引入到经营管理、绩效考核、资源配置等领域，而 EVA、RAROC 等“经济利润”指标的核心是风险计量。因此，在银行风险选择、资源配置过程中，风险排序（通常采用风险调整后资本收益率，即 RAROC）成为基础标尺，借助风险排序可以做到科学、精细的管理，实现“经济利润”最大化的目标。

风险排序的意义不仅仅体现在微观的客户 / 项目选择上，它同样可运用于银行宏观的战略决策。基于风险排序的逻辑，很多银行经营管理决策中的难题都可以找到新的视角和思路。例如，近年来国内各大银行都在积极推进战略转型，大力拓展零售信贷业务、小企业信贷业务。但是，基于目前的市场环境、不同银行的管理现状，传统公司信贷业务和零售信贷业务、小企业信贷业务保持什么样的比例比较合理？这个问题多年来并没有形成共识。国内大型银行在进行研究决策的过程中，主要还是靠专家的经验判断。实际上，如果运用风险排序的方法，可能会找到一个新的思路，得到一个相对科学的定量数据为决策提供支持。

举个具体的运用例子。例如要研究每年的新增贷款规模如何分配，银行管理者可以将潜在信贷需求细分，按照大中型企业、小企业、零售

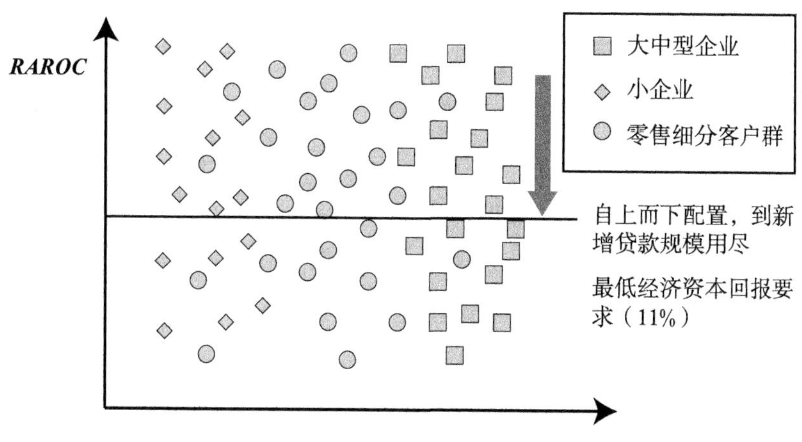

图 1–3　新增贷款配置图

客户进行 RAROC 的排序，贷款新增资源按照从高到低的顺序配置到每个大中型企业、小企业、零售客户（客户群）。高 RAROC 的客户优先获得信贷资源，实现新增贷款资源 RAROC 的最大化；同时，确保每笔新增贷款的 RAROC 都高于经济资本回报要求（例如 11%）。见图 1–3。

基于风险排序的资源配置，还有助于解决一个长期困扰银行管理者的问题。过去，银行管理者看到某个领域（例如零售信贷）的回报率高，可能大量地往这个领域配置资源。但实际上，由于市场容量、管理能力等方面的制约，随着资源配置的增加，可能对利润的边际贡献迅速下降（大量信贷配置到次优或者劣质客户上），结果反而事与愿违，造成资源的低效配置。基于风险排序的资源配置，能够较好地解决这个问题。

（四）风险排序体现了风险动态管理的过程

风险的实质是不确定性，而这种不确定性随着时间的推移、市场的变化也在不断发生变化，这个变化包括从量变到质变的过程。以客户信用风险为例，今天的好客户可能将来变成坏客户，今天不太好的客户也可能未来变成好客户（质变），而且好 / 坏的程度也是在不断发生变化的（量变）。

下面以穆迪公司的住房按揭贷款支持债券评级迁徙矩阵①（见表 1–3）为例，可以看到，优质住房按揭贷款支持债券中，Aaa 的债券有 89% 在一年后仍保持在 Aaa，有 1.1% 在期末迁徙到 Aa 级，有 0.9% 迁徙到 A 级。同时，也有从低评级迁徙到高评级的情况。这是一个动态

① 资料来源：穆迪评级网站。Aaa Aa A Baa Ba B Caa Ca C 代表从最低信用风险到最高信用风险的级别。其中，WR 为撤回评级，主要有几种情况：出现新的重大情况，且对这些情况的影响无法作充分分析；没有合理可用的最新资料来支持判断；债券赎回等。

的变化过程。

表 1–3　优质住房按揭贷款支持债券（Global RMBS Prime）评级迁徙

	ENDING RATING									
START RATING	Aaa	Aa	A	Baa	Ba	B	Caa	Ca/C	WR	# Tranches
Aaa	89.0%	1.1%	0.9%	0.7%	0.6%	0.3%			7.5%	3 866
Aa	0.4%	72.3%	4.9%	6.5%	4.0%	4.2%	1.1%	0.1%	6.5%	1 298
A	0.1%	0.5%	52.7%	5.3%	12.5%	18.0%	4.6%	0.8%	5.6%	1 441
Baa	0.1%	0.1%	0.6%	37.2%	8.7%	29.0%	17.1%	3.5%	3.7%	1 389
Ba			0.5%	0.9%	27.0%	24.7%	36.2%	5.8%	4.8%	1 043
B					1.1%	28.0%	61.8%	7.6%	1.6%	1 655
Caa					0.2%	0.9%	73.4%	22.6%	2.9%	455
Ca/C						0.2%	0.5%	97.2%	2.2%	636
# Tranches	3 446	989	872	713	677	1 456	2 055	967	608	11 783

由于风险是动态变化的，风险排序也必然是动态调整的。这种动态调整机制在银行经营管理中具有非常重要的意义。例如，银行在信贷结构调整中要求择优汰劣，但是所谓“优”和“劣”是在动态变化的。如果简单地按照确定的政策标准“按图索骥”，那么很可能出现坏客户留下好客户退出的情况。因此，只有依托风险排序做好动态管理，才能避免出现僵化或教条式的管理失误。

四

潜在风险的有效管控有赖于前瞻性的识别和预警[①]

银行风险管理有很大一部分工作都是针对潜在风险的。积极主动的风险管理可以形象描述为“先知先觉”。“先知”主要体现在风险选择上，“先觉”主要体现于对风险的前瞻性识别和预警。

（一）提前识别潜在风险可以大大减少损失

前面谈到，风险的变化存在一个从量变到质变的过程。在发生量变的过程中，有很多化解风险的有利条件和机会，这是处理风险的最佳时机，所谓“见事于未萌，弭患于无形”；而一旦形成质变，那么往往就很难措手。提前识别潜在风险并做出应对，其效果要远远优于事后花费大量精力和成本去处置。

J.P. 摩根曾对大量贷款风险损失案例进行分析研究，发现一个规律，称之为“三倍定律”，即 3/4 以上的贷款损失可以通过贷前风险控制和风险的早期干预加以避免，而当贷款出现问题后再采取补救措施，

---

① 风险管控能否做到事前预警，是对风险管理能力的一个考验。特别是在经济下行时期，迫切需要找到一些“探头”式的、敏感度高的、前瞻型的指标，进行有效的风险预警，防患未然。有没有这样的指标？事实证明，是有的。

对减少贷款损失只能起到不足 1/4 的效果，其他 3/4 的损失难以避免。这个规律从国内银行过去很多贷款实际案例中都可以得到佐证。在贷款风险处置应对时，早一天行动效果就大不一样。

（二）构建风险预警体系是当务之急

对风险做到“先知先觉”，需要有很强的敏感性。这种敏感性过去主要基于专家的经验或者直觉。对于现代商业银行来说，更多还是依靠技术工具的支持。前面介绍过，国外很多先进银行依托风险预警机制，开展差别化、针对性的违约前干预，从而避免客户出现实质性的违约。例如，渣打银行针对早期风险信号设置预警触发点，并建立一套风险发现、风险报告、风险处置的机制；澳新银行基于风险信息系统和数据库开发了“早期预警”信号体系，对大额高风险的敞口、信贷组合信息（包括按行业和地域细分的信息）等进行风险预警；房地美（Freddie Mac）则通过建立覆盖所有类型 / 状态客户的违约评分系统，实现早期精准预警（类似于行为评分系统）。国外先进银行风险预警体系的共同特点是，将数据信息、风险计量、专家智慧和 IT 支持有机结合在一起，这种做法值得国内银行借鉴。

近年来，国内不少银行也开始着手风险预警体系的探索和建设。据了解，浦发银行建立了基于客户层面的风险预警系统，通过设置一系列预警信号（包括银行授信及账户预警信号、客户财务预警信号、客户非财务预警信号、担保预警信号等 100 多个指标），结合现场和非现场检查手段，对不同预警级别的客户实施针对性管理。虽然整体体系还不尽完善，但成效已逐渐显现出来。

（三）开展对风险先行指标和预警信号的研究

理想的银行风险预警体系，需要有一套科学的风险先行指标和预警信号组合。这是预警体系建设的技术关键，是重点和难点所在。而且针对银行宏观层面的整体风险、中观层面的资产组合风险、微观层面的具体客户和业务风险等，需要有不同的风险预警先行指标和预警信号组合。

先行指标的构建需要有大量、长期的数据积累，以及经验丰富的业务专家和技术专家团队的支持。筛选出来的先行指标不一定多（因为很多指标在经济学意义上是重叠的），关键是要有预测力、具有敏感性、覆盖要全面。以美国经济先行指标为例，很多人将美国经济咨商局发布的先行经济指数（Leading Economic Indes，简称 LEI）作为研判美国经济乃至世界经济走势的"晴雨表"。LEI 就是基于若干先行指标合成的指数，具体指标包括：周平均制造时间、周平均失业保险申领、生产商新订单（消费品和原料）、销售商业绩、生产商新订单（主要是资本品）、新建房屋许可、500 种普通股票价格、货币供应量 M_2、10 年期国库券利率与联邦基金利率的差值、消费者预期指数等。实践证明，这些先行指标具有较好的预测力。

相对于宏观经济先行指标而言，银行风险预警先行指标体系的构建要更复杂、更精细一些，针对宏观、中观、微观层面都有不同的侧重点。目前还没有看到媒体报道哪家银行已建立了完整的指标体系。当然，有些先进银行在某些领域（例如市场风险、流动性风险等）做得很精细，有的将相对成熟的指标直接做成"风险仪表盘"内嵌到系统中，便于直观的监测和跟踪。

预警信号的覆盖面相对要广，包含了很多在经营管理中采集到的定性信息。相对于先行指标的预测性而言，预警信号主要侧重于对风险的提示，触发相应的管理行为（如深度调查、重点跟踪、启动预案等）。下面是一个信贷风险预警信号组合的示例。见图 1–4。

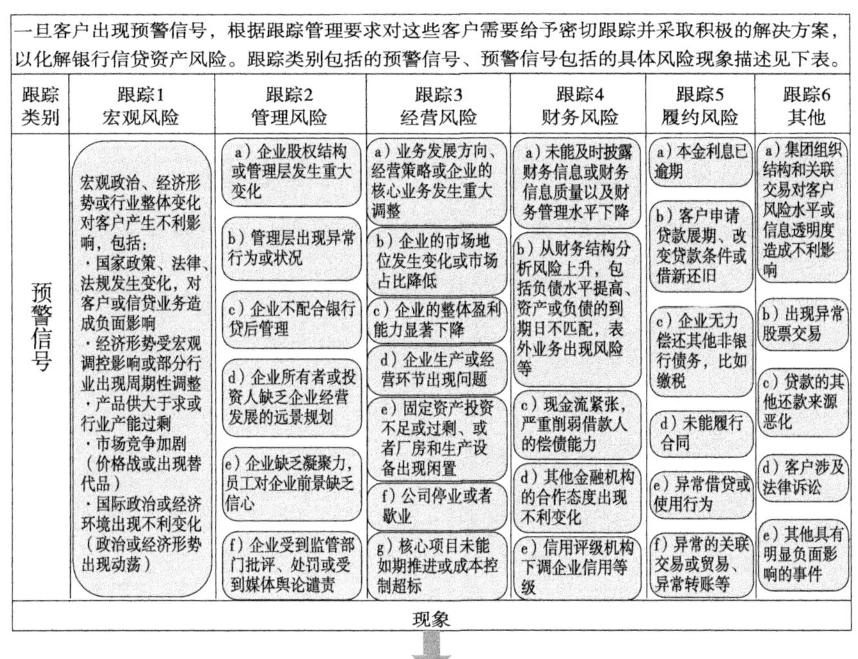

一旦客户出现预警信号，根据跟踪管理要求对这些客户需要给予密切跟踪并采取积极的解决方案，以化解银行信贷资产风险。跟踪类别包括的预警信号、预警信号包括的具体风险现象描述见下表。

跟踪类别	跟踪1 宏观风险	跟踪2 管理风险	跟踪3 经营风险	跟踪4 财务风险	跟踪5 履约风险	跟踪6 其他
预警信号	宏观政治、经济形势或行业整体变化对客户产生不利影响，包括： ·国家政策、法律、法规发生变化，对客户或信贷业务造成负面影响 ·经济形势受宏观调控影响或部分行业出现周期性调整 ·产品供大于求或行业产能过剩 ·市场竞争加剧（价格战或出现替代品） ·国际政治或经济环境出现不利变化（政治或经济形势出现动荡）	a）企业股权结构或管理层发生重大变化 b）管理层出现异常行为或状况 c）企业不配合银行贷后管理 d）企业所有者或投资人缺乏企业经营发展的远景规划 e）企业缺乏凝聚力，员工对企业前景缺乏信心 f）企业受到监管部门批评、处罚或受到媒体舆论谴责	a）业务发展方向、经营策略或企业的核心业务发生重大调整 b）企业的市场地位发生变化或市场占比降低 c）企业的整体盈利能力显著下降 d）企业生产或经营环节出现问题 e）固定资产投资不足或过剩、或者厂房和生产设备出现闲置 f）公司停业或者歇业 g）核心项目未能如期推进或成本控制超标	a）未能及时披露财务信息或财务信息质量以及财务管理水平下降 b）从财务结构分析风险上升，包括负债水平提高、资产或负债的到期日不匹配，表外业务出现风险等 c）现金流紧张，严重削弱借款人的偿债能力 d）其他金融机构的合作态度出现不利变化 e）信用评级机构下调企业信用等级	a）本金利息已逾期 b）客户申请贷款展期、改变贷款条件或借新还旧 c）企业无力偿还其他非银行债务，比如缴税 d）未能履行合同 e）异常借贷或使用行为 f）异常的关联交易或贸易、异常转账等	a）集团组织结构和关联交易对客户风险水平或信息透明度造成不利影响 b）出现异常股票交易 c）贷款的其他还款来源恶化 d）客户涉及法律诉讼 e）其他具有明显负面影响的事件
现象						

图 1–4　预警信号组合列表示例

（四）通过风险预警体系建设促进知识积累

虽然很多银行还没有建立风险预警系统，但是经过长期的经营管理实践，在风险预警方面积累了很多好的经验和做法，这些行之有效的方法通过梳理和提炼，都可以在将来的风险预警系统中固化下来，形成知识积累。这对于一家大型银行来说非常重要。例如，在开展小企业信贷业务中，由于小企业客户缺乏规范的财务报表，针对大中型企业的很多风险预警指标和方法对其都难以适用，但是广大信贷员、风险经理还是总结出不少非常有效的风险识别预警方法。诸如收集监测小企业的订单情况，生产用电、用水等信息，还有像“六看”、“三看”[①]等方法。例如，老板是否涉赌就是需要关注的一个重要风险预警信号（如海关记录显示某小企业主常去澳门，那么这就是一个重要的风险预警信号，要特别引起警惕）。现代银行风险预警系统是一个信息密集、技术密集、知识密集的系统。应该讲，目前国内大型银行已经基本具备了构建风险预警体系的数据基础、技术支持、专家储备等条件，有必要抓紧推进相关工作，促进知识积累，以快速提升风险预警能力。

① “六看”：看诚信、看管理、看产品、看市场、看效益、看环保。“三看”：看是否吸毒、是否赌博、是否包养情妇等。

五
解决现实风险暴露的关键在于行动

发现风险之后，行动是关键。这是国外领先银行的经验。检验一家商业银行风险管理是否有效，不仅仅或者说主要不是看是否准确预测到风险、揭示风险，更不是看事后发生的情况是否印证了原先的风险预测或提示，而是看这家银行是否通过及时的行动管控住风险暴露，避免不好的结果发生。

（一）及时行动才能避免错失风险处置最佳时机

银行对风险的处置需要有一套高效的决策—行动机制。行动要果断、及时，要强调执行力，因为很多机会都是“稍纵即逝”，越拖越被动、损失越大、处置成本越高。这方面国内外银行业有很多教训。例如，日本银行业一度对坏账问题采取掩盖和拖延的战术，一直寄希望于未来经济复苏、资产市场回暖来减少损失，最终导致问题越来越严重，而且风险不断蔓延。有关资料显示，1993 年 3 月，日本前 20 家银行的坏账规模只有 12.8 万亿日元（约合 GDP 的 2.5%），5 年以后银行冲减了 37.6 万亿日元的坏账，却仍然还有 40 万亿日元的坏账。换句话说，在这 5 年间日本银行业平均每年冲减 7.5 万亿日元坏账，但是由于问题没有彻底解决，新的坏账仍不断产生。

20 世纪 90 年代美国处置储贷协会危机也是一个典型的案例。在 80 年代初储贷机构问题刚暴露出来的时候，如果果断加以处置，花费的成本也就 200 多亿美元。但是美国的金融监管机构犹豫不决，希望未来市场形势好转后，有问题的储贷机构能够摆脱困境。但是实际情况是这些机构绝大部分都没有恢复过来，而且风险在储贷协会中全面蔓延，损失急剧扩大。到了 90 年代初美国政府下决心进行处置的时候，处置成本已高达数千亿美元。①

在过去不良贷款处置中，也有很多这方面的经验和教训。不良贷款处置越晚、越慢，回收的可能性、受偿的比例也越低。大家形象地将其称为“冰棍效应”，时间拖得越长冰棍融化的就越多。因此在这次金融风暴中，国内很多银行都吸取了过去的教训，在一些受国际金融危机影响的企业（特别是沿海地区的出口企业）刚刚出现风险苗头的时候，银行就积极介入，迅速采取风险处置、风险缓释等应对措施，有的还帮助客户通过贷款重组、企业重组等渡过难关。虽然这次金融危机对国内企业波及面较大，但是国内商业银行并没有出现进出口等行业的不良贷款大面积暴露现象，应该说在很大程度上得益于风险处置较为及时。

（二）科学果断的决策是行动的前提

做出正确的行动，前提是要有科学果断的决策。如果发生决策失误或决策延误，那么行动就不可能取得预期的效果，甚至会适得其反。

商业银行对风险处置事项的决策还具有不同于其他决策的特点。

---

① 罗振兴、曹艳春：《20 世纪 80 年代美国储贷危机对中国金融监管改革的启示》，《经济研究参考》2005 年第 40 期。

管理上的决策大致可分为确定型决策（决策执行的结果是确定的）、不确定型决策（决策执行的结果无法预测）以及风险型决策（决策执行结果有几种可能，各种结果有不同的概率）。商业银行面对的主要是风险型决策，其中存在很多权衡和取舍，这种决策本身就需要承担一定的风险。因此，决策的关键在于领导。换句话说，需要具有相应权限的领导来拍板。

举大家熟悉的信贷业务作为例子。过去理解信贷业务中的决策主要是贷款审批，审批决策需要具有一定权限的专业人员来承担。实际上，在贷款发放以后整个贷款生命周期过程中，每个关键的风险处置应对环节都需要决策，很多决策对于风险管控的重要性丝毫不亚于贷款审批。但是，这些重要的决策环节并没有受到应有的重视。20 世纪 90 年代以来，国内各商业银行都陆续建立了严格的贷款审批决策机制，实行集中、专业化的管理。与此形成鲜明对照的是，贷后环节的风险决策管理一直较为薄弱，缺乏必要的决策机制和制度安排。过去有不少贷款形成损失，并不是因为事前没有发现风险，而是因为在处置风险的过程中没有人来决策拍板。之所以没有人来拍板，不是简单的敢不敢、愿不

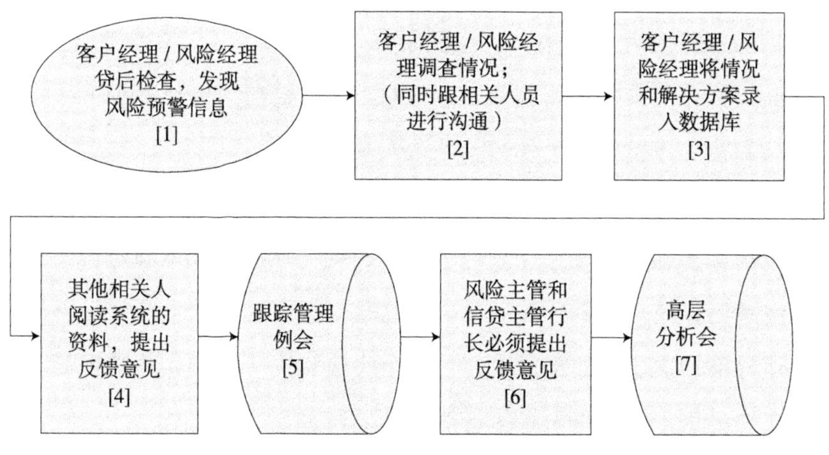

图 1–5　信贷流程示例

愿意承担责任的问题，我个人认为，主要还是流程设计和机制安排的问题。

近年来，国内一些银行已经开始注意到贷后管理中风险决策环节缺失的问题，并在流程上加以完善。图 1–5 是个比较有代表性的贷后风险决策流程的示例。在这个流程中，有个非常关键的制度设计，就是在流程中增加了例会的环节，要求承担风险决策职责的领导（如主管信贷、风险的行领导等）主持例会，研究风险应对方案并做出最终决策，超过其决策权限的还需要报更高层级的会议来决策。实践证明，该流程设计大大提高了贷后风险处置应对的效率。

（三）强化风险决策的执行力

做出决策之后，行动过程就要强调执行力。为什么要特别强调执行力？因为风险处置不同于一般的操作，需要最大限度地摒弃个人感情等因素。例如，原先自己营销来的客户，在风险处置中要求实施退出，或者采取强制性的保全措施，有些业务根据风险决策需要及时止损等，经办部门或者业务人员往往一下子在心理上很难接受，可能会由此导致执行中的犹豫或者打折扣。这些现象都是应该避免的。在制度安排上，一方面要强化决策的执行监督；另一方面则需要在岗位分离等方面做出安排（如将业务经营人员和风险处置人员分离）。

同时，要建立健全风险决策—执行的后评价机制，对整个过程进行回溯检查和剖析。过去计划经济时代，银行在经办大型固定资产贷款项目结束后，通常都要开展后评价，这是个很好的做法。开展后评价不是要追究谁的责任，而是通过评估整个决策和执行过程，总结经验，找出存在的不足，促进决策和执行能力的提升。

六
风险安排要与客户服务方案有机结合

银行有选择地承担风险并从中获取收益，这个收益就是风险溢价。如何实现从风险到收益的“惊险一跳”，这个过程是由风险安排来完成的。但是，银行的风险安排不能仅仅考虑自身的利益诉求，应该是以客户为中心，基于客户需求和服务内容来设计风险安排方案。

（一）风险安排是否得当影响“风险溢价”的实现

银行“风险溢价”的实现是与风险安排密切相关的。风险安排得好，“风险溢价”就比较高；风险安排得不好，可能事与愿违。例如，在授信额度确定方面，给 10 个亿还是给 5 个亿，最后结果往往大不一样；在期限方面，贷款放 1 年可能没问题，但是一放 3 年、5 年可能就会出问题；在利率方面，定价低了可能无法充分覆盖风险，但也不是越高越好，因为价格过高可能加剧“逆向选择”①；在风险缓释方面，合理的抵

① 国外银行业专家曾专门做过研究，发现一些银行在提高利率后虽然实现当期利润增长，但是随后客户的整体违约率也随着上升，在很大程度上吞噬了原先利率上升所获得的超额利润。之所以出现这个结果，主要是由于高利率导致“好客户”不断退出而留下“坏客户”，从而加剧“逆向选择”的风险。

质押、保证、保险等措施可以有效缓释风险，但是过于苛刻的风险缓释要求也可能加大交易成本，丧失市场；在法律文本方面，合理的约束条款能够督促客户自觉履约，而如果条款设计不合理，也可能诱发客户“理性违约”（违约成本小于履约带来的损失）等等。因此，只有在科学的风险识别、计量的基础上，选择合理的风险安排方案，才有可能获得预期的“风险溢价”。

（二）要避免“一厢情愿”的风险安排

过去国内银行有很多“霸王条款”受到社会公众的批评，现在这种情况大大减少。但是，在不少合同文本、业务或产品方案中，没有考虑客户需求、没有顾及客户体验的现象还很多。实际上有些“苛刻”的条款本身并没有给银行带来什么额外利益，但是给客户带来诸多不便。

在风险管理中也存在类似问题，有时候银行不仔细分析不同客户的具体情况，一厢情愿地拿出一套客户难以接受的风险安排方案。实际上，银行对同样的风险可以有诸多不同的风险安排方式，殊途同归，都可以达到同样的风险经营目标。选择哪个方案，完全可以基于不同客户的具体情况，根据不同的特点、需求、风险形态来选择和设计，而不是简单地拿一个方案适用于所有的客户。这既是精细化、专业化管理的要求，也是“以客户为中心”在银行风险经营中的具体体现。

（三）寻找客户需求和银行利益的最佳契合点

当前国内银行同业之间同质化竞争、低水平竞争的现象相当严重，有的地区有愈演愈烈之势。之所以出现这个现象，说到底还是缺乏在风险安排和客户服务方案上的创新，因此只能通过降低门槛、打价格战等方式来吸引客户。

大家都有体会，越是好的客户对银行的要求通常也越“苛刻”，往往希望将一些自己不愿意承担的风险转移到银行身上。银行对这类客户的营销能力，主要体现在能不能提供一揽子的解决方案，在客户需求和银行利益之间找到一个最佳的契合点，按照客户乐于接受、能够接受的方式，合理安排好风险，在满足客户需求的同时实现银行预期的风险管控目标。将科学的风险安排与客户服务方案有机结合起来，可以大大提升市场竞争力。

（四）与客户分享银行风险管理经验，实现共赢

银行为客户设计服务方案和风险安排方案的过程，实际上也是风险管理经验的分享和传播过程。现代的银企关系已经超越了传统的借贷、委托关系，实质上已逐渐成为一种新型的伙伴关系。银行风险管理要从“防客户”转变为与客户一起来“防风险”。银行与客户共同来设计方案、安排风险，在帮助客户创造价值的同时，实现银行的价值创造。

从客户的角度来看，优秀的企业在寻找合作银行的时候，往往更愿意选择具有良好风险管理能力的银行，这些银行除了提供融资、结算等传统业务外，还可以为其提供风险安排等增值服务，分享风险管理的经验。这方面有很多典型的案例。例如，某个著名的德资企业需要贷款，不少银行上门营销，有家银行开出了非常有吸引力的“优惠条件”，贷款不用担保、不用评级、利率下浮等等。但是企业没有选择这家银行，而是选择了另一家风险管理严格的银行。后来事实也证明这个选择

是正确的，银企合作非常默契，银行通过自身的风险管理专业优势，很好地帮助客户解决了诸多个性化的业务需求。因此，赢得客户、留住客户，不能简单地靠降低准入条件、让渡利益，而要更多地从风险安排能力与客户服务能力提升方面下功夫。

七

应对小概率事件重在事前的预案和演练

现代银行风险识别、计量、安排和处置等技术方法，基本覆盖了主要的风险类型。但是，仍有一类风险无法覆盖，这就是小概率事件。小概率事件作为一个特殊的风险范畴，其特点不在于小，而在于“小而致命”，由于突发性强、规律性难以把握、损失难以估量，对银行的冲击性和破坏力极大，长期以来是银行风险管理的难点。尤其在进入现代社会后，经济全球化、信息网络化以及金融创新等带来越来越多的不确定因素，小概率事件危害更加凸显。国际上有很多银行倒闭都是因小概率事件引起的。

（一）小概率事件的“六不可”特点

1. 不可预测

小概率事件是否会发生，发生的确切概率有多大，通常事前难以做出准确的预测。就像地震、海啸、类似“9·11”的恐怖事件等，准确预测基本是不可能的。有人按照正态分布来估计标准普尔500指数(S&P500)一天下跌20%的小概率事件发生的可能性，得出结果是2×1 076年才会发生一次。但实际上自标准普尔500指数诞生以来，上述情形基本上20年左右就发生一次。因此，对于小概率事件即便可以借助一些模型予以预测，但是得出的结果也是无法用来作为管理和决策的依据。

2. 不可管控（事前）

小概率事件与普通（大概率）事件相比，由于在发生前没有办法进行准确的预测、评估，因此要在事前做出针对性的管控非常困难。

3. 不可覆盖

普通风险导致的损失可以通过事前安排来抵补，例如，通过成本、定价来覆盖预期损失，通过资本来覆盖非预期损失。但是对于小概率事件带来的损失，银行无法通过事前的成本、定价、资本来覆盖。因为银行不可能为发生可能性非常小的事件准备巨额的资本，或在具体交易中分摊巨额的成本（或大幅提高定价）。

4. 不可避免

小概率事件虽然发生的可能性很小，但假以时日，终究会发生。如果通过试验来验证，那么在一次试验中可以把它看成是根本不可能发生的事件（“似然推断原理”）。但是随着试验次数的增加，即便发生的概率很小，它迟早总是会发生。有人形象地说是“躲也躲不掉”。

5. 不可承受

小概率事件不发生则已，一旦发生则可能带来致命的后果。面对突如其来的冲击，银行有限的资源（包括财务资源、管理资源等）通常是无法承受小概率事件带来的巨额损失。当最后资本耗尽的时候，银行也就面临倒闭。

6. 不可容忍

银行对于普通的风险类型，通常都可以设置一定的容忍度（这种容忍度通常体现在银行的风险偏好之中）。例如，对于小企业贷款可以容忍较高的不良率。但是对于小概率事件，银行不可能给出一个合理的容忍度范围，只能在“是”与“否”之间进行抉择。

（二）对小概率事件不能心存侥幸，要以积极的态度应对

首先，不能存在侥幸心理。有人觉得，小概率事件发生的可能性这么小，甚至比中彩票的概率还低，不可能那么倒霉偏偏就让自己撞上。这种侥幸心理是很危险的。彼德·伯恩斯坦在《与天为敌》中讲了一个故事，情节大致是这样的：在第二次世界大战期间，德军经常对莫斯科进行空袭，苏联有位著名的统计学教授，他从来不去空袭避难所，因为他认为莫斯科有700万居民，自己被飞机炸弹击中的概率很小。但是有天晚上他突然出现在空袭避难所，朋友大为不解，询问他是什么事情使他改变了原来的看法。他回答说，虽然莫斯科有700万居民和1头大象，但昨天那头大象被炸死了。

对小概率事件要有正确的认识和积极的态度。面对小概率事件，不能是被动地承受，听天由命、无所作为，而要相信事在人为，以积极的态度来应对，最大限度减少损失或避免致命的损失。不同的态度，将带来截然不同的结果。

（三）业务持续性管理是应对小概率事件的有效方法

应对小概率事件的风险，主要管理方法有应急计划、灾难恢复、

业务持续性管理等。应急计划主要目标是避免致命的损失，就像灾难中的逃生。灾难恢复则是通过备份等措施，将被灾难破坏的系统和功能恢复到灾难前的水平。业务持续性管理（BCM）涵盖的范围更广，既包括了应急计划、灾难恢复方案等，还包括预防、预警、评估、报告、决策、处置、持续改进等全流程的管理机制、政策、标准等。从国际先进银行以及诸多知名企业的实践经验来看，业务持续性管理是应对小概率事件最有效的方法。

国内银行业的应急、灾难恢复等工作刚刚起步，严格意义上的业务持续性管理仅仅在少数大型银行开展（但覆盖面较窄）。目前的当务之急，一是要尽快扩大覆盖面。从IT领域的灾备恢复（主要针对系统故障、人员操作问题、机房维护和短时间电力中断等情况）扩展到IT部门和各业务经营管理部门，实现全面覆盖。二是完善管理机制。国外很多银行通过专门成立业务持续性管理委员会，统筹协调业务部门、风险部门、IT部门（包括外部供应商）、支持保障部门的行动，确保灾难备份及业务持续性管理规划在全行层面的顺利实施，并且能够持续维护和优化。这个做法值得国内银行借鉴。

（四）及时有效应对小概率事件的核心是预案、关键在演练

小概率事件发生之后，要在第一时间迅速采取措施。应对越及时，最后的损失就越小。就如同在地震、矿难等救援中，前3天是所谓的“黄金时间”，抢在这个时间段采取措施，成功的概率相对要高很多。

要做到快速响应，核心是预案、关键在演练。在事前要做好科学预案，充分考虑各种可能的情景，针对这些情景开展风险评估和业务影响分析，充分识别和研判潜在的威胁和损失，从信息系统、人员、场

地、基础设施等方面做出安排，指导恢复资源的优化配置，制订可操作的预案体系。

国外银行在这方面有很多成功的案例。例如在2004年新泻大地震[①]中，虽然很多银行建筑倒塌、电力中断，但是在震后第二天，不少银行都顺利恢复营业，这主要得益于事前的科学预案。这些银行在制定预案过程中，充分吸取1995年阪神大地震中的教训，除了对银行运营各个环节做出安排，还考虑了诸多外部因素（例如通信、电力、汽油、水和交通运输被破坏的可能性），以及其他自然或人为事件（如疫病流行、趁乱盗抢现金等）的影响，逐一制定应对措施。

做好预案后不能束之高阁。相关人员事前要熟练掌握，开展周期性演练。只有多演练才能在危急关头做到冷静、迅速、准确地应对。是不是经过充分的演练，最终结果可能大相径庭。最近有两个例子，可以说明做好演练的极端重要性。一个是正面的例子——宝成铁路列车坠河零死亡案例[②]，另一个是反面例子——菲律宾香港人质事件[③]。

在演练频率方面，虽然各银行做法不同，但通常都要与事件风险水平的高低相匹配。例如在美国银行，对于高风险的突发事件，其预案

---

① 日本新泻县于2004年10月23日发生里氏6.8级的强烈地震，死亡40人，受伤4500余人，10万多人无家可归，房屋损坏近14万栋，财产损失约3万亿日元。

② 宝成铁路列车坠河零死亡案例。西安开往昆明的K165次旅客列车运行至宝成线德阳至广汉间石亭江大桥上，突发洪水致使大桥5、6号桥墩倒塌，7号桥墩倾斜，造成列车5—17号车厢脱线。危急时刻乘务组立即启动应急预案，在短短15分钟内组织全部旅客撤离，无一人伤亡，创造了抢险救援的奇迹。之所以能够创造奇迹，原因是K165次列车乘务组在出发前一天刚组织了抢险预案演练，列车组每一位成员都清楚了解各自职责、抢险的程序以及各个细节，对应急预案较为熟悉，整个抢险撤退过程有条不紊。

③ 菲律宾香港人质事件。这个事件暴露出菲律宾警方对类似情况缺乏必要的应急演练。从整个行动过程来看，首次突击行动未成功后没有其他补救措施，行动十分被动和盲目；没有准备先进的侦察器材实施侦察，没有专业破拆工具实施破坏作业而使用普通的铁锤砸汽车钢化玻璃、用绳子拉动车门等，影响了营救行动。菲律宾国家警察机构也承认，参与营救行动的警察团队缺乏类似的训练，导致营救行动失败。

一般每年演练测试1次；对于中等风险的突发事件，一般每2年演练测试1次；对于普通的突发事件，一般每3年演练测试1次。美国银行每个员工人手一本应急手册，此外还设有全球应急中心，无论是在全球任何一个角落都可从总部获得支持。

这几年我国自然灾害频发，国内多家银行的分支机构出现了系统和服务中断的现象。虽然最终造成的损失不大，但是暴露出的问题却是比较严重。这需要引起高度重视，要抓紧探索起步，补强短板，尽快着手业务持续性管理体系的建设。

八

将监管合规视同银行风险经营的生命线

银行经营中时刻要面对监管规则。近年来，国内监管部门一直强调风险监管的导向，这体现了现代银行业监管的大趋势。风险监管导向与商业银行风险经营的导向，内在逻辑是一致的(这也体现了监管的“激励相容”原则)。但是在具体业务中，监管规则与银行经营不可避免会存在一些不相适应的地方。处理好监管合规与银行风险经营的关系，需要有正确的认识和方法。

（一）遵循规则可以降低银行经营的风险

很多规则是在大量经验教训的基础上总结出来的，遵循这些规则可以大大降低可能出现的风险，而不仅仅是为了避免惩戒。例如，交通规则规定禁止弯道超车，之所以有这个规定，是因为背后有很多血的教训。银行监管规则也是如此。这次金融危机之后，从 BCBS 到各国银行监管当局都在认真反思和剖析金融危机的教训，陆续出台新的监管规则。这些规则有助于保障每个银行以及整个银行体系的安全稳健运行。监管规则实际上是为银行经营划定了相对安全的边界，大大减少了银行“试错”的成本。

当然，还有一些规则是约定俗成的，一定程度上不存在合理或不合理的问题。就像打扑克，大家必须要遵循共同的规则。基于共同的规则才能形成一种秩序，形成相对稳定的预期。如果不遵循这些规则，可能短期会获得一些利益，但从长远看、从银行整体经营来看，将带来巨大的不确定性。

（二）监管规则构成银行风险经营的底线

银行必须在监管规则的范围内开展经营，这是不能逾越的底线。例如资本充足率，如果银行低于监管要求，那么就不能再扩大风险敞口，而且必须着手补充资本，或者压缩风险敞口。再如，BCBS《有效银行监管的核心原则》中明确监管机构制定和实施资本充足率、风险管理、内部控制、资产质量、损失准备、风险集中、关联交易、流动性管理等方面的审慎监管规则，这些审慎监管规则实际上也是银行最起码要做到的底线要求。

同时，优秀的银行在全面遵循监管规则的基础上，还要有超越监管标准的风险管理目标。银行在经营风险的活动中，要在市场上获得竞争优势，仅仅满足监管要求是远远不够的，因为监管要求大家都能够、也必须要做到。银行需要根据自身的业务实际、市场定位、风险经营目标，建设更为精细、专业的整体风险管理体系（包括风险管理政策、组织架构、制度流程、技术工具等）。

（三）提高对监管政策敏感性

银行经营管理中对两个方面的变化要时刻保持高度的敏感，绝不能逆势而为。其一，是市场环境的变化；其二，是监管环境的变化。只有自觉顺应市场规律、遵循监管规则，才能确保稳健、可持续发展。金融危机以来，国际和国内银行业的监管规则正在不断发展变化。只有密切跟踪监管政策的变化趋势，提前做出安排，才能在经营管理中赢得主动。如果坐等监管政策出台后再被动调整，不仅行动要比别人慢半拍，而且可能出现重大风险，处置或纠偏的成本要比别人高很多。提高政策敏感性，重点是做好以下工作：

1. 跟踪分析监管规则的变化趋势政策的走势通常存在“路径依赖”

因此，通过对监管规则的长期跟踪分析，有助于对未来政策变化做出正确的研判。此外，监管部门在出台重要监管规则之前，通常会在事前释放出一些信号，或者可以从监管举措中看出一些端倪（例如风险提示等）。通过上述信息可以在很大程度上预测监管规则的动向，把工作做在前面。

2. 了解国际银行监管规则的最新动态

近年来，国际银行业很多先进的监管规则被我国监管部门借鉴，并吸收到监管政策体系中。了解国际银行业监管规则的最新动态，有助于把握未来监管规则的发展变化趋势。例如，针对金融危机暴露出来的银行业流动性风险管理问题，BCBS 在《流动性风险计量标准和监测的国际框架》征求意见稿中，提出了两个更为科学的流动性监管指标——流动性覆盖率和净稳定资金比率。此后不久，银监会就正式将上述两个指标引入到对国有大型银行的“七大类十三项”监管指标体系中。可以预见，随着 Basel 协议的实施，将来类似的先进监管规则会越来越多地被吸收到国内银行业监管实践中。

3. 关注银行业的突出风险事件

例如，国内银行同业在某个业务领域出现的重大风险暴露，媒体和社会公众广泛关注的银行负面信息等等。通常在银行业发生突出的风险事件之后，监管部门都会采取针对性的干预措施，例如出台新的监管政策、对监管规则或标准进行调整等。

4. 关注监管部门负责人的讲话以及对重大问题的表态

国外很多金融机构研究分析人员在这方面有非常敏锐的“政策嗅觉”。在格林斯潘担任美联储主席的时候，有人不无戏谑地说，他们不仅分析格林斯潘讲话的内容，观察他的神情，还要看看他携带的公文包——如果公文包很薄，那么可能未来几天政策不会有什么变化；如果公文包很厚，那么有可能政策就要发生变化。从近年来我国监管部门领导的讲话、对重大问题的表态以及重要批示等相关信息来看，其中都蕴含着丰富的信息，或者释放出政策调整的信号（有的讲话事实上就是政策出台之前的“吹风”）。这方面需要做认真的跟踪研究。

（四）在监管规则制定过程中争取话语权

监管规则说到底是源于银行的经营管理实践。Basel 协议就是典型的例子，它可以说是对国际银行业风险管理最佳实践的总结。因此，优秀的银行应该以自身卓越的风险管理能力来赢得监管规则制定过程中的“话语权”。

赢得话语权的关键在于把自己的工作做好。例如，最近几年，中国银监会在很多监管政策的研究过程中都会邀请一些在该领域管理水平较高的银行参与，充分听取意见。商业银行在经营管理中很多好的经验和做法，都得到监管部门的重视和采纳。这种政策制定过程中的“话语权”，是与银行的经营管理特别是风险管理的专业化水平密不可分的。

国际银行业监管规则的制定也是如此。2009 年 3 月，中国正式成为 BCBS 的成员，标志着中国银行管理者在 Basel 协议这个最重要的国际银行监管规则制定中的“话语权”大大增加。应该讲，之所以能够赢得这样的“话语权”，主要是得益于中国经济金融的快速崛起以及银行监管水平的快速提升。在这过程中，国内银行特别是大型银行也要积极承担自己的责任，通过扎扎实实的工作，为完善国际银行业监管规则贡献自己的智慧。例如在 Basel Ⅲ以及将来其他监管规则的制定中，银行管理者不能跟在欧美后面亦步亦趋，应该立足于中国的实践发出自己的声音。

（五）实现监管约束和银行风险自律的统一

如果说监管约束属于“他律”的话，银行的风险管理更多体现为一种自律。只有做到“他律”和“自律”的统一，银行才能在风险经营、业务创新中做到“从心所欲不逾矩”。Basel 协议的一个重大进步，就是不仅仅强调外部的监管约束，更强调银行的自我约束（还有市场约束）。例如，商业银行可以选择更严格、更科学的技术方法（如内部评级法高级法）来计量和管理风险，Basel 协议对此予以鼓励，并在资本监管上给予优惠。在 Basel 协议的框架下，监管目标和银行自身的风险管理目标得到了较好的协调和统一。

近年来，国内银行业在完善风险自律机制方面取得长足进步。大型银行在推进实施 Basel 协议的过程中，不是简单地从形式上满足监管指引，而是将新协议的要求与银行自身基础管理的强化、全面风险管理体系的建设结合起来，以提升风险经营水平、完善资本约束机制。

第二章

环境变化最能考验银行持续经营能力

银行的风险经营的确是“随风起舞”，这个“风”就是银行所处的经营环境。每当全球性金融危机爆发，商业银行的经营环境就会发生质变。一旦经营环境发生根本性变化，银行经营行为必须及时矫正，经营模式必须尽快转变。早变早主动，晚变被淘汰。

尽管中国银行业是如此留恋2003—2008年的好时光，但还是要面对危机之后所处的新环境。资本约束、流动性要求、合规风险等来自监管方面的压力会更大，而在长三角等地调研期间，我更能感受到经济“新常态”、新趋势下各类风险的气息。考验真的来了！

面对银行快速扩张受到限制、金融托媒加剧、互联网金融等冲击，银行的持续经营没有其他的捷径，只能而且必须基于对市场的深刻理解，回归本源，提升跨周期经营的能力。

一

关注危机之后银行经营环境的突出变化*

金融危机后，国际和国内经济金融形势都发生了重大变化，这些变化将对中国银行业的经营行为和经营模式产生深远影响。以下几个方面需要重点关注：一是资本约束将进一步强化；二是合规风险将受到更多的重视；三是银行盈利模式将面临重要转变；四是经济恢复期的风险逐渐显现；五是流动性风险管理要求提高。

（一）资本约束将进一步强化

资本约束的实质是防止银行破产。从这次金融危机看，很多在危机前业绩表现非常好的金融机构一夜间倒掉，原因虽然不尽相同，但最终表现都是资本无法覆盖损失。银行能否驾驭风险，既取决于它是否具备专业化的经营管理能力，还取决于是否具有承担风险的实力。这个实力最重要的"物化载体"就是资本。银行在经营风险中面临的非预期损

---

* 对银行风险经营行为和模式特征的理解，不能离开特定的经营环境。特定的经营环境塑造了特定的风险理念，形成了特殊的经营模式。金融危机爆发以后，商业银行的经营环境发生了剧烈变化。在"风险经营"的理念框架下，我有意识地加强了银行经营环境变化及其应对策略的专题研究。

失必须靠资本来抵补（预期损失则通过拨备、定价等来覆盖），资本是银行承担风险的最后一道防线。

1. 提高资本充足率已成为国际银行业监管的大趋势

针对危机的教训，各国监管当局和 BCBS 开始重新审视资本约束问题，资本作为银行抵御风险最后屏障的作用被进一步强调。大幅提高资本充足率日益成为共识。

经过重组后，目前西方主要银行的资本充足率基本都达到 12% 以上（很多超过 15%），较以前有明显的提高（见表 2–1）。

表 2–1　西方主要银行资本充足率表

银行	资本充足率
花旗银行（Citigroup）	15.25%
美国银行（BAC）	14.66%
汇丰银行（HSBC Holdings）	13.70%
德意志银行（Deutsche Bank）	13.90%
苏格兰皇家银行（RBS）	16.10%

数据来源：相关 2009 年年报。

2. 对资本覆盖面和资本质量的要求更趋严格

金融危机后，BCBS 组织全球专家起草了一系列文件（目前正在征求意见，全球有 100 多家银行参与测试）。从监管导向看，对资本覆盖面、资本质量的要求更趋审慎。

（1）资本覆盖面扩大

过去一些业务和资产不在资本覆盖范围内，但是按照新的要求则需要纳入。这对银行来说意味着资本消耗的增加。

——对交易账户计量特定风险、新增风险。特定风险是指特定发行人因素导致价格不利变动而引发的风险；新增风险包括违约风险和迁徙风险。之所以增加这个规定，主要是针对金融危机中暴露出来的金融机构大量通过交易账户进行资本套利的问题①。

——在市场风险监管资本中引入压力 VaR 的概念。金融危机中很多银行的市场风险损失超过正常 VaR 值。针对这个问题，BCBS 提出新的解决方案，要求计量压力情景下的风险价值，即压力 VaR，并提出市场风险监管资本至少是压力测试 VaR 的 3 倍与正常情况下 VaR 值 3 倍之和，资本要求明显提高。

——根据经济周期变化，通过资本留存建立超额资本。针对银行在经济周期中的表现，以及银行经营活动尤其是信贷业务中存在的“亲周期”问题②，要求银行建立超额资本，用于弥补经济下行期可能暴露出来的风险。

（2）资本质量要求提高

这次金融危机中，发现银行有部分资本事实上是无法用来吸收风险的。鉴此，新的监管规则要求大幅提高资本的质量。

——严格限制一级资本和二级资本，取消三级资本③。对于创新性工具作为一级资本予以严格限制。非累积性永久优先股可作为一级资本，但必须是没有分红和利息要求，没有到期期限，没有附加赎回的强

① 交易账户主要是银行以交易为目的、获取短期价差的资产，通常是流动性好、持有期短、市场化的金融工具，例如一些固定收益债券、证券化产品、股票等。在 BCBS 以往文件中，交易账户不纳入信用风险加权风险资产的计算范围，仅计算其市场风险的监管资本。金融危机前，国外很多银行为规避资本监管，将大量金融市场业务放入交易账户。例如，金融危机之前花旗银行、摩根大通银行、汇丰银行的交易账户比重都在 50% 以上。

② 亲周期效应（Procyclicality），是指银行体系与实体经济之间的动态相互作用（正反馈机制），这种相互强化的互动放大了经济周期的波动和金融体系不稳定性。通常商业银行资本充足率的变化与经济周期更替是同向的，经济上行期银行信贷快速扩张，推动经济进一步膨胀；经济衰退期银行信贷萎缩，对经济恢复产生负面影响，由此放大经济周期波动。

③ 三级资本是指专门针对市场风险的资本，主要是短期的附属债。

制条款。同时，对二级资本设定 11 个严格的条件（例如偿还顺序列在存款人、一般债权人之后，期限不能短于 5 年，在 5 年之间要按比例摊销等），这意味着合格的二级资本也将大幅减少。

——将无形资产和递延所得税从资本项下扣除。像商誉、土地使用权等都属于无形资产，均在扣除之列。

3. 银监会陆续出台强化资本监管的相关措施

近年来，银监会明显加强了对商业银行特别是大型银行的资本监管，相关措施更加具体、更为严格（例如，将大型银行的资本充足率底线提高到 11.5%）。从银监会对各大型银行下达的动态监管指标①来看，资本充足率的监管目标值大致设定在 12% 左右。此外，银监会还将根据各大银行的杠杆率水平②、贷款损失准备充足状况以及宏观经济周期情况等，对监管目标值进行动态调整。

银监会在不同场合强调“反周期”监管思路，资本监管是其中的重要手段。从趋势上来看，国际银行业在资本监管方面的新要求，还将被陆续吸收到我国银行业的监管要求和指标体系中。

4. 资本要求提高对银行经营将产生重大影响

(1) 如果资本达不到监管要求，银行发展将受到诸多的限制

——银行信贷将受到限制。以往主要是贷款规模的控制，将来资本将成为硬约束。

——如果资本充足率不达标，监管部门可能要求银行停止某些业

---

① 总体来看，动态监管指标有七大类十三项，指标口径及指标值设定经过多轮征求意见，目前基本定型，年度指标设定只做局部调整。

② 杠杆率即资本总额与调整后的表内外资产总额的比例（依据银监会“七大类十三项指标”口径说明）。

务，直到充足率恢复到监管要求范围之内。

——股东分红将受到限制。

——薪酬将受到限制。银监会新发布的薪酬管理指引中已有相关要求。

——银行综合化经营（如参股或控股其他金融机构）、国际化战略（如在国外设立机构）等方面都可能受到限制。

（2）当前国内大型银行资本充足率面临较大的压力

——各大银行在经历了信贷高速投放后，资本充足率达标的压力凸显。一些上市银行的资本充足率都在银监会要求的 11.5% 底线上下，低于监管目标值（12%）。

——大型银行通过再融资来补充资本，受到外部市场变化等诸多方面的约束。

——完成再融资补充资本后，利润回报压力也随之增大。银行资本是用来承担风险以获取收益。作为稀缺资源，资本的回报要求很高（国际银行业通常要求在 10% 以上）。监管部门基于审慎监管原则，提高大型银行资本充足率底线，意味着相对于资本的现实需求、相对其他充足率要求较低的小银行来说，在一定时期会出现存在部分资本暂时性“闲置”的现象。要保持盈利水平（ROE 等）不下降，势必要求在原先基础上进一步提高各项业务的资本回报水平。

——资本运用低效率的矛盾逐步凸显。长期以来，国内银行资本观念相对淡薄，很多从业人员没有意识到资本是稀缺的，存在很多资本浪费现象，一些业务资本消耗所带来的收益远远低于资本回报率的底线要求①。这个矛盾在严格资本约束的背景下将更加突出。

① 例如，国内银行大量开展融资性保函等高资本占用、低收益的表外业务。这些业务银行所承担的风险与贷款一样（差别仅仅是资金成本）、资本消耗与一般贷款也没什么两样，但是收益往往却非常低。如果算上所消耗资本的成本，很多情况下都是“赔本赚吆喝”。

5. 强化资本意识，走资本集约化道路

从银监会出台的相关政策来看，加强资本监管的导向已经非常明确，而且对大型银行要求更高。资本的压力已经在各家银行的政策、计划中开始有所体现。大家都能感受到。如何应对这个压力和变化？有几个方面需重点把握：

（1）增强资本意识，从过去平衡风险和收益，向平衡风险、收益和资本转变。

要有资本消耗的概念。既要考虑一项业务可能带来的风险和收益，同时也要考虑资本消耗的因素，真正将资本管理和业务经营、风险安排有机结合起来。

（2）走资本集约化道路，转变高资本消耗的经营模式。

一方面业务要发展，另一方面是资本的刚性约束。怎么办？出路只能是走资本集约化道路。资本集约化就是要求在同样资产规模和收益目标下，尽可能少占用资本。以信贷业务为例，很显然将来趋势是NIM还要进一步收窄，过去那种“以量补价”的老办法行不通了。怎么做到资本集约化运用，办法还是很多的。例如，选好客户，增强债项风险缓释措施；多做些个人住房按揭等资本消耗较低的业务；加快退出低效、无效资本占用的客户和业务等等。

（3）着力提升资本配置和组合风险管理的能力。

要从被动的、事后的管理向主动的、事前的管理转变，通过资本优化配置、资产合理摆布，降低资本消耗，提高资本回报水平。这其中要特别重视组合效应对降低资本消耗的贡献。资产组合的预期损失等于每一笔信贷资产预期损失之和，但是资产组合总的资本占用却不等于每一笔资产的资本占用之和，资产之间的相关性、分散化以及风险对冲、转化等因素，直接影响组合层面的资本占用水平。长期以来，国内银行

风险管理主要停留在单笔资产、单项业务的层面，组合管理还相对滞后，有必要加快这方面的探索。

（二）合规风险将受到更多的重视

“合规”是指银行经营活动与法律、规则和准则相一致。合规风险表现为银行由于没有遵循法律、规则和准则而可能遭受的法律制裁、监管处罚、重大财务损失、声誉损失等风险①。合规风险的实质，是无视行业行为准则底线而付出的代价。

1. 国际知名银行将合规风险视为“丑闻”来管理，自我约束上比其他风险更加严格

国际先进银行对合规风险的管控要求比信用风险、市场风险等其他风险更为严格。合规岗是业务经营管理流程中的重要岗位，有的银行则将合规经理一直配备到一线。之所以高度重视合规风险，是因为良好的信誉对于银行来说至关重要——其重要性不在于合规风险带来的直接损失有多大，而在于间接的事后不良影响。银行需要给社会和公众一个诚信的形象，而出现合规问题则往往意味着“丑闻”，可能带来严重的信誉危机。除了监管当局将采取严厉的监管惩戒措施，例如高额的处

---

① 参见银监会2006年颁布的《商业银行合规风险管理指引》（http://www.gov.cn/banshi/2006-10/26/content_424148.htm）。根据《指引》，“合规”是指商业银行的经营活动与法律、规则和准则相一致。其中的“法律、规则和准则”界定为“适用于银行业经营活动的法律、行政法规、部门规章及其他规范性文件、经营规则、自律性组织的行业准则、行为守则和职业操守”。另外，BCBS在《银行内部合规部门》文件中提出，合规风险是指因违反法律或监管要求而受到制裁、遭受金融损失以及因未能遵守所有适用法律、法规、行为准则或相关标准而给银行信誉带来的损失。

罚、提高监管资本要求、实行市场禁入[①]等，还可能由此影响到银行市场声誉、外部评级等，潜在损失难以估量。

2. 金融危机后合规风险受到监管部门和社会公众的更大关注

这次金融危机暴露出合规方面存在不少问题。一是“规”的问题，即存在大量监管规则漏洞，客观上放纵了投机，“监管套利”现象蔓延。二是对规则“遵循”的问题。一些金融机构出于逐利的目的，不是以诚信的态度来遵循规则，而是通过大量眼花缭乱的“金融创新”钻规则的空子，游走在规则的边缘。加之金融监管不协调、监管不作为，使得很多违规行为没有得到及时的纠正和处罚。

金融危机之后，国外监管当局痛定思痛，对合规问题的监管更趋严厉。之后陆续展开对部分金融机构的调查，都表明监管部门的态度。例如，美国证券交易委员会正式指控高盛涉嫌在销售产品时诈骗投资者(随后高盛股价应声下跌)。从最新动向看，未来调查范围还可能进一步扩大，涉嫌违规的机构估计很难全身而退。

3. 国内监管部门对合规风险的监管力度不断加大

近年来，银监会一直强调风险监管与合规监管并重，在合规监管方面力度越来越大，检查越来越频繁。审计署、人民银行、财政部、证监会、保监会等部门在合规监管方面也采取诸多严厉的举措。

特别需要关注的是，银行监管法赋予了银监会“延伸调查”的权力，可以从客户端进行调查，不少银企串通规避监管的违规问题被发现。近年来，银监会各项政策和监管规定密集出台，加之银行案件风险出现抬

---

① 2009 年美国花旗银行在日本的当地法人——花旗银行（日本）因为涉嫌为洗钱提供便利，6 月 26 日被日本金融监管机构下令一个月内停止一切个人业务的销售活动。

头，合规监管的力度将会明显加大。从银监会监管动向来看，下一步还可能有更加严厉的措施，例如将违规事项查处与业务准入挂钩等。如果违规情节严重，银监会可能叫停某项业务[①]，或者在新业务准入审批时予以“一票否决”。

4. 合规风险“零容忍”与“高于底线”的自律

当前国内银行在合规方面存在的风险隐患较多。虽然近年来国内商业银行在合规风险管控方面进步很大，各大型银行都建立了合规管理部门或专业化团队，规章制度逐渐完善，但是存在的薄弱环节仍然很多。例如，银监会在对各大型银行的监管通报中，有很多问题都属于合规方面的问题。近年来，国家审计署陆续对国有大型银行开展了审计，发现不少风险隐患和违规事项，从媒体已经披露的审计情况来看，其中很多都是涉及合规方面的问题。

在实践中，越来越多的银行家开始对合规风险“零容忍”，使规则成为“高压线”。从目前监管政策以及各大银行管理动向来看，对防范合规风险的要求越来越严格，这是个趋势。对信用风险、市场风险可以有一定容忍度，但是对合规风险一定是“零容忍”。将合规视为经营管理中的“高压线”，让违规行为即便能够得到短期利益，但最终必然要付出很大的代价。

我国大型银行正在加快融入国际金融市场，在国际化进程中，尤其要将合规作为严格遵循的底线，即便面对巨大的利益，也不要做与自身形象不相称的事情。要树立中国商业银行合规守法、诚实正直的形象，在市场中赢得美誉和信任。

为此，应重视培育合规文化，使合规成为一种习惯。合规文化的

① 媒体报道渤海银行北京分行因为房贷业务违规，分行所有房贷业务被叫停。

培育是当务之急。合规意识淡漠是现在国内银行业存在的普遍现象。举几个例子：一是喜欢打擦边球。找各种理由挑战规则。二是喜欢越黄线、撞红线。有些情况明显已经有规则在约束，但总想突破。三是认为多少年来一直是这样做，成为习惯了，没有意识到其中存在合规风险。如果不改变这些错误的观念和不好的习惯，合规问题将很容易成为屡查屡有、难以根治的顽疾。

还应该形成这样的理念，合规只是行业底线，优秀的银行要有“高于底线”的自律。合规的“规”实际上只是整个行业的“底线”，是最起码的要求。不能认为不违规就是好的。要成为一家优秀的银行乃至市场的领袖，需要以“高于底线”的标准来要求自己，这个标准既包含法律和监管规则，也包括社会道德伦理等方面的要求。对于有志于成为百年老店的银行来说，这种“高于底线”的自律是赢得客户长久信赖的关键。

当然，规则不是一成不变，也在与时俱进。从银行业的发展历程来看，规则也是与时俱进的。规则的演进过程，实际上是监管当局—银行—市场之间不断博弈和互动的结果。因此，对于银行来说，要研究和把握“规则”内在逻辑和发展趋势，这样才能更好、更主动地适应变化，确保行动的前瞻性。同时，要通过自身的努力推动“规则”发展进步（从国内外银行监管实践来看，很多监管规则实际上是从先进银行的成熟管理规则中借鉴乃至移植而来），这也体现了一家优秀银行对金融发展进步的贡献。

（三）银行盈利模式将面临重要转变

金融危机之后，国际和国内银行业都在思考未来发展和盈利模式问题。关注的问题相同，但方向却大相径庭。西方银行业在危机前大量依靠表外创新扩大杠杆以提升盈利，经过这次危机，很多银行开始朝着去杠杆、回归传统业务的方向转变。我国银行业则长期依赖传统的存贷息差收入，在资本约束趋紧、利差空间收窄的背景下，如何摆脱对息差收入的过度依赖，是当前面临的紧迫课题。

从近年来各大型银行披露的年报看，利润都创下历史性佳绩。应该说，在全球银行业普遍不景气的情况下，中国银行业表现是令人振奋的。但值得关注的问题是，这样的高利润是否可持续①。观察年报与季报，银行利润大幅增长主要是靠扩大风险敞口（多发放贷款）实现的。由于 NIM 在不断收窄，贷款规模增长对利润增长的边际贡献总体上是在下降的，风险敞口扩大与利润增长不成比例。这不是一个好的趋势。因为在资本约束情况下，风险敞口不可能无限增加，蛋糕不可能无休止地做大。

目前，国内大型银行利润来源主要还是利差收入。从近年报表看，各大银行中间业务收入增长很快，但是其中有不少是靠转移贷款收益获取的（例如，贷款转出去做理财产品，或者将利息收入转为财务顾问等中间业务收入），真正意义的中间业务收入还没有找到稳定、持续的增长点。国际上很多先进银行非利差收入占到一半左右，甚至达到 70% 以上（如花旗集团），目前我国大型银行非息差收入基本占 20% 左右，如果考虑到贷款利润转移等因素，真正意义的非息差收入大致也就 10% 左右，差距很大。但是，这差距从另一方面看也是巨大的潜力。

国内大型银行未来的盈利空间有多大，增长空间在哪里，这是值得认真研究的问题。我个人认为当前要重视以下几个方面：

---

① 对此问题的担忧始于 2010 年，而实际上，2014 年各家大型银行的盈利增速已经降为个数，未来保持利润正增长也是不容易的。

1. 信贷投放方面：用好增量、优化存量

在今后相当长一段时间，通过有效的信贷投放实现利差收入仍是国内大型银行的主要盈利渠道。我国长期以来以间接金融为主，这个格局不可能在短期内发生根本性的变化。此外，通过贷款可以带动客户综合金融服务，如中间业务、理财业务、投行业务等。信贷业务仍是当前利润增长最重要的基石。

但是，由于资本约束、规模管控等因素，靠大量投放实现利润快速增长的模式已行不通了。与此同时，市场上大项目、大客户的信贷需求也在逐渐萎缩。因此，当前既要关注怎么用好增量（新增投放），更要关注怎样优化存量贷款结构。

——用好增量。要提高市场洞察力，增强营销针对性和客户选择的有效性。目前国内银行在信贷营销还没有摆脱“垒大户”的惯性。此外，很多银行项目储备库中，产能过剩行业过于集中。因此，转变经营理念是关键。要选择好客户，避免无效营销。项目选择不好，今天的增长可能成为明天的包袱。

——优化存量。优化存量可以释放出很大的利润增长潜力。加快从前景不看好（虽然还没有进入不良）的客户和项目退出，一方面可以防范不良贷款暴露，更重要的是可以减少低效乃至无效的资源占用，腾出宝贵的资源用于更具利润回报、更有发展前景的领域。这方面有很大潜力可以挖掘。

2. 资产质量方面：消化不良，防范下迁

管好资产质量，最大限度减少不良贷款对利润的侵蚀，是促进盈利提升的重要方面。

——消化不良。近年来国内银行加大不良资产处置力度，成效

显著。由于存量贷款中每年都会新生成一定比例的不良贷款，因此不良资产消化处置是银行长期的工作。从发展趋势看，引入市场化处置机制（包括资产证券化等创新模式）将是各大银行下一步的着力点。

——防范下迁。包括防范客户评级下迁和债项评级下迁。无论是客户还是债项评级的下迁，都意味着损失可能的增大。近年来，随着贷款准入要求提高、客户结构改善以及管理水平的提升，客户评级和债项评级下迁现象得到较好的控制，各大银行不良贷款生成率在逐年下降。但是考虑到前期信贷密集投放带来的后续影响，未来各大银行防范贷款质量下迁的任务将非常艰巨。

3. 风险管理方面：客户选择，风险安排（风险定价）

——客户选择。客户选择是保证良好资产质量和盈利的前提。目前，国内还缺乏资产证券化、信贷转让等成熟的市场，银行发放贷款后绝大多数只能“持有到期”。因此，选择不好的客户，短期内会有一些利润，但是长远看可能后患无穷。有的客户“拉”进来以后甩都甩不掉（甚至还出现银行被动追加投入的情况）。近年来，国内有的银行向客户发放长期固定利率贷款或单向浮动利率贷款（基准利率上调时贷款利率不动，而下调时利率随着下调）。这些贷款放出去以后，银行只能被动地承担风险敞口，在市场上很难找到合适的交易对手对冲掉风险，事实上成为银行长期的包袱。

——风险安排。选择了客户，还要做好风险安排。面对同样的客户，交易结构安排方案不同，最终风险管控效果可能大相径庭。合理的交易结构安排，实际上是将客户的需求和银行的风险安排（包括风险管理措施、风险缓释方案、风险成本定价等）有机组合在一起。

风险定价是风险安排的重点，也是当前国内银行的薄弱环节。风险定价有不同的模式[①]，但是不管采取什么模式，都是要根据客户的风险状况和价值贡献来合理定价，都要把账算清楚。无论是客户经理还是风险经理，都要有算账的意识，有算账的能力。要在算清风险成本基础上，通过合理定价来覆盖住风险。定价不是越高越好，如果不考虑不同贷款风险成本的差异而采取“一刀切”的定价，那么可能造成优质客户流失，甚至出现严重的“逆向选择”问题。

4. 价值挖掘方面：产品创新，交叉销售，节约成本

——产品创新。积极通过产品创新，培育新的增长点。目前市场上客户新的金融需求很多，但是很多需求银行满足不了，这其中固然有法律法规、监管规定限制等客观因素，但最主要原因还在于银行产品创新不足。银行和企业一样，是靠向合适的对象销售合适的产品来获取收益，同样的需求可以通过不同的产品来满足。在保证合规的前提下，这种产品行不通，可以考虑其他产品，或者设计新的产品。例如，有的客户不满足发放流动资金贷款的条件（如信用等级不高），但是银行可以考虑根据交易特点向其提供供应链融资等产品，既满足客户短期融资需求，又能有效管控风险[②]。

---

① 贷款定价在实务操作中通常有三种主要模式：一是成本加成贷款定价法。即在计算资金成本、风险成本、经营管理成本和税费分摊的基础上，加上目标收益。二是市场价格领导定价法。即在市场基准性利率的基础上，根据市场竞争情况、客户信用状况等加上风险溢价点数（例如 LIBOR 加上若干点）。三是客户盈利综合定价法。即在客户关系管理的基础上，衡量客户整个账户综合收益（而不是单笔贷款），以此确定贷款利率和费率水平。无论上述哪一种定价方法，计算贷款风险成本都是基础性工作。

② 目前国内各大银行都在积极倡导和推广与物流、现金流、供应链等紧密关联的自偿性融资产品，逐步取代或置换过去的流动资金贷款。当前，不少客户（特别是小企业客户）经营管理不太规范，银行很难有效管控流动资金贷款风险。有的贷款一放就是一年、两年乃至更长，最终往往被客户挪为他用。有的客户比较规矩，没有挪用贷款，但是客观上又容易造成阶段性资金闲置，增大财务负担。因此，无论是从风险管控的角度还是客户需求的角度，流动资金贷款都不是最佳之选。而采用与物流、现金流、供应链等紧密关联

——交叉销售。通过抓交叉销售，可以有效提升客户的综合贡献。目前，国内银行对客户交叉销售能力还明显不足。国外专家做过分析，向一个新客户营销产品的成本是向老客户营销成本的2—6倍。例如，这次金融危机中表现出色的富国银行，其良好的业绩不仅得益于卓越的风险管控能力，还得益于超群的交叉销售能力。据介绍，富国银行做到了向每个客户平均销售约5个产品（大致是同业平均水平的2倍）。再如国内的平安银行，依托保险进行交叉营销，成效非常好。应该看到，国内大型银行拥有庞大的客户群，有丰富的历史数据，这是潜在优势。如果能够发挥这个优势，把交叉销售抓上去，那么可以激发出巨大的利润增长潜力。

——节约成本。挖掘盈利潜力，需要"开源"和"节流"并举。近年来，国内大型银行在节约成本方面取得很大进展，成本收入比等主要指标得到持续优化。下一步节约成本的最重要抓手，不是简单地压缩费用，而是更多地从精益管理① 方面下功夫。以精益管理的思路再造流程，消除浪费，这是现代银行管理的大趋势。

（四）经济恢复期的风险逐渐显现

在中国强力宏观经济政策刺激和国际社会的共同努力下，国际金

的授信方案，实现交易结构与客户需求、经营周期相匹配，不仅能够满足客户阶段性的资金周转需求，同时又有利于银行主动、有效地管控住风险。另外，在这种交易结构下，授信期限通常较短，虽然定价相对高一些，但是客户整体财务负担反而是下降的；而对银行来说，随着信贷资金的利用效率（周转速度）大幅提高，同样的信贷规模可以满足更多的客户需求，这种交易结构能够避免所谓的"公共汽车效应"，整体收益也随之增长。

① 精益管理的核心是消除浪费，最大限度减少那些耗费资源却不创造价值的活动（Muda），例如残次品、超过需求的超量生产、闲置的库存、冗余的工序、不必要的人员调动、无效的商品运输、不必要的等待等等。

融市场波动出现一定程度的缓解，比较乐观的看法是金融危机已经过去，经济将呈V型走势；但也存在相对悲观的看法即危机只是暂时缓解，二次探底的可能性依然存在。欧元区债务危机，从一个侧面说明形势仍然严峻。

我个人认为，这次金融危机与过去历次相比的最大特点在于经济恢复的艰难性超出我们的想象。整体上看，全球经济还要有相当长一段时间处于恢复期阶段，期间波动不可避免。虽然部分国家的某些行业经济复苏的速度超过预期，但是很多结构性矛盾并没有得到解决，全球经济的结构性矛盾似乎更加突出。西方主要经济体都还处于谷底震荡，复苏基础相对脆弱。原来看似规模不大的希腊债务危机迅速蔓延到整个欧元区，并拖累欧洲乃至全球经济复苏的进程。目前，我国经济对外依存度很高，外需低迷对经济的影响不容忽视。需要关注的是，在西方经济尚未实现复苏的情况下，出于国内政治等方面的考量，美国等一些西方主要国家的贸易保护主义愈演愈烈，主要表现在通过各种关税、非关税壁垒，滥用世贸组织的贸易救济条款，对我国出口商品采取“双反措施”(反倾销、反补贴)。有调查数据显示，全球70%的贸易纠纷调查是针对中国的①。这对我国出口企业将带来巨大冲击。

对目前的经济形势，业界有各种不同的分析和判断。实际上，得益于四万亿政策的产业和部门在迅速回暖的同时，也出现了一些比较严重的一般产能过剩，而其他产业和部门却还在低谷徘徊，呈现出“冷热不均”的格局。在此背景下，出现“滞胀”的可能性大大增加。通胀固

① 在2010年第一季度，我国遭遇“贸易救济调查”19起，涉及金额11.9亿美元，同比增长93.5%，涉及钢铁、化工、纺织品等行业。随后，美国又决定对从中国进口的油井钢管征收29.9%—99.9%的反倾销税，涉及金额超过32亿美元，铜版纸反补贴反倾销案涉及数亿美元。算上上一年的轮胎特保案22亿美元，涉及总金额已超过200亿美元，影响到数百家中国企业。

然危险，但是滞胀比通胀更危险。一般情况下，单纯的通胀治理起来相对容易。一旦出现滞胀，各种反向矛盾交织在一起，无论采取何种货币手段或财政手段，都可能面临“两难”的境地。

“滞胀”风险的根子在于结构失衡。在四万亿刺激经济政策作用下，投资驱动进一步强化，居民消费增长滞缓。在投资结构中，还是政府投资唱主角，民间投资尚未启动。同时产能过剩矛盾进一步突出，部分资源低效率配置。有的地方大量落后产能不仅没有被淘汰，反而在“保增长”的旗号下死灰复燃。全国范围“两高”行业产能增幅依然居高不下，粗钢、水泥、电解铝、铁合金、烧碱、焦炭等行业产能的增幅在2011年达到令人担忧的地步。

国内大型银行在“过热”行业的信贷投放较为集中，如果出现“滞胀”，那么可能对整体资产质量带来较大冲击。银监会专门对钢铁、水泥、平板玻璃、煤化工、多晶硅、风电设备6大产能过剩行业，以及造船、发电设备、重型装备和通用机械4大潜在产能过剩行业的风险提出预警。这是个很强烈的信号。

在经济正常时期或者经济处于谷底时期，好客户和不好的客户差距比较容易识别出来，在趋势上也比较容易做出判断。但是在经济恢复期，无论是好客户还是不好的客户，都从最低谷爬出来，同时表现出很好的“成长性”，因此银行往往容易被良好的财务数据、盈利增长率等表象所迷惑。究竟谁是真正复苏并进入增长通道，谁是暂时缓和乃至属于“回光返照”假象，银行做出准确判断的难度很大。

同时需要特别关注的是，在经济恢复期客户自身对市场大势的判断以及对风险的把控也往往容易出现偏差。比较典型的是一些企业对形势判断过于乐观，或者出于“抄底”的投机心态，盲目投资、并购，乃至囤积大宗商品。这方面以前有过不少教训，近期这个苗头又开始出现，需要引起高度警惕。

经济恢复期的诸多不确定性，对银行风险管控能力是个考验。做好风险应对，需要多看、多想、早准备、早行动。

——多看。既要看客户，又要看客户所处的整个行业、上下游企业；既要看国内市场，又要看国际市场的变化；既要看眼前，又要看长远。只有看得更深、更广、更远，才能对风险有更准确、前瞻的把握。例如，西欧部分国家主权债务风险上升，表面上看国内很多银行没有直接投资这些国家的债权，但是如果再看深一点、远一点，虽然没有直接投资，但银行持有外币债券的发行体或交易对手可能拥有这些国家的巨额债权（实际情况也是如此），由此同样可能对债券投资组合构成潜在威胁。

——多想。对于市场变化需要多思考，多做深度分析。分析问题的原因、风险苗头、趋势、传导路径等。经济恢复期市场信号相对“混乱”，对于同样的经济现象，市场、专家可能有不同甚至相反的解读。清醒、独立的判断对于一个大型银行来说至关重要。近年来，国内大型银行都在加大行业、区域、客户、产品等多维度的研究分析，这种深度研究在当前形势下尤为重要。

——审慎决策。越是面对复杂的形势，越要“谋定而后动”。例如信贷需求方面，一些地方政府、大客户对上新项目的热情还是很高，银行要有自己的独立评估、前瞻性的判断，审慎决策。不能做的项目坚决不做。

——及时行动。对于已经看准的方向、已经确定的政策，要及时行动。例如信贷结构调整，行动越早越主动。不能看到一些行业、企业眼前形势还不错，舍不得退出。一旦出了问题，想全身而退就很困难了。

（五）流动性风险管理要求提高

在这次金融危机中，像贝尔斯登、雷曼兄弟以及英国的北岩银行、华盛顿互助银行等陷入破产，都是由流动性问题直接导致的。其中，英国北岩银行无论是资产质量还是资本充足率一直保持良好，但恰恰是流动性成为致命一击。更值得关注的是，由于个别大型金融机构倒闭导致恐慌蔓延，市场上原本非常充裕的流动性在一夜间骤然枯竭，各国央行不得不提供规模空前的流动性支持以维持金融体系的运行。

BCBS 指出，这次金融危机的关键特征之一是流动性风险管理的粗放和低效，危机证明了流动性风险爆发的突然性和严重性。针对危机的教训，BCBS 专门发布了《流动性风险计量标准和监测的国际框架》征求意见稿。

银监会出于整体金融稳定的考虑，在正式实施的“七大类十三项”监管指标中，借鉴 BCBS《流动性风险计量标准和监测的国际框架》征求意见稿的规定，设定了两个重要监管指标：流动性覆盖率和净稳定资金比率[①]，同时针对各大型银行明确了监管目标值和触发值。从初步测算的情况看，各个大型银行的流动性覆盖率、净稳定资金比率现状与银

---

① 流动性覆盖率和净稳定资金比率是独立又互补的两个指标。“流动性覆盖率”的目标是确保银行有足够的优质流动性资源来应对短期流动性风险；“净稳定资金比率”的目标是运用更稳定、持久和结构化的融资渠道来提高银行在较长时期内应对流动性风险的能力。

——流动性覆盖率监管目标值的公式为：

$$LCR_r = \frac{HQLA}{NCO} \times 100\% \pm \mu$$

LCR_r 为流动性比率监管目标值；$HQLA$ 为高流动性资产储备，包括现金、超额存款准备金、国债、央票等；NCO 为未来 30 日的资金净流出量，即资金流出项目总额减去资金流入项目总额后的净额；μ 为监管调整值，主要影响因素包括银行流动性管理能力、实际流动性状况等。监管调整值原则上在 [–10%，10%] 的区间内。流动性覆盖率的计算口径及监管要求按照相关监管规定执行。

——净稳定资金比率监管目标值的公式为：

$$NSFR_r = \frac{ASF}{RSF} \times 100\% \pm \mu$$

$NSFR_r$ 为净稳定资金比率监管目标值；ASF 为可供使用的稳定资金；RSF 为业务所需的稳定资金；μ 为监管调整值，原则上在 [–10%，10%] 的区间内。净稳定资金比率的计算口径及监管要求按照相关监管规定执行。

监会设定的目标值还有一定差距。

长期以来，国内银行对流动性风险关注不够，究其原因，一方面是由于长期以来我国储蓄率处于高位（60%以上），大型银行资金面相对宽裕；另一方面则是存款人认为国家对大型银行提供隐性担保，流动性不会出现问题。这种认识其实很危险。

影响银行（特别是大型银行）流动性的因素很多，从宏观层面的通胀、利率、汇率等，中观层面的银行资产负债规模、组合结构、杠杆率等，到微观层面的某些突发事件等，都可能引发银行流动性风险。实际上，一些小银行已经感到压力了。大银行对此同样不能掉以轻心，要将增强流动性风险管理能力提上日程。

近年来，国内银行特别是大型银行在流动性风险管理方面有了长足进步，下一步的着力点主要是推进管理的专业化以及完善上下协同机制。

1. 跟踪分析市场

围绕监管部门提出的"流动性覆盖率"和"净稳定资金比率"两个新的监管指标，大型银行需尽快研究完善配套的监测手段和管理机制，不仅要考虑银行自身的合同期限错配情况、融资集中度、资产变现能力等，还要加紧完善相关市场监测工具，对市场上资产价格和流动性进行跟踪分析（准确掌握银行能以什么样的价格在市场上获得所需资金）。

2. 上下协同联动

长期以来，国内大型银行的一些分支机构的管理者认为，流动性管理是总行的事情，基层行没有必要去关心，这种认识是错误的。近年来，国内有不少银行的分支机构出现过储户挤提现象。而从银行整体的流动性管理来看，出现了流动性缺口后总行再去被动地调整资产负债结构（例如增持高流动性资产），代价往往比较大，因为流动性是需要牺牲收益获取的。因此，分支机构在开展资产业务和负债业务过程中，要有意识地多关注流动性问题。例如，在负债业务方面，重视培育稳定的存款资金来源，增加存款资金沉淀，提高净稳定资金比率。在资产业务方面，合理控制贷款集中度；多发展自偿性信贷业务（而不是流动资金贷款一放好几年）；项目贷款、房地产开发贷款管理中，在项目完成、资金回笼后要按照要求加紧回收贷款（像房地产开发项目，销售超过80%就要全额回收贷款）；避免短期信贷资金固化为企业铺底资金，反复为企业办理展期、转贷等等。通过上下协同，流动性风险管理可以更主动、更有效。

二

经济形势变化促使银行调整经营模式 *

——基于长三角地区调研的趋势预判

20 世纪 90 年代以后，长三角的区域经济情况对于观察中国经济趋势一直具有重要的指向意义。分析 2011—2012 年长三角地区出现的情况，有助于把握宏观经济现状和未来走势，也引发了对银行经营模式转变的进一步思考。

（一）宏观形势复杂严峻，不宜乐观，亦不必过度悲观

从调研情况看，江苏、浙江等东部发达地区经济对外依存度过高，外需疲软、出口订单下滑等宏观环境的变化，对国内经济尤其是以外向型经济为主的东部沿海地区产生重要影响。江苏省外贸出口明显回落，对欧盟出口连续多月出现负增长，浙江、宁波等外贸行业也受到明显影响，企业经营困难加大。同时，中国制造业采购经理指数（PMI）连续下降，已经跌入枯荣线（50）以下，尤其新出口订单指数下跌最为严重（见图 2–1）。

---

* 2012 年第三季度，商业银行面临的经济金融形势异常复杂。基于多次调研过程中感受到的现实压力，我提出了对经济走势的基本判断和对银行改进经营模式的意见。

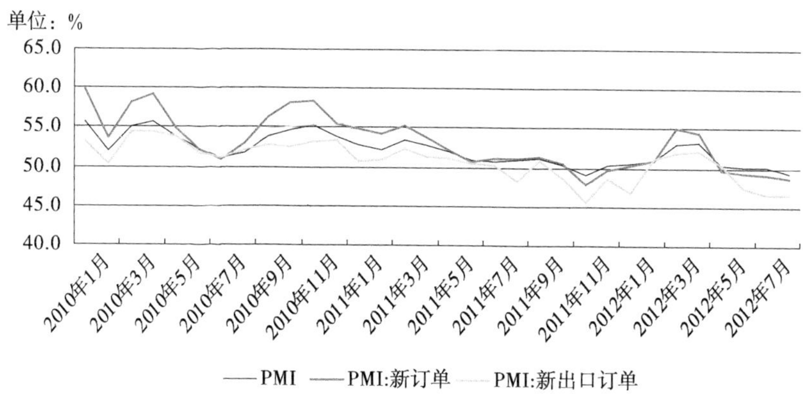

图 2–1 2010 年 1 月—2012 年 7 月制造业采购经理指数同比情况

与此同时，我国宏观经济运行也面临一定的严峻考验。从调研情况看，江苏省投资、进出口和消费等拉动经济增长的“三驾马车”均出现同比增速放缓迹象，规模以上企业中，亏损面达 17.6%，扬州等地区更高达 21% 以上。虽然浙江省发布的国内生产总值同比增长接近 7%，但民间估计十分悲观。同时，全国行业用电量同比增速大幅放缓，2012 年 5 月末仅同比增加 4.22%，增速同比下降 8.44 个百分点，其中，制造业和建筑业用电增速放缓势头更加明显，面临的发展压力更大。(参见图 2–2)

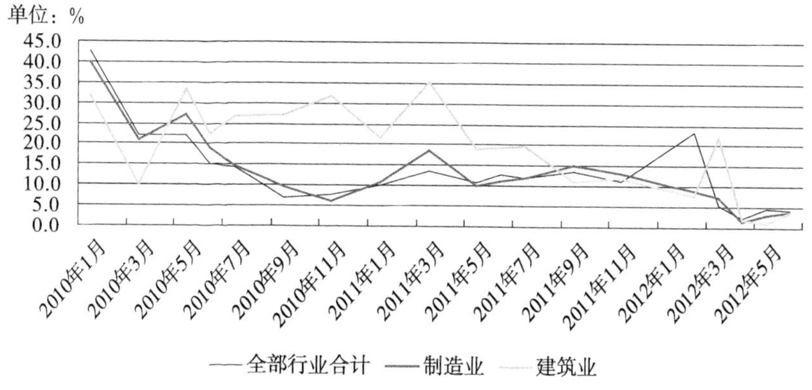

图 2–2 2010 年 1 月—2012 年 5 月行业用电量同比情况

深入分析还可以发现我国经济发展呈现更为复杂的局面。一方面，我国在财政政策和货币政策方面采取了一些针对性措施，但我国GDP增长幅度还是呈不断下降趋势。（参见图2–3）例如，2012年上半年，全国财政支出同比增长21.3%，中央预算安排8000亿元赤字，财政部代地方发债规模从2000亿元增至2500亿元。货币政策也十分积极，两次降低存款准备金率，两次降息，并使贷款利率下调幅度大于存款利率下调幅度，降低实体经济融资成本，但仍没止住GDP增长幅度不断下降的趋势。而且在可以预见的未来，经济增长下行压力将持续加大。另一方面，周边国家不断挑起事端，钓鱼岛争端与南海局势紧张，或将对我国经济发展产生一定的不确定性。一旦出现事端冲突的升级，将会对我国经济发展以及对亚洲乃至全球经济的稳定产生一定冲击。

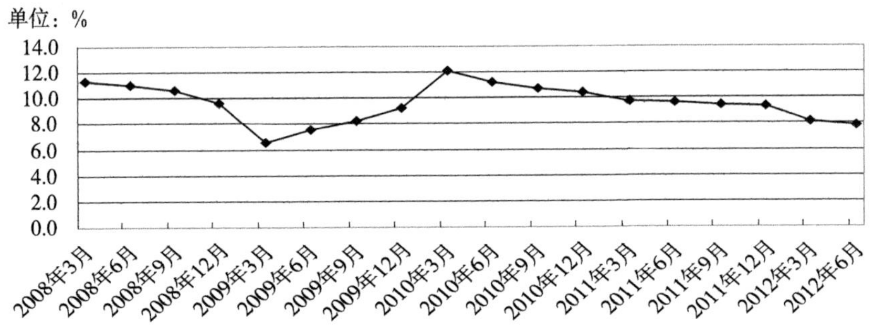

图2–3 2008年3月—2012年6月GDP增长情况

整体而言，我国经济发展状况无需过度悲观，但也不能盲目乐观。目前，对我国经济的发展趋势存在两种不同观点：一种属于“乐观派”，认为我国国内消费稳定，基础设施投资规模较大，经济目前的增速放缓是以此为代价，促进经济转型、结构调整和产业升级，在党的十八大召开后经济将会触底反弹；另一种属于“悲观派”，认为在工业增加值、用电量和进出口规模均出现不同程度减速和放缓的情况下，我国经济仍有下行压力，经济走势堪忧。

从调研的情况看，我国经济增长短期内虽面临一定的趋缓态势，但不会出现“硬着陆”风险，经济状况无需过度悲观。目前，我国还处在城镇化快速发展的进程中，中西部地区基础设施建设空间较大；居民收入增长保持稳定，居民消费需求呈不断升级和放大趋势，城镇居民失业率等指标趋势向好。有基础设施建设和居民消费增长做保障，我国经济整体上无需过度悲观。但是，从制造业发展情况看，企业订单不足、利润下降、经营成本上升等情况较为严峻，且民间担保、信用违约等风险频发。

综合来看，我国经济增长虽然短期内面临一定压力，但“硬着陆”可能性很小，预计未来我国整体经济增速在 7%—8% 的区间内将成为常态。经济状况的显著改善可能需要等到 2015 年以后。由于国外市场不景气，国内原材料、人力等成本上涨等因素影响，制造业及批发零售业相关企业将面临较大经营风险。虽然当前基础设施建设力度逐步加大，但由于效应的滞后性以及政策的相对温和，预计整体经济回升速度不会像 2009 年那样快速。

（二）经济下行期是银行风险经营的机遇与挑战并存期

从全球角度看，次贷危机五年之后，全球主要经济体仍然处在寻找“新的经济增长点”的阶段。在天津达沃斯会议上，与会者普遍认为全球将迎来第三次工业革命，其发展的“两条腿”很可能是信息化技术和新能源，具体特点是信息技术、工业技术和新能源技术的高度融合。但第三次工业革命的具体发展路径和商业模式尚未完全清晰明确，仍处在探索阶段，发展前景尚不明朗。

从中国的现实来看，转变经济增长方式，调整产业结构，将是经济发展的长期性任务。目前，我国经济发展对外贸的依存度过高，受海外经济状况影响较大，例如2011年，我国经济对外贸的依存度为50.1%，而浙江省、江苏省的外贸依存度更是达到64.5%和92.0%。根据测算，外贸出口增速降低一个百分点，将影响工业行业增速下降0.3个百分点。而且，从调研的情况看，产业层次低、产品档次低、利润率低、处在产品链和产业链末端、严重依赖外贸订单的企业在此次经济调整中受到的影响最大。因此，转变经济增长方式，调整产业结构，其主要任务是摆脱过度依赖出口导向的外贸型经济增长模式，根据不同地区的资源禀赋、开发潜力、环境容量等条件，发展优势产业，打造集约高效、具有核心竞争力和可持续发展能力的区域、行业发展优势。2012年7月，工信部公布了《产业转移指导目录（2012)》，对东北、东部沿海、中部、西部等地区的产业转移和发展重点进行了明确，有利于银行对各地产业升级和结构转型的重点进行有效把握。

从我国改革开放三十多年的发展历程看，每次重大的制度改革和政策出台，往往是在经济发展的低谷时期（见图2–4)。因此，在经济发展的低谷时期，也蕴藏着商业银行发展的重要机遇。

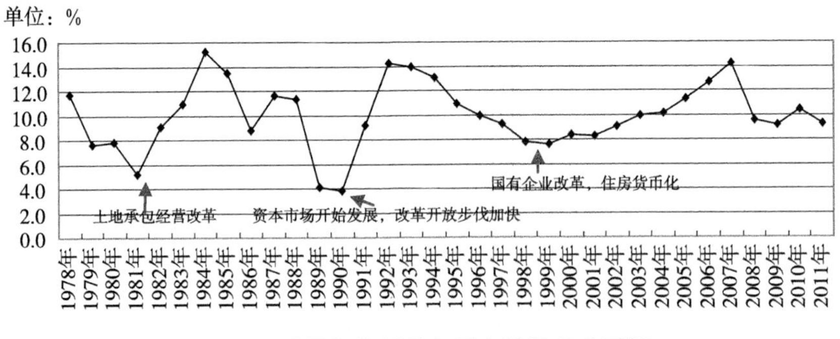

图2–4 我国经济低谷与重大政策出台时间

第一，促进银行经营模式有效转型。随着我国经济发展方式的转变，商业银行也面临着转变经营发展模式的重要机遇期，尤其在经营理念、风险管理机制、贷后管理等方面均面临着重要的转变机遇。银行应以支持经济结构调整为契机，促进全力优化信贷结构，努力减少资本消耗，向内涵式集约化方向发展，促进经营模式的有效转型。

第二，有利于业务结构的合理调整。2012 年以来，为稳定经济增长，转变经济发展方式，调整产业结构，我国政府制定和规划了针对“三农”、基础设施建设、绿色信贷、战略性新兴产业、文化产业、民间资本投资等多项产业的发展规划或实施意见，为银行市场拓展和业务发展指明了方向。

第三，有利于产品和服务等方面的创新。从调研情况看，经济下行期间，顺周期行业客户尤其是受经济波动影响较大的客户，对商业银行产品的需求与经济繁荣时期有所不同，其不仅需要商业银行简单的信贷资金支持和结算服务等，更渴望针对性强、个性化突出、能够协助企业走出低谷、摆脱困境的产品和服务。例如，化纤行业客户由于处在石化产业链的末端，原油价格的大幅波动对企业的日常经营产生严重影响，而企业由于种种原因，并不擅长在期货市场利用套期保值机制对冲相关风险，它们对能够帮助企业稳健经营、有效控制原材料市场波动风险的金融产品和金融服务具有较大需求。

第四，有利于选择优质客户，打造坚实的客户基础。从风险的角度看，越是处在经济的下行期，优质客户的特征越能充分显现。因此，在经济下行期的“阵痛”阶段，是银行做好客户选择工作，拓展具有技术优势、市场优势、良好公司治理结构优质客户的重要机遇，如果能为其提供帮助，助其渡过难关，则会为稳固银行客户基础，创建良好稳固的银企关系打下坚实基础。

同时也应该看到，处于经济下行期的银行，更是面临着一系列前所未有的挑战。当然，经济下行期间，不同区域、行业和客户群体所面临的风险特征不同，从调研的情况看，银行主要面临以下方面的挑战：

第一，从区域上看，以低端外向型加工贸易为主，民间资本市场发展迅速，民间借贷盛行，在互保联贷现象普遍的地区，信贷资金面临的风险和损失较大。

例如，在浙江相关地区中，温州、杭州等地民间借贷盛行，企业间的互保联贷现象比较严重，此类区域的不良贷款余额和不良率上升较快。

第二，从行业上看，低端制造业和批发零售业受经济下行影响较大。

尤其是纺织服装加工等低端制造类行业和船舶制造、钢贸等顺经济周期行业将面临较大的经营困难。

同时，对于新兴产业中的光伏行业，由于受产能严重过剩、欧洲大幅削减补贴和欧美“双反”调查等方面影响，光伏产品价格大幅下跌，市场需求大幅萎缩，企业利润下滑，整个行业面临较大经营困难。以行业规模占全国第一的江苏省为例，在2011年末，企业数量有1100多家，部分企业由于经营亏损等原因，已处于停产状态，面临较大的生存压力。2012年第一季度，10家在境外上市的光伏企业全部亏损。尤其是前期规模扩张速度较快、业务需求主要面向欧盟等海外市场的企业，风险尤为突出。

第三，从客户群体上看，产品技术含量不高，抗风险能力较弱，资金链紧张，涉及民间借贷和互保联贷较多的中小型企业在此次经济下行期间风险暴露较大。

调研中发现，近几年，由于中小型企业效益被快速增长的人力、原材料等成本消化，企业的利润大幅下降。尤其令人担忧的是，前几年房地产价格快速上涨和民间高利贷盛行等，导致许多生产型企业偏离主业，对外进行盲目投资和相互借贷担保，财务和资金问题在经济下行期逐步暴露，这部分企业的违约风险较大，企业间的担保链风险，也是目前比较突出的问题，其中又以钢贸类客户面临的潜在风险最大，不良贷款额上升很快，不良客户均为小企业，授信产品以流动资金贷款及银行承兑汇票为主。同时，非不良拖欠贷款及新增表外垫款亦主要集中在钢贸和光伏行业小企业客户。

第四，从产品方面看，表外信贷业务产品如贸易融资类产品和银行承兑汇票风险较高。

主要表现在：一些银行的部分机构为获取高收益和市场份额，假借金融创新而不顾及基本的业务逻辑和风险底线，无节制地发展高收益、高风险的表外业务，使得部分信贷产品演变为企业融资的主要工具，并且绕过监管和授信管控不断放大风险敞口，使一些客户获取了超过企业实际需求，也超过实际偿债能力的信贷资金。为此，浙江温州、杭州和江苏无锡、苏州的许多银行机构已经或即将付出沉重代价。

（三）市场在变，银行经营模式也必须改变

虽然在此次经济下行期间，长三角地区经济发展受到严重冲击，民间借贷和关联互保圈的风险传导速度快，涉及面广，但不同银行、甚至同一银行不同机构间的资产质量差别却很大，一个重要的原因是看谁能够充分分析区域经济运行现状，合理预判经济走势，并做出积极响应。因此，银行要重视对宏观经济走势和区域经济运行状况的分析研判工作，对宏观经济整体趋势和每个区域经济发展特征及面临的问题都应分析好，分析透。只有这样，才能瞄准业务发展的正确方向，解决或缓释风险暴露的本质性问题。只有做到对问题“深刻理解”，才能在同业竞争中取得先机。作为大型商业银行，要注重创新工作体系，建立高效化、前沿化和制度化的需求收集和响应平台，积极挖掘潜在的各种业务需求，深入研究和把握不同时期、不同年龄、不同地域和不同规模客户群体的消费、投资、经营等行为特征和变化趋势，并能够基于客户行为

的特点和变化，改进服务方式，转变服务思维，拓展服务方法，丰富营销手段，积极响应和设计满足个性化需求的产品和多样化的服务，以此提高银行的核心竞争力。

1. 构建坚实的核心客户群基础

从风险的角度看，对于优质客户应具有如下特征定义：一是具有技术上的优势，尤其是拥有全球先进水平或同业标准制订话语权的企业。二是具有市场优势。拥有稳定的销售渠道和市场需求，市场占有率高，或在同业中拥有定价权。三是具有管理上的优势。内部管理、财务等制度健全，集团客户各成员间关系清晰透明，关联交易正常公允。四是企业实际控制人踏实稳健，从事实体经济相关行业，主营业务突出，且投资并购主要在主营业务产业链上下游延伸。因此，可以基于上述几个标准，建立合理的客户营销评分卡，供业务部门和相关人员在发展潜在客户时使用，有利于挖掘优质潜在客户。

2. 明确客户发展目标，积极拓展“想发展”客户

对于客户选择问题，应改变“坐等客户上门”的传统思维，采取“主动出击，发展心仪客户”的主动态度，去发展自己想做的客户、愿意做的客户。同时，在制定政策、设计产品等工作时，也应以重点满足“自己想发展客户”的需求为出发点。因此，银行分支机构每年年初可以依据总行的信贷风险政策，结合当地经济的发展特点，列出一个本年度重点营销的行业和目标客户群，分析其业务和产品需求，进行有目标、有计划、有准备的“精准化”营销。

3. 积极拓展多样化的经营渠道，增强客户基础，形成发展优势

不论是从国外先进商业银行的发展历程看，还是从我国商业银行

业务发展的需求看，7×24小时的全天候服务覆盖模式将成为必然。同时，随着信息技术的发展，未来发展主方向将是像手机银行这类的支付平台和交易平台互融的移动金融服务。目前，以第三方支付为代表的移动金融终端在西方发达国家已经对商业银行的传统经营模式和渠道构建产生了很大冲击。

因此，随着信息网络技术和物联网技术的迅速发展和应用，银行要重视多元化经营渠道的建设和拓展工作，要在扩展物理网点的同时，密切关注移动金融服务发展的趋势，加快发展电子银行服务渠道，尤其是建立在信息技术基础上的虚拟化、电子化、移动化的手机银行业务。

（四）强化经营风险理念，加强风险的前瞻性应对

在深入银行基层和主要客户的调研过程中，我和我的同事就经济下行期的银行风险经营策略达成了以下共识：针对经济环境的快速变化，大型银行必须不断强化各层级的风险经营理念，把握机遇，防范和应对好风险，既要努力避免猝死，还要不断提高风险资源的单位回报水平，提升生存能力。

1.转变风险管理理念，变“被动承担风险”为“主动选择风险”

从商业银行业务发展的本质看，商业银行发展业务过程就是在选择风险、经营风险的过程。因此，我国商业银行要转变消极被动的风险管理方式，利用评级、评分卡等风险计量工具，从被动地承担和处置风险逐步转变为主动选择和经营风险。

2. 提高风险处置的主动性和前瞻性，增强对风险事件的应对与处置能力

随着金融市场的不断深化，商业银行各类业务的复杂性和各类风险的关联性不断提高，风险识别和管理的工作难度不断加大。因此，要加强对各类风险的前瞻性预判工作，密切关注信用风险、市场风险、操作风险等风险的趋势性变化，提高风险处置的主动性和前瞻性。

3. 要提高风险责任意识，丰富解决问题的手段方法，对于已经暴露的风险问题，进行积极妥善解决

在商业银行风险管理理论中，有一个著名的“冰棍理论”，其含义是，已暴露的风险握在手里的时间越长，其价值将越小。因此，随着经济下行对银行资产质量的影响逐步显现，对于已经发现的风险问题，要提高风险责任意识，丰富解决问题的手段方法，积极主动进行风险的处置和化解工作，要加大对大额不良资产、风险分类下迁贷款、重组贷款、借新还旧贷款等高风险资产的处置力度，而不要坐等外部经济环境转变或存在侥幸心理进行遮掩，避免风险事件的进一步恶化。

4. 善于总结不良资产产生的深层次原因，从根本入手打造坚实的管理工作基础

在对不良资产进行化解和核销的过程中，要及时分析不良资产产生的深层次原因及带来的教训，深刻总结在业务流程、客户选择以及信用文化等各方面存在的问题和不足，改进相关流程，从根本上强化银行风险经营与业务管理的各项工作基础。

三

无法回避的六大挑战将引致银行风险经营能力分化*

近年来，我国银行业成功经受住了国际金融危机和经济下行风险的严峻考验，保持了资产质量的基本稳定和业务运营安全，创造了良好的经营业绩。未来几年，经济形势、市场环境、客户需求、企业和居民行为、内部管理环境等都将展现出一定的变化趋势，给银行业保持盈利水平和做好风险管理工作都带来一定挑战，银行管理者既要善于化解处置存量风险，又要全面分析形势变化，前瞻性应对新的风险形态，为风险经营和价值创造作出更大贡献。

（一）银行快速扩张将受到限制

1. 银行扩张受到外部环境的明显制约

一是中国经济步入增速放缓的新常态。过去 30 年支撑我国经济高

---

* 为预判形势变化，提早安排风险应对工作，2012 年底我组织有关专家对银行业发展环境进行了专题研究，提出了商业银行需要关注的若干重要趋势和挑战。研究结论表明，对于任何一家银行，这些趋势或挑战都是无法回避的，而认识的早晚、重视的程度以及措施得当与否，将引致银行经营能力的分化。

速增长的部分要素正在变化，依赖投资和出口驱动的增长模式难以持续，7%—8%的增速将成为我国经济发展的“新常态”。“十二五”期间我国年均经济增长的预期目标为7%，大幅低于“十一五”时期年均10%以上的实际增长率。实体经济的增长水平和活跃度必然要反映到金融业中，与此相适应，银行体系也将进入一个相对稳定而非高速发展的状态。二是经济结构调整不可能一蹴而就，结构调整带来部分行业、客户经营状况的改变，必然影响到银行的存量资产，银行潜在风险会显著增加。同时，随着市场变化，银行经营能力也将面临新的挑战：优质客户服务竞争激烈，营销难度增加；新的业务领域可能由于不熟悉、不了解而不会做；差的客户可能由于风险较高或管控能力欠缺而不敢做。因此银行的市场份额、收益水平和风险管控能力都将受到考验。三是银行监管要求明显提高，特别是在资本监管要求更为严格的情况下，资本约束将成为制约银行持续快速发展最突出的约束条件，随着资本筹措难度加大、成本升高，银行需要向资本集约型的内涵式发展转变。

2. 银行自身管理能力也决定了不可能无限扩张

受制于自身能力，任何一个企业都不可能无限扩张。企业规模适度时，战略执行、决策科学性和风险水平都能做到基本可控，但当规模超过一定限度时，管理难度将呈现几何级数式的增加甚至出现管理失控。这如同物理学中的“增量理论”（Incremental Theory），非常规状态下，应力和应变之间不成正比。银行业更是有其自身的特殊性，它是通过承担风险敞口来获得经营收益的，如果没有必备的管理能力，包括合适的战略、偏好、政策、制度、流程、系统以及相匹配的人力资源，就无法对风险实行有效管控，就如同高速行驶的汽车没有有效的转向、刹车和安全装置一样，最终可能酿成巨大灾难。金融危机中很多百年老店轰然倒下的现实也能佐证这一点。对于资产规模超10万亿元的大型银行而言，由于经营范围的不断拓宽和经营区域覆盖面的不断扩大，加上行业间、产品间、客户间的复杂关联性，其管理难度将不再是随着数量的增加而简单地呈线性增加。

3. 业务规模进入平稳增长时期，如何在规模增速减缓的前提下保持盈利能力持续增长是大型银行面临的现实课题

金融危机之后，我国许多银行市场地位迅速提升，尤其是中国工商银行、中国建设银行，近年来一直雄踞全球银行市值前五名，这既有自身改革和经营管理能力变化的因素，但更多的是中国特殊的经济增长大趋势和国际金融市场大环境的因素所致。随着经济增长总体放缓，市场日趋成熟，以及全球金融市场的恢复，金融业竞争将日趋激烈，今后仍然想保持这么高的增长速度恐怕是比较难的。从 2006 年至 2012 年第三季度 16 家 A 股上市银行的资产规模数据来看，自 2010 年开始，资产规模增速已经放缓（见表 2–2）。

表 2–2　16 家 A 股上市银行资产规模变化及增速

（单位：万亿）

资产规模	2006 年	2007 年	2008 年	2009 年	2010 年	2011 年	2012 年第三季度
五大行	25.34	28.69	33.96	42.35	49.02	55.88	61.65
其他股份制银行	5.34	7.20	8.82	11.70	14.82	18.62	21.90
上市银行合计	30.68	35.89	42.78	54.05	63.84	74.50	83.55
增速	2006 年	2007 年	2008 年	2009 年	2010 年	2011 年	2012 年第三季度
五大行	15.31%	13.20%	18.39%	24.71%	15.74%	13.99%	10.32%
其他股份制银行	22.60%	34.85%	22.49%	32.73%	26.64%	25.64%	17.65%
上市银行合计	16.52%	16.96%	19.21%	26.36%	18.10%	16.70%	12.16%

数据来源：Wind

从国际银行业的经验看，资产高增长也不会长期持续，但通过努力，盈利增长水平是可以保持的。从 2003 年至 2012 年西欧总资产排前 10 名的银行数据来看，资产规模增速自 2008 年开始基本保持平稳，但盈利却能够实现持续增长(除 2009 年外)，这与其采用适宜的发展战略、实行精耕细作的管理是分不开的（见表 2–3）。

表 2–3　西欧总资产最大十家银行 2003—2012 年资产、利润及收入结构变化

年度	平均资产（万亿欧元）	资产规模增速（%）	平均利润（亿欧元）	利息收入占比（%）	非利息收入占比（%）
2003	0.57	0.49	23.61	71.18	28.82
2004	0.55	–2.66	34.89	69.74	30.26
2005	0.73	32.40	46.12	64.64	35.36
2006	1.04	42.64	69.78	56.63	43.37
2007	1.35	29.46	87.34	64.75	35.25
2008	1.49	10.77	33.32	66.60	33.40
2009	1.54	3.46	–15.22	72.09	27.91
2010	1.65	6.67	57.92	56.42	43.58
2011	1.63	–0.91	77.68	56.42	43.58
2012	1.68	2.88	60.14	60.92	39.08

数据来源：Bloomberg

虽然经过金融危机的洗礼，国际银行业的发展受到冲击，国内银行业逐渐成长壮大。但对照国际先进同业，中国银行业在管理体制机制、管理技术、风险文化等软实力方面的差距仍非常明显。在经济进入中速增长的新常态下，过去的一整套管理理念和管理手段都将面临考验和调整，银行业是否能走出一条精细化、集约化的发展道路是中国银行业面临的共同课题。

（二）金融脱媒现象加剧

1. 信用债市场发展迅速，直接融资比重增大，金融脱媒现象加剧

从政策导向看，我国《金融业发展和改革“十二五”规划》提出，到“十二五”期末，非金融企业直接融资占社会融资规模比重提高至15%以上。从信用债发行量看，2012年，我国信用债发行量为4.27万亿元，较2011年新增1.51万亿元，增速为55%。据统计，2012年企业债券净融资占社会融资总量比例为14.3%，增长相当迅速（见图2–5）。

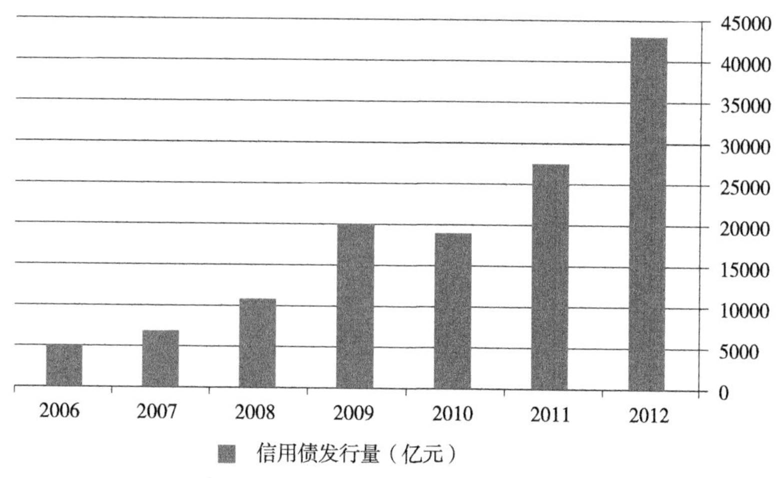

图2–5　2006年以来信用债发行量情况

以债券发行较为活跃的中国石油天然气集团公司、神华集团有限责任公司为例：截至2012年9月末，中国石油天然气集团公司借款余额1 336.28亿元，应付债券余额3 696.11亿元，债券占“借款与应付债券之和”的比例为73.45%，这一比例较2011年末增加了11.02个百分点。神华集团有限责任公司借款余额1 305.34亿元，应付债券余额944.26

亿元，债券占“借款与应付债券之和”的比例为41.97%，这一比例较2011年末增加了3.38个百分点。发行债券已经成为众多优质企业融资的首选方式，对传统的间接融资构成很大挑战。

2. 大型优质企业发行债券替代贷款融资，为客户提供贷款的传统服务模式受到挑战

受实体经济增长方式和银行历史沿革等多种因素影响，大型客户一直是中国银行业特别是国有控股大型银行的主要客户群体，是银行盈利的主要来源，是银行发展的重要基础。多年来，大型客户主要依靠银行体系的间接融资实现自身的良性发展，相应地大型银行也建立了一整套成熟的客户维护管理和产品服务体系。随着直接融资市场的快速发展，大型客户出于降低财务成本、拓宽融资渠道的考虑，越来越依靠通过债券市场和资本市场的直接融资，对银行以贷款为主的间接融资依赖程度显著降低。银行在与这部分客户的业务合作中越来越被动，议价能力明显降低，单纯依靠降低利率和贷款标准来维护客户忠诚度的边际效益递减。国际金融同业为大型客户的服务方式基本上以服务于直接融资为主，兼顾财务顾问、资产管理等综合金融服务，贷款的比重非常低，这也将是未来中国大型银行必然要面临的一个现实问题。未来如果不跟随客户需求和金融市场的变化尽快调整服务模式，增强对大型客户直接融资的服务能力，这部分客户将很快流失，大型银行赖以生存发展和战略转型的基础将发生根本性动摇。

3. 信用债券在资产中的占比迅速提高，以利差为主要收入来源的传统盈利模式受到挑战

近几年，我国银行业人民币债券投资组合不断增长。与其他券种相比，这些信用债收益率相对较高，对组合收益率的贡献度很大，足以

改变银行的风险偏好。

一是信用债的市场、信用、流动性风险互相关联，管理难度增加。要具有较强的整合风险管理能力，既能“分得开”，又能“合得起”，能逐步做到将市场、信用、流动性风险轮廓用一种语言、一个指标来计量和管理。其中信用风险管理是信用债管理的核心所在。二是信用债方面的产品创新挑战原有的风险管理框架。例如，集合票据和资产支持证券等创新产品，由于发行体与债项的隔离，不能根据对其发行体的评级来判定其风险水平。再比如，一些债券品种尽管经过信用增级，评级仍然较低。银行如何确定风险偏好，并通过行之有效的计量和管理，实现风险与收益的平衡。三是对于一些风险较高且银行无法有效识别和计量风险的券种，根据规定，银行只可采用标准法计量信用风险监管资本要求，且风险权重为 1 250%。对银行如何以较少的资本占用来实现较大的收益提出了挑战。

（三）互联网金融冲击传统银行业务

1. 近年来互联网金融快速发展，网上银行对传统银行柜面业务的替代率超过 50%

互联网金融是指借助于互联网、移动通信、物联网等信息技术实现信息处理、支付结算和资金融通等功能的金融服务模式。包括电子银行、第三方支付、P2P、众筹[①]、电子商务小额贷款等商业模式。与传统银行相比，互联网金融突破了时间、空间和资本的限制，具有降

① “众筹”源于 crowdfunding 一词，指利用众人的力量，集中大家的资金、能力和渠道，为小企业、艺术家或个人进行某项活动等提供必要的资金援助。

低信息不对称、交易成本低、支付便捷、资金配置效率高等诸多优势，将对传统银行业务造成较大冲击。2012 年，中国网上银行注册用户 4.3 亿人，全年交易额突破 900 万亿元，网上银行对柜面业务替代率超过 50%①。

一是第三方支付市场高速增长。2012 年，中国第三方支付交易规模达 12.9 万亿元（银行卡收单业务占比 70%），同比增长 54.2%。排名前两位的银联和支付宝，交易规模分别达到 7.76 万亿元、1.86 万亿元。预计到 2016 年交易规模将突破 50 万亿元②。

二是移动支付交易规模激增。2012 年移动支付业务交易规模达 1511.4 亿元，同比增长 89.2%，移动互联网支付占比首超短信，成最大移动支付细分市场。预计到 2015 年全球移动支付交易规模将达 1 万亿美元，用户约 5 亿人。

三是电子商务小额贷款发展势头良好。截至 2012 年 7 月，阿里巴巴已累计向 13 万客户发放贷款 280 亿元，贷款不良率 0.72%，日利息收入达 100 万元，资金使用效率达到 83.3%③。仅 2012 年上半年累计投放贷款 130 亿元，共 170 万笔，日均贷款近 1 万笔，平均每笔贷款仅为 7 000 元。此外，2012 年底，阿里巴巴在重庆成立商诚融资担保有限公司，布局担保业。

四是网络代销金融产品如火如荼。2012 年 12 月，淘宝理财频道上线，引入光大银行、国华人寿、泰康人寿等金融机构的理财产品、理财型保险和贵金属产品，其中光大“定存宝”和国华人寿“金钥匙 1 号”

---

① 数据来源：易观智库。

② 数据来源：艾瑞咨询。

③ 阿里旗下两家小贷公司注册资本金总和为 16 亿元，按政策规定，可向银行借贷不超过其注册资本金 50% 的资金用以放贷，即阿里金融可供放贷的资金最多为 24 亿元。若全按最低日利率 0.5% 计算，则日利息收入为 120 万元。目前阿里金融的日利息收入达到 100 万元，资金使用效率达到 83.3%。

产品上线第一天分别销售了 5 000 万元和 1 亿元。

五是网络虚拟货币支付增长较快。如国内使用最广泛的腾讯公司 Q 币（1 元人民币兑换 1 个 Q 币），可用来购买会员资格、QQ 秀等增值服务。互联网巨头有亿级客户基础，其发行的虚拟货币如得到网站用户及商户的信任，影响不可小视。网站可以通过操控虚拟货币的汇率影响相关行业的发展，对网络的主导犹如一个国家调整汇率政策来辅助某些行业。

2. 客户的行为和思维方式发生改变，对银行金融服务理念提出挑战

80 后、90 后将成为未来银行的主要客户群体，但银行客户中该年龄层次客户增长较慢。有数据显示，2012 年，35—45 岁的银行个人客户新增增速低于平均增速 1.3 个百分点，由于该类客户群体的思维习惯、行为模式和金融服务需求发生了很大变化，更加注重便捷、灵活、实际、高效，银行需要转变传统的思维观念，服务逻辑，从过分注重内部流程、大众化向贴近客户需求、产品多样化和差异化转变。

3. 第三方支付凭借良好体验赢得客户信任，对银行支付结算功能提出挑战

客户在银行刷卡交易，银行只关注资金，而对客户消费习惯的变化掌握欠佳。第三方支付公司深度挖掘资金流背后的消费信息，具体了解客户的消费偏好、行为，在个人和小微企业客户支付领域已对商业银行形成了明显的替代效应。2012 年淘宝“双十一”活动，支付宝快捷支付交易笔数占全部交易的 45.8%，支付宝提前充值带来的余额支付占 31%，而传统网银支付和所有银行渠道相加只占到 23.2%。据

KPMG 调查结果显示，在问到未来两到四年里谁会成为移动支付市场份额的领先者时，34% 的人选择互联网公司，而商业银行仅获得 9% 的支持。

4. 互联网金融在服务个贷和小企业融资上的优势显现，对银行的信用中介地位提出挑战

互联网能够有效解决信息不对称问题。一方面，借助贷款搜索引擎，银行产品服务及资金供给信息公开透明，客户在充分竞争下选择合适产品；另一方面，借助电子商务平台，客户在电商平台积累的网络交易信用转化为资金供给方评价客户信用风险的重要指标，通过数据挖掘分析客户交易数据，准确评价客户风险。正是基于此，互联网在为个人和小微企业客户提供金融服务方面具有独特优势。如淘宝贷款 3 分钟申请、无需担保、系统自动审批、1 秒贷款到账。大型银行大多仍采用大中型企业的授信管理模式，效率较低，对市场的敏感性和响应速度也不够快，未来互联网金融对传统银行业务的冲击将更加猛烈，银行作为信用中介的角色和地位受到挑战。

5. 数据成为核心价值资产，对银行数据管理分析能力乃至客户资源的掌控能力提出挑战

互联网经济下，企业评价的标准从拥有多少资源向掌控多少资源转变，如第三方支付公司轻资产，单纯看其支付业务不赚钱，但上亿客户支付产生的海量交易信息和数据随着时间的沉淀其价值不可估量。阿里巴巴集团平台拥有的数据量足以媲美央行征信系统（见表 2–4），有专业公司和团队从事数据挖掘工作，技术人员水平和研发能力远在商业银行之上。对银行而言比金融脱媒更可怕的是数据脱媒和信息脱媒，最终导致客户资源的流失、金融服务能力的降低。

表 2–4 阿里巴巴集团与央行征信系统信息对比

项目		阿里巴巴集团	央行征信系统
个人	个人客户数	支付宝 7 亿元； 淘宝 + 天猫 8 亿元	6 亿元
	个人征信信息	卖家基本身份信息、交易信息、库存、客户评价、现金流等；买家基本身份信息、交易信息、网络支出、生活缴费、信用评价等	个人基本信息、银行信贷信息、基本身份信息、缴纳社会保障和公积金信息等
	数据来源	系统记录	商业银行和政府部门
企业 / 商家	企业 / 商家数	支付宝 45 万元 淘宝 + 天猫超过 1000 万元	1000 多万元
	企业征信信息	企业基本身份信息、交易信息、库存、现金流、水电费缴纳及店铺运营信息等	企业基本信息、信贷信息、质检信息、企业拖欠工资及缴纳电信信息费等
	数据来源	系统记录	商业银行和政府部门

（四）中型客户占比增加考验银行风险平衡能力

由于不同类型客户需求分化明显，客观上导致中型客户今后将成为大型银行无法回避的客户群体。大型客户直接融资渠道不断扩大、议价能力逐渐加强，资金集约化管理程度越来越高，商业银行依靠“吃大户”的发展方式不可持续。而小企业向零售化转型明显，在服务渠道上更容易向电子渠道上倾斜，银行在这一领域也容易被异军突起、更具竞争优势的互联网金融所替代。一些区域性、专业化、规模较小的金融机构也将成为小企业的业务合作伙伴。相比之下，中型客户一般处于企业生命周期曲线的成长阶段，尚未达到在资本市场直接融资的条件，直接融资难度比较大，客观上更加依赖银行体系的间接融资以实现发展壮大。在现实中，银行也普遍感觉到中型客户对银行金融产品需求旺盛，议价能力相对较弱，愿意承担较高的融资成本，合作意愿强烈，对提供贷款支持的银行忠诚度高，具有强烈的排他性。与大型客户相比，银行更加掌握主动。

但是，中型客户涉及行业类别多，成长期内经营行为存在不确定性，风险趋势较难把握，对银行客户选择和风险收益平衡能力带来挑战。中型客户的经营行为比较特殊，最大的特点就是不确定性比较大。与小企业相比，中型客户的规模效应更加明显，经营战略更加多元化、经营领域更加宽阔、有一定的抗风险能力。与大型客户相比，中型客户做大做强的心态更加强烈，经营的稳健性和管理的科学性不够，一旦投资出现问题或决策失误，都可能会导致经营管理出现重大问题甚至破产倒闭，自我修复和调整的能力比较差。银行的历史数据显示，中型客户的不良率在资产组合中是最高的。

正是基于中型客户的不确定性较大的特点，银行的客户选择和平衡风险收益遇到了极大挑战。如何通过一套科学的风险识别、计量和管理工具对中型客户进行科学选择和风险排序，是大型银行必须要解决好的一个现实问题。另一方面，中型客户的成长需要银行资金的大力支持，因此愿意承担相对较高的资金成本。如果管理得当，中型客户可能是一个新的利润增长点，将给银行继续保持较高的盈利增长提供强有力的保证。相反高风险并不必然带来高收益，如果管理不好，反而会招致巨额亏损。因此客户结构的变化对于大型银行来讲，风险收益的平衡难度大大增加。

（五）利率市场化改革挑战银行综合管理能力

实现利率市场化是我国深化金融改革和完善宏观调控的核心内容，也是我国金融体制逐步趋向成熟的必备条件。自 1996 年我国开始推进利率市场化改革以来，经过十几年的不断改革发展，已经取得了很大的进展。目前我国货币市场、债券市场利率已全部放开，外币存贷款利率也已放开，人民币存贷款利率已逐步放开，并取消了存款利率下限，仅剩下存款利率上限有待突破。有些国际机构预测中国将在三年内完成完全利率市场化，并认为利率市场化是中国金融改革的核心，预计利率市场化的改革进程将与人民币汇率机制改革及资本账户开放等其他领域的改革进程一起加速。

有人认为利率市场化改革对商业银行将带来致命冲击，因为我国商业银行赖以生存的息差将出现不可避免的收窄趋势。我们认为，利率市场化并不必然带来息差收窄。例如，目前美国大型银行的息差水平存在很大分歧，低的在 1 个百分点以内，高的则达到 3 个百分点以上。准确地说，利率市场化和汇率改革将对银行的客户选择能力、产品创新能力、定价能力、风险管控能力、综合金融服务能力以及业务转型能力都提出了更高的要求。

一是利率市场化考验银行的风险管理能力。利率市场化后，银行付息成本上升是大趋势，要保持盈利增长，必须拓展高收益业务来消化成本增加的不利影响。一般来说，高收益就意味着高风险，只有控制好高风险，做好风险的对冲、分散和转移，才能赚取高利润，所以说利率市场化实质上是考验银行风险管理能力。

二是利率市场化冲击传统的盈利模式。利率市场化后，存贷利差收窄、利率大幅波动，做大规模不一定能够保证利润增长。近年来，发展迅猛的理财业务已明显分流了银行存款，其他融资方式的发展也降低了优质客户对银行贷款的需求。在利率市场化、存款理财化、融资多元化的冲击下，单纯依靠做大存贷款规模的传统盈利模式已难以为继。自 2012 年第二季度以来，银行净利息收益率已开始回落，预计未来几年将进一步收窄。同时，近几年国内银行高速增长的中间业务收入中，有一部分是贷款收益转化。利率市场化后，银行贷款利率与市场利率逐步接轨，中间业务收入中的贷款收益回归，中间业务收入很难再保持30%以上的高增长。

利率市场化改革与汇率市场化、人民币国际化、资本项目开放等重大金融改革紧密相关，各类变化交互影响，有可能加大银行经营风险。以汇率风险为例，利率市场化后国内利率上升，如果汇率不能自由浮动，可能加速热钱流入，冲击国内市场和金融秩序；如果汇率浮动幅度放宽，可能引发人民币大幅波动，加大银行汇率风险，并引发新的套利行为。

（六）员工行为风险制约银行能力提升

仅2012年，媒体披露的国内银行业各类风险事件共146起，其中涉及员工行为的46起，占比31%。而2010—2012年，涉及银行基层机构负责人的大案要案有21件，涉案金额达14亿元，主要体现在涉嫌非法吸收存款、伪造金融票据、骗贷、挪用公款等领域。

传统的操作风险管理模式通常将政策制度要求内化在业务流程、系统中，通过岗位制衡、监督检查、系统的刚性约束等手段来实现操作风险管控，总体模式是人控与机控相结合。这在银行成长初期或者规模相对较小、业务领域相对较窄的阶段是基本适用的，也是操作风险的管理基础。但随着银行的快速发展、员工数量增加和流动性增大，很多问题屡禁不止，屡查屡犯，细细追究起来，政策制度设计得很好，监督检查也做了很多，责任追究力度也在不断加大，但员工充当资金掮客、内外勾结造假套取银行信用、违规违纪等情况时有发生，这些都充分说明对银行，特别是大型银行来讲，操作风险管理的有效性仅靠人控和机控是无法有效保证的，对员工行为的合理引导和管理、推行基于核心价值的企业文化建设，从而使每一位员工充分认知、理解和执行可能是加强操作风险管理的根本之策。

员工行为风险因人而生，比其他操作风险更为复杂且隐蔽性强，识别评估难、有效控制难度较大。这些特点导致员工行为风险事件事前识别得少，事后发现得多。特别是在为大量小企业提供金融服务的过程中，员工行为风险将会有所增多。一是小企业经营的规范程度不如大中型企业，且小企业的数量多，其真实性信息的获取难度更大，银行员工容易出现简化操作或规定动作不到位的风险。二是部分银行员工容易借助银行对小企业议价能力强的优势，与客户进行利益交换，索取或收受贿赂。三是银行对小企业风险管控的成熟度不高，银行员工为了完成业绩，容易出现伙同客户弄虚作假的行为风险。

四
重视并努力提升跨周期经营能力

2007 年出现的次贷危机将全球银行业推向了风口浪尖，银行亲周期性对全球经济的伤害直追 1933 年的大萧条。据不完全统计，自 2008 年以来，美国倒闭的银行已经达到 198 家，亲周期性让银行付出了惨痛的代价。目前，针对银行亲周期性的反省和探讨已成热点问题，全球也正在着手建立宏观审慎监管体系来抑制银行的亲周期性。而从银行经营角度来看，如何最大限度地避免经济收缩期的破产，实现跨周期可持续发展，也就成为一个非常重要的课题。

（一）银行始终面临经济周期的影响

经济周期是市场经济的常态。在这种波动的过程中，有的银行度过经济的萧条期，重新赢得发展的机会，有的银行则折戟沉沙，成为经济周期过程中的牺牲品。从美国的历史数据来看，被联邦存款保险公司接管的银行数目会随着经济周期的变化而变化。一般来说，在经济扩张时期，接管的银行数目较少；而在经济收缩期，其数目就会较多。

如何才能避免在经济危机中破产呢？历史的经验和研究表明，对经济周期的管理能力在其中发挥了重要作用。例如，对于动物来说，虽然无法避免冬天因食物缺乏而存在饥饿致死的风险，但可以通过冬眠来将死亡风险降至最低。然而，并不是只要冬眠就可以免于死亡。过早或过晚进食储存脂肪或选错睡眠地方的动物，其死亡的风险甚至会高于不冬眠的动物。只有在合适的时机采取了合适的冬眠策略的动物，才能更好地适应气候的变化，也才能更长久地生存下去。同样，对于银行亦是如此。只有准确把握经济周期的运行阶段，及时做出合适的战略安排（退出相关市场或提高资本水平等），银行才能将经济周期中的破产风险最小化，实现跨周期的稳健经营。

虽然在前面将气候变化类比于经济周期，但季节变化具有定期重复的特点，如春夏秋冬的时间大致固定，而经济周期的最大特点就是重复的不定期性。有的学者提出经济周期大致分为短周期（3 年左右）、中周期（10 年左右）和长周期（60 年左右），熊彼特将其关系归纳为一个长周期包含 6 个中周期，一个中周期又包括 3 个短周期，但这只是一种统计平均观点。在现实中，这三类周期的出现并没有必然的长短顺序。例如，20 世纪 90 年代美国经济增长表现出一波中周期，但却没有明显的 3 个短周期。

这种不定期重复性反映了驱动经济周期的因素的动态作用的复杂性。熊彼特曾认为存货变动驱动短周期，固定资产更新带动中周期，而科技进步则引导长周期。在现实的经济体系中，由于行业的差异性，存货变动、固定资产更新和科技进步影响的力度和时间并不相同，总体经济波动就体现为这些效应的相互累积、更替或抵消，扩张或收缩的持续时间自然就难以相同，每轮经济周期的长短也就难以表现出规律性。

因此，只有持续深入地研究经济周期，银行才能对影响各行业周期性波动的主导因素理解得更清楚、更全面，才能对宏观经济周期运行阶段的把握更准确，才能做出合适和及时的战略决策，通过调整行业、客户和产品等组合结构来保持风险与收益的整体平衡，实现最大的风险收益——避免破产。换句话来说，银行在跨周期经营中表现出来的竞争就是经济周期研究能力的竞争。

（二）银行长期稳健经营取决于跨周期经营能力

自1854年以来，美国已经出现33个经济周期，平均大约5年一次。经济周期性波动已经成为经济活动的一个基本事实，跨周期经营也就应当成为银行的主旨，而这种能力的强弱也将直接决定银行的命运，因而也是银行最基本、最有效和最持久的核心竞争力。原因很简单，通不过经济周期考验的银行就意味着终止和失败。无论曾经如何辉煌和成功，破产意味着一切都归为零。这方面，雷曼提供了最好的注释。通过观察不同银行经营的历史表现，可以对银行应具备的跨周期经营能力做出勾勒和描述。这些银行具备如下特征：

1. 对经济周期具有较强的研究能力

在前面已经讲过，对经济周期的研究把握能力将直接决定银行战略的正确性，这对未来经营走向的影响是决定性的。毁于本轮次贷危机之手的银行，与其对次贷市场基本走向把握失误有极大的关系；相反，对经济走势判断准确的金融机构，则免于损失或受损有限。例如，太平洋投资管理公司（PIMCO）就十分看重对宏观经济形势和市场基本走向的分析和预测，并在2005年就预测和判断出次级债券市场的风险性而未购买相关债券，最终令其在次贷危机中全身而退。

再看一个例子，高盛在2007年早些时候判断出次债市场开始出现泡沫，进而马上开始调整组合结构，沽出持有的次级债券，使其在

2008 年次贷危机集中爆发时持有的次债资产已较少，所形成的损失已不足以威胁到其生存。姑且不论商业道德，单看其对经济运行的预判和把握能力，还是很令人称道的。

2. 具有较强的风险选择和安排能力

虽然对经济运行阶段的预判和把握至关重要，但这体现在战略层次，要将其分解为具体的战术安排，就需要非常高超的组合选择能力。再看看太平洋投资管理公司的例子，在 PIMCO 对宏观经济运行做出最基本的判断之后，将据此来完成具体的行业 / 产品判断和选择。PIMCO 的投资组合中，曾经有 4 000 亿元住房抵押债券，其中 3 500 亿元为机构债券，但未买次级债券，原因是其在 2005 年就做出预测与判断，认定这类债券资产资质不好，不符合公司的投资政策，评级公司的评级未能客观揭示风险。正是这种风险的选择和安排，使得 PIMCO 在起始于 2007 年的次贷危机中得以幸免。

3. 结构调整效率高

对于经济周期的研究能力以及相应的行业 / 产品选择能力非常重要，但结构调整能力同样关键。能够预测出市场的拐点，但如果不能及时调整组合结构，降低整体风险水平，那么最终也很难消除破产倒闭的威胁。虽然我国银行持有的次债资产占比较小，所造成的损失无妨正常的经营，但也应看到，国内银行在次贷危机中表现出来的结构调整效率十分令人担心。直至危机集中爆发时，国内银行才开始逐步减持次债产品，只能以较低的价格出售，不得不承受较高的损失。试想一下，如果国内银行的国际化程度较高，持有较大规模的次级债券，那么这种结构调整效率还能让银行全身而退吗？

4. 资本充足率高

由于银行的负债经营特征，在市场急剧收缩出现巨额损失的情况下，只有资本能够挽救银行。充足的资本水平才是银行能够经历经济周期考验的最后保障。肇端于美国银行业的次贷危机，其中一个诱因就是资产证券化造成的银行经营的高杠杆性。这里有一个大家熟悉的经典案例，雷曼兄弟的杠杆率一直维持在较高的位置，在2008年第二季度末杠杆率为24.3，而在年初的时候曾高达31.7。过低的资本充足率无异于拿命赌钱，使得雷曼最终以寻求破产保护终结其“百年老店”的生命。

5. 拨备覆盖率高

拨备反映了银行吸收损失的能力，这在经济紧缩时期就尤为重要。2008年底，西班牙BBVA银行的贷款不良率为2.1%，拨备覆盖率为91%（2007年底拨备率达到223%），在与其规模相仿的欧洲银行中，拨备覆盖率排名第一。正是由于西班牙BBVA银行的高拨备水平，才有效地缓冲了本次经济危机造成的损失，其稳健的表现与花旗等银行形成鲜明的对比。

从银行业整体的表现来看，破产风险不能免除。无论采取什么样的措施，并不能将银行破产风险降到零。但是，对于单个银行来说，在经济收缩期免于破产却是可能和可行的，关键就在于形成跨周期经营的能力，这种能力决定了银行的命运。

（三）防止破产是商业银行跨周期经营的首要目标

前面已经提到，商业银行在危机时期的破产概率要远远高于繁荣时期，跨周期经营，最大限度地防止银行在经济下行时期破产应作为商业银行跨周期经营的首要目标。

1. 银行在经济下行期容易破产

破产有三种不同的含义：第一种是法律意义上的破产，银行进入清算等破产程序；第二种是经济上破产，银行依靠自己的能力已经不能持续经营，必须借助政府救助，或者被托管、兼并、收购；第三种是技术上的破产，即银行资不抵债，虽然银行还能运转，但损失已经超过资本。这三种类型的破产都是银行力求避免的。在经济危机中，这三种类型的破产都会增加。自2007年美国次贷危机爆发以来，全球范围内金融机构的巨额损失就不断涌现，技术破产的银行增加。进入2008年以后，美国银行业倒闭危机频现，在恐慌情绪呈弥漫态势之下，经济破产、法律破产的银行增加。2009年美国破产倒闭的银行数目达到140家。2010年的头两个月，美国破产的银行已经达到20家，创下了近14年来之最。因此，防止在经济下行期破产应该作为银行跨周期经营的首要目标。

2. 亲周期经营容易导致商业银行破产

亲周期经营的典型特征是在经济繁荣时期，采取资产扩张策略，随着银行资产的不断扩张，系统性风险会不断积聚，一旦积聚的系统性风险超过其风险承受能力，在这些风险不得不释放的时候，银行将会面临倒闭破产的命运。当经济处于萧条时期，银行将会通过收缩信贷投放以减少损失，由于信贷规模的锐减，会严重制约经济的恢复，银行的不良资产反而会进一步上升，从而严重影响了银行的稳健经营，最终导致银行破产。

3. 将防破产作为首要目标可减轻经济周期对社会的破坏性

在经济繁荣时期，商业银行的亲周期经营会促使经济泡沫的迅速形成，对经济过热起到了“推波助澜”的作用，进而造成供求关系出现严重失衡，影响宏观经济的平稳发展。当经济处于萧条时期，商业银行的亲周期经营会使其不得不采取信贷紧缩策略，这对于经济的恢复无疑是“雪上加霜”，从而加重了经济周期对社会的破坏性。如果金融机构都能够采取稳健的跨周期经营战略，将防止破产作为首要目标，将会大大降低经济周期对社会的破坏性。

4. 将防止破产作为首要目标对国内银行具有特别重要的意义

银行危机具有传染性，一家银行的危机往往会传到另外一家银行，相互叠加，相互放大，而且这种叠加和放大在中国的商业银行体系中可能会表现得更为显著。首先，我国社会融资的82%（2009年）是通过银行信贷来达成的，银行几乎成为社会机构和个人唯一的融资渠道。其次，我国社会的资金结算体系全部由银行构成，日常的交易与经营活动完全离不开银行。再次，我国居民主要的金融资产——存款，也全部由银行吸收，而信用卡等金融产品也几乎完全由银行所垄断。由此可知，我国银行在经济体系中完全不可替代，一旦银行体系中的某个环节出现问题，都会演变成系统性问题，对整个经济体系造成毁灭性的打击。从这个意义上讲，防止破产对中国的商业银行具有特别重要的意义。

（四）可持续发展是商业银行跨周期经营的重要内容

跨周期经营战略首先要解决的问题是如何防止破产，但仅仅防止破产是不够的，还应该在防止破产的基础上寻求可持续发展，这是商业银行跨周期经营的一项最重要内容。

1. 跨周期经营的核心是时刻保持可持续发展思路

从哲学的角度上认知，发展的本质是指事物的新旧交替过程，而发展经济学则认为发展应当是可持续的，通过优化与相关事物之间关系的要素与结构，提高自身适应环境的能力，同时，提高自身存在的价值。由此看来，银行的发展应该更接近于后者，是一种可持续的发展，这与通常认为银行发展就是拼规模、拼份额的观念有着本质的不同。

银行跨周期经营的核心就是时刻保持可持续发展思路，要求银行应利用经济周期的基本规律，未雨绸缪地采取措施来保持经营的稳定性，在防破产中获得发展。在经济上行期，银行盈利的同时也要看到下行期亏损的风险，不盲目追求规模和份额，坚决执行既定的风险偏好战略，严守风险管理边界，充分利用上行期的盈利预先提高资本和拨备水平，为在下行期可能面临的损失做足准备。当经济下行期到来时，也要看到其中蕴藏的机会，不过分惜贷，积极寻求新的业务增长点，抢占市场的先机。虽然在经济上行期会损失部分利润（提高资本充足率和拨备等），但换来的却是生存（由高资本充足率保障）和更多的发展机会（由高拨备水平保障），这正是可持续发展的精髓。

2. 跨周期经营的关键是减少在经济周期波动中积累问题

经济周期是一种常态，银行不可能独立于经济周期之外，经济发展中的问题肯定会在银行经营中有所反映。但跨周期经营能力强的银行，能凭借出色的经济形势预判能力、行业 / 产品选择能力和结构调整能力，回避“有毒”或“垃圾”资产，做到在经济上行期少积累问题。这样在经济下行期，因为问题较少，相对而言在经济恢复期能尽快恢复。比如，高盛、摩根大通等银行也有涉足次级贷款及其证券化产品，只是相对而言少一些，这样在经济危机中，也相对容易渡过难关。

3. 跨周期经营的要诀在于抓住周期波动中的机会

经济周期波动是一次重新洗牌的过程，优胜劣汰是洗牌的规则。银行不但要在市场上行期看到机会，更要在经济下行期发现大量机会。一般而言，受经济下行的影响，陷入经营困境的企业增多，重组兼并以及产业结构调整会频繁出现，而受冲击较小的优秀银行能够以较低的成本进行业务的重新布局和安排，从而能够在未来的经济复苏中获得更多的竞争优势。当然，作为优秀的银行家，不但要看到这些机会，还要依据对客观规律的准确判断，制定科学的经营战略，不盲目跟风，不盲目抄底，合理地选择利用这些机会，才能达成银行跨周期稳健发展的目标。

（五）提高跨周期经营能力是国有大型银行的紧迫任务

1. 加强对经济周期的研究和预测能力，提高对战略决策的支持力

把握经济周期的运行规律，并在制定经营战略决策中给予充分考虑，对于商业银行，尤其对于大型国有商业银行的稳健经营至关重要。由于商业银行经营范围比较广泛，资产组合分散化效果较好，其经营最大的风险和收益不仅来自于风险偏好，更取决于对经济环境和运行规律的判断与把握。但目前，我国的商业银行还普遍缺乏对经济周期的深入研究，对经济周期的研究力度还不够，还无法把握经济周期的运行规律。因此，商业银行必须加大对经济周期研究的资源投入力度，组建专门的研究团队，加强对经济周期的分析研究，积累周期预测经验，为准

确把握经济周期的运行规律提供条件。

2. 加强压力测试等前瞻性分析工具的运用，及时制定合理的跨周期经营政策

前瞻性地预测和展望未来一段时间内经济周期的运行规律，并运用压力测试等工具分析经济周期对各种资产组合的影响，及时制定合理且有针对性的跨周期经营政策，是保证商业银行跨周期经营政策有效实施的关键。如果无法前瞻性地预测经济周期运行规律，或跨周期经营政策制定与实施不及时，都将会严重削弱跨周期经营政策的实施效果，甚至会适得其反。应及时地预测经济周期把握其运行规律，并运用压力测试工具评估资产组合受影响的程度，根据压力测试结果制定合理的跨周期经营政策，对资产组合的结构进行优化，通过调整亲周期行业的资产比例，降低受经济周期危害的程度。

3. 在组合管理工具中充分考虑周期因素，降低周期波动对银行的危害程度

在行业限额管理等一些组合风险管理工具中应充分考虑周期因素，降低集中度风险，减轻周期波动对商业银行稳健经营的危害程度。组建专家团队对各个行业未来的经济发展前景做出预测和判断，并根据预测结果适当调整各行业的限额。例如，美国银行在其行业限额管理工具中便充分融入了对经济周期运行阶段的判断，将经济周期分为高峰、低迷、混合、稳定和增长五个不同阶段，并且在制定行业限额时给予了充分考虑。

4. 明确风险偏好，强调执行的稳定性

风险偏好通俗地讲就是银行对“愿意承担多大的风险敞口”、“希望

选择什么样的风险作为经营对象”、“所期望承担风险种类与分布是什么样的”等银行业务发展和风险管理的基本问题做出回答。缺乏风险偏好或风险偏好模糊、混乱，会造成银行决策层在制订发展战略上的摆动，加大战略风险；会加大管理层进行业务选择、平衡风险与收益的压力；会导致执行层出现理解偏差，其经营行为无法正确体现董事会、股东的意愿，偏离既定的战略方向和发展目标。可以说风险偏好是引导银行发展方向和路径的指南，银行的稳健发展离不开清晰明确的风险偏好的引导。

然而，银行有了风险偏好还不够，最重要的是经营管理过程中风险偏好执行的稳定性和一致性。从次贷危机的教训来看，其中一个重要的原因就是风险偏好的执行出现了偏差。各大国际先进银行并不缺乏明确的风险偏好，但在面对证券化和复杂衍生交易带来的丰厚回报时，执行的力度和标准就发生了变化，所从事的高风险业务已经远远偏离了其风险偏好。这种过度的偏离所引起的就是金融市场的非理性泡沫，最终酿成经济体系的深度衰退。只有强调风险偏好执行的稳定性和一致性，才能避免短期行为透支长期利益而将银行引入破产境地。

5. 坚持风险边界管理，强化边界的不可突破性

风险边界管理也就是对风险偏好表述的具体化，也就是可操作的风险偏好。风险边界就如同公路车道界限，不同类型的交通工具在各自的车道内如何行驶无所谓，但绝对不能越线，否则将面临车毁人亡的结局。而越线也意味着将可能会堵塞整条公路，从而引发道路系统的瘫痪。

对于银行来说，风险的管理要从过程管理向边界管理转换。要从具体的市场进退、市场判断、市场组织和推动方面的工作中退出来，守住边界，确保银行的平稳安全运行。管理总是有分工的，风险管理就是

守住那些危险地带，插上“标签”，这些边界不能越过，至于在边界之内怎么运行，是业务部门的事情。边界管理就是建立银行内部的风险隔离机制，避免非正常的业务或管理行为对整体经营可能造成的不利冲击。祸起萧墙式的银行破产倒闭案件并不少见，对于突破边界的行为必须“零容忍”，不能有任何的懈怠，这样才能使得风险管理的效力落到实处，银行的经营稳健性才更有保障。

6. 贯彻集约式经营理念，杜绝拼规模的粗放式经营

国内外银行的例子都说明一个道理，过分追求规模增长常常带来非常严重的后果，伴随银行增长的，常常是大量的损失，效率低下，甚至是破产的陷阱。美林证券盲目地发展的住房贷款证券化业务将其拖入了万劫不复的境地。2003 年，美林证券新的 CEO 奥尼尔上任，下令“抢占次债市场”，抢市场，拼份额。经过他领导的洪水猛兽般的冲锋，美林的市场份额上升了，规模做大了，奥尼尔成了英雄。但当次贷危机发生时，美林的冲锋和规模增长成为自身的掘墓人，最终被美国银行收购。

虽然银行的经营存在着规模效应，但并不是银行的经营只讲规模扩张。对于银行来说，规模效应只能是在风险与收益的平衡之中来取得，单纯追求规模扩张就等同于无视风险的存在，最终必将走向灭亡。而集约式经营理念就是要追求收益与风险的匹配性、业务拓展与风险偏好和边界的一致性，这样才能做实银行的经营质量和效益，才能获得长久而可持续的竞争力。

7. 采取动态拨备，对潜在损失未雨绸缪

动态拨备的基本运作思路是要求银行在经济繁荣时期多计提贷款损失拨备，以提高未来偿债能力和银行的风险管理能力；而在经济收缩

时可少提拨备，以增加银行的利润和维持资本充足率水平，同时有更多的资金用于放贷，以刺激经济的复苏。

在动态拨备体系中，银行除了拥有一般拨备和专项拨备外，还建立了统计拨备，总拨备就是这三种拨备之和。其中统计拨备是根据预期的经济周期变化产生的风险来提取的拨备，其计量是建立在资产的预期损失基础上的。当经济处于上行期时，一般拨备和专项拨备通常都是低于其长期平均水平的，而统计拨备则会增加。也就是说，从当前利润中为经济衰退期的预期损失计提了拨备，利润的减少会使银行资本规模下降，从而影响到资本充足率。在不增加资本的情况下，银行必须削减贷款，从而缓解了经济过热。而当经济处于衰退时期，由于专项拨备与总贷款之比上升，则会减少统计拨备，因为银行此前已经提取了一部分这种拨备了，这样就会有更多的剩余资金用于放贷，缓解信贷紧缩对经济的负面作用。

8. 保持流动性是银行的“免死金牌”

回顾历史上的银行破产案例，流动性是压死骆驼的最后一根稻草。在这次金融危机中，贝尔斯登、雷曼破产都是流动性出问题直接导致的，英国的北岩银行、华盛顿互助银行在破产前都遇到了存款人的挤兑，银行对流动性时刻保持高度警惕是绝对必要的。

由于银行与生俱来的资产负债期限错配、存款硬约束与贷款软约束的缺陷，再加上科技与业务创新引起的金融市场虚拟性与流动性的不断加强，信心与预期等主观因素的微小变动就可能引起整个金融市场流动性的迅速枯竭，比如雷曼兄弟公司的倒闭。

目前国内大型银行普遍对流动性的关注不够，主要原因是中国目前大型银行的资金来源较少依赖金融市场，基本为存款。中国社会的高储蓄率使得银行流动性压力较小。此外，大型银行都是国有银行，存款人自然认为国家会为这些银行提供最后的担保，银行不会倒闭，正是这样的原因，一般民众、企业选择国有大型银行的也就比较多。这同时也导致了国内银行缺乏流动性的忧患意识。但是，就像温水煮青蛙一样，长期的麻痹大意很可能会酿成大祸，而且是“杀身之祸”。银行最可能在流动性上出现问题，因此，流动性管理在任何时刻都不能懈怠。

9. 寻求兼顾短期与长期的激励机制，抑制道德风险

现代公司治理机制普遍存在的一个问题就是代理人问题，这使得企业在经营管理中无法避免道德风险。管理层激励机制很容易导致银行经营倾向于高风险业务。华尔街高管动辄上亿的奖金带来的只能是近乎赌博式的经营扩张，而在耀眼的超额利润面前，股东们也很难去思考未来还会不会有饭吃。市场化激励的一个最大问题就是缺乏制约管理层的有效方法，干不好大不了走人，但得到的薪酬却并不少，最坏的情况也不过是一分没有。在这种以利润为导向的激励机制下，管理层的赌博冲动不可能消除。

寻找兼顾短期与长期利益的激励机制，是危机发生后金融机构不得不思考的一个问题。改变以利润为导向的激励机制势在必行。无论通过挂钩企业经营的股票期权计划，还是通过增加非利润考核指标，都是在尽量避免管理层的短视行为。但两者之间如何取得平衡，在既不损害管理层积极性的情况下还能够保持银行的长期平稳增长，还需要更多的研究和实践。

10. 加强信息披露力度，提高管理的透明度

由于现代银行经营业务的复杂性以及管理链条的冗长化，往往会使得管理架构的顶部对底部的管理或业务状况形成盲区，从而影响到决

策的效率。同时，由于代理人问题，银行管理层也倾向于隐藏信息，从而使得市场无法对银行的真实风险状态做出评估，失去监督作用。

因此，加强信息披露力度，提高管理透明度对于规范银行经营管理意义重大。这里面有两层含义，一是对内的透明度；二是对外的信息披露。在雷曼倒闭之后，德国开发银行竟然还继续向其支付资金，原因就是前台交易员虽然发现问题，但无法将信息跨环节反馈至相关决策人员。正是由于处于管理末端或某一分工环节的信息很难有效传递至关键管理人员，从而导致事件的重要性被忽略而犯下低级错误。建立便捷高效的内部信息通道，对于提高决策的正确性和有效性至关重要。

当前银行持有的巨额表外资产以及场外衍生品，其绝对数额甚至已经超过表内资产总额，但有关这些资产的细项信息通常向公众披露得较少，这会使得市场投资者无法对银行的真实风险状况做出准确的判断，从而削弱了监督银行经营的公共力量，也助长了银行经营的道德风险。因此，应加强相关信息的披露强度，尤其是资本充足率以及表外和衍生品交易信息，从而最大限度地发挥市场的监督作用。

（六）适合的监管环境是银行跨周期经营的必要条件

从目前对银行亲周期性原因的分析来看，监管的亲周期性是普遍认同的一个根源。改进和完善现有的监管框架，才能抑制银行的亲周期性，促进银行跨周期平稳经营。

1. 建立资本缓冲机制，强化银行抵御风险的能力

考虑到银行的亲周期特点，就应该根据经济周期的变化，对所持有的最低资本做出动态调整。“削峰填谷”就是利用在经济繁荣时期所

积累的资本金来缓冲衰退所带来的损失，在平滑银行经济行为的同时可以起到避免经济过热或经济衰退加剧的作用。

建立资本缓冲机制的思路较多，大体上可分为三种：

一是将资本金提取与某种宏观经济指标相挂钩。当指标走强时，即经济趋于繁荣时，就提高银行资本金标准；反之，则应降低资本金标准或保持在一个最低比例。

二是风险权重的逆周期调整方法。在经济高涨期，当监管机构发现银行贷款迅速向特定高风险行业聚集时，可以通过增加对该资产或行业的风险权重，在不调整资本要求比例的情况下，达到提高监管资本的要求，从而抑制银行的高风险行为。

三是将资本金要求与压力测试相挂钩。通过压力测试，可以帮助采用内部评级法高级法的银行分析在不利市场情形下可能发生的资产组合损失，提前准备额外的资本进行预防，从而缓解资本监管的亲周期效应①。

从目前的情况来看，建立资本缓冲机制的做法已经得到各国监管机构的普遍认可，但具体的做法还未达成共识。原因是，无论哪一种方法体系，最基本的要求就是要确立能够相对准确反映宏观经济周期变化的预测指标体系以及与银行经营的变动关系，这是一项极为艰难的工作。对于中国这样的新兴市场经济国家，缺乏建立这种预测体系的可操作性。然而可以基于这种思路，根据本国的实际情况，建立更具操作性的机制。例如，采取将银行资本金与存款准备金率相挂钩的做法：若资本充足率低于某一比例时，就提高存款准备金率，进而抑制银行的扩张行为；相反，则降低存款准备金率，减缓银行的收缩幅度，从而保持银行经营的稳定性，避免加剧经济波动。

---

① 目前 BCBS 已要求市场风险资本须包括依据压力测试 VaR 值计提的资本。

2. 改进会计制度，设立动态拨备机制

会计制度中有关金融工具价值计量的公允价值也是引起银行亲周期的因素之一，其弊端在本次危机中得到充分暴露。公允价值、盯市原则等国际会计准则要求根据资产负债的不同特征和管理者的持有意图对不同类型的资产负债进行混合计量，即对交易目的资产和可供出售资产按照公允价值计量，对持有到期的资产、贷款及应收款和没有公允价值的负债按照历史成本计量。

从公允价值的定义来看，有序交易是其运用的一个前提。但在危机中，大量机构被迫变现资产，形成的价格并不符合公允价值的前提，但会计准则中缺乏对此类情况的具体指引，使得会计主体不得不按照不合理的市场价格进行公允价值计量，进一步增加了“账面损失”额，加剧了“价格下跌—资产减计—恐慌性抛售—价格进一步下跌”的恶性循环。因此，对相关会计规则的修改则相当必要，以削弱由此引起的银行经营亲周期性效应。

另一个因素就是银行的贷款拨备体系。当前普遍实行的拨备计提体系是静态的，是基于历史成本操作的，这不能真实反映整个贷款周期中的真实损失水平。根据历史成本提取损失拨备的做法容易导致经济衰退时计提更多拨备，从而严重侵蚀银行的利润和资本，更容易诱发银行的紧缩行为。因此，应建立具有前瞻性的动态贷款拨备计提体系，即考虑贷款在整个贷款周期内的损失的可能性，按照预期损失来计提超额拨备，以缓解银行在经济衰退时的紧缩行为。目前银行体系的动态拨备机制已经得到实际应用，典型的国家是西班牙。

3. 建立银行资本保险制度

有研究表明，通过建立以风险为基础计收存款保险费的存款保险

制度可避免系统性风险的发生，减少资本监管的亲周期影响。在经济萧条期，对银行要求更高的存款保险费，并通过移动平均的存款保险合同安排，监管者可以要求银行较少的资本调整。当然，存款保险费的上升会造成存款的下降（通过较低的存款数来支付较低的存款保险费用），也会造成贷款供给的下降，但这种安排带来的亲周期影响比仅存在资本监管情况下要小得多。

4. 加强国际银行业的监管协调，建立同步工作机制

除了完善和修改监管框架，还需要考虑到全球化的影响。对于较为封闭的经济体，监管的溢出效应会较小，这将有利于政策效果的发挥。但事实上，当前经济金融全球化的特征非常明显，各个国家参与世界产业分工的程度都较高，加之每个国家经济体的发展模式和发达程度并不相同，因此，监管政策效应的发挥就必然取决于各国协调的有效性。无论是资本缓冲机制、动态拨备制度，还是会计制度和存款保险机制，如果不能在全球得到较为一致的实施，银行的监管套利行为有可能会使得它们失去效用。所以，建立同步协调工作机制，才能为全球银行业营造出一个相对稳定和统一的监管环境，从而有效引导银行进行稳健经营。

第三章

精准化政策、差异化策略、实用化手段是信用风险经营的制胜法宝

真正意义上的银行，始于专业的信用风险管理。即使在全能银行体制下的地区，信用风险管理依然是当今银行风险管理的核心。

中国经济市场化进程中出现了一个特殊现象：一方面是信贷资源短缺，另一方面是银行同业之间激烈的授信竞争，不同银行的信用文化差别很大，对信用风险的认识也是天壤之别，银行业面对的信用风险更加复杂。实践中，我们既可以看到银行过度授信的教训，也经常听到民营企业跑路的消息；既面临确保资产质量的责任约束，也受到小企业贷款“两个不低于”的监管约束。

好在办法总是比问题更多，尽管现实是如此令人无奈，但着眼于深刻理解和主动管控，我们还是可以抓住应对新挑战的逻辑主线。完善信贷政策体系，提升信贷决策的质量和效率，针对客户和产品类型进行更为精细化的经营管理，同时进一步开发和充分利用现代风险计量技术，这些已经成为国内大型银行提升信用风险管理能力的共同选择。

一

借鉴“画像”方法制定“精准化”的信贷政策

信贷结构实质上是银行信贷经营方向和风险偏好的选择结果。一家银行在一定时期到底想做什么、鼓励做什么，不想做什么或者限制做什么，归根结底反映在结构上面。信贷结构关系到银行的长远发展。

从银行生存的高度看结构问题——防范银行破产。银行是经营风险的企业，防范破产始终是银行的第一要务。以往观念是大型银行不容易倒掉，但国际金融危机表明，大型银行也会破产，“巨无霸”和“百年老店”也会在一夜间倒掉[①]。之所以会出现这种情况，都是因为银行的资产结构出现严重问题。例如北岩银行，资产质量很好，资本充足率也没问题，但是由于资产结构存在严重缺陷，导致流动性出了问题，在次贷风暴初期就轰然倒下（最终由英格兰银行进行注资）。

从现实竞争力的角度看结构问题——提高风险调整后收益。衡量一个银行的竞争力，不是比规模，比增长速度，而是比盈利能力，比持续发展的潜力。从国内外银行经营实践看，竞争力外在表现是良好的资产收益率（ROA）、净资产收益率（ROE），而内在因素却是合理、科

① 虽然法律意义上的破产占比不是特别高，但是经济意义上的破产占了很大比重，如被接管、注资、托管、兼并、收购等。

学的资产组合结构。为什么有的银行 ROA、ROE 比较高，而且能够保持长期相对稳定，有的银行却做不到，或者有的年份高有的年份却很低。这个差距的深层原因主要体现在资产结构上面，这在金融危机中也得到充分的印证。资产结构是影响银行经营效益、市场竞争力最直接的因素。

从长期可持续发展角度看结构问题——防范经济周期风险。银行在生存发展过程中，始终要面对经济周期性波动的风险。但是有的银行受影响比较小，有的银行则非常大，之所以出现这样的差别，主要源于银行的资产结构、盈利结构。经济周期波动必然导致一些产业和企业的兴衰演替。有的银行在资产配置方面过于集中于亲周期行业，如果在经济下行期到来前没有及时退出，那么可能就要面临大量坏账产生、不良率飙升的困境（甚至破产倒闭）。对于一家大型银行来说，无论是监管部门还是股东都不希望它选择高波动的发展模式。不能跟着经济周期"随波逐流"，应追求长期可持续、稳健的发展。能否做到这一点，取决于是否具有抗风险、高质量的资产结构。

（一）信贷结构是中国大型银行信贷经营的核心问题

不同的银行，在不同的发展阶段、不同的市场环境下，"合理"的信贷结构表现形态是不同的。不存在一种最优的结构可以适用于所有的银行。一家银行基于某种信贷结构获得成功，复制到其他银行不见得有效。就算是同一家银行，过去基于某种信贷结构取得了成功，如果继续墨守这个结构一成不变，结果可能会出大问题。这在国内外银行的实务中有很多例证。

一般来说，评判信贷结构是否合理应重点关注几个要素：

(1) 宏观面是否与宏观经济发展大趋势合拍。对于商业银行特别是大型银行来说，信贷结构摆布首先考虑的是宏观经济发展趋势，要避免大方向的偏差。例如，在经济下行或萧条期，亲周期行业和客户的风险和业绩波动相对较大，银行通常要审慎控制相关信贷投放（重点关注两种类型的行业：一是随经济景气周期波动显著的行业，像钢铁、化纤、有色金属、水泥、工程机械等；二是对国家政策反应敏感的行业，像房地产、依赖出口退税的相关行业等）。

（2）战略契合度是否符合自身的发展战略和偏好。银行的信贷结构必须服从于全行发展战略，符合银行的风险偏好。这就是所谓的“战略决定结构”。前面谈到，信贷结构的实质是银行经营方向和偏好的选择。面对各种各样的市场机会，战略导向是规划信贷结构最重要的指南。现在国内有些银行过多地关注短期利益和市场份额，导致偏离战略方向。如一些小型银行热衷于给大项目大客户贷款，农村金融机构进军城市拓展业务等等，都是比较典型的例子。

（3）管理能力是否与自身管理能力相称，是否具备相应的专业特长。银行自身的管理能力是科学规划信贷结构的“边界约束条件”。没有一家银行能够做到熟悉任何领域的业务（即便在过去社会分工相对初级的年代）。贸然介入自己不熟悉的领域，或者承担自身不擅长管理的风险，很容易出现得不偿失的现象。在当前同业竞争越来越激烈的情况下，银行必须要发挥自身的“比较优势”，将有限的资源配置到自身拥有专长的领域，赢得竞争优势。不少专家都关注到银行发展的路径依赖特点，之所以会出现路径依赖，主要原因就是银行长期经营中在某个领域形成的管理技术、人才等方面的优势，对后续的经营方向选择起到重大影响乃至决定性的作用。

（4）信贷结构是否适应外部市场的变化。银行信贷结构要保持对市场的敏感性。能否根据市场变化做出快速响应和动态调整，是衡量一家银行信贷结构是否科学合理的重要标准。僵化的信贷结构不可能是科学的结构。同时需要关注的是，信贷结构对市场变化的响应，不能停留在事后的调整，而应该着眼于事前的行动，尽可能做到未雨绸缪。对市场变化的前瞻性研判，是银行信贷结构调整的重要基础。

我国已经进入加快经济发展方式转变和经济结构调整的关键历史机遇期。经济结构调整和产业升级，势必要求银行对自身信贷结构做出调整。这既是银行自身防范风险的需要，也是银行自觉承担社会责任、推动经济转型的要求。近年来，国内大型银行都开始高度重视结构调整问题，明确结构调整的主要目标，并通过建立和完善自身的信贷政策体系，引导分支结构推动结构调整。

推动信贷结构调整主要是从区域、行业、客户、产品等维度来考虑，通常考虑顺序是区域→行业→客户→产品。在制订银行信贷政策过程中，主要考虑以下方面：一是银行首先要选择经营的重点区域，在综合考虑市场环境、市场潜力等因素的基础上，确定在哪个地方重点投入资源；二是在区域选择的基础上，确定区域内重点做什么行业，通常每个区域具有专业优势、集群优势的行业是不一样的；三是在行业选择的基础上，确定什么样的客户是银行的目标客户，是银行重点发展的对象；四是在客户选择的基础上，确定针对客户的需求和风险特征，应该配置什么样的产品。

1. 区域结构

区域选择主要考虑两个方面因素：一是看区域市场环境，重点是区域经济发展程度、区域信用环境、政策制度环境。通常信用环境不佳，恶意违约和逃废债盛行的区域，不应该作为信贷重点发展区域。此外还要看区域的政策支持力度等。二是看区域市场潜力，重点是看市场容量、未来发展前景等。对于大型银行来说，在配置资源的时候必须高度重视市场容量和潜力。例如，某个区域虽然市场环境良好，但市场容量有限，如果大量投入可能导致资源闲置、边际收益锐减。

中国虽然是个统一的市场，但是区域经济的特点比较明显。不同区域经济发展状况差异较大，经济特色鲜明，某些区域形成了特殊的经营特色和区位优势。因此，银行需要在不同区域明确不同的经营重点。此外，目前国内大型银行虽然是一级法人，但层级管理仍是现行主流模式，这在客观上也要求银行管理者重视区域经营特点，充分发挥好各个层级的积极性和创造性。

需要注意的是，区域差别化并不是资源简单地向某一个区域倾斜的问题，而是在某个区域明确经营重心的问题。不是按照经济发达程度来确定信贷资源配置，而主要看不同区域具有的不同优势（比较优势）。实际上，某些业务在经济欠发达地区优势可能更加明显。因此，要从单一地按经济总量配置资源，过渡到按区域优势、经营重心来配置资源，实现整体资源配置效率的最大化，避免出现“马太效应”或者“撒胡椒面”的现象。

2. 行业结构

行业选择的要领是把握趋势。在考虑行业结构时要盯住经济中长期发展走势。目前，中国正处在工业化、城镇化加速发展时期，区域之间发展不平衡（有1/5区域已经完成了工业化阶段，进入了后工业化时期；有1/5的区域还处在工业化的起步阶段，个别地方处在工业化前期）。因此，在统一风险偏好的前提下，大型银行在行业选择方面必须结合区域特点，准确把握工业化、城镇化的发展趋势。在业务实践中，重点是关注以下几个方面：

（1）行业成长性

哪些是发展前景良好的朝阳行业，哪些是工业化后逐步饱和或者比重逐步降低的产业，哪些是即将被淘汰的夕阳产业（这类产业的特点是增长减速或停滞，收益率低于平均值或呈急剧下降趋势），银行需要在细分的基础上，采取差别化的信贷策略安排。

（2）产能利用情况

要关注产能利用率、产能缺口等关键指标的变化，避免信贷资源过度投向产能利用率低下的行业。目前，我国部分行业产能过剩情况严重。例如，钢铁产能利用率仅75%左右（较全球平均水平低2.4个百分点，而且还有庞大的在建和拟建产能）。近期，我国工业“去库存化”基本完成，但是制造业“去产能化”（即将闲置生产能力削减到合理水平）还有一个艰苦、漫长的过程。对此银行需要深入分析，采取差别化的应对措施。

（3）把握好新兴产业的信贷投放

通常大家理解，新兴产业代表未来发展方向，银行要抓住机遇加大投入。这个原则和方向没有错，但是具体到新兴产业中的某个具体领域、某些具体项目、某项具体技术，却要具体问题具体分析。银行信贷不是风险投资，商业银行不同于投资银行。某个新技术新项目获得巨大成功，银行通过贷款也只能获得有限的利息收入，但是一旦项目失败则可能本息无归。当前，低碳经济是全球发展趋势，低碳产业方兴未艾。但是，银行对于新兴的低碳产业同样要保持审慎的态度。应该看到，目前很多低碳新能源、新技术还处于探索研究或者产业发展初级阶段，行业技术、标准、工艺等都还没有成熟或者还尚未定型，未来很可能（甚至很快）会被新的、更成熟的技术所取代，因此不确定性非常大，潜在风险不容低估。近年来，国内银行对风电设备、多晶硅等与低碳经济相关的新兴产业投放信贷较多，有的地方出现一哄而上、重复引进、重复建设的现象，监管部门也多次对此提出风险警示，需要引起高度关注。

3. 客户结构

客户结构包括客户类型（公司、零售）、规模（大中型企业、小企业）、评级等。不同的客户群对市场波动性风险带来冲击的承受能力是不一样的，这是选择客户的重要着眼点。目前，我国大型公司客户仍是银行的主要客户群，但是大型客户发展到一定阶段以后，如果授信占比过高则会增大集中度风险。而且随着资本市场等直接融资渠道的发展，大型客户融资将逐渐“脱媒”，银行信贷的占比以及利差空间将越来越小①。改革开放以来，随着中小企业的快速发展、社会财富的积累以及个人收入水平的提高，小企业、个人客户成为迅速发展崛起的重要市场。因此，在部分经济发达地区有的银行提出将“三三制”（即公司、零售和小企业各占 1/3）作为信贷结构配比原则。虽然比例多少合适要具体问题具体分析，但这体现了一个大趋势。

具体操作方面，现阶段大型银行应大中小客户并举。要积极巩固高信用等级客户，稳妥拓展符合国家产业政策、有市场发展潜力和竞争优势、成长性好的客户，优质小企业客户和高端零售客户。对于国家重点支持的优质客户和项目加大信贷营销力度。对于通过简单重组或并购形成的大而不强的集团客户，要根据其公司治理、经营状况和整体实力，全面评估、审慎准入，并落实好风险缓释安排。要着力在客户和项目储备调整上下功夫。在差别化政策导向下，有选择、有针对性地调整项目储备，将结构调整关口前移到信贷流程的前端环节。

4. 产品结构

客户服务和风险安排，最终要落脚到产品上。面对同样的客户，不同的产品方案可能导致不同的风险状态。要将产品方案与结构调整要求有机结合，增强主动安排风险的能力，通过合理的产品方案有效管控

---

①　在西方成熟市场，由于大型企业（特别是高信用等级的大型企业）融资主要依赖资本市场或者货币市场（发行短期商业票据），银行贷款更多的是一种维系客户关系的手段，银行获得的主要收益不是来源于贷款，而是来源于银行提供的其他增值服务。

风险，增强风险缓释能力。产品结构设计既是客户服务需求落实的过程，也是风险管控方案安排的过程，体现了现代银行主动经营风险、安排风险的理念。

例如，过去国内银行对于客户短期资金周转主要是通过发放流动资金来满足。流动资金贷款贷后资金用途不好监控，贷款不良率相对较高。实际上，从国外银行的实践以及国内银行近年来的探索经验看，客户短期资金需求很多是可以通过自偿性贸易融资、供应链融资或者定制化组合金融产品来解决的，这些产品较之传统的流动资金贷款，风险易于管控（银行可以监督乃至控制基础交易的物流和现金流），而且也有利于为客户节约财务成本。可以预见，这种物流金融的模式将是未来的发展主流，在很多领域将逐步取代传统的流动资金贷款。

应该说，在国内银行的产品结构调整方面，既需要积极的借鉴和创新，更需要观念上的更新。要针对客户需求、交易结构等情况提供合适的产品，而不是简单地采取发放流贷或固贷的习惯性做法，更不能图省事、怕麻烦①。产品管理的精细化、专业化将是未来国内银行业提升信贷经营绩效和风险管控能力的关键抓手。

（二）把握中长期变化趋势，设计精准画像式客户选择政策

随着我国经济结构转型及产业升级，不同行业的上下游产业链相关需求将面临一定变化。因此，应在整体经济发展的大背景下分析客户未来的经营状况。例如，目前我国整个钢铁行业经营状况存在较大压力，但对钢材的需求依然保持一定规模，只是由于产业结构调整、增长方式

① 像物流融资、供应链融资等新产品，其业务流程、管理要求、操作频度等都大大超过传统的流动资金贷款。因此，有的银行经办机构和经办人员不愿意做，更愿意发放流动资金贷款。

转变等原因，对钢材市场的产品需求结构将发生较大变化。因此，部分产能规模较大，但技术水平不高，产品层次较低的企业将受到严峻考验，而具有高端技术水平的钢铁制造企业依然经营状况较好。因此，不能简单地从2010年和2011年的经验角度分析和评价客户，而要从整个经济发展的大背景中考虑问题，分析客户未来的经营状况。再以工程机械行业为例，随着我国大规模基础设施建设的步伐放缓以及由东向西的迁移趋势，不同地理环境、施工企业等对工程机械装备的需求会发生变化，并会产生新的需求。因此，要注重对工程机械未来潜在需求方向的把握，以此合理评价相关企业的市场拓展能力、经营风险和技术风险。

从历次金融风波对各国银行业的冲击看，德国银行业一直保持较为稳健的发展，这与其重视对企业发展潜力的分析，合理判断企业中长期发展趋势，并以此选择优质客户进行中长期合作有很大的关系。因此，银行管理者应动态性、前瞻性分析判断企业是否具有市场竞争力，并以此匹配产品和期限。例如，如果判断一个企业在3—5年之内会保持平稳较好发展，则可以给予其三到五年的授信，而某些企业虽然短期内情况良好，但根据分析研判，三五年之后可能出现问题，则现在就应开始逐步退出，不能等到企业出现问题后再进行弥补。

只有客户在行业内保持领先地位，具有较强的行业竞争力，银行资产才能相对安全，才可能从客户身上获得更多的价值回报；如果客户没有竞争力，不但银行资产不安全，而且也得不到相应的价值回报。在分析客户的竞争力过程中，要重点分析客户在世界范围、全国行业市场中是否具有竞争力，而不能片面强调其在当地的行业地位。

商业银行视角下的优质客户，至少应具有“六个标准”：

1. 具有技术领先的优势

好的客户应在行业内掌握核心技术，拥有先进的工艺手段，具备关键技术的自主知识产权或参与相关技术标准的制定，能够投入足够的资金、人力等资源用于技术研发和产品创新，具有可持续研发能力。例如，虽然我国化纤行业存在产能过剩问题，但苏州某些大型化纤企业十分重视产品技术的研发投入，拥有同行业领先的技术水平，其产品具有较强的市场竞争力，发展潜力较大。

2. 具有良好的市场成熟度

对于商业银行而言，好客户不仅应具有技术领先的优势，更应该在领先的同时具有成熟的技术应用和市场空间。

一是技术必须是成熟的技术。技术优势不能仅仅是理论上的技术领先，而必须体现为先进技术具有实际需求和投产能力，能够形成成熟产品。商业银行在评估企业和项目的过程中，更要关注技术应用的成熟度。技术应用不够成熟、前景不明朗的项目，是投资银行发展的客户群，而不是商业银行信贷资金支持的客户群。

二是产品面对的市场必须是真实、成熟的市场。真实、成熟的市场，是指具有实实在在自发需求的市场，而不是靠某种制度或补贴，人为培育出来的、波动性较大的市场。例如光伏市场，过去几年能够得到迅速发展，主要是由于欧洲对光伏的大量补贴，堆积了因补贴而产生的巨大泡沫需求，而随着美国、欧洲对光伏项目补贴的取消或大幅削减，对光伏行业的整体需求出现了大幅度萎缩，整个市场陷入产能严重过剩的困境中，这就是由于政府补贴不能持续，导致光伏行业需求不能维系的后果。

3. 企业管理规范

好的客户，一是企业长期战略规划清晰明确、且符合业务发展的常理；二是股东、董事会重视企业的长期发展，具有现代企业管理体系架构；三是管理团队稳定，素质较高，行业经验丰富；四是财务制度健全，信息披露规范。只有组织管理规范的客户，商业银行才能充分了解其内部具体的经营状况。例如，浙江部分民营企业内部管理复杂，外部债权人难以客观掌握其真实状况，因此信贷决策中信息严重不对称，不良贷款生成率很高，一旦出了问题，银行在风险处置过程中非常被动。

4. 有重要的行业地位，在市场上有话语权

拥有市场话语权，意味着企业拥有稳定销售渠道，市场占有率高或具有行业内的定价权。可以根据行业协会发布的主要指标（销售收入、资产规模、出口数量等）排名，分析客户的市场地位；可以根据地方政府发布的各种评比（如纳税大户、出口大户、名特优企业评选）分析判断客户的市场地位或话语权。

5. 企业专业专注经营，形成某个领域的优势

好的客户主营业务相对突出，多元化投资较少或投资稳健。从这两年江浙等地区企业发展情况看，在经济下行中遭受重创的企业，往往具有主业不明确、投机性经营严重等特征，而经营战略明确、专注，不去乱投资，把自身经营领域内业务做精做强的企业，虽然也受到一定影响，但总体经营较为稳定，经受住经济周期波动的考验，在同业内备受尊重。

6. 企业和股东具有责任感

企业只有拥有强烈的责任感，才能对相关企业利益群体负责。责任感体现在企业的方方面面，例如企业能够对相关债权人、投资者负责，体现在企业集团客户的各成员之间关系清晰透明，关联交易正常公允；对消费者负责，体现对产品的售后服务态度端正，效果良好等；对

员工负责，体现在关心员工成长和发展、不拖欠工资，提供基本福利保障等；对企业未来发展负责，体现在重视企业的声誉、信誉等。只有具备高度责任感、荣誉感的企业，才是商业银行信贷业务支持的优质客户。

（三）主动选择客户，打造结构坚实的客户基础

在明确优质客户“六个标准”的基础上，可以对现实和潜在客户进行“三主动，两明确，一讨论”的系统性评价，以此确立客户选择的指向，打造结构坚实的客户基础。

“三主动”指信贷经营活动中，要变“被动等待客户上门”为“主动筛选客户、主动营销心仪客户和主动维系价值客户”。

“两明确”指在主动对客户进行排序的基础上，结合本年度的信贷政策指引，明确本机构最想发展的客户和最不想发展的客户。对最想发展的客户，动态判断其未来3—5年的发展趋势及潜力，分析其业务需求，进行主动性、综合性营销；对最不想做的客户特别是很有可能会出现违约的客户，则主动放弃或主动退出。

“一讨论”指对除最想发展客户和最不想发展客户的范围之外的其他“中间客户”，可通过专家讨论、模型定量分析等方法进行分析判断其市场价值、业务发展潜力和违约风险，以决定是否进行营销以及经营策略，并重点做好风险缓释工作。

具体而言，可以从以下方面提升客户选择能力：

1. 通过对宏观经济发展趋势及行业与经济的相关性分析，判断客户发展前景

行业的整体兴衰决定了行业内部各企业生存、发展的基本条件，

进而影响到银行信贷资金的安全。由于不同行业在国民经济中的地位不同，其与经济走势的相关性不一。在同一时期，某些行业发展与经济发展同步，某些行业领先经济发展，还有一些行业可能落后甚至与经济发展的趋势相反。因此，应对客户所处行业的整体发展趋势进行分析，把握客户所处的大环境状况。

2. 通过分析客户在行业中所处的地位了解客户

对于多数传统的、市场化程度较高、充分竞争的制造类、服务类行业而言，市场占有率排名在前五位的龙头企业具有明显的竞争优势和较强的抗风险能力，其产品或服务具有很强的技术、品牌优势，较其他企业的竞争力更强。市场化程度比较高的行业，对客户在行业中的地位，可以通过其产品在全国或区域市场占有率来分析判断。而对于垄断性行业，由于行业内的客户数量有限，经营活动具有高度的趋同性，客户的行业地位可以根据准入管制水平以及政策支持程度等来进行判断。

3. 通过分析客户所处的生命周期阶段，研判客户发展趋势及服务、产品需求特征

根据企业生命周期的相关理论，客户处在生命周期的不同阶段，其财务特征、资金需求、经营风险等存在较大差异。例如，在初创期的企业，资金需求量大，财务风险较高，但业务发展潜力较大，需要投资银行、产业基金、创业授信等高风险高收益服务的支持，而对于成熟期的企业，现金沉淀较多，盈利状况趋于稳定，具有投资兼并计划，存在对委托理财、结构化融资、兼并重组资金支持等方面的需求。因此，商业银行在选择客户时必须了解企业兴衰规律，把握企业所处的生命周期阶段，在企业培育后期至成熟前期适时注入信贷资金，并在成熟后期至衰

退前期及时抽回，通过有效掌握和分析企业的发展阶段，研究企业兴衰趋势，不断寻求可持续成长的企业客户，适时调整客户结构，打造坚实的客户基础。

4. 通过对客户财务、经营、管理等基本面的分析，判断企业当前面临的风险

客户基本面分析包括财务报表分析和经营、管理等方面的定性分析。从财务数据看，企业现金流量是其偿还银行借款的第一还款来源，对企业进行现金流分析重点在于分析企业的不同现金流组合，发现企业的经营特点和财务上的风险。从定性分析角度看，对贷款企业法人治理结构、宗旨、机制、价值观、经营者的品性、经营管理能力，生产能力是否达到极限、有无拓展的余地，生产资料能否持续不断地供应，企业是否存在资产负债表以外的承诺等情况进行分析，合理判断企业当前面临的主要风险点。

（四）注重客户的长远价值，选择合适的优质客户并予以重点维护是提高银行赢利能力和持续竞争的关键

对于商业银行而言，客户价值存在“二八定律”：占比较低的客户带来占比较高的收益。因此，如果简单理解客户满意度，对低价值客户投入大量的资源进行维护，难免会造成对高价值客户分配资源不足，导致有效客户满意度下降，损害商业银行与优质客户关系的维系。同业经验与数据分析都表明，长期合作的现有客户比未经筛选的新客户风险要小；经济实力平稳的客户比一个变化剧烈的客户更有经营价值。因此，注重客户的长远价值，选择合适的优质客户并予以重点维护是提高银行赢利能力和保持持续竞争优势的关键。

1. 对于大型客户，应基于客户需求，重点推行以“定制服务方案”为重点的整合营销

随着金融市场的不断放开以及金融脱媒的步伐加快，金融机构对大型客户资源的争夺将日趋激烈，大型客户对银行传统的存贷款服务依赖程度不断下降，对银行提供资金筹集、账务清算、投资顾问、资金管理、风险管控等多元化金融服务的新要求不断增加，给银行产品研发、服务创新、流程优化带来新的挑战。

大型商业银行，应利用自身优势，认真分析客户的各方面需求，重点开展以定制服务为特点的“整合营销”。即在细分市场中寻找目标客户，并组织专门团队分析客户需求，根据客户需求，联合多部门设计和实施一户一策的定制服务方案，通过建立更为紧密的沟通机制，使客户乐于与银行共同发现服务中的问题，从而使客户关系更加稳固，使服务的可替代性降低，从而确保银行市场份额。

2. 对于机构客户，要提高对政策和市场变化的反应速度，依托服务创新适应客户业态变化

机构业务政策性强，系统性强。在国家加大对民生投入，动态调整相关政策的同时，机构客户业态出现新变化。银行应抢占先机，抓住各项国家政策出台的有利时机，认真研究文化产业“企业化转型”、财政国库管理制度改革、高校化债、国家医药卫生体制改革和医院财务制度等重大政策调整对传统银行业务的挑战，积极主动地创新金融服务方式，巩固传统优势地位。

3. 对于中型公司客户，要开展“画像式”客户选择，积极稳妥地壮大客户基础并提高贷款定价水平

中型公司客户数量众多，信贷依赖性强，是银行壮大客户基础的重要对象。同时，其经营发展情况复杂，市场跟随者多、行业领袖少，竞争行业多、垄断行业少，民营企业多、国有企业少。这类客户在经济转型时期不确定性较大，风险收益平衡较难把握。为此，必须在目标客户特征画像的基础上，认真做好客户选择、合理配置授信产品、积极防范过度授信、有效强化风险缓释、加强对客户贷后行为监控，更好地控制风险，并通过科学定价，确保收益覆盖风险，不断提升单位资本的风险回报水平。

4. 对于小企业客户，要优化经营模式，在保持资产质量稳定的基础上加快拓展

一是要不断优化小企业业务经营模式。由于小企业的经营特点、客户行为、产品需求与大企业有很大不同，不能简单复制大企业客户的经营模式，而是要分析小企业客户的行为特征，进行有针对性的产品研发和流程优化，体现批量、小额、短期、便捷、安全的原则，以满足客户的相关需求。以西班牙桑坦德银行为例，其针对小企业经营的特点，创新了保兑业务，该业务与保理业务共同构成了桑坦德银行批量服务供应链融资企业的平台。通过此项业务平台，桑坦德银行不仅帮助付款企业降低了管理成本，而且能够在控制相关风险的前提下实现批量化营销客户。二是要围绕核心企业价值链，认真做好客户选择问题。不是所有的小企业都是商业银行发展的潜在客户，应该根据银行自身的风险偏好、业务经营规划等有所选择、有所侧重，明确自身的小企业客户群由哪些客户组成。可围绕优质核心企业，利用“1+n”模式中的“1”进

行小企业业务发展的目标客户选择，重点考虑大城市周边产业集群小企业，重点企业上下游配套小企业，财政、社保、政府机构客户担保、支持的小企业客户等。在小企业业务发展的过程中，只有将核心区域、核心企业和核心系统这个“1”的相关经营特点梳理清楚，业务需求把握准确，才能更好地做好小企业客户的选择问题，发展“n”的小企业业务才能有意义，业务发展才能更加健康。三是要加强对客户账户的监管。由于部分小企业客户财务信息可信度低、财务报表失真等方面原因，在发展小企业业务时，应要求企业在本行设立结算账户，以便于对账户进行日常监管。四是要利用好量化管理工具，促进业务健康发展。从国外大型银行发展小企业业务的情况看，均十分重视量化工具的应用，保证业务决策的科学性，控制管理成本。因此，要充分利用量化工具，对小企业的行为特征进行分析、预警，既实现对客户风险的有效管理，又可以发掘客户需求，拓展业务市场。

5. 对零售客户，应通过提供标准产品组合，实现差异化和高效服务的统一

一是根据主要人群行为特征、生命周期特点设计标准化产品。由于零售业务利润点来自规模经济，因此，零售业务产品创新应以主要人群的消费、投资行为特征为主要标准，与主要人群的生命周期阶段特征相匹配。尤其是在我国人口老龄化背景下，应加大“银发经济”相关产品的研发和创新。随着我国老龄人口不断增加，人口老龄化趋势日趋严峻，“银发经济”已引起金融行业的广泛关注①。随着老龄人口的增

① 根据国家统计局公布的数据，2011 年底 60 岁以上老年人达到 1.85 亿，占到总人口的 13.7%，预计到 2015 年老年人口将达到 2.21 亿，占到总人口的 16%，平均每年将增加 860 万老年人，到 2030 年老年人口规模将翻一番。“十二五”时期将是我国人口老龄化加速发展期，人口老龄化形势会更加严峻，将呈现老龄化、高龄化、空巢化加速发展的新特征。

多，以及50后一代逐步进入退休年龄，老年人对养老金融服务和产品的需求会发生转变和升级，他们已不再简单追求基本的生活保障，而产生多种综合性需求，像年金及类年金的管理，养老的财富管理，养老融资服务及养老保险、信托、基金、证券、支付结算和专项服务等一系列服务需求。因此，需要针对养老客户的多样化需求，加大有针对性的产品创新。二是拓展多元化业务渠道，注重7×24小时的全天候服务覆盖模式的构建。随着信息技术的发展，未来零售业务发展渠道的主方向将是手机银行之类的支付平台和交易平台互融的移动金融服务。应积极完善网上银行①、电话银行等非柜台渠道的服务功能，并采用多种手段鼓励客户尝试应用并可随时申请和获取金融服务，使其感受到多元化服务渠道的便捷性，以此提高客户的满意度和忠诚度。三是采用评分卡等工具进行批量化、智能化业务判断，提供业务发展和审批的效率和质量。由于零售客户具有客户数量大、单笔交易额小等特点，银行管理者应积极采用评分卡等工具进行批量化、智能化处理，提高管理服务的效率和质量。目前，国际大型商业银行已将评分卡工具应用到零售业务的多个领域。在营销领域，市场响应评分卡基于客户的差异化行为分析和客户价值贡献，为客户营销提供了基础。在信贷审批、监控和催收领域，客户申请评分、行为评分和催收评分实现了银行对客户信用行为的自动判断，并以此为依据开展管理活动。

最后，还要采用精细化、差别化手段指导和帮助各级分支机构顺应当地经济发展趋势，提升在当地同业间的核心竞争力。例如，沿海地区国际贸易业务需求量大，且在金融危机后外贸对象呈全球分布多样化

① 2012年11月11日，阿里巴巴旗下天猫商城及淘宝网“双11”一天的促销额突破190亿元，远超2012年“十一黄金周”上海市138家重点商城零售总额，其中尤以11日零点以后的凌晨时间段消费较为活跃，并一度造成多家银行网银支付缓慢甚至崩溃迹象。由此可以显现未来我国网络消费市场的巨大潜力。

趋势，客户对不同货币间的汇率风险对冲等新业务具有个性化要求，应多层级多部门联动，高效化、精细化设计相关产品和服务，打造银行在当地的核心竞争力。

二

只有把握授信要点才能提升信贷决策质量和效率

通过信贷流程对信用风险进行控制，是国内外银行信用风险管理的主要手段。在整个信贷流程过程中，贷前调查、评价、评估，贷中审核、审批、放款，贷后跟踪、监测、预警，对风险管理而言都很重要。其中，信贷审批环节需要对信贷业务方案出具最终决策意见，信用风险的选择和安排在这一环节最终确定，可以说是整个信贷流程的核心环节。

（一）深化对信贷审批核心价值的认识

作为银行基本的制度安排，信贷审批的核心价值和功能主要体现为对于信贷资源配置权的平衡制约作用（Check and Balance），即通过信贷前后台之间的横向权力制衡，从根本上提高信贷决策的质量与效率，保障信贷资产安全。这主要是通过建立以“贷审分离、独立审批、专业决策与个人责任制”为基石的信贷审批体制来实现的。无论如何强调信贷审批工作的其他重要作用或承载的其他重要职能，但是在整个银行信贷资源的配置与风险管理中，信贷审批的制衡作用，仍然是其最根本与核心的价值。

但长期以来，由于信贷审批的制衡作用主要是通过在授信流程中对每一笔授信业务的审批决策来实现的，以至于很多人将信贷审批的职能简单地理解为控制单户或单笔授信风险，而忽略了信贷审批对于组合信用风险管理的重要作用，甚至认为信贷资产组合风险管理只是风险管理部门的事情。这实际上是对信贷审批核心价值的误读与误解。信贷审批的制衡作用既体现在单户、单笔授信业务风险的控制上，更体现在组合信用风险的管控上。这是因为：

1. 单户信用风险与组合信用风险本身是浑然一体、不可分割的

信贷单户与组合信用风险不是两张皮的关系。组合风险不是抽象、虚无的，它的微观基础在于每一个客户自身的单户风险，信贷组合管理失控最终总是体现在具体客户的授信安排与风险暴露上。单户信贷安排也从来不能脱离信贷资产组合而独善其身，必须建立在企业在整个行业与市场中的地位与竞争力考量的基础上，对于单户信用风险的把握最终要服务于组合风险管理。贷款审批决策逻辑必然是单户与组合信用风险控制的统一，是建立在对借款人行业与市场地位与风险排序基础上的综合判断，而不仅仅是单纯的现金流预测。过去、现在与未来都是这样一个决策逻辑，只不过对于有的人而言，组合管理是一种不自觉和潜在的思维逻辑罢了。

2. 在目前的层级制下，信贷审批是落实统一风险偏好，进行信贷资产组合管理的关键环节与重要工具

尽管作为一级法人，银行必须也只能执行一个风险偏好。但是层级制下，各级分行作为相对独立的利润与考核中心，往往站在机构自身而不是全行的角度上进行信贷资源配置是不争的事实。对于在全国甚至全球市场上竞争的客户而言，如果仅从分支机构的角度进行风险

排序和客户选择，很容易出现“局部最优不是整体最优”的信贷资产组合。因此，作为既独立于授信经办机构，同时又负责全行各级机构授信业务集中决策的信贷审批部门和贷款审批人，有利于摆脱授信申报机构本身的局限，在审批决策时，除去单户信用风险与现金流的考量外，还可以站在所在机构负责人的角度，从更大的视野和范围内进行风险排序与客户选择。在这个意义上，独立审批不仅是指对具体授信业务的独立决策，更重要的是独立于业务申报机构进行信贷资产组合风险管理。

3. 信贷审批的授权机制本身就蕴含着负责组合风险管理的职责

贷款审批人的决策权不是天赋的，而是来自于所在机构的行长授权。各级行领导承担经营管理辖内全部信贷资产组合的职责。作为被授权人，贷款审批人应对授权人负责，除去控制授信客户单户风险外，自然应站在所在机构负责人与风险条线负责人的角度，对授信业务进行风险排序、客户选择与组合管理。外部经济形势越复杂、信贷资源越紧张，信贷审批在组合管理与客户选择的管理职责就越大，同意或否决一笔授信业务，在组合方面的考量就越多。认识到这一点，就比较好理解风险偏好的把握标准。

在这个意义上，信贷审批既是专业技术工作，也是经营管理工作；既需考量借款人的预期现金流，也要考量资本约束、客户选择、风险回报与组合管理。一名称职的贷款审批人，不仅需要信贷技术娴熟，还需具备信贷经营管理者的思维与素质。信贷审批部门与贷款审批人，应当深刻认识信贷审批的核心价值，特别是在控制组合风险方面的重要职责，积极转变授信观念，逐步实现授信审批从单户信用风险控制向全面信用风险控制进行转变，引导和指导前台主动做好客户选择与风险安排。深刻理解信贷审批的核心价值，是做好未来风险管理与信贷审批工作的基本出发点。

（二）把握单户信贷决策的“4C”逻辑

区别于一般工业产品，衡量信贷产品成败的关键不在于贷款发放（销售），而在于贷款回收。成功回收贷款本息是整个信贷经营管理活动中的“最惊心动魄的一跳”。无论前后台，单一客户的信贷决策逻辑应当是完全一致的。

一是政策合规（Compliance）。尽管银行作为经营风险的金融机构，对于风险有合理的容忍度，但这指的是正常的经营风险，不包括政策合规风险。这是因为正常的经营风险可以用拨备进行风险抵补，而因违规承担的声誉风险则无法用财务资源进行衡量和弥补。此外，因违反监管红线而导致银行在申请新设机构、业务牌照受到的格外限制，以及相关人员被严肃问责而断送职业生涯所付出的惨痛代价所导致的隐性成本，更是巨大。对政策风险“零容忍”，绝不以触犯监管底线和承担违规风险为代价拓展业务，是做信贷决策的首要考量。

二是控制违约（Control）。也就是在贷前的尽职调查、贷中的方案审查与贷后风险检查中，始终牢牢地抓住第一还款来源，核心是准确落实、评估与控制客户的偿债现金流，做好风险安排，确保信贷合同的按期履约，实现真正的贷款，回收的惊险一跃。对放贷的好处口若悬河，而对收贷的考量闭口不谈，是迈向不良贷款危险境地的第一步。

三是有利可图（Cleanup）。银行不是慈善机构，不做赔本赚吆喝的事情。在目前信贷资源紧张与战略转型的背景下，第一，银行家考虑的收益是指经风险调整后的收益，而非账面收益；第二，用好信贷资源，将收益建立在对客户选择优中选优的基础上；第三，信贷投放要支持和带动战略性业务，实现银行综合收益最大化。

四是以防万一（Collateral）。银行作为风险偏好保守的金融机构，无论事前的尽职调查和事中的风险评估如何审慎，在贷款发放前仍然要做最坏的打算，即主动落实有效的担保和风险缓释手段，提前安排好收拾残局的措施与方案。所谓一颗红心，两手准备。

（三）做好关键授信要素——额度和期限的风险安排

实现上述四条，并最终落实到授信方案中去，还需要做好关键授信要素的风险安排，主要是授信总量和期限。

1. 准确核定授信总量

逻辑上，单一客户的授信总量主要取决于以下三方面因素：

一是借款人合理的融资需求。正常竞争性的信贷市场都是买方市场，融资额度首先由借款人需求主导。甄别和判断借款人合理的融资需求，不仅是开展信贷营销的基础，也是防止借款人过度负债和挪用信贷资金的风险控制手段。

二是借款人的偿债能力。首先是静态的资产负债比。如评估长期偿债能力的资产负债率或杠杆率，与评估短期偿债能力的流动比、速动比等。过高的负债率，不仅意味着过高的财务风险，而且易诱发借款人的高风险经营行为，因此银行对于负债率过高的借款人往往敬而远之。其次是动态的现金流负债比。如考察长期负债能力的偿债周期[①]和考察短期负债能力的金融负担保障倍数[②]等。偿债周期越短，表明长期偿债能力越强，金融负担保障倍数越大，短期偿债能力越好。在实践中，对

① 偿债周期 =EBITDA/ 金融债务 =（利润总额 + 利息支出 + 折旧 + 摊销）/（长短期银行负债 + 长短期债券）

② 金融负担保障倍数 =（一年内到期的长期借款 + 利息支出）/EBITDA

新客户核定的授信额度不宜超过计量得出的风险限额。对现有贷款客户的续作信贷业务，要参照风险限额进行授信额度的重新核定，对于超限额部分应限期压回来。

三是对单一借款人的信用集中度。鉴于银行保守的风险偏好，对信贷资产组合的要求甚至严过股票资产组合，必须高度分散。反映到对单一借款人的信贷融资上，一是对单一借款人（集团）的信贷总量不得超过银行净资本的一定比例，如对于商业银行是不得超过资本净额的10%（15%）；二是对单一借款人提供的融资支持不超过其全部融资量的一定比例，也就是让多家银行来共同分担借款人的风险，而不是一家独担“吃独食”；三是在所辖机构的资产组合中，该类贷款应占多大比重，合适的集中度是多少？相应的新增授信额度应如何安排。

2. 合理确定授信期限

理想的融资期限，应与融资用途、预期的偿债现金流相匹配，并受制于银行的资产负债的期限匹配情况。这是因为：

第一，期限长且与还款现金流不匹配的信贷安排，不利于约束客户过度扩张和经营冒进等短期化行为，极易在经济景气下行期间形成经营风险，造成信贷损失。如企业正常生产经营周期为一年，但却申请三年期的贷款，显然在剩下的两年里，贷款资金很可能被挪用到债权人此前并不知晓的地方去。这对债权人而言，风险非常之高。而且监管部门对长期授信的约束要求也越来越严格（可能要求提高长期贷款的资本占用水平）。在审批决策中，要从客户实际融资需求出发，通过提高资本金比例、约束股东分红等方式，严格控制超过10年的授信业务，并确保贷款期限与未来客户的还款现金流相匹配。

第二，受信息不对称、市场变化、政策环境以及自身理性预期能力的限制，银行对于借款人现金流的理性预期时间长度有限，不可能太长。银行审慎的风险偏好决定了，它只在自己的理性预期范围内提供融资支持，超出这个范围，风险就是不可控的。之所以垄断性行业的客户贷款期限往往远高于竞争性行业客户，就是因为垄断性行业市场供求关系远比竞争性行业稳定，企业持续经营能力强，银行对于还款能力的理性预期时间长。而对于竞争激烈的行业，如家电行业，银行只能“走一步、看一步”，提供短期周转或自偿性信贷支持，而很少做中长期信贷融资。

第三，融资期限应与银行自身的资产负债结构相匹配。尽管从逻辑上讲，只要借款人能持续产生偿债现金流，银行能做长期的理性预期，融资期限几乎可以无限长。但是在实践中，贷款期限还要受银行自身资产负债匹配情况的约束。这是因为在银行的资产负债表上，负债基本都是中短期的企业和居民存款。如果银行资产负债表上的资产全部都是极长期限的贷款，那么银行资产负债错配的情况就很严重，出现兑付危机的风险就很高。所以，为了避免流动性危机，银行一般都会限制贷款期限的上限，不能过长。如现行《贷款通则》就要求贷款期限一般不得超过十年。

（四）深刻理解和准确把握集团授信核心风险

作为通过控制权纽带联系在一起、由若干单一法人组成的企业集团，其核心风险特征可概括为：作为一个整体所体现出的集团系统性风险，即多头授信风险、过度授信风险和关联交易风险，以及各成员企业自身的单户信用风险。在实践中，应从以下方面加强集团授信的风险管理：

1. 集团授信应坚持全局视野，实施总量约束

集团授信的系统性风险特征，决定了在授信管理上不能采取简单

叠加与汇总的方式，审批决策视野必须囊括集团整体的信用状况，而不是单个成员企业信用的简单加总，坚持“局部服从整体”的原则。即如果从整体上判断，集团已经出现过度负债与信用恶化，即便申请授信的几个成员企业单户财务状况十分优异，也应当将授信总量控制在集团整体信用状况承受的范围以内，甚至要求压缩授信，毕竟“覆巢之下，岂有完卵”。以往大额风险暴露的教训一再证明，财务表现严重背离集团基本面的成员企业，往往是用内部关联交易粉饰出来的融资平台。脱离集团整体授信需求与承债能力，仅着眼于成员企业单户的授信安排，是产生多头授信和过度授信的根源。管辖行应承担起判断集团整体信用状况的职责。

2. 按照风险排序的原则优化集团授信结构

集团客户管辖行的信贷经营部门承担对集团各成员企业进行风险排序的职责。排序逻辑不是基于各成员企业申报金额大小，而是依据以下原则确定。一是风险偏好和信贷政策。不符合银行风险偏好和政策底线的企业，不能给予授信。二是集团主业与竞争优势。优先支持属于集团主业、具备竞争优势的核心企业和重要成员企业，从事非主业经营、不具备市场竞争优势的成员企业，原则上不能给予授信（已有授信的，要制定退出压缩计划）。三是各成员企业合理的授信需求与还款能力。在剔除关联交易与关联资金占用的基础上，还原各个成员企业真实授信需求与信用状况，据此合理安排授信方案。四是风险缓释措施。准确评估和选择抵质押品，审慎接受集团内的关联企业担保。五是定价与综合贡献。综合考虑对客户的议价能力、产品覆盖度，以及信贷业务的资本占用、风险成本等，基于客户的风险调整后资本回报（RAROC、EVA）进行排序，授信额度优先配置给能够带来高回报的客户。

3. 加强对客户信用风险敞口的全面管理，在严格控制信用风险的前提下，统筹考虑客户综合金融服务收益和整体风险的平衡

信贷审批过程中，要统筹考虑银行集团对客户的全面授信服务安排，确保具有信用风险的各类表内外信贷业务、债券投资、金融衍生产品、资金交易以及创新类金融产品，统一纳入对客户的授信额度内，形成完整的授信方案。加强对客户包括信贷、投资银行、金融衍生产品、支付结算、养老金等综合金融需求的挖掘和分析判断，通过综合授信带动综合金融服务和战略性业务的发展。

（五）在复杂多变的经济环境中把握好审批标准

1. 经济下行期是银行了解和优化客户结构的机遇期，关键是要把握好

在经济上行周期，持续的高速发展容易掩饰企业的短板与病灶，也容易诱发企业非理性的投资冲动和扩张。从银行客户选择的角度来看，审批决策难度反而很大，因为从花团锦簇的财务报表中筛选出未来的问题客户，并拒之信贷门外，并不容易。但在下行周期，一方面企业经营本身会更加审慎，另一方面水落石出、原形毕露后，银行了解和选择客户的难度要小得多。在下行周期的信贷决策应更为审慎，一是要尽量避开优势企业的非主营项目，通过审批引导从集团中非主业、不具市场竞争优势的成员企业退出授信；二是对于受宏观经济形势变化显著影响的顺周期行业的客户，由于行业内企业分化加快，应提高客户选择的门槛与标准；三是对于处于重组阶段的客户，由于其未来的资产、债务安排存在较大不确定性，要保持警惕性，不急于审批新增额度，待情况

明朗后再审议不迟；四是多数跨业跨地域经营的投资集团企业经营特色与优势不明显，把握多元化投资与经营的能力有限，多元化经营不但未起到分散风险的作用，反而成为经营失败的直接动因。

2. 审批决策应透过客户财务指标判断和把握背后的趋势性变化

审批人应准确甄别财务变化背后反映的是经济周期造成的系统性经营困难？还是体制改革或特殊时期政府限制政策造成的政策性亏损？抑或是企业因经营策略失误、财务管理缺陷造成长期趋势性亏损，并针对不同原因，做差别户的授信审批决策。以五大电力集团目前的经营亏损为例，引起亏损的关键在于，目前煤电价格倒挂与价格管制，而不是电力市场需求发生根本性逆转与萎缩，也不是水、风、核电对火电的根本性替代，因此亏损本身并不反映电力企业是趋势性的信用萎缩，毕竟对债权形成保障的经营性现金流是充沛与可持续的。但反过来，如果是低端制造业的亏损往往意味着技术进步带来的产业替代以及企业竞争力本身的问题，是趋势性的信用恶化，对银行而言是严峻的挑战，绝不可等闲视之。

3. 按照“有底才贷”和“不知不贷”的原则，应对新客户与新业务

随着金融市场的发展与竞争的深化，在传统领域得心应手的贷款审批人面对新兴行业、客户与业务的挑战将成为常态。但必须指出的是，对于银行不熟悉的业务领域与金融产品，首先应在机构与制度安排的层面上，建立起对新兴业务与产品的风险评估机制，主动加强前瞻性研究，不能因无知和反应迟缓而将机遇拒之门外。在新业务收益与风险的整体性评估可行的基础上，可交由贷款审批人做个案决策，即“有底才做”。另一方面，对于未经过风险评估机制检验、银行不熟悉的新产

品与新业务，在授信审批的个案决策中要坚决贯彻“不知不贷”的原则，避免盲目决策，不应将信贷审批作为新业务和新产品的“试验田”。过去银行在“汽车消费贷款”、“工程机械担保贷款”以及部分金融衍生产品等不熟悉的业务领域中付出的昂贵学费和惨痛教训，充分证明了控制新兴业务风险必须建立一整套行之有效的流程与机制，而不能直接推给客户经理和贷款审批人，任其通过个案的方式来把关。保守的风险偏好从根本上决定了“不知不贷”仍然是银行必须恪守的基本信贷原则。

三

构建基于客户和产品类型的差异化信用风险管控策略

不同客户群体的信用行为具有显著差异，不同产品的信用风险规律也不相同，不存在解决所有信用风险问题的万能方法，必须对不同客户群体和产品类型的风险特征进行深入分析和准确把握，针对关键风险点分别制订专业化、差异化的风险管控措施，形成各自独特的管控模式，实现不同领域信用风险的有效经营与应对。

（一）整体判断、突出主业、做好排序、合理授信是集团客户风险经营的关键

集团法人是现代市场经济的基本组织形态，内外部经济关系比较复杂，银行做好集团授信工作确有难度，但此项工作非常重要。集团授信涉及金额大，少则几十亿元，多则上千亿元，如果不能准确把握好，可能会引发银行客户群体出问题，系统性风险很高。集团授信风险有其特点，不同于单个企业授信风险，这种特殊性也需要银行高度重视。对集团授信，不能简单理解为集中统一授信，要准确把握集团客户授信经营的核心与关键风险点，真正从防范集团整体风险、过度授信、多头授信、内部关联交易等角度出发，提升银行的集团客户经营管理水平，提

高集团授信的质量和效率。

1. 必须对集团客户进行整体判断

集团客户类型非常复杂，风险特征各异，银行要准确识别集团客户风险特征，必须对集团进行整体判断，这是做好集团授信管理的前提。同时，要关注集团存续期，对新组建的集团和历史悠久的集团要区别判断，对于新组建集团，要了解其成立背景、方式，分析其是并购组建的还是政府主导的行政命令式组建的。要对新组建集团的经营能力、自身风险控制能力、治理结构以及未来市场定位、战略是否清晰等进行评价分析。对于历史悠久的集团，要侧重了解其历史表现、经营业绩、履约能力、市场地位、信用记录等，对集团的现状和未来有个总体判断。

2. 做好对集团成员企业的风险分析和排序

在集团子公司众多的情况下，银行经营部门必须对子公司进行优先级排序。有些经营状况较好的集团客户，也仅仅有几户成员企业具有较强的竞争优势，并不代表其他下属企业都好。对于集团内拟授信的所有成员企业的排序，不是简单按授信金额大小，而是依据银行信贷经营政策和统一风险偏好，结合客户的盈利能力、风险缓释措施，在收益覆盖风险成本、资本成本的前提下，筛选出最想介入以及最该介入的客户并排序，为银行信贷决策提供依据。

3. 优先支持主业，审慎选择客户

银行必须注意区分集团主业与非主业，加强对集团内优势成员的选择，优先支持主业中有竞争优势的客户与项目，尽快从非主业、不具市场竞争优势的成员企业中退出授信，不断优化授信结构。对于银行最想介入以及最该介入的客户及项目，必须进行深入分析判断并提供科学、可信的数据测算依据，合理制定授信方案。

同时，银行在开展集团授信时，要注意整体把握和时机的选择。有少数个人控制的民营企业集团，治理结构不健全，主业不清，发展目标不确定，盲目铺摊子，跨业扩张，甚至通过内部关联交易、虚假交易套取银行授信，这类客户的风险很大，要审慎介入。对于正在兼并重组过程中的集团，尚无确定的集团组织架构，管理层信息不明，集团主营业务未来发展趋势不清，要注意把握授信时机，不宜盲目过早开展授信。

4. 合理安排授信方案，防止过度授信

银行应根据集团整体及各子公司风险状况和银行风险承担能力，确定集团客户授信额度，防止过度集中风险。同时，对授信额度有效期、授信产品配置、风险缓释措施安排、项目及产品收益（定价）以及其他业务的综合服务方案等内容，也要在授信方案中进行明确安排。

最近几年，超百亿元额度的集团授信客户越来越多，大型银行必须从整体经营角度把握一下，对于授信集中度过高的需适当控制。一是在银行的资产组合中，某一类贷款到底占多大比重，应有总体的经营安排和计划。如开发贷款占比，银行能承受的是多少，能承受多大波动，须有合理安排，不能碰到什么就做什么。二是在经营中，一家银行对大型客户最大能承受多少集中度，银监会有相关要求，银行本身也要考虑。一个客户的风险敞口集中到什么程度能承受，占比多少合适，过去在这方面缺少思考。三是一个客户有无必要承受太大的风险敞口？客户授信的理论安全边界在哪里？对自身没有经营现金流的公司总部，巨额风险敞口相应的风险管理措施是什么？靠什么控制风险？现金流测算能否覆盖到期负债？一个企业的经营现金流是一定的，但各家银行授信累加在一起，这个现金流还能覆盖吗？这些问题必须回答，当然需要深入

分析研究，要防止过度授信。

此外，银行要注意风险限额指标的应用，集团整体及各成员企业的授信额度原则上都不应超过风险限额。同时，要建立完整准确的集团客户关系树，解决集团客户多头授信、过度授信问题。

5. 对拟退出客户敢于有所不为

银行在集团客户经营方面，既要做到有所作为，也要做到有所不为。对于集团内既有的存量授信，要加强贷后管理，明确策略。对于拟退出的客户，要态度坚决，制定详尽的退出压缩计划，加大退出力度并切实执行。对于银行信贷政策中已明确规定不得新增授信或办理借新还旧的行业或客户，要严格执行相关政策。对于集团客户内部企业关联交易要进行跟踪监测，积极借鉴和学习国外商业银行的监控方法、监控技术、监控手段，防范企业财务报表作假、贷款被挪用等风险。对于置换他行贷款的信贷经营行为，由于其业务风险远远高于银行自主选择、经营的贷款，同时因政策上不支持，潜藏着很大的合规风险，银行必须高度审慎操作，避免盲目竞争带来的严重后果。

6. 审慎介入新业务、新领域

对于集团中有些子公司涉及的新业务、新领域，特别是银行目前不太熟悉、尚无经验、难以把握的领域，要注意营销策略，不可盲目介入。有些可以在充分研究并确定营销思路安排后提出信贷申请，或组织进行充分调研论证，经过专题研究学习，在确信能够管理把握后再制订切实可行的授信方案，才能更有利于控制授信风险。

7. 加强跨境集团客户的境内外分行联动

根据银行与跨国企业集团的业务合作模式，以及对其授信风险的程度，银行需加强对跨国企业集团授信的境内外联动。对于集团的境外子公司，如银行海外分支机构与其开展业务合作时，要加强与本行境内分行的联动，境外分行需注意营销策略，重点加强客户选择及贷后管理工作。同时，要执行全行统一的行业产业政策，不能将境内不让干的业务转移到海外。在确保第一还款来源充足有效的前提下，积极争取境内集团母公司对其境外子公司的支持力度，如提供不可撤销的连带责任担保、对境外子公司经营不善的补偿机制等。落实资金监管措施，制订合理、风险可控的授信方案。

（二）把握民营企业特征，增强信用风险识别、监测与管控的有效性

1. 民营企业的范围很难清晰地界定

我国现行法律条文中没有关于民营企业的定义，既有的政策性文件中也无对民营企业的界定。从我国经济发展的总体进程看，民营企业最初是作为与国营企业相对应的企业形态而出现的。随着改革的不断深入，尤其是所有权和经营权分离这种改革模式的确立，国营企业逐渐被国有企业所取代，但民营企业这个概念却成为一种约定俗成的叫法。从广义上看，民营只与国有独资企业相对，而与任何非国有独资企业是相容的，包括国有持股和控股企业。可以说，非国有独资企业均为民营企业。从狭义的角度来看，“民营企业”仅指私营企业和以私营企业为主体的联营企业。

目前，学界对民营企业概念的界定并无统一认识，有的依据企业的所有制性质，有的依据企业的经营模式，有的依据企业的资本构成，有的依据企业的产权关系，不一而足。一种看法是民营企业是民间私人投

资、民间私人经营、民间私人享受投资收益、民间私人承担经营风险的法人经济实体。另一种看法是指相对国营而言的企业，并按照其实行的所有制形式不同，可分为国有民营和私有民营两种类型。实行国有民营的企业的产权归国家所有，租赁者按市场经济的要求自筹资金、自主经营、自负盈亏、自担风险。私有民营是指个体企业和私营企业。还有一种观点认为，应该以企业的资本来源和构成来定义。企业的资本以民间资产(包括资金、动产和不动产）作为投资主体，即可称之为"民营企业"。

《公司法》是按照企业的资本组织形式来划分企业类型的，主要有：国有独资、国有控股、有限责任公司、股份有限公司，此外还有合伙企业和个人独资企业等企业形式。从资本的形式属性和对企业有实际控制权的资本的属性角度而言，除国有独资、国有控股公司外的企业，均属民营企业。

此外，还有民营企业集团的概念。民营企业集团是民营企业发展到一定阶段的产物。根据国家工商行政管理局《企业集团登记管理暂行规定》的相关规定，企业集团是指以资本为主要联结纽带的母子公司为主体，以集团章程为共同行为规范的母公司、子公司、参股公司及其他成员企业或机构共同组成的，具有一定规模的企业法人联合体。企业集团不具有企业法人资格。企业集团由母公司、子公司、参股公司以及其他成员单位组建而成。事业单位法人、社会团体法人也可以成为企业集团成员。母公司应当是依法登记注册，取得企业法人资格的控股企业。子公司应当是母公司对其拥有全部股权或者控股权的企业法人。企业集团的其他成员应当是母公司对其参股或者与母子公司形成生产经营、协作联系的其他企业法人、事业单位法人或者社会团体法人。企业集团应当具备下列条件：企业集团的母公司注册资本在 5 000 万元人民币以上，并至少拥有 5 家子公司；母公司和其子公司的注册资本总和在 1 亿元人民币以上；集团成员单位均具有法人资格。由此可见，典型的企业集团是股份公司形式高度发达的产物，其本身表明了母公司与众多子公司之间的一种特殊联系，在这种联系中，母公司是集团内核心企业的主要形式，子公司是集团内从属企业的主要形式。

根据中国银行业监督管理委员会颁布的《商业银行集团客户授信业务风险管理指引》第三条的规定，集团性客户是指具有以下特征之一的企事业法人：在股权或者经营决策上直接或间接控制其他企业或被其他企事业法人所控制；共同被第三方企事业法人所控制；主要投资者个人、关键管理人员或与其关系密切的家庭成员（包括三代以内直系亲属关系和二代以内旁系亲属关系）共同直接控制或间接控制；存在其他关联关系，可能不按公允价格原则转移资产和利润的，商业银行认为应视同集团性客户进行管理的。

2. 民营企业集团的风险特征

从风险经营的角度来分析，当前民营企业集团的主要风险特征包括：

（1）民营企业集团组织的隐蔽性和复杂性

一方面，民营企业的股权结构与实际控制人相分离的情形大量存在，难以判断民营企业的实际控制人。另一方面，如前所述，《企业集团登记管理暂行规定》虽然对企业集团的登记作了初步规定，但并没有强制要求企业集团披露成员关系。实践中，由于集团内部关联复杂，商业银行对民营企业集团的成员关系判断很难做到完整、准确。具体表现如下：

“影子”公司。出于种种原因，公司的实际出资人与公司登记股东不一致。登记股东相当于实际出资人的“影子”。这种公司在“身子”与“影子”因为情势变更不再默契的时候，往往会出现外部责任承担和内部利益分配方面的纠纷和法律风险。

不规范的“联营企业”。民营企业解决资金需求的一个常见办法就是拉朋友或其他公司合作联营，但是他人因不了解或不放心民营企业的前景，不愿意承担经营风险，于是公司老板就许诺对方，只要投资做公司股东，可以按照固定比例收取收益，不参与经营，也不承担公司经营风险和其他债务，这在法律上会被定性“名为联营实为借贷”关系。因为我国法律不允许企业之间的借贷，届时将导致行为无效的后果。而同时，当公司出现双方意料之外的亏损或赢利的时候，为亏损的承担和利润的享受，往往产生纠纷。

貌似无关的关联企业。企业之间的关联性如体现为股权结构的关联可通过工商登记等方式进行查明，但实践中大量存在非基于股权关系进行关联的关联企业，如通过企业法定代表人或实际控制人之间的亲缘关系加以联结。在这种情况下企业的关联关系难以查明，企业资产与实际控制人的个人资产法律关系复杂，加上各种隐蔽间接的关联关系，某一成员企业获得贷款后可能会将这些资金在整个集团内部进行调配，从而造成名义借款人与实际借款人混淆不清的情况，集团内部的成员企业也比较容易利用关联交易、资产重组等手段在关联方之间转移资产或利润，使得银行不易掌握企业真实的资产情况和整体经营情况。

（2）民营企业集团经营上的多元性

表现在一方面，民营企业的市场竞争力普遍不强，往往通过抓住市场短缺机会起步，投机性强，重资本运作，轻实体经营，对市场变化往往准备不足。但另一方面，民营企业发展到一定阶段，尤其是集团化之后，普遍扩张欲望强烈，容易犯下盲目投资或背离主业投资的错误，如为了追求规模效应而过度举债，全方位发展，涉足不熟悉的行业使得企业战线拉长，一旦出现市场风险甚至拖累原有主营业务。

（3）一些民营企业集团在财务上存在不透明和虚假性问题

财务制度不健全，运行不规范

一些民营企业财务制度不健全，运作不规范，造成银行与企业之间信息不对称，使银行难以控制信贷风险。目前，有相当部分民营企业由于客观和人为因素没有建立起完整的财务制度，会计核算不健全，财务不透明，缺乏足够的经财务审计部门承认的财务报表和良好连续的经营业绩，银行对其存在信息不对称。银行对这些企业的财务状况、经营业绩及发展前景等情况难以了解，故不敢轻易提供信贷支持。

占用、挪用资金严重

民营企业集团财务管理通常是分头融资，统一调度。集团性客户经营规模庞大，内部会计核算体系和法人治理结构不够健全。信贷资金在集团内不同法人主体之间随意流动，多头套取银行贷款。集团性企业尤其是民营家族式管理的企业，往往是一个人说了算，随意划拨资产，哪个行业火爆就赶哪个行业。

关联企业间资金抽调行为十分普遍，这是由此类企业追求融资规模和资金收益最大化的本质所决定的。这一情况使得银行难以控制其贷款资金的最终用途，从而难以控制贷款风险。

报表失真

一些民营企业集团在编制财务报表时，往往根据需要随意调节合并报表的关键数据，报表真实性较差。制作合并报表时有不剔除集团关联企业之间的投资、应收应付款项的情况，夸大了授信主体的资产、销售收入和利润。财务报告特别会有意无意地对成员单位之间的关联交易、相互担保情况进行遮盖，通过关联交易粉饰借款人财务报表，更有甚者向商业银行提供虚假报表。

现阶段，我国的会计报表审计虽然有抄送多个部门的要求，但这些部门本身对企业报表并不进行相互核对，不少民营企业正是钻这个空子，根据自身需要给银行、税务部门、工商部门、海关等单位提供不一样的财务数据。

(4) 经营管理上缺乏依法合规理念

很多民营企业家还抱着过去那种注重与政府官员关系、不注重合法合规经营的观念，给自己的企业埋下各种合规风险的隐患。主要包括：（1）工商行政管理：企业登记、企业经营、企业解散过程中，必须依法遵章行事，否则就产生法律风险，招致行政处罚等不同法律后果。比如虚假出资、抽逃出资等。（2）税务管理：作为纳税人，必须依法纳税。（3）安全生产管理。（4）企业的产品质量监督管理。（5）环保问题可能导致的索赔、处罚。

（5）民营企业集团与民间融资关系密切

民营企业与民间金融的关系密切体现为资金融入和资金融出两种形式。在资金融入方面，部分资金紧张的民营企业在正规融资渠道无法满足需求的情况下，往往寻求民间融资，而在实际操作中，如何认定是民间融资还是非法融资（如非法吸收公众存款罪等）有相当的弹性，民营企业家稍有不慎就可能涉嫌犯罪。另一方面，部分资金宽裕的民营企业在没有更好投资渠道的情况下，存在将资金以高息拆借方式融给其他企业甚至从事非法的高利贷行为。不论是资金融入还是资金融出都具有相当的隐蔽性，资产负债表中均不能反映出真实的资产负债情况。

3. 民营企业集团授信主要问题

从银行风险管理的实践上来看，民营企业集团授信管理主要存在以下突出问题：

（1）多头授信风险

民营企业集团客户具有股权结构和组织结构复杂、业务多元化和跨地区经营等特点，容易形成银企之间的信息严重不对称，使得民营企业集团能够在一家银行的多家分支机构，或者在多家银行融资，由此造成银行对客户的多头授信，不合理分配授信额度。形成该风险的主要原因有：一是商业银行对民营企业集团的成员关系判断难度较大，内部经济链条长，资金往来频繁，各行只能依据自身对民营企业集团掌握的情况对其授信。二是个别民营企业集团成员企业通过隐蔽关联关系，选择有利于资金运作的授信主体并在多家银行机构获取授信。在获取贷款后，通过资金在整个集团内部的调控转移利润，以预付账款、应收账款、存货等方式转移资金，导致银行资金被挪用，借款人与用款人不符。三是民营企业集团授信业务出现风险往往涉及贷款银行多、授信额度大，涉及客户企业范围广、连带影响大，借款人支付危机触发突然、连锁反应强烈，银行监控和风险预警比较困难等。

（2）过度授信风险

民营企业集团在经营过程中，易出现主业不明、扩张过度等情况，特别是对“小、杂、乱”的企业集团和公司治理结构不健全、缺乏有效的内控机制、管理不透明、银行难以监控的家族式集团的授信业务，过度授信风险较大。形成该风险的主要原因有：一是有些民营企业集团在战略规划上，缺乏长期有效的经营目标，通过过度举债追求规模效应，盲目投资、盲目扩张，涉足不熟悉的行业甚至影响主营业务的发展，其仓促的增长方式使集团不具有核心竞争力，甚至失去了原有的竞争优势和市场份额。商业银行在授信调查中，容易被民营集团投资新项目的预期收益所迷惑，忽略了伴随高收益产生的高风险。二是不少民营企业集团财务报表真实性较差，合并报表往往不剔除集团关联企业之间的投资、应收应付款项等，夸大了授信主体的资产、销售收入和利润。同时，基层机构的客户营销压力和业绩考核压力，也导致了对民营集团的贷前调研无法确保完整调查和真实反映，而客户的财务数据是商业银行作出授信决策的重要依据，上述因素最终反映为商业银行授信过度。三是信贷集中是政策的周期性与长期一致性抉择的结果，民营企业集团在成长的过程中，逐步建立起与商业银行互为依赖的关系，银行议价能力较强；大部分民营企业集团作为当地重要的经济实体，在资源配置和政策导向上会得到地方政府的扶持。多家银行资金追逐少数优质民营企业集团，在商业银行创新能力不足、业务雷同的情况下，对客户的竞争主要集中在授信额度和授信条件等低水平的竞争上。由于过分看重眼前的短期利益，商业银行易出现“垒大户”的集中性风险。在形成贷款集中的同时，也造成风险的积聚。

(3) 民营企业集团互保严重

民营企业集团客户对外担保或与关联企业互保形成的风险隐患较大，易诱发债务危机。形成该风险的主要原因有：一是有些民营企业集团成员单位之间的关联关系比较隐蔽，企业之间貌似具有独立性，实际上互保企业之间存在千丝万缕的联系，无法切实履行担保责任。二是民营企业集团的母公司和成员企业之间互为担保、连环担保，由于授信主体并没有实际独立，导致贷款风险通过担保链条在集团内客户之间传递，集团经营的风险更加集中。关联企业的互保无法提供更多的有效资产，缺乏相应的代偿能力。

(4) 民营集团贷后管理难度大

表现在一是信贷资金流向难以监控。民营企业集团普遍面临融资成本高、融资渠道少的局面。为解决企业集团发展问题，一些民营企业集团常常通过建立庞杂的层级控制链条，在母公司与子公司之间进行资金划拨。集团内部的资金借贷频繁，形成复杂的债务债权关系。一旦出现大股东恶意占用资金，会导致集团内部资金链紧张或者恶化。二是一些民营集团的经营管理真实情况难以知晓。部分民营集团通常利用关联交易粉饰会计报表，人为增加主营业务收入和利润；对存货采用不同的计价方法或将已发生费用列于虚拟资产科目，对公司的盈利状况、资产状况进行调整。因此，民营集团普遍存在财务报表失真的情况。三是正规融资与民间融资交叉运作。民营集团客户在信贷资源紧张的情况下，正规融资渠道无法满足企业资金需求，导致一些民营集团转向民间融资，与企业、个人之间的拆借频繁。民间融资的隐秘性和分散性强，参与主体多元化，游离于监控体系外。同时，这些民营集团的民间融资不在财务报表中反映，引发的风险进一步积聚。

4. 提高民营企业集团风险防控的要点

识别民营集团整体风险并实行有效监控，防止套取信用、过度授信，是银行业当前面临的急迫任务。

(1) 提高对民营企业集团及其关联企业的识别能力

民营集团成员单位间隐性关联难以识别，受信息不对称影响，银行对具有隐性关联的企业无法及时识别，导致潜在风险逐步积聚和蔓延。商业银行应采取多种手段，提高对民营集团的识别能力。一是利用自身的影响和行业组织的协调作用，积极谋求监管机构和政府相关部门支持。银行监管部门应要求银行同业对企业关联调查提供互通的渠道和服务，共享企业关联信息。二是加强银行同外部有关部门的信息沟通合作，银行同业、政府机构和社会中介机构应共同推进相关网络和渠道建设，提高整个金融系统对隐性关联企业贷款风险的识别和控制能力，努力营造更好的金融生态环境和信息环境。三是相关法规应添加以防范关联企业贷款风险为宗旨的对商业银行的保护条款，对关联企业集团及其控制人进行法律约束，要求其进行必要的信息披露和对关联企业的关联风险承担连带清偿责任。四是贷前环节应尽职了解企业的背景关系，包括集团构成、内部往来、经营与财务、大额资金流向、资产或利润转移等方面情况，对第三方提供抵质押、保证等情况要给予特别关注。五是采取必要的保障性控制措施。比如，在贷款合同附加条款中增加企业信息披露责任和义务方面的内容，要求企业对新设、合并、收购企业，参股控股企业等行为和结果及时告知贷款银行。企业如刻意隐瞒事实，银行有权采取保障债权行动。

(2) 重视民营企业集团关系树的建立和完善

一是高度重视民营集团关系树的建立，认真核实客户实际控股股东、法人代表以及成员企业之间的关联关系。对于确实属于应实施集团统一授信的客户不再按照单一客户进行额度授信。二是针对跨区域经营的大型民营集团，由于受地域限制，商业银行的地区机构很难对辖区以外的集团成员单位和关联企业进行调研和控制。管户行之间应主动沟通，及时申请上报上级管辖行对客户进行统一授信管理，以避免多头授信、过度授信。三是对于大型民营集团，尽量采取银团贷款方式规避风险，有效控制总体授信规模。四是及时更新完善民营集团关系树。借助现有系统和监管机构数据，整合信息，准确识别客户关联关系。加强各机构之间，与外部监管部门、其他银行的交流，对民营集团的风险信息形成定期共享机制。

(3) 强化额度授信对民营企业集团的风险控制

一是加强对民营企业集团授信业务背景真实性的调查研究，在对其财务状况进行分析的同时，应注重对企业的实地调研、抽查原始凭证、核实抵质押物、政府评价、工商税务信息和外界报导等。贷前调研还应核实企业的水电费账单、银行对账单、纳税凭证、购销合同、资产权属证明等相关材料，全面摸清企业有效资产和真实现金流情况。二是客观分析民营企业集团申请授信的原因和实际需要的授信额度，重点从客户的行业特点、生产规模、业务周期、现金流状况、还款能力等方面，判断合理的授信额度，确定授信条件，确保从源头上规避授信风险。三是对已分配授信限额的成员单位的额度授信业务，逐个申报、分别审批，根据客户信用风险和偿债能力的实际进行决策。四是利用授信限额工具控制过度授信风险。根据民营集团合并报表的净资产和集团系统评级测算风险限额，在集团风险限额内确定对整个民营集团的授信限额。同时，考虑集团内各成员企业资信状况，通过向各成员企业分配授信限额，约束各成员企业的授信量。

（4）重视民营企业集团管理层的考察与评价

民营企业集团的经营管理通常为家族式的控制和传承，企业的经营发展、还款意愿、远期规划在很大程度上与管理层的个人素质密切相关。一是充分利用人民银行征信系统，了解集团实际控制人和重要管理人员的信用记录，判断其还款意愿和还款能力；二是对民营企业集团管理层重要人员的履历进行详细摸底，通过实际面谈和相关人员了解，判断集团实际控制人的经营管理能力、行为模式、用人理念以及对集团业务的发展规划。三是通过了解民营企业集团管理人员，优先选择管理层具有合规的经营理念、端正的管理理念、科学的用人理念、规范的发展理念的民营企业集团。

（5）实施约束性条款，严格对民营企业集团的授信

一是严禁向存在主业不明、扩张过度等情况，特别是“小、杂、乱”的小企业集团和公司治理结构不健全、缺乏有效的内控机制、管理不透明、银行难以监控的家族式集团新增授信。二是严禁向近三年存在不良信用记录、违法违规行为、外部监管部门明确要求退出的民营企业集团新增授信。三是严禁向法人代表或高级管理层人员素质不高、有不良行为记录或重大违法违规行为的家族式集团中企业新增授信。四是严禁向或有负债过高，民间融资较多且融资结构较复杂的民营集团新增授信。

（6）注重民营企业集团的偿债能力，关注担保互保风险

一是对民营企业集团的大额对外担保情况、集团内部互保等情况进行认真调查分析，尤其对高风险行业客户的抵质押物应合理确定抵押率，并适时监控抵押物价值变化，在不满足抵押率要求时及时追加抵质押物。二是建立商业银行信贷经营部门对关联交易风险持续管理的机

制，在授信过程中持续披露和控制重大关联交易风险；提高对关联交易风险的识别和分析能力，在评价分析客户信用风险和制订成员企业单一客户额度授信方案时，充分考虑和揭示可能存在的关联交易及其公允性，还原企业真实的还款能力。三是严格控制民营企业集团内部关联企业互保，或以相关行业、上下游产业链客户信用担保的情况，及时增加土地、房产等抵押措施，并附加落实主要股东的连带责任担保。四是通过在合同中增加限制性条款等手段，约束民营企业集团内的非公允关联交易。

（7）强化贷后管理，加强对资金流向的监测

一是根据民营企业集团的实力和行业特点，提供不同的信贷产品组合，尤其应考虑宏观政策影响、产品周期、货物销售和资金回笼渠道等因素，确定信贷产品的期限结构和风险承受能力。二是认真分析国家宏观政策对从事海外业务民营集团的影响，分析大宗商品合约价格变动、汇率变动对客户财务状况的影响。三是定期排查存量民营企业集团客户风险，密切关注客户上下游单位的生产经营状况和发展战略，特别要关注贷款资金与实际用途是否相符。四是警惕市场环境出现的不利变化，防范系统性风险，尤其要注意防范资金链断裂的风险。五是结合银监会预警信息、负面媒体信息等信息渠道，进一步实现对民营企业集团的重点监控和精细化管理。

（8）加强业务创新，提高风险防控能力

一是针对民营企业集团客户需求提供定制式服务。如可以通过开发应收账款质押、保理、供应链融资、联保贷款、法定代表人担保等业务解决押品不足和销售市场不稳定的问题，降低企业的信用风险和市场风险。开发账户透支、单位卡透支、额度贷款循环支用等业务简化融资手续，满足企业对资金的时效性需求。二是合理运用产品组合管理，根据民营企业集团的实力和经营特点，提供满足客户需求的授信产品和组

合。根据客户的经营贸易周期、货物销售和现金回笼渠道等情况，将开立信用证与打包贷款、出口押汇、票据贴现、应收账款转让等贸易融资授信等进行组合，对适合质押监管的进口货物采取仓单质押或货物质押方式。

通过业务创新提高风险防控能力，一方面从根本上保障了还款来源，提高了风险防控能力，满足了客户需求；另一方面提升了商业银行的整体竞争力，避免了低层次的过度授信竞争。

（三）拓展小企业信贷市场必须依托全新风险理念和技术

小企业一直是我国经济发展的重要力量。目前，我国小企业数量约占全部企业数量的 97%，贡献了接近 60% 的 GDP 和一半以上的财政税收，并且提供了 75% 以上的城镇就业机会。全球金融危机后，为加快经济发展转型和经济结构调整，国家出台了一系列支持小企业发展的政策和措施，这也为小企业的发展提供了更加广阔的空间。因此，从社会经济发展的角度看，小企业在我国社会经济发展和维护社会稳定等方面都扮演了重要的角色，发展小企业是国家的重要战略。从银行自身的角度看，发展小企业业务是大银行保持可持续发展的现实选择。受传统外部经济特点和业务发展模式的影响，大中型企业一直是我国大银行的服务重点，盈利来源也主要依靠对大中型企业的信贷收入。但随着“金融脱媒”和利率市场化进程的加快，大中型企业的直接融资增加，信贷需求减少，利差空间收窄，大银行的传统业务发展模式和盈利模式正日益受到挑战。而小企业的快速发展，为大银行拓展业务领域和保持盈利来源提供了巨大的市场空间和历史机遇。不妨来看一下国外的一些情况。2011 年底，美国富国银行小企业贷款占全部贷款余额的 11.7%，中间业务收入占比 14.44%；摩根大通、美国银行、花旗银行、富国银行四大行的总资产占美国 7000 多家银行总资产的 45%，其小企业贷款余额占全美银行的 37%。西班牙桑坦德银行的小企业贷款占全部贷款的 24%，利息收入占比 33%，手续费占比 41%。这充分说明，无论是发达国家还是发展中国家，小企业业务都已经成为大银行的重要业务支撑。此外，在服务小企业方面，大银行具有一定的自身优势。一是风险管控优势，特别是在市场细分、客户选择、客户评级、贷后管理等方面具有一定的技术优势和实践经验，能够更有效地管控小企业业务风险。二是渠道优势，大银行众多的网点可以更加深入贴近小企业客户，更加有效地满足小企业金融需求，同时大银行可以充分利用网络、电话等渠道，方便快捷地为客户提供金融服务。三是人才优势，通过集中专业人才，强化金融与产品创新，为小企业客户提供全面、专业的金融服务。

从上述几点可以看出，发展小企业业务对大银行具有重要的战略意义，这不仅是大银行自觉承担社会责任、推动国家经济转型的客观要求，更是适应经济转型、实现可持续发展的必然选择。

虽然小企业信贷已经成为商业银行的重要战略业务，但对小企业风险收益平衡的把握，一直是大型银行经营管理的难点。根据多年的观察，我认为解决问题的出路是尽快构建针对小企业客户的专门信用评级体系，通过模型把握小企业风险特征，依托批量经营理念平衡风险收益。

信用评级是准确识别和计量小企业客户风险的一项重要技术。先进的信用评级体系可以通过科学的模型设计和充分挖掘客户信息，合理减少银行与小企业客户之间的信息不对称现象，对准确识别和量化小企业信用风险、保障信贷资产安全意义重大。

小企业的风险特征与大中型企业不同，特别是财务报表不规范，财务数据缺乏且相对可信度较低，对小企业的信用评级不能过分依赖于其财务报表信息，而应注重对其行为的评价。

对小企业信用评级模型，可以基于国内银行现有的样本数据状况，通过国际银行业通用的LOGISTIC回归方法选择对客户违约有区分能力的财务指标，鉴于账户行为（存款和贷款行为）可以在一定程度上反映小企业客户的信用状况，小企业评级模型还必须有针对性地增加客户账户行为指标体系，通过LOGISTIC统计分析确定账户行为指标的构成。由于小企业的定量数据可信度相对较低并且相对缺乏，定性指标在小企业评级中显得尤为重要，特别是小企业的经营环境、发展潜力和经营者的素质与资信等。此外，为了准确反映关注上述三类指标以外、难以量化但对小企业有重大影响的事件，评级模型还应涵盖一些特例调整事项，包括信用记录、重大事件和经营情况等方面的指标。

除上述方法外，由于小微企业的风险分散特征更为明显，对小微企业的信用评级还可参照国际银行业的通行做法采用评分卡的策略，包括申请评分和行为评分。具体来说，申请评分主要针对小微企业客户的新申请信贷需求，根据客户的基本信息、还款能力、押品情况、账户结算等信息，通过统计模型进行风险评分，对贷款的风险状况进行评价。基于客户风险评分开发评分政策（即业务规则），确定企业的授信额度、贷款定价、担保方式等方面的策略，为信贷审批决策提供依据。

行为评分是在信贷业务存续期间，通过企业账户表现出来的各种行为特征，对企业的履约行为和履约能力进行评分，通过评分变化捕捉企业贷后风险的变化趋势，判断信贷业务在未来一定时间内变坏的概率。行为评分可以用于贷后监测预警和客户的到期后续贷。在贷后监测预警中，当企业行为评分下降程度超出一定标准后，则进行相应预警，信贷管理人员根据不同预警级别采取针对措施，以提前化解潜在风险。在企业贷款到期后，可根据行为评分，对优质客户进行续贷，在保证信贷业务质量的基础上，大大提高续贷的审批效率。

另外需要说明的是，对小企业的信用评级除了科学的技术方法和银行内部的数据积累外，充分利用外部信息平台最大限度地减少银行与客户之间的信息不对称也是其中的一个关键问题。解决这一问题，还有赖于社会公共信息平台的建设和征信环境的不断改善。近年来，人民银行对企业征信系统的建设力度不断加大，接入机构不断增加，尤其是《征信业管理条例》的出台，使得小企业的征信环境逐步得到改善，为银行业准确进行客户评级提供了强有力的信息支持。但在实际应用中，征信系统也还存在一些亟待改进的问题。如，征信系统的数据信息录入存在一定的滞后性，一些金融机构对客户征信信息的录入和更新不及时，这对准确评价客户信用状况带来了不利影响，甚至在一定程度上误导了对企业的信用判断。再如，企业征信信息和个人征信信息未能实现有效联通，难以获取企业和企业主的全面信息，为综合判断小企业信用带来了一定难度。此外，对小企业的税收、水电费缴纳等其他一些公共信息平台的建设还需要进一步加强，有效实现信息的全面共享。

在当前形势下，科学合理的小企业信用评级体系建设具有重要的现实意义，它不仅是大银行对小企业风险管理模式的一种有益探索，也将有助于大银行充分发挥小企业信贷业务发展的比较优势，进一步提升风险管理水平，极大地促进小企业信贷业务又好又快发展。

首先，要转变传统的经营理念，建立起真正适合小企业业务的经营和管理模式。小企业有自身显著的特征，经营特点和金融需求与大中型企业完全不同，因此大银行做小企业业务必须要改变传统的大中型客户的经营理念和业务模式。一方面，要真正重视小企业业务，从资源配置、机构设置、考核激励、人员配备等方面加大倾斜力度；要真心支持小企业发展，对小企业不能一味追求高收益，要与企业实现共赢。另一方面，要建立适合小企业业务的运作机制、业务流程、配套制度，以专业化推动小企业业务发展，只有这样，对小企业业务才能做到得心应手。

其次，要主动细分客户，构建多层次、差异化、全方位的小企业金融服务模式。综合考虑小企业客户规模、业务特点、金融需求和提供产品的复杂程度、银行的网点和人力资源等进行客户细分，对不同的客户群体设计有针对性的销售渠道、产品配置和业务流程，从而构建起多层次的小企业业务运营体系，使不同的客户群体都获得高效、便捷和满意的服务。这样，既避免了银行的服务不足，使该客户群体得到应有的服务，又控制了服务成本，在提升客户体验的同时，实现银行效益最大化。

第三，要加强产品创新，为小企业提供综合化金融服务。按照“以客户为中心、以市场为导向”的理念，针对不同类别的小企业客户群体、不同的经营特征、不同的金融需求、所处的不同生命周期和不同的风险缓释措施，打造小企业的专属产品体系。要通过顶层设计和总分行联动，为小企业提供更具针对性和多元化的服务，满足小企业多层次、全方位的金融服务需求。充分利用大银行经营门类齐全的优势，整合投行、信托、保险、基金、租赁等跨领域的产品，满足不同阶段小企业的结算、融资及理财需求。

第四，要综合运用多种渠道，构建小企业专业化运营体系。大银行要充分利用网点众多的优势，依托网点渠道，实现小企业的客户营销、产品销售和客户服务，有效扩大客户基础。充分利用电话渠道，通过主动呼出和被动式接听的方式，为小企业客户提供咨询、查询、交易服务、产品销售以及专职全方位金融服务的电话服务，真正将电话银行的服务价值、营销价值、创新价值和渠道价值充分发挥出来。创新电子化金融服务渠道，紧紧把握电子化发展趋势，充分利用互联网等信息技术，打破金融服务的时空界限，在传统服务渠道的基础上，搭建快捷便利的金融服务网络，为小企业提供专业化的、便利的电子商务服务和金融支持服务。

第五，要充分考虑小企业特征，打造小企业专属的业务流程。小企业在资金需求方面具有“短、频、急”的特征，传统的大中型企业的业务流程不能满足小企业客户的需求，需要充分考虑小企业的业务特征，借鉴“流程银行”的理念，开发小企业专门的业务流程。通过小企业业务的流程再造，实现市场规划、客户营销、授信评价、信贷审批、信贷执行、贷后管理等“一站式”服务，实现业务操作的集约化、精细化、标准化，提高业务办理效率，降低操作成本，提升客户满意度。

第六，要采取全新的风险管理理念和技术，构筑主动式的小企业业务风险管控体系。小企业普遍风险较大，风险管理必然更加复杂，必须采取全新的风险理念和技术。由于小企业的风险分散特点，对小企业的风险管理，可以通过评分卡等模型和技术，运用大数定律，在风险与收益之间取得最佳平衡，既将风险控制在合理的容忍度范围内，又实现利润的最大化。在具体操作中，可以依托申请评分，对客户和授信风险进行量化管理，提高审批决策的准确性；依托行为评分，对存量客户建立主动式的风险侦测、自动化的风险预警和差别化的贷后管理体系。注重核心技术的建立和全流程的系统支撑，积极开发客户营销、客户筛选、信贷评价、授信审批、信贷执行、贷后管理以及其他服务支持系统工具，提升风险管控的技术水平，保障小企业业务健康发展。

（四）探寻信用卡风险规律，把握信用卡业务正确发展方向

近年来，中国银行业的信用卡业务快速发展，在为客户提供诸多便利服务的同时，也对银行战略转型提供了重要支持。从管理基础上看，信用卡风险管控能力的不断提升，对业务的快速健康发展形成了有力支撑，但提升信用卡业务的风险经营能力，仍然有很大的空间。

1. 要关注的是国内银行信用卡业务存在“发展陷阱”，必须努力避免信用卡业务“误入歧途”

（1）部分信用卡业务涉及敏感行业、高风险客户群体，易形成系统性风险

通过分析长三角地区钢贸业务风险问题，可以发现部分钢贸企业主为维系资金链条，通过信用卡套现，形成较大风险敞口。对零售客户信贷的数据分析也显示，对职业和收入不稳定、所在行业风险较高的客户群体进行授信，存在较高的违约可能。种种因素表明，部分信用卡透支业务存在于高风险客户群体、敏感行业客户群体中，可能造成大面积集中违约的系统性风险。针对这种情况，银行必须密切关注信用卡存量客户群体风险趋势，及时对敏感行业和收入不确定持卡客户进行排查，进一步做好对违约行为的识别、提前预警，在新的业务拓展中做好客户选择和产品适用性配置，规避系统性风险。

（2）房地产相关消费分期业务的风险值得关注

部分银行已经针对房地产关联的消费（装修等）进行了信用卡业务创新，房地产相关消费分期业务大幅增长，要分析和关注其中存在的风险隐患：一是客户经理贷前调查执行不到位，对装修类客户存在只拍摄房屋照片、缺乏现场装修实景依据；二是分期合作商户存在转包行为，客户与商户之间的真实购销交易或服务行为得不到保证；三是贷后管理不到位，对商户、客户无回访；等等。在相关业务快速增长的情况下，有必要进一步夯实管理基础，建立有针对性的监控机制，并加强逾期账户的风险排查跟踪，做好风险预判工作。

（3）关注专项分期业务的法律风险

信用卡贷款业务相对于银行普通个贷业务有明显的优势在于，若客户恶意透支，发卡人可以报案，借助刑事诉讼震慑违约者，减少违约

行为，这也是信用卡业务发展的一个有利条件。目前银行业信用卡专项分期业务发展很快，但专项分期业务在后端是否能够获得相同的法律支持，在法学界仍然存在很大的争议，司法实践也存在很大的不确定性。若当前法律环境不支持，需要进一步分析和应对。

（4）关注信用卡套现风险

最近一些年，信用卡非法套现呈现出案件多发、形式多样、持续增长等特征，形式大致可以分为三类：一是持卡人与相应中介以虚构交易的方式进行套现；二是持卡人与具有合法经营资格的商户以虚构交易的方式进行套现；三是持卡人通过在具有合法经营资格的商户购得商品或者卡券等物品，然后转手倒卖获取现金。对此，要注重源头防范，防止因对 POS 机发放和使用监管不严而衍生相关犯罪，同时还要注重技术防范，加强对 POS 机消费结算环节的实时监控和后台管理。

2. 正确把控信用卡业务的发展方向，以便少走弯路

虽然西方信用卡业务经营模式比较成熟，但这次金融危机也给信用卡经营带来很多教训，业界已有许多总结和反思，国内银行业有必要充分借鉴这些经验教训，正确把控信用卡业务的发展方向，以便少走弯路。

（1）研究信用卡风险规律

国内银行可以分析总结目前国际信用卡行业的风险特征，分析国内是否也存在或者将来也可能发生、出现这些风险现象。比如伪卡欺诈风险，是国际上先出现的，经过一段时间后，风险才传播到国内来。如果能够提前研判和掌握行业的风险特征，就能从策略、系统、流程等方面加强防范，从容应对。

（2）深刻理解信用卡业务发展的经济基础

信用卡必须和消费紧密结合在一起，不能将信用卡作为公司客户的融资工具。信用卡业务发展的前景、潜力，取决于对消费行为特征的

把握和变化趋势的把握。准确把握不同群体、不同区域的消费特征及其变化趋势，就能明确未来市场营销的方向和风险管理的重点。

(3) 通过数据分析加强管理

国外有很多信用卡公司都是起源于数据分析公司，说明数据分析是至关重要的，是信用卡发展的基石。通过数据分析，了解市场、消费和消费行为特征、消费发展趋势，才能把握信用卡未来发展的方向。

(4) 优化客户结构

国外成熟信用卡市场既考虑市场份额，更关心客户结构。如果客户无法带给银行相应的回报，大量的无价值客户将挤占银行资源，包括系统资源、服务资源、信贷与资本资源等，导致真正创造价值的客户得不到较好的服务，长此以往优质客户将逐渐流失。国内银行应进一步调整发卡激励挂钩指标，将与新增客户数挂钩，调整为与新增活动客户数挂钩，在扩大业务规模的同时，更加注重客户质量，获取真正能为银行带来效益的客户。下阶段，信用卡业务要进一步考虑如何从效益出发，更好地选择目标客户，并降低成本，提高资源利用率；要逐步将客户结构调整纳入管理的重点，做大优质客户群体、主动退出坏客户；要分析贷款结构，比如多少是生息贷款、多少是只使用免息期的不生息贷款，将资金成本、监管成本等都考虑进来。

(5) 正确把握产品研发与市场营销的关系

好的信用卡产品设计，能够吸引好的客户群体，在做大市场的同时，获得更大的收益。同时，要在精确计算收入的前提下，对成本投入和费用配置进行合理、通盘的考虑，真正实现以效益最大化为驱动的经营管理。

(6) 研究基于风险定价的业务盈利模式

从国外成熟市场看，信用卡利率水平是浮动的，业务收入比较高，对风险的覆盖能力很强，因此风险容忍度也较高。成熟市场发卡机构的盈利模式，一般是根据目标客户群体的不同细分，进行合理的风险定价，使预期收入覆盖预期损失，以达到期望的利润水平。比如，美国银行的风险定价包括固定利率定价和区间利率定价。对于高风险或低风险客户，采取固定利率定价，对于中等风险客户，采取5个区间利率定价。差异化的风险定价充分反映客户与银行的关系，客户支付的价格与其风险水平、获取的服务一致，也与其为发卡机构带来的价值一致。目前，我国信用卡市场实行日利率万分之五的固定利率。根据人民银行1999年颁布的《银行卡业务管理办法》，"贷记卡透支按月记收复利，透支利率为日利率万分之五，并根据中国人民银行的此项利率调整而调整"，但截至目前尚未调整。为促进消费金融发展、提升信用卡业务盈利能力，银行可一方面积极推动监管机构出台信用卡区间利率政策，扩大信用卡业务的盈利空间；另一方面尽快研究基于风险定价的信用卡盈利模式，并通过应用评分卡等风险计量工具，提升风险定价能力。

（7）研究信用卡业务的特殊风险监测指标

由于信用卡业务的特殊性，不能简单套用公司信贷业务的风险监测与考核指标。比如，有数据统计，国内信用卡非不良逾期贷款（逾期1—90天）在3个月内的电话催收回收率超过97%；进入不良后（逾期90天以上），通过司法、委外、上门等方式催收，在6个月内催收回收率超过50%，总体回收率可达到99%以上。而公司客户则不同，一旦贷款逾期，客户层面的问题往往比较严重，要注意这种差异性。

（8）把控好信用卡业务风险管理的关键风险点，即客户筛选、反欺诈和运营

首先是客户筛选。信用卡建立在信用的基础上，信用的基础是客户。信用卡要发展，就要把客户筛选能力解决好。其次是反欺诈。信用卡业务面临的最大威胁是欺诈性风险，业务要实现长期可持续发展，反欺诈能力建设是一个关键因素。信用风险表现为意愿性违约和非意愿性

违约，其中的意愿性违约其实就属于欺诈。一旦出现欺诈，其损失与非意愿性违约相比要大得多。第三是信用卡运营的安全与效率。运营管理与客户筛选、反欺诈，构成了信用卡风险管理的三大支柱，这三大支柱如果少一个，信用卡业务不可能做到健康可持续发展。

应该指出的是，信用卡业务具有户数多、金额小的特点，通过系统计量工具的应用，可实现批量化、智能化、自动化和精细化作业，有效节约运营成本，提升管理有效性。虽然国内银行业在信用卡业务领域投入应用了一些计量工具，但与国外领先同业比较，工具应用覆盖面相对较小，应用程度不高。从国外看，美国银行建立了基于量化分析模型的信用卡产品生命周期管理机制，在客户选择、客户获取、价值分析、审批、关系维系、价值再挖掘、客户退出等方面形成了丰富的、精细化的分析和管理策略体系。从国内看，已有银行借鉴国外成熟银行的信用卡管理体系，全面转移相关技术，培养业务骨干，管理精细化程度也得到大幅提升。因此，国内银行可进一步加大对信用卡业务生命周期各个阶段管理及计量工具的研发与应用，起到事半功倍的效果。

（五）创新消费信贷服务，助推经济增长方式转型①

中国经济正处于增长方式转型的关键时刻，拓展个人信贷服务拉动居民消费需求，将对加快经济转型产生积极作用。通过刺激居民消费拉动有效内需，可以说是“老生常谈”。中国是典型高储蓄率国家，长期以来主要依靠投资和出口带动经济增长，如何让消费这驾“马车”跑起来，一直是政府、实业界、学者们关心的老话题。另一方面，在当前

① 2009年，我就创新个人信贷服务方式、加快拓展消费信贷市场作了专门研究，特别是就发挥计量工具的作用与业界进行了深入讨论，相关观点形成专题文稿，并已摘要刊发于若干外部媒体，但未收入本人已经出版的任何文集。

世界经济景气下行、出口受挫的情况下，充分发挥“消费”对于经济增长的带动作用，显得尤为紧迫。

消费增长取决于居民可支配收入、收入结构、居民对未来收入的心理预期、传统习惯、社保机制、家庭模式等多个方面。作为银行，能够显著影响消费的一个重要方面是调控个人信贷。个人信贷行为可以理解为，个人通过银行提供的信用渠道，预支自己的未来收入，从而扩大当前消费总量，这直接刺激了当前全体居民消费总量的增长。经验研究表明，个人信贷的增长与居民消费总量增长保持着正相关关系。从这个角度讲，银行拓展个人信贷业务，直接和间接地拉动了内需，支持了经济发展。也有学者认为，个人信贷由于预支未来收入，产生了对未来消费的挤出效应，所以不应提倡。这种观点和批判依靠财政收入扩大投资的观点类似，仅适用于对未来现金流过度占用的情况。换句话说，过度创造个人信贷和过度投资都不利于经济健康，但在内需不足的情况下，适度的促进个人信贷，如同适时采取积极的财政政策一样，对经济形势平稳上行是有利的。

20 世纪八九十年代，个人信贷产品开始进入国内各家商业银行的产品链，此后得到了迅速拓展。这种增长的背后是国民财富的迅速累积，居民在收入逐步增长的情况下，已慢慢习惯通过银行信贷购买商品房和耐用消费品。同时，个人信贷增长，又促进了个人现时消费需求的增长，形成了有效内需增长的一个强劲引擎，从而支持了经济发展。2008 年以来，尽管面临房价波动、全球金融危机冲击，境内个人信贷仍保持较快增势，为稳定居民消费和内需水平发挥了重要作用。

对于商业银行来说，继续加快拓展个人信贷业务，可以说是重要的战略选择。首先，在个人金融领域充分发挥资金融通作用，支持经济发展，是金融企业的基本社会责任。其次，未来很长一段时间里，拥有庞大人口基数和消费者群体的中国市场，将为个人信贷提供广阔发展空间，保证个人信贷业务的竞争力是保证银行整体竞争力的关键。再次，目前个人信贷业务已成为各家银行的重要生息资产，发展个人信贷业务是巩固银行财务表现的重要手段。

目前环境下，银行拓展个人信贷也存在几个不利方面：一是部分居民对未来收入的负面预期，造成了部分市场需求的疲软，并影响了相关领域的个人信贷；二是消费者对资产或耐用消费品价格下行的预期（如房产、汽车），使消费行为受到观望情绪的约束；三是当前银行个人信贷服务尚存在流程标准化、效率、对外宣传等多方面问题，不利于客户及时获取所需信贷；等等。面临当前境况，商业银行可以从几方面入手改善信贷服务：

一是调整政策、流程，优先满足客户对于购买自用房、自用车、耐用消费品的现实需求，以快速、灵活的服务满足客户对于传统信贷业务的便捷、适用等要求，巩固传统业务领域。

二是分析客户信贷需求结构，打破现有产品体系格局，创新提供需求导向、客户导向的个人信贷产品。由于国内消费需求具有明显的结构性特征，对于大型城市、二三线城市、农村，对于富裕、中产、低收入阶层，乃至各个社会群体都应适时提供差别化、有针对性的信贷服务，例如对农户提供小额助业贷款、对适龄青年提供婚庆贷款等。此举既使银行把握细分市场的机会，又支持了国内多方位、多层次的消费体系发展，从而直接提振内需。

三是拓宽信贷产品的宣传和受理渠道，通过物理网点、网上银行、手机银行、Call Center 传播信贷服务信息和处理信贷申请，增加客户响应，改变过往坐等客户的僵化模式。

四是将个人信贷服务与个人存款、结算、理财等工作相整合，为客户提供一站式服务选择，避免因为信贷、个人银行、理财管理之间的隔阂，浪费宝贵的客户信息和渠道资源，贻误市场机会。

银行业近年来特别强调个贷风险计量工具的开发应用。个人信贷业务的特点是客户覆盖面广、个体差异显著，贷款金额小、笔数多等等，有效的风险经营需要解决几个关键课题：

一是如何在整个银行贯彻一套科学、统一的风险标准体系，从而落实个人信贷业务风险偏好。面对大量、分散、差异化的个贷客户，如果缺乏统一风险标准，那么在不同的区域、不同的渠道，不同的人员可能对风险做出截然不同的判断，出现把握标准不一的问题，乃至偏离银行既定的风险偏好和政策，例如，拒绝“好贷款”或接受了“差贷款”的申请。另外，从客户的角度来看，由于风险标准不一致可能导致客户体验的不一致，这势必会制约市场拓展的广度和深度。

二是如何改进传统的业务流程，既确保对风险的科学识别和管控，又保持流程效率和市场响应能力。在对公信贷领域，银行管理者可以采取专家判断，采取“一户一策”的定制化服务和风险管理模式。但是，个人信贷业务由于金额小、笔数多，这个模式显然是不切实际的。一方面，银行难以在短期内配备足够的专家队伍；另一方面在人力成本上也难以承担的。在商业银行中，专家资源是最昂贵的。同时，人工操作在业务流程效率方面，也难以满足客户的要求。应该说，随着近年来个人信贷业务的快速发展，这些矛盾已经逐渐显现出来。例如由于人员不足，特别是风险管理、信贷审批专家不足，导致贷款出现把关不严、管理粗放的现象等。

三是如何判别和细分客户群体，从而实施更有针对性的个人信贷管理策略。个人金融服务的重要目标之一是对客户差异化需求的满足，与之相适应，个贷风险管理也需实施客户的差别化管理策略。这种差异化管理首先是建立在对客户需求特征的细分和定位上，而面临基数庞大的客户群体，国内银行普遍缺乏这样的细分手段，所以到客户层面的“精细化”管理尚不理想。

针对以上课题，银行必须尽快超越传统风险管控模式，引进和依靠先进的整合化个贷风险管理手段，既严格统一风险标准，又能保持流程的高效率和市场响应速度，同时提高风险管理的精细化、智能化管理水平，从根本上解决制约个人信贷业务进一步发展的瓶颈。

“计量工具”就是这样一种整合个贷风险管理的手段，它可以简单解释为：通过一定的软硬件平台（例如系统、组织、人员），在科学准确评估客户、债项风险的基础上，以一套标准化的流程操作规范，贯彻一系列风险管理规则，从而达成刚才提到的各项管理目标。可以看到，“计量工具”不仅仅是一个量化手段，而是将识别、分析、评估、控制风险融入一体的整合管理手段。

这种整合管理手段与传统的“红头文件”管理比较，体现几个方面的优势：一是“计量工具”是基于一些客观分析、科学规律判断风险是否存在、风险性质和程度如何，这避免了个人主观判断造成的偏差，确保整个银行机构个贷风险偏好的统一；二是“计量工具”具备集中、批量甚至智能化的处理能力，使风险管理效率大为提高，从而保证了市场响应速度；三是“计量工具”对管理对象进行细分，并对应实施差异化管理规则组合，使风险管理的精细化水平大为提升；四是“计量工具”内化于业务流程中，业务人员是不能选择执行还是不执行“计量工具”确定的规则的，因为只要做业务，就必须按照“工具”的规则来进行，形成刚性约束，这保证了执行力；五是“计量工具”具有较强的可延展性、灵活性，在统一工具平台上，风险管理规则可以得到不断开发、变革、扩展，保障了风险管理对市场形势的快速反应。

国内银行近年来加快了以“个贷风险评分卡”为核心的个贷风险计量工具开发应用。个贷风险评分卡，基于这样一个分析过程：运用数理统计和数据挖掘技术，通过对客户的人口特征、信用历史、交易行为等信息进行挖掘、分析和提炼，找到反映客户风险特征和预期信用行为表现的规律，并以此为依据发展出预测模型，以预测贷款申请人或现有借款人违约的可能性，并采用评分的形式来综合评估客户未来的信用表现。在此基础上，通过建立与信用评分相匹配的信用风险管理政策与流程，实现对个贷客户信用风险的标准化、批量化、智能化的管理决策。按应用领域划分，个贷风险评分卡基本可划分为审批环节应用的申请评分卡、贷后环节应用的行为评分卡、催收环节应用的催收评分卡等。

直观地看，这些评分卡的应用显著提升了风险管理效率，保证了业务的快速稳健发展，达成了“保增长，控风险”的高度和谐统一；从其综合影响来看，评分卡也实现了统一风险标准、进行客户细分处理和保证风险管理执行力的重要成效。

以在个人住房贷款申请审批环节引入的申请评分卡为例。基于统计学模型进行客户申请评分，对于评分较高的一部分客户实行系统自动审批通过，对于评分较低的一部分客户进行系统自动拒绝，对于处于中间区域的客户进行人工审批，同时，对处于高分、低分区间但具备某一重要特征的客户，应用挑选政策转由人工审批。在较为审慎的预设政策模式下，房贷申请评分卡可实现至少三成的自动决策，替代大量人工劳动，提升了客户申请处理效率，特别是对优质客户申请的处理缩短至1个工作日内，使风险管理的效率大大提高。同时，房贷申请评分依据客观统计规律对客户实施了自动区分处理，保证了风险政策执行的统一。借助评分审批的统一平台，原来各个分支机构参差不齐的个贷审批流程也得以标准化和优化。申请评分卡在贷记卡领域也可发挥重要作用。由于贷记卡申请量远远大于房贷申请量，而申请评分的自动决策水平在这个领域可以达到五成，所以提升风险管控效率的成果更为显著。

下一步评分卡的运用，除了审批环节外，还将进一步延伸到目标市场选择、营销和定价等前台业务环节，以及客户账户管理、催收、预算、绩效评估、产品线拓展等中后台管理领域——这将推动个人信贷业务整体经营管理水平实现一个质的提升。

除了评分卡工具，国内银行实施了个贷敞口分池 PD、LGD、EAD 计量工作，这项工作本身是实施 Basel 协议工作的一个组成部分，通过计量不同个贷资产组合的违约概率、违约损失率和敞口，确定其对应资本要求。而启动这项工作不仅仅是为了达到新协议要求，而是从另一个角度重新规范个贷风险标尺、建立个贷信用风险的统一视角，实施个贷信用风险组合管理。换句话说，这项工作的成果可以直接为提升个贷组合的风险管理提供支持，例如，分辨哪些组合是银行应该努力拓展的，哪些是要逐步压缩退出的。

现在有一种声音认为，计量工具不能在金融危机中发挥作用，甚至是导致危机的罪魁祸首。例如，很多衍生产品就是依靠模型定价的，造成了对其风险的错误评估。

实际上，造成金融危机的原因，既有宏观体制、实体经济层面的，也有微观企业经营、监管方面的因素，仅就计量工具的应用而言，出了两方面的问题：

一是业界的金融产品创新速度超出了风险计量工具创新的速度。大家常提到金融危机中用到的定价模型，实际上并不是一系列科学的、完备的风险计量工具，很多是产品卖方自己提供的“伪模型”，其测算结果往往是有利于卖方的。而产品买方根本没有相应的风险评估工具，甚至中立机构——评级公司，也缺乏这样的工具，这就造成了风险的不当评估和不当承担。

二是部分机构对于计量工具错误地使用。各类计量工具都有其适用范围，而部分机构盲目在不同市场、不同产品上套用一些计量工具，并未做好充分的验证与返回测试，造成了模型结果与事实存在偏差，而这时盲目信任模型，就造成了错误的业务决策。

以上两点都说明，并不是计量工具应用造成了金融危机，而是计量工具开发的相对落后和对计量工具的错误认识加剧了危机影响。目前，及时弥补计量工具的薄弱环节，加强对计量工具的研究和应用，反而是防范危机的重要手段。

就国内银行来说，对于金融危机中可能发现的计量工具方面的问题，要在各个工具开发前就出台相应的预防措施。例如，严格参照中国市场环境和银行自身经营环境进行计量工具的开发，避免生搬硬套西方银行业经验带来的水土不服；投入大量精力进行原始数据的清洗核查，确保计量模型所依据的数据质量；做好培训，使用户清楚认识计量工具的假设和适用范围，使专家经验和计量工具有机结合；等等。

同时，为了控制计量工具中可能存在的模型风险，启动模型实验室建设，通过建立统一、规范、标准的IT平台，整合风险信息资源、集成风险计量模型类型，简化建模工作流程，逐步实现风险信息统一化、规范化的管理和应用，以及风险计量模型系统化、流程式研发。

人口众多、消费多样化决定了中国是个人金融服务业最具潜力的国家之一。面对这种市场机会，仅仅依靠传统的“人海战术”争规模、抢盘子，也许能够获取一定市场份额，但不利于把握个贷服务的关键利润点和风险点，不能形成长久稳健的核心竞争力。

个贷风险计量工具，借助科学量化手段评价客户风险成本，实际上也为客户细分管理策略提供了重要依据。过去对于一个客户是否是本行的潜在客户，多数银行都缺乏评判。现在通过新工具，可以评估客户的潜在收益、成本、风险、成长性，从而确定其贡献水平，这也就明确了银行的处理策略。同时，从客户需求角度看，哪家银行能够提供切合客户生命周期阶段的个性化服务，就能够抢占市场先机。而这种个性化服务，也以科学计量个性服务风险与收益水平为前提。从这个角度看，个贷风险计量工具是个人金融核心竞争力的重要组件。

服务于个贷业务发展，未来一段时间内，个贷风险计量工具的开发应用将呈现几个趋势：一是个贷风险计量工具的开发应用将覆盖所有个贷产品以及各个产品的各个流程环节；二是计量结果成为各环节信贷决策的基本依据，从而推动风险管理模式将从传统的“事后定性处理”转向“事前定量判断和预控”；三是个贷风险计量工具将为个贷业务拓展的价值判断提供关键支持，从而使个贷业务从粗放扩张转向精细化的目标市场定位、差别化营销与客户差异化风险管理相结合的模式，真正实现个贷业务的战略转型。

对于整个社会来讲，风险计量工具帮助银行挖掘客户的个性化消费信贷需求，实现了对消费的多层次支持，从而使商业银行个人信贷业务更为有效地支持了消费增长，并将为拉动内需提供重要助力，使商业银行信贷服务模式对于社会的积极意义更为明显。

四
技术手段制约着信用风险管理能力

信用风险的识别、计量、分析与应对，都依赖于一系列技术手段。随着 Basel 协议及其代表的风险治理思想引入国内，越来越多的技术工具应用于国内银行的信贷流程中，使银行信用风险管理出现了脱胎换骨的变化。其中，对贷前风险分析工具、限额管理工具、各类风险缓释工具的应用最为普遍，也凸显了这些工具的重要作用。未来，工具的改进和应用，仍将是银行提升信用风险管理水平的关键。

（一）改进客户评级、项目评估和授信方案评价[①]

从信贷受理和准入开始，银行经营人员就需要借助风险分析工具对客户、信贷项目和授信方案进行评估，把好信用风险把控的第一关。为此，国内银行分别建立了对客户的内部评级机制，对固定资产贷款项目和综合授信方案建立了评估评价制度，这些工作方式取得了良好成效，但仍有大量值得改进的地方。

---

① 我在考察信用风险管理技术手段时，着重就客户评级、项目评估、授信方案评价（简称“三评”）工作进行了专门研究，并对借助“三评”提高风险选择、风险安排、风险管控能力等进行了操作方法层面的技术探讨。

1. 强化客户信用评级

客户信用评级是银行信用风险分析和决策的重要工具和载体，是开展风险排序的基本依据。针对评级管理过程中的评级发起、评级审查、评级推翻等环节要加强管理，确保评级的科学性、准确性和客观性。当前要重点关注和解决以下问题：

（1）加强评级过程的管理

一是建立信息收集、录入和复核机制，确保评级输入信息真实可靠；二是规范评级发起管理，禁止以编造、修改客户数据的方式进行“试评级”，评级流程中断再次发起评级要经过审批；三是加强宣传和培训，使评级人员能够正确选择模型，真正理解评级的内涵、标准和要求；四是进一步完善评级推翻管理，把握的基本原则是模型不能反映客户的风险大小时允许推翻，但不能出于营销的目的去推翻评级（人为上调）。

（2）进一步优化客户评级模型

评级模型还有很多值得完善的地方，还有很多改进和提升的空间。一是模型维护优化的空间很大。随着数据不断积累和业务创新加速以及业务结构调整，模型优化不仅有了基础，也有了源源不断的驱动力。二是对内部评级的认识也有待深化。内部评级的目的是什么？评级的目的是为了对客户的违约风险做出判断，依据违约概率对不同客户做出科学的排序。要认识到评级是有局限性的。不能把评级当作无所不能的灵丹妙药。评级是依据历史数据对客户未来违约概率的判断，而且仅仅是未来一年的违约概率，不可能做到中长期的绝对准确预测。信贷经营决策和风险监测等要考虑评级的变化，但不能简单应用，更不能为顺利通过信贷审批而故意推翻、调整系统评级。

（3）明确评级人员职责，提高客户评级的专业性和效率

要重点研究如何合理界定客户经理、信贷经理、风险经理、审批

人的职责，提高评级的专业性和作业效率。总的思路：一是客户经理主要负责收集客户信息（对评级资料的真实性负责），发起评级并在系统中进行定量评价；信贷经理（不具备条件的可由客户经理承担）根据评价标准和信用等级核心定义进行定性评价；二是风险经理负责核实相关客户评价材料的真实性、定量数据录入是否存在缺失或错误，依据核心定义分析判断对客户的定性评价与客户的实际情况是否存在偏离，结合客户的发展变化趋势给出对客户未来的评级展望（如正面、稳定或负面）；三是研究经营主责任人的职责。例如，可考虑取消经营主责任人审核评级、提出建议等级申报发起等职责，由风险经理直接申报贷款审批人做出最终决策判断。

（4）正确理解评级和授信的关系

评级和授信是银行信贷管理的两大重要基石，在新形势下要全面理解二者之间的关系。其一，客户评级的核心价值是风险排序。通过对客户违约概率的判断，支持对客户风险大小的排序。其二，授信的核心价值是根据银行的风险偏好和客户需求，设计合理的风险安排方案，平衡风险与收益的关系。其三，评级是授信的重要参考，但不是唯一依据，评级高低不是决定授信的唯一政策标准。即使是评级不尽理想的客户，在考虑定价、风险缓释、综合收益等内容的情况下，也可以设计出好的授信方案。其四，要关注长期限贷款的风险。对于超过评级有效期限的中长期贷款，应特别关注客户资信状况的发展变化趋势，考虑未来变化对客户经营可持续的影响。其五，客户评级不能用于客户营销，更不能出于营销需要人为上调评级。

2. 深入推进固定资产贷款项目评估

随着中国城镇化进程的深入，基础设施项目、固定资产投资仍方兴未艾。当前要重点研究如何巩固项目评估的传统优势，更好地发挥项目评估在风险选择中的价值和作用。

(1) 强化项目评估风险排序能力

项目评估要从贷款“可行性评估”向更加专业、更加精细的方向发展，逐步做好对项目风险的量化评价判断。可借鉴专业贷款评级的方法，增加对评估项目的风险量化排序和选择功能。在信贷资源紧缺、经济转型和产业结构调整的大背景下，尤其要发挥项目评估对审批决策的支持作用，引导资源配置和项目选择。

(2) 进一步提高评估方法的科学性

充分考虑未来发展变化因素对项目的影响，评估的内容要尽可能符合未来展望，评估的方法要向这个方面靠拢，务求准确反映市场变化、技术进步、管理变动、政策调整等变化因素对项目建设与运营可能带来的影响，在评估报告中要加入趋势变化的相关内容和研判。

(3) 加强项目评估管理

要研究编制行业、项目等方面的评估指引，明确项目评估的基本规范、基本参数和作业要求。项目评估要真正成为信贷决策的依据，而不是简单满足营销、审批的可行性报告。针对项目评估工作分散管理的格局，要积极探索集中统一的管理模式。

3. 完善授信方案风险评价

授信方案是信用风险经营安排的集中体现，客户部门初步提出授信方案后，风险管理部门要给予客观分析评价，提出修改建议，使授信方案更为科学合理。

(1) 要抓住授信方案的风险特点

主要解决两个问题：一是突出授信方案本身的风险特点，抓住风险实质，不能千篇一律，流于形式；二是对方案本身的风险安排是否合理要作出正面回应（如授信金额、期限、品种及其结构的合理性，风险缓释的有效性等），不能模棱两可。要准确把握授信方案的风险特点，然后依据风险特点对授信方案风险安排的合理性做出针对性的评价。

（2）充分体现差异化和专业性

授信方案风险评价是非标准化的，要做到“一户一评价、一方案一评价”，突出风险经理的专业判断和作用。要把握不同客户、不同信贷业务风险评价的基本特点，充分揭示风险，提出有针对性的改善授信方案的具体建议。

（3）延伸产品风险评价

风险评价还要延伸到产品风险评价。除了在产品研发阶段进行风险评价外，在产品审批通过投放市场后，还要进行持续的监测和评价，搜集分析产品存在哪些问题，是否需要进行优化，是否需要退出等。要探索建立覆盖整个产品生命周期的风险评价机制。

（二）借助限额工具有效管控信用风险敞口

当前全球经济衰退呈长期化态势，国内经济结构性矛盾日趋突出，客户经营形势面临的不确定性加剧，有效控制风险敞口具有更加重要意义。

1. 客户风险限额是控制客户信用风险敞口的核心工具

客户风险限额是根据客户的信用评级和可偿债资源，从风险控制角度计量的银行在未来一段时期内（一般为一年）对其授信的最高额度，是在计量客户自身最大偿债能力的基础上，扣除客户在其他金融机构的负债得到的。客户风险限额是从“贷多少是安全可控”的角度设置的，同时可适当考虑客户集中度风险。

客户风险限额作为一项现代化的风险管理工具，是依据客户现有的信用评级、可偿债资源、资产负债水平、现金盈余等情况计量客户在正常经营周转情况下对银行的最高负债边界，为额度授信审批和掌握客户的偿债能力提供了重要依据，提高了额度授信申报的工作质量和效率。要正确理解客户风险限额和额度授信的关系，在确定客户授信额度时，应在客户风险限额的基础上，再充分考虑客户需求、银行风险偏好、客户发展战略、市场竞争、客户综合贡献、期限和风险缓释措施等因素。

2. 客户风险限额模型必须基于经营实际不断完善

客户风险限额模型结果为额度授信申报审批提供了重要的决策参考。但限额模型往往存在一些问题，应在深入调研和研究的基础上认真研究，持续优化客户风险限额模型，满足风险控制和业务发展的需要。

（1）按客户风险限额先计算增量再加上存量贷款的算法，客户风险限额最低值为客户上年末贷款余额，这对于个别存量授信不合理以及部分退出类客户而言，客户风险限额计算结果偏大。优化思路是在客户风险限额模型设计上，由先计算增量再加上存量改为直接计算客户风险限额总量。

（2）对于建筑施工企业等表外业务占比较高的客户，由于投标保函等表外业务未在财务报表中反映，基于客户现有资产负债水平下测算的客户风险限额偏低，授信额度超过风险限额的情况较多。优化思路是在限额模型中考虑存量表外业务。

（3）金融机构风险限额的计算没有充分考虑资本充足率因素。资本充足率作为衡量金融机构抵御外部风险能力的一项关键指标，在金融机构风险限额计算时应考虑。优化思路是在模型中考虑资本充足率因素，如当资本充足率低于容忍度时，限额可直接设置为0。

（4）限额模型中的个别参数没有按行业细化，对影响国计民生的垄断性企业等某些特殊类客户不太适用。优化思路一是根据行业特征和客户类型进行细分，设置差别化参数，如在现金盈余调整方面，考虑不同行业的生命周期差别化设置现金盈余倍数；二是针对一些特殊类型的客户增加调节因子，如少数垄断性客户，由于政策性因素持续亏损，财务状况较差，但政府支持背景较强，限额模型可适当予以调整。

(5) 集团客户类型非常复杂，风险特征各异，要进一步研究集团客户风险限额计算方法，对集团整体风险敞口予以控制，防止集团客户过度授信的情况。

3. 强化限额管理，严格限额执行政策，发挥风险控制实效

银行要在研究优化客户风险限额模型和计算方法的同时，强化对客户风险限额的管理。

一是在客户风险限额模型计量准确的情况下，银行给予客户的授信额度一般不允许突破风险限额，但以下情况除外：①客户新建项目且项目风险可控的；②客户出于发展战略需要并购且并购风险可控的；③客户有除自身偿债能力外其他足额高质量风险缓释措施的；④银行出于发展战略需要愿意承担一定风险的。

二是对于模型测算的个别客户风险限额不能反映真实偿债能力的，应建立客户风险限额审核确认机制。对于一级分行审批权限内的授信，如需推翻模型测算的风险限额须报风险管理部门审核风险限额；对于申报机构自行审批的授信，模型测算风险限额推翻须报上级风险管理部门审核风险限额。

三是对于存量授信余额超过客户风险限额的，应按照不同授信产品制订差别化的压缩退出计划。原则上流动资金贷款到期应收回或压缩到限额之内。

4. 客户风险限额模型计量结果应与专家经验有机结合

客户风险限额模型一般都是根据大数定律法则建立的统计经验，计量结果往往针对大多数客户是合适的，但仍会有少数客户并不符合大

数规律。因此，应允许审批专家结合专业信贷经验考虑出现的特殊情况对模型计量结果进行合理的调整。

一方面，客户风险限额模型为专家提供了客户在正常经营周转情况下的最高负债边界基准，提高了审批专家的决策质量和效率；另一方面审批专家的经验则弥补了客户风险限额模型针对少数客户适用性方面的不足之处，是风险限额模型的一种有效补充。两者相辅相成，都应是确定客户风险限额的重要组成部分。

银行风险管理部门要通过多种形式加强对客户风险限额的宣传，从客户风险限额的定位、客户风险限额计量模型基本原理、客户风险限额计算方法以及管理政策等方面入手，使银行上下能够对客户风险限额有深刻理解，以更好地执行客户风险限额管理的相关政策。各级行客户经理、风险经理和专职审批人都应认真学习客户风险限额模型基本原理，了解客户风险限额计算的过程，结合客户财务状况，分析客户风险限额模型计算的每个步骤。对于客户风险限额模型计算结果较小或申报授信额度超过客户风险限额的，要分析是什么风险因素导致在限额模型的哪个环节受到影响，评估风险因素大小和受影响程度，从而有针对性地提出调整风险限额建议以及相关风险管控措施。

（三）正确认识抵质押、担保的作用，加强风险缓释管理

在国内，对信贷业务设置抵押品、质押品，或者要求客户提供担保，是信用风险缓释的主要手段。做好抵质押管理、担保管理，确保风险缓释有效，首先是要正确理解风险缓释工具的作用、特点，防范管理中的风险隐患。

1. 树立正确的信贷经营理念，充分认识第一还款来源是防范信用风险的关键

银行要树立正确的信贷经营理念，高度重视对借款人自身现金流及偿债能力的分析，不能把贷款回收寄托在抵押物的处置上。即使抵押物评估价值远高于贷款本息，如果借款人自身还款有问题，也不能发放贷款。事实证明，当第一还款来源出现问题时，银行对第二还款来源的追偿，往往会受到多种因素的干扰，操作难、变现难、执行难、回收率低等问题屡见不鲜。片面地把借款人能否提供抵押物作为贷款的主要依据，忽视了对借款人的实际偿付能力分析，是典型的“典当行思维”，有悖于现代银行经营理念。

银行信贷经营过程是对借款人进行风险判断，并通过授信方案设计进行风险选择、安排的过程。判断借款人违约可能性，依据是其正常经营活动或主营业务产生的现金流量能否覆盖贷款本息。在授信方案中可以利用风险缓释手段，当借款人因小概率事件，无法偿还贷款时，银行可以通过处置抵押物、质押物或者对担保人进行追索等手段来保障债权。从根本上看，第一还款来源是借款人的预期偿债能力，是信贷资金按期收回的前提，是确定贷款贷与不贷、贷多贷少的关键因素。风险缓释工具虽然在授信业务中发挥了提高客户违约成本和还款意愿，降低信息不对称带来的潜在风险，以及当客户由于小概率事件导致第一还款来源无法偿还银行贷款时，通过押品变现或保证人履约来偿还贷款等作用；但抵质押物、保证人的本质是“第二还款来源”，通过押品变现或向保证人追偿是迫不得已情况下的贷款回收手段，不能简单替代第一还款来源的作用。

2. 密切关注抵质押、担保管理中的风险隐患

在抵质押、担保管理领域，需要重点关注几类风险隐患：

（1）押品准入管理不到位、选择不审慎，片面追求形式合规，变现损失较大

银行部分分支机构忽视对市场的分析和对客户的深入了解，业务决策中过分依赖押品，同时，押品选择只注重形式，忽视押品品质的选择和把关，导致客户违约时，押品实际风险缓释效果极差，根本起不到第二还款来源的保障作用。主要表现为：选择法律、法规或内部制度限制接受的押品；接受有瑕疵不利于担保债权实现的押品；对押品真实性调查不尽职，接受虚假押品；对押品潜在风险因素分析不到位，如接受无法变现的化工设备、价值贬损快的专用机器设备，市场交易量小、无法快速变现的动产等。

（2）押品评估价值虚高，重估不及时，大大降低押品价值回收率

银行部分分支机构为满足合规要求和审批通过，初次评估时，严重高估押品价值，对外部估值报告审核不严，甚至主导外部估值结果的情况仍时有发生。高估押品价值，直接导致押品无法有效覆盖银行信贷资产，最终变现价值难以补偿损失。个别分行估值岗位设置和职责模糊，内部重估不及时、流于形式，导致评估管理的独立性和专业化无法保障。

（3）抵质押权设立不规范，导致银行权益无法保障

银行抵质押权设立管理仍是薄弱环节，存在风险隐患，较为突出的有：第一，权证的期限、金额等记载事项与抵押权设定要求不相符，押品的合法性存在瑕疵；第二，对权证审查不严，利用虚假押品权证（假存单、假房产证、假仓单等）骗取银行信贷资金的欺诈行为有所增加；第三，抵押物未按时办理抵押登记手续，房屋和土地未同时办理抵押登记；第四，抵押合同存在瑕疵、他项权证登记信息有误、未取得抵押相关方同意抵押的法律要件等。

（4）对保证人把关不严，实际担保效果差，严重影响信贷资产安全

银行部分分支机构对保证人（含专业担保机构）的选择和准入不

够审慎、不尽职，主要表现为：未对保证人与被担保人的关联关系深入调查，导致部分关联企业提供的担保实际无效；对异地保证人的跟踪管理不到位，信息采集不充分，无法有效评估代偿能力；对专业担保机构经营管理能力、风险控制能力缺乏有效判断，部分专业担保公司因违规经营，最终影响对银行债权的担保效力。

（5）抵质押物和保证人贷后管理存在风险隐患

贷后管理环节仍然存在较多风险隐患，基本属于政策制度执行不到位，主要风险点有：第一，押品贷后管理不严，对押品的变动、权证变更情况不了解，导致押品灭失、保证人丧失代偿能力等情况发生，如部分地方政府融资平台客户未经银行同意，擅自处置已抵押给银行的土地。也存在着对押品价值大幅下降导致的抵押率不合规，未能采取及时、有效的补充或追加抵押担保措施。第二，银行部分机构对异地押品和保证人的管理不到位，未能建立有效的异地押品和担保的监督检查机制，未能严格执行关于异地押品和担保的制度要求，导致异地押品、担保无效。第三，银行对合作担保机构管理不到位，对于存在风险隐患的担保公司未能及时发现并退出，造成银行信贷资产担保的落空。第四，对于政府融资平台贷款，违规接受不合格抵质押物、地方政府担保，未能按照要求及时、有效地落实担保措施等。第五，违规为客户注销抵押登记。

3. 加强抵质押管理和担保管理的策略选择

做好抵质押管理和担保管理，可从以下几方面入手：

（1）持续优化抵质押、担保的政策底线要求

实时调整合格押品的抵质押率，提高押品的风险缓释效果。不接受风险缓释效果差、变现价值低、易淘汰的专用设备作为合格押品。

除公路、桥梁、隧道、渡口等不动产收费权、农村电网建设与改造工程电费收益权、学生公寓收费权、交易类应收账款等有明确的法

律、行政法规规定可以出质的权利以外，明确其他权利不得作为合格押品准入，但可作为风险控制手段进行管理。

严格按照银监会等七部委《融资性担保公司管理暂行办法》关于担保公司公司治理、经营规则和风险控制的要求，做好担保公司的准入和跟踪监控工作。严控担保公司担保放大倍数，审慎确定担保公司担保限额。最高担保放大倍数的确定应结合担保机构信用等级，信用等级越高的最高担保放大倍数越高，但不得超过前述最高担保放大倍数。

（2）加强担保公司、保证人管理，防控过度担保风险

加强担保公司客户评级管理，严格展开资信评估与调查。对于公司治理结构不完善、经营管理不规范、近年经营业绩不佳的担保机构，以及关联交易（特别是对关联企业担保）较多、投资关系复杂的担保机构，不予准入。加强担保公司的日常监控，对于涉及关联交易、非法借贷、注册资本转移、违规经营、管理层变更频繁的担保公司，立即停止新业务合作。

加强保证人的跟踪管理工作，在测算保证人限额时，除应考虑在银行授信额度及已担保债权本息外，还应通过企业定期财务报告、上市公司公告、政府信息公开平台、人民银行征信系统、全国法院被执行人信息查询系统等信息来源渠道，加强信息跟踪和延伸调查，掌握保证人的其他对外担保情况，动态调整保证限额。

（3）提高估值有效性，加强外部评估机构管理

持续强化押品价值评估管理，建立押品估值的全程跟踪评估机制，做好押品价值审定的管理工作，对于押品价值虚高情况严重、贷后管理不到位的经办机构，上收押品估值审定权限。对于有公开市场交易的押品，原则上采用市场法进行价值评估，审定的押品价值控制在市场平均交易价格的 110% 以内。

对押品价值审定工作严格把关，对于明显偏离正常价值水平的押

品要认真审核、认定，有必要的，应重新组织评估。对于押品价值金额较大、价值波动较大或价值审定中存在较大分歧的，可采取会议审定的方式进行审定。

结合各地实际，建立押品管理人员资质管理机制，增加专业估值人员，加强估值人员的培训与专业技能的提升，逐步提高内部押品价值评估比例。做好押品外部估值机构的管理工作，定期评审，建立“外部评估机构黑名单”，对于不符合银行准入要求的，要及时予以调整。

（4）进一步规范抵质押权设立，确保手续完备、合规

加强抵质押权设立管理，加强与所在地抵质押登记部门沟通，及时掌握抵质押权设立的最新政策和变化。设立专岗，负责对抵质押权设立的有效性进行检查，包括合同签订是否规范、抵质押登记是否及时、手续是否完备等内容。对于抵质押登记不落实、手续不完备及存在其他可能影响银行抵质押权利实现瑕疵的，在相关风险因素消除前，原则上不得为客户办理抵质押项下相对应的授信业务。对于抵、质押合同已签署成立，但未及时办理抵、质押登记的情况，加大监督检查力度，及时预警、及时整改。对于可办理抵、质押登记而未办理的情况，要按照有关要求追究其责任。

（5）加强抵质押物与保证人的贷后跟踪与监控

进一步加强抵质押物与保证人的日常监控。密切关注国家政策、地方（部门）规定、市场变化对银行押品的影响。对高速公路收费政策、出口退税管理政策、教育和医疗单位收费政策、抵质押登记机构的流程调整等国家政策、地方（部门）规定的调整，以及当前部分地区房地产市场量价齐跌的情况，予以特别关注，及时梳理可能受影响的信贷资产，并及早安排解决方案。

密切关注当地房地产市场波动情况，加强对房地产项目、个人住房按揭贷款、以房地产做抵押的各类信贷业务的风险排查，做好房地产

价格下降的风险应对预案，严防发生系统性风险。对于抵押物不合格、抵押手续不完备、价值不足或价值虚估无法覆盖贷款的，要及时补充担保物或追加保证人，必要时应冻结授信，及时收回贷款。同时，严格按照银监会“三个办法、一个指引”要求，加强对资金用途的监管，对以非房贷名义贷出、通过各种渠道周转、最后流向了房地产市场的贷款，一经发现，立即退出。

对市场价格波动大的大宗商品、动产质押物等押品要进一步加大风险排查的频度，定期审查客户和仓储公司的风险状况，及时按照预先设置的警戒线、平仓线等要求，处置押品或追加担保。

（四）完善合作担保机构选择机制，达到真正缓释风险

通过第三方担保机构，为银行信贷客户提供担保，是常见的风险缓释手段，但在银行与担保机构的合作中，仍然存在一些误区有待纠正。要通过审慎选择合作机构，安排合适的客户项目交由合作机构担保，确保担保合作达到预期效果。

1. 担保机构在专业领域的风险识别和管控优势，是银行选择担保机构合作的主要原因

很多人认为，银行选择担保是信贷业务合规的要求。实际上，担保不是为了解决合规问题，而是为了缓释风险。担保不能降低授信客户的违约概率，只能降低违约后的损失。就担保中的“保证”而言，不同类型的保证人都能起到风险缓释的作用。例如，普通企业提供连带责任保证，在借款人违约时可以在保证责任范围内做出代偿；保险公司的信用险等也能在一定程度上起到对借款人违约风险缓释的作用。与普通企业、保险公司等相比，专业担保公司的优势在哪里？“专业”体现在哪

里？银行为什么要选择与他们合作？实际上，不仅仅是因为担保公司具有一定的资金实力可以提供代偿，或者担保公司缴存的保证金、要求借款人提供的反担保等措施。这些因素固然重要，但是银行更为关注的是担保公司在特定的领域（包括特定业务领域、特定区域范围、特定行业等）的信息优势，风险识别和风险管控能力方面的优势。银行需要借重这些优势，弥补自身在这些领域风险管控能力的不足，减少信息不对称或信息收集与处理成本，或者降低授信管理和风险控制的作业成本。这应是银行选择担保机构合作的主要出发点。

2. 有选择地安排特定客户交由担保机构担保

与担保公司合作开展授信业务，不等于说银行就可以放松（甚至放弃）自身对授信客户的选择标准。银行必须根据自身对客户的分析判断和风险排序，决定是否采取相应风险缓释措施，是否需要由担保机构提供保证。对于非常优秀的好客户，银行可以清楚地做出判断，完全可以通过信用方式办理，这方面也有相关政策和标准，没有必要引入担保机构做担保。额外增加担保公司提供担保，不仅增加业务成本，而且可能因客户和担保公司之间的纠纷影响到银行贷款的正常偿还（这方面国内同业有过不少案例）。对于很差的客户，不符合银行信贷政策最起码的准入底线，那么就算有担保公司提供担保，也不要去做。对于上述两者之间的某些特定客户，担保公司具有相应的管理能力和优势，银行可以与其合作通过保证方式来办理信贷业务，借助担保公司的特定优势帮助银行更好地选择客户、合理安排风险。

3. 做好对担保机构的分析和筛选

银行对合作担保机构的选择，资本实力是一个重要的方面，但不是唯一的考量因素，关键是要看担保机构是否具备突出的风险识别和管理能力，在特定领域的业务专长等。实务中，从定量和定性两个方面进行综合分析。定量方面，要分析担保机构的资本实力、资金运作情况、盈利能力、信用评级、成立年限及与银行合作历史（年限）、担保代偿情况，以及在银行的担保保证金缴纳比例等。定性方面，要分析担保机构的公司治理结构、主要股东或关联方的资信水平、风险管理机制及系统建设情况、业务专家及风险管理专业人才的储备情况、对客户的评估选择和管理能力、风险预警及处置能力等。

选择合作担保公司，不是说越大的肯定就越好，越有“名气”的越好、盈利水平越高的越好，而要看其管理方面是不是专业、主营业务方面是不是专注。这方面银行也有过教训。有的担保公司原先专注于做自己熟悉的区域、了解的行业，做得非常好，但后来盲目扩张，涉足其他不熟悉的行业和领域，很快就出问题了。有的担保公司不满足于担保业务的收益水平，贸然涉足高风险投资乃至参与民间借贷，最终导致资金链断裂。因此，在选择合作担保公司的时候，要有银行自己的判断，优先选择那些经营规范稳健、专业专注的担保机构，真正做到与银行的业务能够协同、互补。

（五）风险案例分析也是信用风险管理工具①

从已经发生的风险案例中分析和回收教训，是银行经营管理、风险内控的一项日常性的基础工作。银行是经营风险的企业，出现一些风险事件（包括不良资产和案件）在所难免，关键是要善于总结，交了学费一定要真正学到东西。

---

① 我在研究信用风险管理技术手段时发现，风险案例分析也是一个非常有效的管理工具。

国有大型银行股改上市以来，信贷资产质量和经营管理水平得到显著提升，但是同时也要看到，每年银行仍然会新暴露一定量不良贷款。此外，从内外部审计和检查发现的问题来看，还存在屡查屡犯、此查彼犯的现象，反映出风险内控体制机制、流程制度方面存在漏洞。近年来，银行针对不良贷款开展了梳理分析和教训回收工作（如责任认定中的教训总结、编撰案例分析集等），但是总体来看还有欠深入，也没有形成制度化。很多案例分析限于一般性的陈述，未能深入“诊断”风险事件的真正原因和关键环节，找出问题的症结和要害。此外，总结出来的教训以及相应的管理建议，也没有引起足够的重视，未能充分运用到流程优化、制度重检等工作中。

有的风险事件是偶发的，主要由外部因素引起，可以给予一定的容忍度。但是有些风险事件带有一定的趋势性，或者反映出银行自身经营管理方面存在的问题，如果不从源头上加以解决，以后可能还会有类似的风险事件发生。银行应对风险案例分析工作高度重视，通过风险事件剖析、教训回收，“解剖麻雀”，有针对性地采取措施，避免犯重复性的错误，这是提升风险内控有效性的关键。要持续深入抓好这项工作，形成一套长效的机制。

银行前中后台各部门应在总结好的做法和经验的基础上，进一步加强信息沟通和管理联动，抓好风险案例分析工作，尽快形成一套长效的机制。建议开展以下工作：

第一，研究建立常态化的风险案例分析机制。抓紧研究建立制度化的风险案例分析诊断、教训及经验回收、反馈和报告机制。重点包括以下内容：一是通过每年的工作计划、工作方案等，将风险案例分析工作分解到相关部门和分行，确保有计划、有落实、有反馈。二是将风险案例分析与问题整改结合起来，将梳理分析回收的教训、针对性的治理措施和建议等，作为整改报告的一项重要内容报告管理层。同时，积极探索如何将风险案例分析、教训回收工作纳入到对相关分支机构整改情况的考核中。三是定期汇总风险案例分析工作成果，将梳理发现的问题、相应措施和建议以专题报告形式，报告管理层作为决策参考，同时发送相关部门和分行研究落实。四是针对个别产品、业务流程出现的风险事项，风险管理部门、产品和业务主管部门应迅速做出响应。通过分析诊断发现在产品结构设计、流程制度安排等方面存在问题的，在第一时间提出应对措施和改进优化建议。

第二，加强前中后台的协同联动，明确分工。充分发挥前中后台、各职能部门、总分行的管理合力，从不同的视角对风险事件进行分析诊断，提出切实有效的解决方案。重点包括以下内容：一是强化信息沟通。建立风险案例定期交流机制，针对发生的典型风险案例，前中后台各部门一起分析存在的问题、原因、解决思路、落实方案。分行层面的沟通会议可每月召开一次，内容不限于重大信贷风险，要逐步扩展到信用风险、市场风险和操作风险等各个领域的重大风险事件。二是对于已形成损失的案例（如核销资产），逐笔逐项梳理，每半年进行一次分析，重点分析查找相关政策制度、操作流程等方面存在的问题和缺陷，提出完善优化建议。三是对于带有趋势性、苗头性的风险事项，举一反三进行延伸分析，包括收集分析同业的情况、数据和案例等。在此基础上，做出前瞻性的分析研判，定期报管理层参阅。

第四章

市场风险不是简单的波动性风险*

* 2008 年以来，我一直在思考市场风险的实质是什么？是不是仅仅为波动性风险？经过连续多年的思考，我逐渐感到，随着金融工具的发展，波动性风险是市场风险的核心，但已经远远不能涵盖市场风险的全部。

在教科书和此前的印象中，市场风险常常被理解为简单的波动性风险，而市场风险管理的核心也简化为一大堆数学公式所得出的几个指标的监测。最典型的例证，莫过于在金融风暴之前，市场风险的资本监管制度中最为关注的，就是模型。

金融风暴让片面的市场风险管理付出了惨痛的代价。现在，压力测试、交易对手的风险等受到更多的关注，市场风险监管资本计算的模式也得到完善。与发达市场经济国家不同，中国银行业还必须面对利率市场化的挑战。

在风险管理的实践中，我曾经无数次向业界专家讨教：怎样才能深刻理解、准确把握市场风险的核心？怎样才能有效管控大型银行的市场风险？经过多年的积累，形成一些认识，也可以看成是一位非专业人士的实践感悟。

一

市场风险观察的新视角和管理的新思路

自20世纪70年代金融工程学创建以来，金融衍生品作为避险工具在金融市场业务中得到了广泛应用。但美国华尔街的银行家们很快发现，衍生品交易不但可以避险，而且可以投机获利。正因如此，衍生品交易迅速膨胀，逐渐背离了实体经济的发展需要，反而带来了更大的风险。从次贷危机到欧债危机，从巴林银行倒闭到法兴银行和瑞士银行（瑞银集团）的巨亏事件，金融衍生品交易的影子无处不在。此次国际金融危机表明，传统的市场风险理论与管理模式可能已不再能适应金融市场业务的发展需要。鉴此，商业银行需要重新审视市场风险的范围与内容，弄清楚市场风险的实质，反思如何科学计量、有效管控市场风险。

（一）市场风险问题的外延超出了传统的“波动性风险”概念

次贷危机爆发之前，对市场风险的认识主要集中在市场风险的基本特性，即波动性上，而且主要关注市场的一般性波动。而在市场价格波动形态多样、原因复杂的情况下，这会导致对于极端情况下的市场变化缺乏准备，特别是对于极端情况下市场波动所呈现出的风险之间的强相关性与高传染性认识不足。此次危机使银行管理者对市场风险的内涵和外延有了更深刻的理解。事实证明，波动性风险只是市场风险最基本的特征。市场风险虽然表现为价格波动，但它的发生和变化是与信用风险、流动性风险、操作风险等风险紧密交织在一起的，并包含了各类风险之间的相互影响。

1. 波动性是市场风险的核心，但不是市场风险的全部

一直以来，市场风险就是波动性风险的观点被业内广泛认同。该观点认为，价格波动是市场风险的主要表现形式，市场波动是市场风险的主要来源。利率、汇率、股票和商品价格是引发波动的风险驱动因子，其变动越大，市场的波动性越大，带来的市场风险也就越大。

在这样的理论指导下，全球金融机构采用了以风险价值（VaR）和限额为核心的市场风险管理模式。但是，VaR 方法只是单纯地考虑价格的一般性波动，存在着较大的局限性，容易低估极端损失。其一，对市场的极端情况估计不足，只考虑了一般情况下的 VaR 值，而没有考虑极端压力情景下的 VaR 值；其二，没有认识到信用风险变化可能带来的不利影响，这种变化主要来自产品发行人的信用风险与交易对手的信用风险两个方面；其三，没有考虑流动性风险——市场出现的流动性短缺有可能带来价格的极端变化；其四，过于静态地考虑对冲和分散化效应，而风险因素之间的相关性通常是不稳定的，在压力情况下，原有的风险对冲关系可能发生扭曲；其五，没有考虑复杂产品，特别是资产证券化产品的风险特点；其六，忽略了交易者本身可能因为操作风险的“黑天鹅事件”① 造成巨额损失；其七，VaR 方法不能充分反映 VaR 值以上的“尾部”损失情况，不适用于“厚尾”形状的损失分布情况。此次

① 在发现澳大利亚的黑天鹅之前，17 世纪之前的欧洲人认为天鹅都是白色的。但随着第一只黑天鹅的出现，这个不可动摇的信念崩溃了。此后，黑天鹅事件（Black swan event）指非常难以预测、且不寻常的事件，通常会引起市场连锁负面反应甚至颠覆。

金融危机表明，仅仅通过单纯的价格变动来定义和衡量市场风险已不能反映出风险实质。

2. 交易对手信用风险是个体波动性风险向同业传染为系统性风险的重要渠道

交易对手信用风险是指一笔交易在完成现金流的最后清算之前，交易对手发生违约的风险。一方面，交易对手违约或信用评级下调将导致交易产品的现金价值下降；另一方面，资产价格下跌可能导致资产缩水，交易对手可能会因资不抵债而发生信用违约。因此，市场可能会因交易对手违约而触发信用违约的“链式反应”，使交易对手信用风险成为个体波动性风险向同业传染为系统性风险的重要渠道。

近年来，大型银行金融市场业务规模和占比逐步增大，金融机构之间交叉持有的风险敞口不断提高，风险跨机构、跨领域传递的可能性随之增大，金融市场业务成为了风险相互传染、系统性风险不断累积的重要通道。可以说，此次金融危机不是市场风险问题引发的，而主要是交易对手信用风险问题引发的。贝尔斯登与雷曼的倒闭成为危机扩散的主要“爆点”，许多金融机构因作为其交易对手而发生巨额损失，甚至破产倒闭。据统计，2007—2010 年期间，美国倒闭的银行达到了 317 家[①]。Libor-OIS[②] 息差大致可以反映交易对手信用风险和流动性因素对价格的影响。危机爆发后，Libor-OIS 息差大幅走高，市场收益率水平大幅攀升（见图 4–1）。这表明，交易对手信用风险显著增大，金融资产价格大幅下跌，市值重估损失大幅增加。

正因如此，科学计量与有效管理交易对手信用风险，成为了危机

① 数据来自美国联邦储蓄保险公司（FDIC）的统计。

② Libor 为伦敦银行间同业拆借利率，OIS 为银行隔夜借贷利率指数掉期。

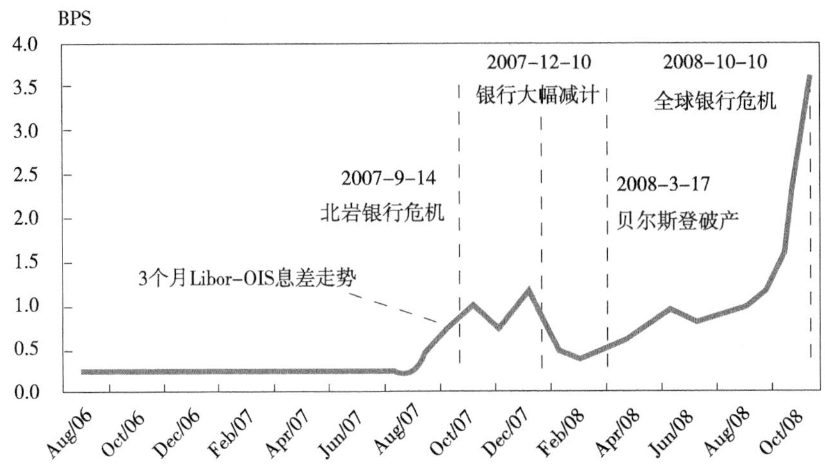

图 4–1 危机演进与 Libor-OIS 指标变化

数据来源：Federal Reserve System。

后银行市场风险管理的重要课题。BCBS 也对交易对手信用风险提出了更高的资本要求，即要求覆盖交易对手信用风险。

3. 流动性风险成为金融市场波动性的放大器

流动性风险是指在短时间内将所交易的金融资产变现或反向冲销所需承担的损失，或者是由于自身资金不足难以偿付到期债务的风险。流动性风险产生的主要原因有二：一是因为市场交易量不足，难以获取市场价格（或预期市场价格），导致无法平仓，交易人只能持有到期，按约交割；二是由于市场对交易人失去信心，导致其难以融集资金。相比较而言，OTC 的流动性较差。结构性信贷产品大都量身定制，基本上需要持有到期，且多在场外市场交易，缺乏连接不同买卖方的共同场所。二级市场的流动性极低，一旦违约，重置成本极高。流动性低也增加了估值难度，降低了做市商的流动性供给意愿。次贷危机中，作为反映市场流动性的主要指标 Bid-Ask Spread（要约—报价差）的波动性明显上升，显示出市场流动性的枯竭。

流动性风险加剧了市场波动。次贷危机呈现出了明显的流动性螺旋（Liquidity Spirals），即“金融工具价格下跌→银行资产负债表恶化→销售资产去杠杆化→风险偏好收紧（提升信贷标准、压缩交易敞口、增加保证金比例、提高抵押品折扣率，见表4–1）→流动性萎缩→价格进一步下跌”。通过流动性循环机制，市场波动进一步自我强化，市场风险被明显放大。现有的市场风险管理框架还没有将流动性风险纳入其中，制约了管理效果的提升。

表4–1　危机前后交易业务初始保证金折扣率变化

抵押品类别	危机前（%）	危机后（%）
美国国债	0.25	3
投资级债券	0—3	8—12
高收益债券	10—15	25—40
股票	15	20
投资级别 CDS	1	5
优先级杠杆融资	1	2
ABS CDOS BBB	10—20	40—70

数据来源：IMF，花旗集团报告。

4. 市场风险通过风险传染最终演变为系统性风险

系统性风险是指一个事件在由各个机构和市场构成的系统中，引起一连串连续损失的可能性。风险的溢出和传染是系统性风险的典型特征。金融创新在改变全球金融市场与业务模式的同时，也重塑了风险轮廓。

风险传染渠道大致有三条。一是通过产品交易。衍生产品交易已经成为风险转移的重要媒介，信用违约互换在不同机构之间建立了风险的连接机制，促进了市场之间以及不同参与者之间广泛的联系，增加了风险传染的可能性。二是通过直接与间接的借贷关系。通过银行间市场借贷或通过共同借款人，银行违约的依赖性日趋增强。三是通过资产价格。集中处置资产会压低市场价格，导致不同机构的风险状况同方向变动。金融危机期间，风险传染尤为突出，高损失率银行和低损失率银行呈现出较高的联合违约概率（Joint Probability of Default，J-PD）。有研究表明，当前任意一家主要交易机构破产，都会导致全球银行业产生约400亿美元的损失（Barclays，2009）。因此，与个别风险的管理相比，系统性风险的管理更困难、更复杂，需要管理理念、管理方式做一些根本改变。

5. 金融市场领域操作风险与市场风险的交织日趋紧密

由于金融市场业务变得日益复杂，IT技术不断快速发展，管理上的失误或疏忽可能酿成巨大的灾难性后果。操作风险“黑天鹅事件”就是造成金融市场业务巨额亏损的一个重要因素。例如摩根大通的“伦敦鲸”事件①，累计发生交易损失近60亿美元。损失的主要原因在于以下几个方面。一是风险治理存在缺陷。因对冲业务赚钱，伦敦投资办公室从风险对冲中心转变为利润中心，远离纽约总部，缺乏有效监督。二是投资策略有误。对同一交易品种持有仓位过大，双边头寸过高，扭曲了市场，遭到对冲基金逼仓。三是限额管理缺失。为追求高额利润，取消了对单个交易员的止损限额控制，没有设置单边敞口的集中度风险限额，导致在同一市场内持有过大仓位，无法平仓止损。从中可以看到，由于金融市场业务交易量巨大，风险集中，如

---

① “伦敦鲸”（the London whale）是美国摩根大通银行交易员布鲁诺·伊克西尔（Bruno Iksil）的绰号。该交易员任职于摩根大通位于伦敦的首席投资室（Chief Investment Office，简称CIO），2012年5月该交易员的信用衍生品交易出现近六十亿美元的巨额亏损，震惊全球金融界。此事件引发市场对于金融机构风险管理的深入思考，并将对银行业监管和风险管理产生深远影响。

果操作风险与市场风险交织在一起，操作风险事件往往具有颠覆性的危险。

经过上述分析，可以清晰地分辨出市场风险的实质和发生路径。利率、汇率、股票、商品等风险驱动因子的波动性会导致市场风险发生，是市场风险的核心，但并不是市场风险的全部。交易对手信用风险将个体的波动性风险向同业传染和扩散，加上流动性风险这个金融市场波动性的放大器，市场风险最终可能会演变为系统性风险。同时，金融市场领域的操作风险与市场风险的交织日趋紧密，也会起到放大效应（见图4–2）。

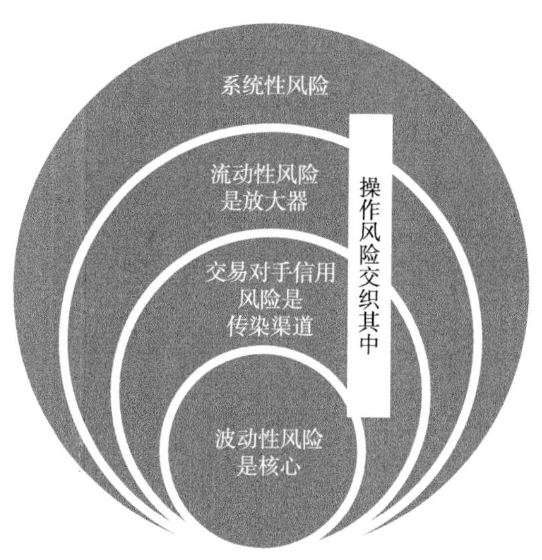

图 4–2　市场风险的实质和发生路径

（二）市场风险管理的基石在于风险计量工具体系

理解了市场风险的实质，才能对其进行有效的管理。从实质来看，不管是一般的市场波动，还是交易对手的信用风险、流动性变化引发的市场风险，有效管理市场风险的起点都是要认知并准确地把握风险的大小。而这离不开准确的风险计量。与其他风险管理相比，计量是市场风险管理最突出的特点。离开计量，就谈不上市场风险管理。当然，计量市场风险，不应为计量而计量，计量一定要为管理服务。根据当前的形势和我国商业银行的现状，市场风险计量需要关注以下几方面的内容。

1. 建立满足管理需要的市场风险计量工具体系

市场风险计量应满足两个方面的管理需要：一是可有效对冲或者控制风险；二是能识别并掌握各个层面的风险状况（风险轮廓）。风险计量工具的开发和应用，应围绕这两个目的展开。根据当前金融市场业务和风险的特点，市场风险计量工具应包括以下几类（见图 4–3）：一是各类产品的估值工具，这是核心工具，是市场风险计量的基础；二是敏感性工具，主要服务于银行对冲风险的管理要求；三是风险计量工具，用

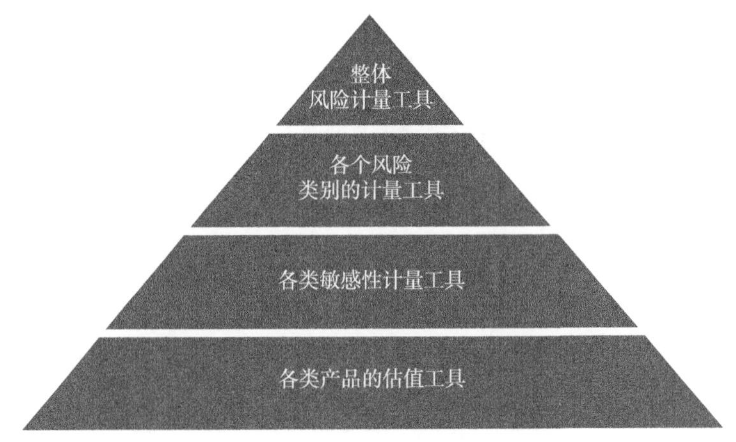

图 4–3　市场风险的计量工具体系

以对波动性风险、交易对手风险、流动性风险等风险进行计量，并针对不同的风险特征更好地管控风险；四是将各种风险驱动因子、各个风险类别统筹考虑，整合为整体风险计量工具，用以了解整体风险轮廓，并将风险约束在资本之内。

2. 金融产品估值是市场风险计量的核心

估值是市场风险计量的核心。无论是存贷款业务还是衍生产品业务、表内资产还是表外资产、银行账户还是交易账户，风险都是金融工具未来经济价值抑或市场价格的不确定性。与之相应，风险的计量需要以预测其未来的价值或价格为前提。

根据金融工具的特点以及市场的成熟情况，不同的金融工具应采用不同的估值方法。其逻辑次序是：首先是存在有明确公允市场价格的，应选择市场价格；其次是选择以市场可观测参数作为变量的估值模型；最后才是复杂模型。对于国内资金业务，目前主要基于上海同业拆借利率（Shibor）定价；对于债券投资业务，按照中央国债登记结算公司的收益率曲线进行估值；对于流动性较差或者收益率曲线没有得到市场广泛认可的债券，如浮动债、信用债和含权债，应结合市场情况，考虑信用溢价、期限溢价和流动性溢价加减点差来确定重估价格。

3. 敏感性指标是风险对冲管理的有效工具

敏感性指标应是银行进行风险对冲的有效工具。银行进行风险对冲时，往往难以针对其产品所有风险类别进行一次性的有效管理，一般是将其所有产品的某个风险驱动因子进行打包管理，如对利率风险的对冲、对汇率风险的对冲等。这需要分析银行投资组合对风险驱动因子的敏感性。衡量业务和头寸对市场变化的敏感性可采用的分析指标有：久期、每点价值、敞口分析、Delta、Gamma 等。[①]

4. 交易对手信用风险计量是商业银行亟须强化的计量工具

目前，国内交易对手信用风险管理基础薄弱，在交易数据、账务处理、监控工具、估值频率、分析评估等方面仍缺乏相应的工具，以至于不能说清楚交易对手风险敞口到底有多大。交易对手信用风险敞口具有波动性特点，需要通过敞口计量模型动态捕捉风险敞口的大小，进而对敞口规模进行有针对性的管理。而敞口计量模型的建立又以各类产品的估值模型为基础和前提条件，计量的专业性、复杂性比较高。目前，国内主要采用“MtM+Add_on”的附加因子法计量交易对手风险敞口，其中“Add_on”采用监管给定的静态系数。该方法符合监管要求，计算过程较为简单。较高程度的计量还可以使用蒙特卡洛模拟 Add_on 的系数，并进行多因素情景分析。

5. 流动性风险计量需要关注未来内生和外生风险

流动性风险有两个特点。一是流动性管理既是对银行等金融机构过去业务的一种评估和管理，更是对未来业务发展、市场变动的一种预测和应对。流动性管理必须是前瞻性的，并且必须为非预期的现金流预备缓冲，过去和当前流动性风险的计量意义不是很大，而对未来

---

① 久期，债券价格对利率变化的敏感程度，久期用于衡量利率风险。Beta 系数，是用来衡量个别股票受包括股市价格变动在内的整个经济环境影响程度的指标。Beta 系数用于度量股票价格风险。Delta，衍生产品（包括期货、期权等）的价格相对于其标的资产（Underlying asset）价格变化的敏感程度，Delta 用于度量商品价格风险或股票价格风险。Gamma，Delta 本身相对于其标的资产价格变化的敏感程度，通常与 Delta 配合使用，提高商品价格风险或股票价格风险度量的精度。Vega，衍生产品的价格相对于其波动率（Volatility）变化的敏感程度，Vega 用于度量商品价格风险或股票价格风险。Theta，衍生产品的价格相对于距其到期日时间长度变化的敏感程度。

流动性风险的预测则很关键。二是流动性风险要同时关注外生流动性风险和内生流动性风险。外生流动性风险是指由市场的整体条件（如市场的广度、深度和紧度等）引起的流动性风险，影响市场上所有的参与者；而内生流动性风险是指金融机构个体的活动引起的成交价格偏离市场均衡价格所导致的变现成本损失，或者是由于金融机构自身的资金不足，难以应付资产的增加或履行到期的债务（BCBS，2012）。

因此，在计量流动性风险时，需要运用到以下工具。一是运用流动性比率、核心负债依存度、流动性缺口来计量银行的内生性风险。二是做好压力测试。在情景设定中，要充分考虑宏/微观经济变动、交易对手信用变动等外生性因素，合理评估宏/微观经济形势发生变化时或者交易对手信用发生变化时，本机构在市场上筹集资金的能力和所持有金融产品的变现能力。三是要密切关注外部对本机构的信用评价，合理评估本机构作为发行机构或者标的机构在市场上筹集资金的能力。

6. 持续完善压力测试的工具方法

基于常规历史交易数据计算的VaR，不能充分揭示极端市场条件（压力情景）下银行的损失状况。BCBS对此进行了反思，改进了市场风险监管资本计算公式，增加了压力VaR资本要求。该措施要求银行采用极端情景下的市场价格计算VaR值，以弥补原有模型的不足。同时，监管机构也要求银行将压力测试应用于市场风险管理，并设定了有关情景假设，比如收益率曲线上升/下降100bp时资产组合的损失变动等。在经营实践中，银行的资产组合结构和环境特点并不完全相同，监管设定的情景假设相对简单，银行需要不断优化完善压力测试工具方法，才能合理、准确地估计潜在的损失。一般而言，压力测试包括如下关键要素。一是确定目标组合，如确定是债券、外汇和掉期等交易性业务，还是负债、贷款等非交易性业务。二是分析压力因素，确定合理的压力指标。对期权、结构性掉期等复杂衍生品业务，不仅要考虑基本价格变化，还应考虑价格的波动性。三是设计压力情景和选择假设条件。压力情景的选择既要反映当前经济环境下概率较小但有可能发生的不利情况，又不能脱离实际，主观臆断。常见的情景生成法包括：历史情景法、专家决策法和模型分析法。四是设计压力传导模型，包括对缺口模型、久期模型和情景模拟等的设计。由于市场风险领域各类交易和价格数据相对比较充裕，压力测试工具的应用有较好基础，因而能够帮助银行提升应对极端市场变化的能力。

7. 继续探索不同风险形态的整合化计量

现有以 VaR 为核心的计量方法体系，关注的主要是传统的市场风险因子，但却忽视了其他种类的风险，如信用溢价风险、流动性风险等。为完善市场风险的计量模式，部分银行开始使用经流动性调整后的风险价值（L-VaR）来统筹计量市场和流动性风险，但仍面临数据（Bid-Ask 差价、换手率等）获取难、模型认可度不高、极端流动性危机情景少等困难。现也有银行开始建立经信用风估调整（Credit Value Adjustment，CVA）的金融工具定价模式，来整体计量市场风险和信用风险。而在系统性风险计量方面，则尝试应用网络理论（Network Theory）来分析信用违约互换对系统性风险的影响，研究交易对手系统性风险计量模式。该模式计量的是金融市场某一交易对手违约对金融市场整体风险的影响，主要包括两个要素：其一，金融体系对特定金融机构的总体风险暴露；其二，在特定金融机构违约的既定假设下，金融体系中其他金融机构交易对手违约的可能性（条件概率）。

（三）针对市场风险的新特点，把握市场风险管理工作重点

在准确计量的基础上，商业银行会根据自身的产品结构、业务特点、风险大小，从系统、政策、流程等方面构建一套完善的管理体系来管理市场风险。从外部环境看，转轨阶段，商业银行既有利率受管制的存贷款业务（现主要为存款业务），也有债券投资、理财产品等实行市场化利率的业务。在所有金融资产价格都被完全管制的环境下，利差完全锁定，商业银行经营管理的重点在于防范信贷风险和流动性风险，基本没有市场风险；但在利率市场化条件下，每笔负债、资产都有市场风险。而在经济转轨阶段，商业银行面临的市场风险兼具前二者情形的特性，并导致了认识和管理上的复杂性。在深刻理解市场风险实质的基础上，从目前我国商业银行的实践来看，搞好市场风险管理，除了要提高计量能力、夯实市场风险管理的基石外，还应该重点做好以下五方面的工作。

1. 从单视角管理到整合化管理

实施有效的系统性风险管控，不但需要在准确把握金融机构之间的困境依存度（Distress Dependence,DD）上，还需要基于金融体系（包括商业银行、投资银行及其他非银行金融机构）的角度，来衡量单一市场事件对金融体系造成的损失总和，构建某一交易对手违约对金融市场整体风险影响的计量分析框架，并采取针对性的市场风险管控措施。

基于对市场风险本质特征的把握，市场风险管理需要摒弃以往风险上的单视角管理模式，把单类业务、单类资产组合面临的所有风险形态实施整合化管理。只有这样，才能提高市场风险管理的有效性。以债券投资交易业务为例，除建立针对债券市场波动风险的止损限额和 VaR 限额之外，还需要建立跟进债券发行机构基本面变化的管理流

程，并明确债券市场流动性的监测和管控安排。需要强调的是，风险形态的管理安排应相互兼顾，对基本面出现实质性恶化、信用风险显著上升的，也要建立止损机制，以防止信用风险转变为当前的市场风险损失。市场风险和操作风险管控措施也要相互协调，如果操作风险管理不到位，则需要在市场风险限额安排上通过多层次限额设置加以弥补，如在净敞口限额外，设置名义敞口限额来防止敞口轧差汇总前的操作风险。

2. 从风险偏好出发配置金融资产

目前，我国的直接融资体系不断得到发展，银行的大客户正逐步走向资本市场，银行传统的贷款盈利来源因之逐步减少。随着金融市场业务产品的丰富，客户办理各类衍生业务的需求也在增加。这就要求商业银行在将风险控制在一定水平的前提下，增强盈利性。此时，市场风险的管理目标，应是在有限资金和市场容量等边界条件下进行最适当的资产负债配置。所谓“最适当”，就是要做到安全性、流动性、盈利性及分散性的平衡，最终目标是尽可能提高整体业务收益，并尽可能降低银行的整体市场风险。

风险偏好代表了银行承受多大程度损失的意愿，而市场风险偏好是银行整体风险偏好在市场风险领域的直接体现。因此，在制定市场风险偏好时，需要服从统一的整体风险偏好和战略目标。首先，市场风险偏好要符合整体资产负债组合的管理需要，要能体现商业银行风险控制与业绩回报、资本约束与业务增长、当期收益与长远价值之间的合理平衡；其次，整体投资交易策略和组合风险配置应当符合银行整体风险偏好，对哪些产品可以交易、投资，哪些产品不允许交易、投资，又在什么情况下可以交易、投资，都应该有明确边界。

3. 压力测试应成为日常风险管理的重要手段

VaR 模型不能有效计量小概率事件（即极端市场价格波动）的损失大小。但随着全球经济金融系统性、关联性的不断增强，风险不确定性因素增多且趋于隐蔽，风险传染和系统性风险加剧，市场风险厚尾事件发生的可能性会相应增加。因此，市场风险管理有必要以情景分析、压力测试等方式来模拟分析极端市场情景下资产组合损失的变化，提前分析出潜在的风险轮廓，做好风险化解预案。目前，欧美银行监管机构已将压力测试作为评估银行体系稳健性的一项常用手段。未来，银行风险管理对压力测试的依赖会进一步增强。

4. 基于各类风险特征实施差别化管理

市场风险既有涉及资产负债层面的战略风险，也有单笔业务层面的微观风险；既有需要密切关注市场适时进行操作的交易账户风险，也有与信贷业务相互融合并需要进行整合化管理的市场风险。因此，需要基于具体风险特征开展差别化的管理。

一是在资产负债表层面的市场风险管理方面，核心是要做好银行账户利率缺口和外汇敞口的风险管理，防范融资流动性风险。同时，要在风险可控的前提下确保本外币息差收益最大化，处理好当前和长远的关系。二是在应对银行账户利率风险方面，关键是要基于未来利率走势和负债特征，安排好贷款组合和投资组合久期，确保银行在压力状态下具有充足的流动性缓冲。三是在交易组合市场风险管理方面，核心是防范系统性风险、组合风险、交易对手信用风险、市场流动性风险和操作风险，特别是因交易员违规交易引发的组合间关联亏损。对于后者，一方面，应通过设立止损机制防范超出银行风险容忍度的事件发生；另一方面，应建立覆盖交易全流程、端对端的管控机制，并不间断检查流程质量，以防止交易损失拖垮银行。四是在单笔业务市场风险管理方面，核心是做好风险抵补。包括三个方面：一是风险定价，将未来风险波动通过定价方式予以转移；二是风险拨备，通过准备金（包括估值调整、利率风险准备金、交易对手 CVA）等方式，缓释风险因子波动对收益的影响；三是风险对冲，包括对交易合同条款安排及运用结构简单的衍生交易进行套期保值。

5. 应高度重视金融市场领域的操作风险

现代金融市场业务的一个主要特点是 IT 技术的广泛应用。当前，不仅在金融市场业务的交易、结算和清算环节，而且市场风险管控措施也需要依托高度 IT 化的流程展开。这在客观上要求银行内部管理流程、工具、策略、规则等必须与 IT 平台高度融合，将量化交易（Quantitative Trading）模式（包括风险对冲、套利交易）和风险限额等风险管理技术，整合到 IT 平台之中，实施机控。业务流程的操作风险管理与市场风险管理相互交织、互为补充，特别在目前金融业和金融市场全球化的趋势下，一些“操作”上的失误很可能会带来很大，甚至是极其严重的后果。因此，必须要对操作风险管理与市场风险管理加以一体化考虑，使之高度协同，否则会出现短板效应。

从 1995 年巴林银行的倒闭，到 2008 年法国兴业银行、2011 年瑞士银行和 2012 年摩根大通的交易巨亏，都与操作风险管理出现“短板”有关。事后解剖这些案例可以发现，上述银行在内部管理上都存在共同的漏洞。一是交易授权管理不合理。巴林银行破产肇事者李森身兼交易与清算管理职能，为违规操作创造了便利；法兴银行、瑞士银行和摩根大通的巨亏都与开展超授权的交易行为直接相关。二是监督检查不力。李森用于掩盖交易亏损的虚假账户，存续时间长达两年，巴林银行则因账务审查流于形式未能及时发现而丧失了解决问题的良机；摩根大通、瑞士银行按规定应开展对冲风险的套期交易，但巨额损失表明，或是其交易策略失败，或是做了自营交易，缺乏有效的交易审核机制。三是交易员违规操作，限额管理失效。上述案例中的交易员基本都涉及在套期名义下进行非套期交易，违规建立巨额头寸，表明风险限额未能得到有效执行。正因为存在以上漏洞，所以尽管这些银行都建立了相对严密的市场风险管理体系，采用了先进的市场风险管理工具，但由于操作风险管理不当，则使得很多看似严密的市场风险管控措施形同虚设。

综上，不难看出操作风险管理的重要性。而要做好交易业务的操作风险管控，关键在于抓好以下几方面。一是要开展独立的价格审查和验证。应明确规定，由独立于交易部门之外的部门或团队负责统一审阅所有金融工具的估值、估值方法及估值使用的市场参数的合理性、一致性，并为此探索、开发相关的价格审核系统。二是交易授权要合理有度。与信贷业务相比，交易业务授权的规范性更显重要。因此，要做到视交易员的能力和品格授权，且授权有度，大权集中、小权分散，分权不放任，以有效控权。三是监督检查需到位。建立流程内的监督复核机制，根据金融市场业务投资、代客、自营、理财等不同业务模式的特点，对业务和流程的风险环节实施流程内的日常监督和复核，做实全流程的端对端管控。如出现操作风险事项，须进行根因分析（Root Cause Analysis），做到举一反三。四是应将对交易员的行为管理和责任处罚结合起来，实施交易员准入和资格认证，建立一套交易异常行为识别和管控机制，定期开展交易员行为排查。对超授权、未按流程办理交易业务的，应及时识别并进行责任处罚。

二

存款利率市场化才是真正的挑战

自1996年6月放开银行间同业拆借市场利率，到2013年7月放开人民币贷款利率下限，经过近20年的渐进改革，我国利率市场化的完全实现看似就差“临门一脚”，即放开存款利率。但是，作为中国利率体系中最为重要的基准利率，存款利率是整个中国利率体系的压舱石，其市场化的实现绝不是简单的放开管制权，存款利率市场化才是考验包括商业银行在内的各类经济主体的真正开始。如果在各项准备工作没有做好之前，贸然推行存款利率市场化，有可能触发系统性风险。

（一）存款利率市场化是利率市场化改革真正的硬骨头

存款利率市场化是一项迄今为止影响最为深远、最为广泛的金融改革。这一改革涉及几乎全体居民、企业等经济主体和整个金融体系，即使在直接融资为主体的高度发达的市场经济国家，存款利率的市场化改革也是十分艰难和慎重的，更不用说在我国目前仍是处于间接融资为主的金融结构下，金融体系中的存款总量远远大于其他任何金融形式，如果条件不成熟而贸然放开存款利率，很可能会造成系统性的金融风险。

一方面，在现有利率体系中，存款利率既是银行资金的底线，也是市场最重要的基准利率，在整个金融市场和利率体系中处于基础性地位，它的变化决定了金融市场的各项利率和其他金融资产的价格。表面上看，银行的资产端定价，除上存央行的准备金之外已基本实现了利率市场化。但是，银行资产端的价格在很大程度上是由负债端价格决定的。目前商业银行的大部分资产（包括贷款在内）的定价基础仍是存款利率。银行常用的贷款定价方法有成本相加法和基础利率加点法。成本相加法是基于存款利率（资金成本），再加一定利差，利差水平需要覆盖其他各类经营成本和相关费用，并加上银行的预期利润率。基准利率加点法则选择某种基准利率，为具有不同信用等级或风险程度的顾客确定不同水平的利差，一般是在基准利率基础上“加点”或乘上一个系数。在实际操作过程中，几乎所有商业银行都将存款利率作为“基准利率”，并在此基础上确定“风险加点”幅度。虽然银行间市场的同业存款、拆借和回购利率已在形式上实现了市场化定价，但与存款在整个社会金融量中的决定地位相比，这些利率的重要性与存款利率不在一个层次。可以说，虽然有许多利率已经市场化了，但存款利率决定贷款利率，存贷款利率决定中国金融总体利率水平的局面仍未被撼动。

另一方面，利率市场化并非简单的下放资金定价权，核心是培养相关经济主体利率敏感性和风险定价能力。在利率管制条件下，借贷双方感受不到利率风险，也很少遇到真正意义上的违约风险，承担的违约损失有限，久而久之普遍丧失了利率敏感性。而在利率市场化后，经济主体将面临前所未有的市场风险和信用风险，增强利率敏感性至关重要。而培养经济主体的利率敏感性不是一朝一夕能够完成的，需要市场出清机制、经济主体的财务约束机制改革等不断深入。同时，利率市场化虽然赋予借贷双方自由选择权和自主定价权，但借贷双方自由选择权与自主定价权的行使取决于其对交易对手的信用选择能力和风险定价能力，这些能力也必须通过长期的数据积累，依赖于较强的模型构建和量化分析能力。

同时，利率市场化的目的在于优化资源配置，形成完善、高效的金融市场体系和经济运行体制，促进经济金融健康持续发展。这里既包括健全的市场机制，也包括金融机构、国有企业、民营企业等各类市场主体现代企业制度和财务硬约束体制的建立，以及建立保护那些无力培养自己选择能力和定价能力的弱势居民借贷群体金融消费者权益的制度。实际上，处理好政府与市场的关系，使市场在金融资源的配置中发挥决定性作用，也是利率市场化得以顺利进行的必要条件。这些方面，还有很长的路要走。

国际经验显示，在条件不具备的情况下，若仓促放开存款利率，会带来系统风险。很多国家仓促进行利率市场化都给国内金融环境带来了巨大的伤害。土耳其在尚未充分准备的情况下于1980年仓促放开贷款和存款利率，致使利率迅速攀升，最终导致长达两年的金融危机，政府被迫重新恢复利率管制，直到1984年才重新放开利率。韩国也经历了类似的过程。1988年12月韩国宣布了一揽子利率自由化措施，结果利率急剧攀升，第一次利率自由化计划被迫终止。1991年韩国重新宣布实行新的利率自由化循序渐进的四阶段计划，基本遵循了从非银行机构到银行机构，从贷款到存款，从长期到短期，从大额到小额的顺序，逐步扩大市场化利率的比重，最终于1997年实现利率市场化。

美国和日本的存款利率市场化改革进程均超过10年。即使是市场化发达的美国，虽然存款利率市场化改革比较慎重，但1987—1991年期间每年平均约有200家小银行倒闭。由于流动性管理和风险防控体系的建设未能及时跟上，加之资产负债期限不匹配、投资垃圾债券等风险因素，最终酿成储贷危机。

基于存款利率在我国金融体系中的基石作用，如果在条件不具备的情况下仓促放开存款利率，同样也可能会带来系统风险。因此，存款利率市场化的推进必须要稳步进行，不能急于求成。

（二）存款利率市场化改革背景下各种潜在风险已经开始在银行显现

当前，我国银行的盈利模式仍然主要依靠存贷利差以及存贷规模的扩张。银行中间业务有一些发展，但由于费率市场化尚未真正实现、利率市场化尚处于起步阶段，银行内部收费产品与利率产品之间的合理关系尚未建立，中间业务既发挥着存贷业务铺路石的作用，又是存贷款业务的副产品，存贷业务以及存贷利差仍然是银行的核心关切。由于存款仍然是银行的主要资金来源，拼抢存款仍然是银行现实可行的主流发展路径。此时，贸然放开存款利率，很可能导致银行间展开存款价格战，导致存款利率大幅提升，甚至出现类似日本的存贷利率倒挂也未可知。简单放开存款利率，更有可能导致银行盈利能力的急剧下降，甚至有可能像台湾等地区一样，在利率市场化过程中出现银行全行业亏损的情况，这势必危及金融安全和经济稳定。当前普遍存在的关键时点买存款、中小银行存款利率一浮到顶等现象，都充分说明我国银行经营行为还存在一定程度的非理性问题。2013 年下半年的钱荒，或许是市场化利率引发流动性风险的典型案例。近年来，由于部分银行大量拓展信托收益权、信托贷款等影子银行业务，持有了大量流动性差的类信贷资产，而不是像以往那样主要投向债券等流动性强的产品，一旦市场资金面发生变化、银行头寸紧张时，这些银行不能像以往那样通过及时出售债券变现资金，终于导致了改革开放三十多年来一场严重的流动性危机，隔夜 Shibor 利率达到了 13.44% 的历史最高点。

随着利率波动加剧，金融资产的重定价风险、收益率曲线风险、基准风险和期权性风险都将上升。多类风险关联度上升，风险更难识别和管理。金融机构原先基于存款基准利率的金融资产定价方式将被打破，旧有的定价机制丧失定价基准，需要寻找新的市场化的参照系，建立新的定价估值模型，并有效计量和监控风险。因此，利率市场化将严重挑战银行资产负债的合同期限和重定价期限错配，使银行的整张资产负债表面临风险，可能产生比贷款质量更难控制的利率风险和流动性风险敞口，这种全局性与整体性风险需要引起高度警惕。

银行的贷款利率取决于资金成本、运行成本、风险成本、资本回报等各项因素，利率市场化对银行经营管理的精细化提出了前所未有的挑战。就目前情况而言，银行业在资金成本与运营成本核算与管理方面有一定基础，但在风险计量和资本覆盖风险的精细化方面还存在较大差距。现有风险计量体系的主要功能是满足监管资本计算需求，参数与模型主要用来描述历史轨迹，对现实风险和潜在风险几乎不敏感。资本对风险的覆盖仅仅满足于总量层级，尚未精细到结构层面，更谈不上业务单元和产品层面。在这种情况下，银行的风险定价本身就潜藏着巨大风险。令人担忧的问题还在于银行业并没有充分认识到这种差距及其严重性。

此外，从发达国家的经历来看，利率市场化过程均伴随着金融脱媒的加剧。目前，我国的间接融资比重为60%，直接融资（主要是债券融资）比重为10%，表外融资及其他融资比重为30%，远高于发达国家利率市场化时期间接融资的比重。因此，我国利率市场化进程中金融脱媒的压力将更大。一方面，金融脱媒会导致存款外流，加剧存款不稳定性；另一方面，金融脱媒的深化会创造更多的融资渠道，也会实际上减少资金需求方对贷款的需求。同时，金融脱媒也将对银行的结算业务造成影响——支付宝就是一个典型的例子。

（三）存款利率市场化改革也将对其他相关各方产生前所未有的影响

存款利率市场化后，金融市场利率体系需要确立新的利率锚，中央银行也需要重构现有的货币政策调控和传导机制。虽然目前 Shibor 已在票据贴现、利率互换（IRS）、理财产品、同业存单等领域广泛使用，国债收益率曲线也在债券市场上基本奠定了基准收益率曲线的地位，2013 年 10 月，贷款基础利率全国银行间同业拆借中心也正式发布并作为指导信贷市场产品的定价基准，这些新的基准利率体系建设似乎已见雏形，但还不能完全替代存款基准利率在金融产品定价、货币政策传导以及商业银行内外部定价中的影响力和地位。

利率市场化后，银行之间的竞争日趋激烈，将使部分银行面临较大的风险，不排除部分金融机构出现破产倒闭。因此，金融机构退出机制与存款保险制度的建立已迫在眉睫。目前，我国仍存在隐性的存款担保，这种隐性担保的覆盖范围太大，边界太模糊，在操作中往往会自动延伸到那些不应该担保的资产上，形成对金融风险的过度覆盖。较为明显的例子就是银行理财产品的刚性兑付问题。同时，金融机构不仅大而不能倒，小也不敢倒，致使政府过度承担金融体系风险。因此，怎样建立具有中国特色的金融机构退出机制和存款保险制度，不是模仿一下就可以解决的难题。

同时我们还应该看到，存款利率市场化改革对其他金融市场参与者也将产生前所未有的影响。资金成本上升要求投资获取更高收益，机构投资者的风险偏好趋于上升。从国际经验来看，存款利率市场化后，不论是发展中国家和发达国家，几乎都带来了整体资金成本的上升。资金成本的上升压力，对机构投资者的投资提出更高的收益率要求，使投资者的风险偏好将趋于上升。从美日韩三国利率化前后机构资产配置的变化看，市场利率的上行使得商业银行、保险公司、养老金等机构投资者对信用债、股票等高收益资产的风险偏好上升，对利率债品种的需求降低。预计未来在机构投资者的大类资产配置中，低收益高流动性的国债、央票的占比可能下降，相应的信用债、股票、抵押贷款证券、资产证券化等占比会上升，进而导致资产组合的利率风险和敏感度大幅上升。因此，机构投资者必须提高对利率变化和利率风险趋势的分析与预判能力，重新审视和平衡资本、收益与风险之间的关系，确定与自身风险管控能力相适应的风险容忍度和风险限额，设计合理的风险偏好指标及其阈值。

利率风险上升以后，相关投资者势必充分运用利率类衍生品对冲风险。存款利率市场化后，已有的IRS、债券远期、远期利率协议和国债期货市场的交易将更加活跃，投资者主体会进一步壮大，市场的广度和深度将更大拓展。后续或将推出利率期货、利率期权、债券期权、IRS 期权等新品种，这将为机构投资者提供更丰富的投资品种，在投资组合中有效运用利率衍生品工具主动管理利率风险。

由于存款利率放开后的金融资产价格，将更易受到利率风险、信用风险、流动性风险等风险因素共同作用的影响，各类风险之间更容易相互转化。如果机构投资者仍然针对单一风险的分别管理，忽视集中、统筹的整体风险管理，将无法实现对各类风险暴露的整合和加总，银行猝死的概率将大大增加。因此，提升整体风险量化和管理水平，将是银行和机构投资者加强风险集中统筹管理和一体化管控的必然趋势。

存款利率市场化后，银行服务将呈现差别化、精细化，不同银行同一种币种和档期将会执行不同的利率，同一银行相同币种、相同档期可因存款金额的大小有几种存款利率档次。金融服务产品的差异化程度加深，居民储蓄和投资理财会有更多选择，同时也必须承担相应的风险。长期以来形成的政府对居民储蓄与理财风险的隐性担保，致使居民风险意识淡薄，认为从银行取得既定回报理所当然，甚至形成了低风险、高回报的习惯心理。这种习惯性的扭曲观念既不适应利率市场化的要求，也对利率市场化改革形成了重大障碍。

三

透过市场风险资本监管的演变进程观察市场风险变化趋势*

由于银行市场风险具有很强的技术隐蔽性和横向扩散性，很容易形成系统性风险，很早就受到监管当局的关注。对市场风险进行资本监管，首次由 BCBS 于 1993 年 4 月发布的《市场风险监管措施》中提出，这是 BCBS 最早的一份关于市场风险的正式文件。此后，市场风险资本监管不断修正、改进以四份主要文件体现：1996 年与 2005 年的《资本协议关于市场风险的修订》，2009 年的《新巴塞尔协议市场框架修订》以及 2013 年的《对交易账户的审视：市场风险框架修订》，透过市场风险资本监管的发展进程，我们大致可以观测市场风险演变趋势，把握银行市场风险重心。

（一）第一阶段：确立市场风险资本框架体系

1996 年 1 月，BCBS 正式颁布了《资本协议关于市场风险的修订》和《市场风险内部模型法事后检验监管框架》，将市场风险正式纳入资本监管框架，要求各国监管当局应最迟在 1997 年底执行市场风险的资

* 这部分文稿是中国工商银行总行风险管理部的专家协助整理完成的，特此致谢。

本标准。1996 版市场风险资本框架已包括了“标准法”和“内部模型法”两种方法。这两种方法的形成经历了 Basel I 时的萌芽期、1993 年的标准法和 1995 年提出内部模型法一系列演进过程。

1988 年 Basel I 中曾指出银行面临利率风险与投资风险等其他风险，BCBS 将开展在这一领域的研究工作，但当时市场风险尚未纳入整体的资本监管框架。

随着资本市场的发展和银行交易活动（特别是衍生品交易）增加，银行越来越受到市场风险的影响。1993 年 4 月，BCBS 首次发布了关于市场风险的专门文件《市场风险监管措施》。文中将“市场风险”定义为，由于市场价格（包括利率、汇率和股价）波动引起的表内和表外头寸损失的风险，把交易账户债券、股票风险和所有外汇风险纳入资本监管框架。此份文件形成了市场风险“标准法”的雏形，并提及了模型模拟方法在外汇风险类别中的应用。当时，“风险价值”这一名词，并未在 Basel 协议中正式提出，而仅是一种叫作“模拟”的方法。

1993 年，G–30 集团在《衍生产品的实践及规则》文中首次提出了 VaR 值方法。该方法较当时其他风险度量模型的一大改进是可将多种证券产品组合度量，具有综合度量和风险敏感度高等优点。VaR 方法在业内受到广泛欢迎并快速推广应用。VaR 的方法在当时可以看作市场风险计量的一次飞跃，其统一视角观测潜在损失的特点一定程度上满足了资本计算的需求。在此背景下，BCBS 经过两年的测算，于 1995 年 4 月发布了《资本协议市场风险计划补充》和《市场风险内部模型法》，正式将“内部模型法”引入了市场风险资本框架，并在市场风险类别中增加了商品风险。

经过对 1995 年提议再次征求意见，征得 10 国集团中央银行同意后，BCBS 发布了 96 版市场风险资本框架的两份文件，也标志着市场风险资本正式纳入 Basel II。这一改动有时也被称为巴塞尔市场风险 1.5。

（二）第二阶段：对 Basel II 框架下“特定风险资本要求”进行改进

“特定风险资本要求”指用于保护单一证券价格不利变动所产生的损失。2005 年 7 月，为进一步结合“Basel II（发布于 2004 年 6 月）”的改革要求，改进交易账户体系，特别是特定风险处理，BCBS 发布了《新资本协议在交易业务中的应用和双重违约影响的处理》。该文件同时修订了市场风险标准法和内部模型法下特定风险计提标准。

在标准法中该文件提出了对于未评级债券、非合格发行者（包括证券化暴露）、信用衍生品对冲头寸的特定风险资本要求。在内部模型法中，提出了计算特定风险模型的若干标准，包括要求“特定风险”模型必须捕捉价格风险的所有重要组成部分，并且能够反映市场变化和资产组合组成变化；模型必须解释资产组合历史上价格变化；捕捉集中度风险；在不利的市场环境下保持稳健；反映与单个产品相关的基本风险；捕捉事件风险等。

达不到内部模型要求的银行同以前要求一样，需使用标准法计量特定风险。使用内部模型法计量特定风险的银行，同时要求银行计量“新增违约风险”。“新增违约风险”是针对交易账户头寸的违约风险中未被 VaR 值捕捉的部分。但是该文件没提出专门的方法，仅提出可以是内部模型的一部分，或者是单独计算额外资本要求。

2005 年 11 月，BCBS 重新发布了《资本协议关于市场风险的修订》，将以上自 1996 年以来的修订整合至此文档。

（三）第三阶段：对次贷危机影响做反思与修正

始于 2007 年年中的次贷危机，最终转化为全球性的金融海啸。后续研究表明，交易账户对杠杆的累积使用是导致损失的重要来源之一。危机中众多银行交易账户的损失远高于其所计提的市场风险资本。BCBS 意识到，现有市场风险资本监管框架遗漏了部分重要风险因素，亦不足以抵御危机期间所面临的损失。2009 年，BCBS 发布了《新 Basel 协议市场框架修订》和《交易账户新增风险资本计算指引》，旨在对以上问题加以修正。

虽然危机期间已证明，基于日常情景的风险价值模型无法帮助银行准确计量足够应对危机损失的资本，但此次改革并未颠覆以风险价值为基础的内部模型法，也未更改标准法的方法论。此次修订更多的是在原有基础上以叠加的方式增加额外的资本要求，体现出 BCBS 危机后急于从总体上提高银行市场风险资本的应急要求。新的市场风险框架主要变化在补充“压力 VaR”（stressed value-at-risk）、“新增风险”模型要求和证券化产品的处理上。

BCBS 要求银行补充计量压力情景下的 VaR，降低市场风险最低资本要求的顺周期性。压力情景必须是与银行现有组合相关的，历史上连续 12 个月的金融危机期间。市场风险资本要求在原有“一般市场风险资本”基础上增加了压力情景下 VaR 所计算的“压力市场风险资本”，使商业银行市场风险资本至少增加了 1 倍以上。

在连续多年对“新增风险”的研究上，BCBS 进一步认识到，次贷危机中，信用迁移结合信用价差增大以及流动性的丧失同样使一些知名跨国银行承受巨大损失。于是在 2008 年 3 月，BCBS 决定拓宽新增风险资本计量范围，把信用迁移风险包括进来。BCBS 在 2009 年发布的《交易账户新增风险资本计算指引》进一步要求，银行在用模型计量特定利率风险时，必须估计非证券化信用产品的违约或者信用迁移风险。对新增风险计量模型的要求如置信区间 99.9%、资本计划期 1 年等更为具体，但未统一规定模型方法。而对于证券化头寸，不允许使用新增风险模型，必须使用标准法计算。

2009 年 BCBS 发布的两份文件也经常被称为巴塞尔市场风险 2.5。

（四）第四阶段：实施市场风险资本框架体系整体改革

随着金融危机逐渐平复，BCBS 拟重新审视市场风险的模型理论的审慎性与敏感度。BCBS 希望通过建立一种更为理性的理论框架，更深入、合理地修正金融危机期间现有框架所暴露的问题。2012 年 5 月和 2013 年 10 月 BCBS 连续两次向业界发布了《对交易账户的审视：市场风险框架修订》征求意见稿。此稿对标准法和内部模型法的方法论体系都进行了大刀阔斧的改革，主要从以下八个方面出发：

一是制定更为严格的账户划分要求。明确哪些金融工具必须放入交易账户，哪些可以放在银行账户；严格限制账户间的划转；对于可划转部分不可降低资本要求；提出更为具体的监管方式。

二是明确对信用的处理。要求证券化头寸必须使用标准法计量。非证券化头寸可使用内部模型法，但需要单独计算“新增风险”。

三是对模型方法的改进。首先，无论标准法或内部模型法都将校准至压力期间，以降低市场风险资本要求的顺周期性。其次，将 VaR 值方法替换为理论上更为审慎的“预期尾部损失（ES）”以捕捉 VaR 值无法捕捉的尾部损失。

四是对市场流动性风险的全面考虑。原框架一定程度上默认了交易账户头寸具有较好的流动性，并提出了 10 天持有期计算 VaR 的要求。本次修改将根据资产性质将持有期划分为 5 档，从 10 天到 1 年不等。

五是对冲与分散化效应的考量。危机期间，组合内分散化效应可能消失，而内部模型法计量时过多地允许了对冲与分散化，标准法下又限制的过于严格。BCBS 对两种方法论的改进都将基于降低内模法对冲与分散化效应，提高标准法敏感度的方向。

六是建立内模法与标准法的关联。在方法论上建立两者的联系。强制要求银行计算和披露标准法，考虑将标准法资本作为内部模型法资本的底线或附加。

七是对内部模型法的修订。为改善 VaR 不足以捕捉信用风险和流动性风险，使银行承担尾部损失及顺周期性等缺陷，BCBS 提出从两方面改造内部模型法。一方面是在更小的层面，即交易台，而非法人或集团，审批内模法的适用性。另一方面是加强内部模型标准，包括使用 ES 方法，校准至压力区间，建立一套合理的流程以评估风险因素的可建模性，建立基于流动性的持有期，以及研究对新增风险相关性的处理等。

八是对标准法的修订。彻底改变现有标准法计量方法，采用“部分风险因子法”，通过对各风险头寸现金流在期限、评级、行业、币种等维度上的细分，分别设定风险权重，并引入两层相关性系数，以提高标准法的风险敏感度。不再计算标准法特定风险，而设立新的计量方法计算标准法下信用价差风险和违约风险。

总结 20 年来市场风险资本监管框架的演进，总体上包括两条主线，一条为对市场风险自身模型和理论体系的改进，另一条为对市场风险与信用风险边界重合部分的计量。对于市场风险自身模型和理论体系的改进，包括 1996 年市场风险资本计量两种方法的确立，2009 年对内部模型法计量的修补以及自 2012 年 5 月起，都对两种方法进行了较为大幅的改革。对于市场风险与信用风险重合部分的识别与计量，主要包括 2005 年对特定风险计量要求的完善以及自 2005 年以来不断研究“新增风险”的定义、范围与计量方法，以弥补 VaR 模型的缺陷。2013 年 10 月《对交易账户的审视：市场风险框架修订》已于 2014 年 1 月 31 日结束对业界征求意见，下一步，BCBS 将开展一系列定量研究，并在此基础上发布最终的修订稿文件，并进一步讨论下一步的实施规划。

四

交易对手风险管控是银行交易性业务健康发展的基础 *

做好金融市场交易管理是做好市场风险管理的基础。交易对手违约风险，又是交易对手管理的核心。按照传统定义，交易对手违约管理似是信用风险管理范畴，但考虑到市场风险与交易对手信用风险的紧密联系程度，银行也常常在市场风险领域讨论这一主题。

（一）加强交易对手风险管理具有必要性和紧迫性

金融危机的经验表明，交易对手信用风险管理对于银行稳健经营具有重要意义。近年来，大型银行交易性业务出现规模和占比逐步增大的趋势，而交易性业务既是金融同业之间的重要业务联系，也是传播金融风险、酿成系统性风险的重要渠道。始于2007年中的金融危机，正是因为衍生产品等交易性业务的传染和风险放大作用，导致诸多国际知名金融机构出现巨额损失，甚至破产倒闭，部分金融机构因为政府出手救助才得以逃脱破产命运。金融危机后，“交易对手信用风险管理对银行稳健

---

* 市场风险与金融市场业务交易密切相关，也往往与交易对手信用风险紧密结合在一起，2011—2013年，我有机会与有关咨询机构和一些大型银行的专家多次交流，就交易对手风险管理提出了若干观点。

经营具有重要意义”成为国际金融业的共识，国内外监管机构也对交易对手信用风险提出了更高的资本要求，交易对手信用风险引起了前所未有的关注。未来随着银行国际化、综合化战略的实施，交易对手信用风险的规模势必进一步扩大，加强交易对手信用风险管理变得越来越迫切。

（二）当前银行交易对手风险管理普遍薄弱，跟不上业务发展创新的速度

从银行自身来讲，加强交易对手信用风险管理是提升资金交易业务风险管理能力的内在要求。近年，银行衍生产品交易名义余额和全年交易量快速增长。除了衍生产品之外银行交易性的产品还有很多，比如保函、理财产品、债券投资和交易业务，以及基金、信托、保险等附属机构所开展的业务，都涉及交易对手违约问题，都属于广义上的交易对手信用风险。

2008 年金融危机以来，银行代客衍生产品业务、债券投资业务等出现垫款或亏损，但这些都是已实现、已暴露的风险，并不是银行承担的交易对手信用风险的全部，银行真正意义上所承担的交易对手违约风险比想象的要大。许多交易虽然没有出现垫款，但是通过被动的信贷支持、利息优惠等方式，银行也变相地承担了一定的损失。目前，由于银行交易对手信用风险管理基础薄弱，在交易数据、账务处理、监控工具、估值频率、分析评估等方面仍缺乏相应的工具和机制，以至于不能说清楚交易对手风险敞口到底多大，这个现状必须要引起高度重视。

（三）把握交易对手风险敞口的波动性、复杂性和计量需求

交易对手信用风险不同于信贷业务的信用风险，具有自己的特点。

首先，交易对手信用风险敞口具有波动性。在交易存续期内，风险敞口随着市场波动而不断变化，存在较大的不确定性。即使相邻两天的敞口也可能出现巨大的变化，甚至有时为正，有时为负。因此，在交易存续期内需要对风险敞口进行积极、动态的监控和管理，避免敞口的波动超出风险承受能力。其次，交易对手信用风险管理高度依赖计量模型、IT系统等专业化管理工具的开发和应用。交易对手信用风险管理需要建立衍生产品等业务的估值模型、风险敞口计量模型，并对风险敞口进行动态监控。由于敞口计量复杂程度高、计算量大，且监控频率较高，难以进行手工管理，需要依赖IT系统的支持。在敞口计量模型或IT系统不到位的情况下，很难实现有效的管理。第三，交易对手信用风险一旦转化为实际风险往往损失巨大，且处理难度较大。在出现风险时，需要结合对未来市场走势的判断、潜在损失的计量、客户的配合程度等，综合决定处置方案。此外，采取反向平盘等风险控制手段时，还受到市场流动性等客观因素的制约，加大了处置难度。

基于上述特点，交易对手信用风险与传统信贷业务在管理工具、计量方法、管理流程、缓释工具等方面，存在显著差异，不能照搬信贷业务的管理思想和工具方法管理交易对手信用风险，必须抓住、抓准交易对手信用风险的特点，有针对性地进行管理。

（四）从数据、流程、工具、系统等多层面入手强化交易对手风险管理

目前交易对手信用风险管理主要集中于衍生产品业务，未来要形成一个长期的、与银行发展相适应的交易对手信用风险管理目标框架，不能局限于衍生产品。在下一步管理中要抓好以下几个核心问题：

1. 数据源问题

目前银行衍生产品业务，尤其是分行端的代客衍生产品业务存在大量手工操作、线下操作环节；部分交易信息未进入系统，通过手工台账进行管理；已经进入系统的交易信息不全，缺失额度、押品等交易对手信用风险管理的关键信息。由于上述问题的存在，目前银行未形成完整、全面的资金交易业务数据库，目前只能通过逐级手工汇总上报的方式形成银行衍生产品业务风险报告，数据质量差、时效性差、频率低，无法及时、准确地反映衍生产品交易的风险状况，无法为业务决策提供有效支持。此外，由于历史数据缺失，风险政策、限额制定也缺乏依据，甚至会因无法生成客户完整的授信数据而导致信贷数据失真。

未来交易对手信用风险管理IT系统开发，应着力解决衍生产品等交易性业务的数据真实性、全面性的问题，要做好历史数据的积累和维护，为科学的业务决策和风险决策提供有力支持。

2. 管控流程的优化问题

交易对手信用风险管理流程已经取得较大改善，但仍存在以下问题：

第一，对前、中、后台的全流程风险控制能力不足。交易对手信用风险管理涉及资金交易业务的全流程，包括风险政策制定、非标准产品管理、交易对手背景调查与额度授信、交易发起与审批、存续期管理、资本计量等多个流程环节。非标准产品管理、交易对手背景调查与额度授信、担保品管理等流程环节的风险控制能力仍较为薄弱。

第二，管理的精细化程度有待提升。例如，银行政策规定，当交易对手的存续期风险敞口达到一定水平时，需要向交易对手追加合格金融质押品，但并未明确该措施的具体流程和时限要求，这导致风险缓释效果大打折扣。等等。

第三，由于 IT 系统建设滞后，目前的操作流程均是建立在手工操作的基础上，许多管理功能无法实现，未来 IT 系统开发需要对现有流程进行大规模的优化和改造。

下一步，要提出贯穿衍生产品交易前、中、后台的交易对手信用风险管理端到端流程。相关部门共同努力、积极行动，推动目标流程的落地实施。

3. 科学计量的问题

科学计量是有效管理交易对手信用风险的前提。交易对手信用风险敞口具有波动性的特点，需要通过敞口计量模型动态捕捉风险敞口的大小，再对敞口规模进行有针对性的管理。而敞口计量模型的建立又以各类产品的估值模型为基础和前提条件，计量的专业性、复杂性比较高。目前，国内银行普遍采用“MtM+Add_on”的附加因子法计量交易对手风险敞口，这一方法符合监管要求，计算过程较为简单。但是，相比于国际先进银行普遍使用的蒙特卡洛模拟法，这种方法不能模拟风险因子的波动路径，不能综合反映未来风险敞口的变化。

下一步，要高度重视交易对手信用风险管理相关计量模型的建设和开发，稳步推进计量模型的研发和升级工作。首先，要对目前正在使用的附加因子法风险计量模型中信用风险转化系数等模型参数进行后续检验、优化和校准，提升计量结果的准确性。其次，逐步尝试将已掌握的汇率、利率类衍生产品交易的蒙特卡洛模拟法风险敞口模型进行 IT 实现，提前做好数据积累和模型校验工作，为应对未来更高的监管标准和升级计量模型做好准备。最后，要加大衍生产品风险计量人力资源投入，加强人才培养和储备，形成稳定的、专业化的风险计量人才队伍。

4. IT 系统实现问题

交易对手信用风险管理高度依赖 IT 系统。通过 IT 系统实现交易对手信用风险敞口和衍生产品业务担保品的自动化监控、预警是国际领先银行的普遍做法，也是国内银行未来的发展方向。但是，目前国内银行衍生产品业务 IT 系统建设较为滞后，无法支持动态的、端到端的交易对手信用风险管理。

第一，缺乏统一、及时的交易信息管理系统，总、分行部分衍生产品交易通过手工台账，或在系统中进行近似记录的方式进行信息管理，存在一定的操作风险隐患，也无法及时展示衍生产品交易全貌。

第二，分行端交易对手额度由客户经理通过手工台账管理，总行端交易对手额度切分、监控存在较多手工环节，难以实现有效的事前额度控制。

第三，合格金融质押品信息通过手工台账进行管理，无法对担保品的减免情况、缴纳情况进行有效记录和管理，也无法支持衍生产品交易担保品追缴条件的自动化监控。

第四，交易对手风险敞口计量采用人工估值模板，存在人为修改的现象，导致计量结果不准确。由于缺乏 IT 支持，敞口重估频率较低，难以及时反映市场变化。

未来 IT 系统开发中，要有针对性地解决上述问题，杜绝风险隐患，实现 IT 系统对风险管理的有效支持。此外，要做好前、中、后台 IT 系统建设的统筹协调和统一推进，避免重复建设、数据口径不一致等问题，确保风险管理要求有机嵌入业务流程。

5. 系统工具的应用问题

目前，交易对手信用风险管理着眼于解决衍生产品交易对手信用风险，未来要继续拓展交易对手信用风险管理的研究领域，争取覆盖集团层面所有涉及交易对手信用风险的业务和产品。努力将可以适用于其他产品、业务领域、部门的基础工具，推广、应用至信贷业务、表外业务、投行业务中的交易对手信用风险管理，在机构层面可以拓展至子公司、海外分行等。应用越广泛，工具才越有价值。

第五章

操作风险管理的非经营特性与持续经营的操作风险管理*

* 银行是经营风险的，但这是特指信用风险、市场风险而言，操作风险则具有非经营性特点，是不能经营的。但操作风险又是银行经营风险中永远无法回避的，有时管理不善也会是致命的。

与市场风险、流动性风险等管理的“专家”气息不同，操作风险管理似乎更具有“杂家”的特征。即使现在，由于可能涉及的范围过于宽泛，对于操作风险的定义和范畴，银行业似乎并未达成完全的一致的认识。

在我的从业经历和职业生涯中，操作风险管理始终是一件力不从心的工作。原因很多，但操作风险的外延不确定性、社会经济环境影响的广泛性、金融创新的技术驱动性等，使得操作风险像病毒一样呈现一代又一代的变异性，“道高一尺、魔高一丈”是管理工作的常态。因此，探寻操作风险演变规律、把握管理重心就显得十分必要。

一

厘清操作风险管理的认识

全球化、金融产品创新以及新技术的广泛应用，为商业银行获取盈利提供了广阔空间，也使银行面临的操作风险日趋复杂化和多样化，使之成为商业银行管理工作的重大挑战。不断发生的操作风险事件，对银行的危害性丝毫不亚于任何重大的信用风险或市场风险事件（甚至重大的信用风险和市场风险事件中，都有严重的操作风险）。如巴林银行倒闭、法国兴业银行内部欺诈事件，都说明商业银行即使处于健康的财务状态、符合严格的资本充足要求，也可能因为操作风险而陷入经营困境，乃至破产。因此，厘清对操作风险的认识，把握操作风险管理的新重点，成为当前商业银行完善风险管理体系的一个关键课题。

（一）操作风险难以预期和计量，会严重危及企业稳健运营

对“操作风险”的准确界定是操作风险管理工作的基础。理论界和实业界对其概念存在多种表述。BCBS 从监管要求角度提出，“操作风险是指由不完善或有问题的内部程序、人员以及系统或外部事件所造成直接或间接损失的风险；其中包括法律风险，但不包括策略风险和声誉风险”。世界银行在其年报中提到“操作风险是由于内部行为或外部

事件引起信息、交流、安全装置、业务连续性、监管、交易程序、清算系统和程序，以及执行法律、信托、代理职责出现故障，造成损失的风险”。全球风险专业人员协会（GARP）认为，操作风险是与业务操作相联系的风险，可以分为两个部分：操作失败风险和操作战略风险。操作失败风险来自于操作业务过程中因人、流程和技术原因发生失败的可能。操作战略风险则来自于一些环境因素的改变，例如业务战略、监管制度发生变化等因素。King（2001）认为操作风险与公司业务运营有关，是度量业务活动和业绩波动之间的一个连接①。花旗集团对操作风险的定义中包括了与业务操作和市场行为相关联的声誉和授权风险，美国银行对此界定时还包括了“未能有效、及时且低成本地执行战略目标和措施”，德意志银行的操作风险定义中还包括法规和监管风险。

从以上表述中可以看出，操作风险本质上是危及企业稳健运营的风险，其诱因可能是外生的、也可能是内生的，来自市场、人员、流程、技术环境和管理机制方面的缺陷或失控，其影响通过实际损失或者潜在损失来体现。可以说，操作风险管理的对象包罗万象，涵盖业务运营的各方面，而其根本目的是统一的——确保企业安全稳健营运、减少业务活动的偏差和负面影响。

下面从信用风险、市场风险与操作风险的比较中，加深对操作风险特点的理解。

一是操作风险自身是相对独立存在的、原发的，不一定依赖于特别的载体（如业务、流程），但操作风险会触发信用风险和市场风险，产生连锁效应，成为系统性风险的源头。例如“911”事件、安然倒闭事件。

二是信用风险和市场风险与特定产品、市场挂钩，领域有特定性，

① 转引自 Jeffry M. Netter ,Annette B. Poulsen 2003, “Operational Riskin Financial Service Providerandthe ProposedBasel Capital Accord:an Overview”（DB/OL）. www.ssrn.com。

但操作风险则广泛存在于银行营运的所有领域。例如信贷业务、金融衍生交易、柜面服务、现金库存管理中都存在操作风险。

三是市场风险和信用风险相对宜于计量，但操作风险非规律性的特点使其计量的难度很大（见表 5–1）。

四是信用风险和市场风险在一定时期和一定领域是可以预期的，而操作风险隐蔽性强，难以预期。由于以上特点，操作风险更大程度上为非系统性风险 / 特质风险（Crouhy，Galai and Mark，2000），多数情况下是不对称的、只带来损失不产生收益的风险（Doerig，2000）。

表 5–1　市场风险、信用风险与操作风险特征比较表

	市场风险	信用风险	操作风险
风险暴露的衡量基准	对市场因素的敏感性	信用状况	不易获得
风险前后期的依存性	低	中	高
风险度量方法	VaR，压力测试，方差 – 协方差	专家制度，ZETA，KMV,Credit Metrics	现有度量方法尚未形成共识
风险度量精确度	高	中	低
模型检验	拥有足够数据进行返回检验	短期内的返回检验进行困难	任何时间范围内都难以检验其结果

资料来源：李志辉：《中国银行业风险控制和资本充足性管制研究》，中国金融出版社 2007 年版，第 293 页。

操作风险覆盖范围广、难以计量和预测的特点，给操作风险管理实践带来重大挑战。

（二）国外银行在操作风险管理领域积累了大量经验，国内银行也有进步，但仍存较大差距

近年来，因操作风险形成的巨额损失连续重创金融机构。比如，实物资产损失方面，“9·11”事件直接导致损失 270 亿美元以上。内部

欺诈方面，爱尔兰联合银行（Allied Irish）因欺诈交易损失 69 亿美元，住友银行（Sumitoma）因未授权的交易运作及员工舞弊造成 26 亿美元的损失，巴林银行（Barings）则因不当交易导致这个历史上百年的银行倒闭。因客户、产品和业务活动造成的损失方面，保诚保险（Prudential Insurance）公司由于不当销售行为赔偿了 20 亿美元，Providian Financial 公司也因不当行为赔付了 40 亿美元（Rosengren，2002），长期资本公司（Long Term Capital Management）在货币与利率衍生品交易中损失 40 亿美元，奥兰治县（Orange County）在回购协议和结构性存单交易中损失 20 亿美元，巴林兄弟（Baring Brothers）在期权交易中损失 12.4 亿美元①……这些事件均与操作风险有直接关系。

近年操作风险形成重大损失的案例不断出现的本质原因在于：第一，复杂的风险测量技术、产品设计使化解市场风险和信用风险的结构性产品与实施方法得到越来越广泛的应用，如抵押、对冲、信贷衍生工具等，这些复杂技术增大了操作风险和管理难度。第二，金融市场国际化程度越来越高，部门银行从原来的单点发展为跨洲、跨国的全球性金融集团，在这一过程中，不同地区人文、法律、金融环境的冲击，以及整个公司治理体系的整合带来了错综复杂的操作风险。第三，银行逐步从传统的手工操作模式转变为依靠强大的 IT 系统支撑，在提高效率、降低手工操作风险的同时，也形成 IT 系统风险隐患。第四，银行业务的相互依存度提高，不同条线、机构、系统以及流程之间都有着极高的关联性，这使得单一操作风险事件的发生可能产生多米诺骨牌效应，造成不可估量的破坏力。第五，银行操作风险管理体系仍较为脆弱，从已有的银行遭受巨大损失甚至破产的案例中均能找到操作风险管理不善的原因。

---

① 参看 Exhibit 1 in McCarthy, 2000, taken from Brian Kettel, Derivatives: Valuable Tool or Wild Beast。

上述种种，促成了国际先进银行不断投入资源，完善原有操作风险管理体系。西方银行业对操作风险管理的尝试可追溯到20世纪90年代初。1991年，信孚银行（Bankers Trust）成立一个小组对风险评估、操作风险资本、风险缓解等问题进行研究，这被认为是操作风险管理领域的一个根本性突破。从此，操作风险管理才受到行业协会、金融机构以及金融研讨会议的广泛关注，如表5–2所示。

表5–2　部分国际活跃银行操作风险管理措施简述表

银行名称 管理措施	美国银行	瑞士信贷集团	德意志银行	摩根大通银行
	1. 将个人责任制作为风险管理的基础，强调每人都应对风险和收益进行识别和管理。2. 成立了合规和操作风险管理委员会，负责审查合规和操作风险的计量、管理和控制程序。3. 开发使用了自我评估程序，并持续评估变化的市场和商业环境。4. 建立关键风险指标（KRI）体系。5. 通过过程管理和过程改进的方法来减缓操作风险，主要是通过引入6σ	1. 专门设立操作风险评估委员会负责整个集团的操作风险管理，每一业务部门对自身操作风险负责，并为委员会提供信息资料。2. 操作风险管理框架是由战略、风险政策、系统化的风险管理过程（包括控制措施、评估、计量、汇报）、降低	1. 高层对操作风险的定位达成共识，注重向全体员工灌输操作风险意识，营造有利于操作风险管理的银行文化。2. 管理操作风险的基本方法有实行岗位职责分离、推行“四眼原则”、定期对员工进行教育和技能培训、制订应急计划、编发业务操作手册、对业务发展异常情况进行及时跟踪检查、购买保险等。3. 开发了四套应用系统。（1）“德意志风险图”（db-Risk Map）。（2）“德意志事件报告系统”（db-Incident Reporting System）。（3）“德意志	1. 开发的集成化操作风险管理工具系列，命名为“凤凰工程”（the Phoenix Project）。其软件包建立在一个全面整合的数据框架之上，并全部使用基于WEB的技术。风险事件模型可以提供包括增强版的根因分析（root-cause analysis）、基于风险自评的压力测试以及优化版的财务调整功能。2. 整合了其现有的风险报告技术，形成能在银行各层级范围内按照业务类型和产品单元进行操作风险数据整合

续表

银行名称 管理措施	美国银行	瑞士信贷 集团	德意志银行	摩根大通银行
	质量管理，减少输出的变化程度。	风险、操作管理、公司文化组成。	计分"(db-Score)系统。(4)"德意志跟踪"(db-Track)系统。	的风险报告技术平台。

资料来源：1. 各行年报（2002—2006）以及各行网站信息。2. 尹毅飞：《对国内银行操作风险管理的思考》，《财贸经济》2005年第7期。

1998年，英国银行家协会（BBA）、国际掉期与衍生工具协会（ISDA）和风险管理协会（RMA）委托普华永道（Pricewaterhouse Coopers）国际会计顾问公司针对其55家会员金融机构操作风险认识及管理现状进行调查研究，并将操作风险认识和管理的发展分为五个阶段：第一阶段，银行对操作风险的认识不足，对操作风险的反应是被动、消极的，管理依然停留在合规审查、事后稽核等方面；第二阶段，银行开始建立操作风险管理架构，针对操作风险管理的各个环节——风险识别、度量与管理，拟定政策与必要的施行程序；第三阶段，银行针对反映操作风险的各项指标进行跟踪与自我评估，并依据上述结果，拟定操作风险的应对措施；第四阶段，强调定量的概念，开始发展量化模型衡量操作风险；第五阶段，将操作风险管理充分纳入银行全面风险管理之中，操作风险的衡量与市场风险、信用风险加以整合①。调查显示，现今国际先进银行对操作风险的认识与管理实践已经进入第四至第五阶段。

对比国际先进银行，目前国内银行操作风险体系建设略显落后，工作内容仍主要集中在第二阶段——操作风险管理架构和内部程序的设

① 参见李志辉：《中国银行业风险控制和资本充足性管制研究》，中国金融出版社2007年版。

计和实施阶段，部分银行开始进入第三阶段，引入了自评估等先进工具。由于国内商业银行关注操作风险是从治理违法违纪行为开始的，很长一段时间内，对操作风险的认识仅停留在案件防控方面，以单点、单线控制为主，发现问题“亡羊补牢”，缺乏系统性的认识和管理措施，因此操作风险管理体系的整体建设步伐较慢。导致这种情况的原因还包括：第一，环境因素。长期以来偏重信用风险管理的风险文化制约了国内业界对操作风险的研究分析。第二，体制因素。国内银行改革尚在不断深化，未形成完善稳定的公司治理结构，而操作风险管理的实效与公司治理结构的合理性密切相关，这就加大了操作风险的管理难度。第三，人力资源因素。人力资源投入总量和人员经验的不足，阻碍了工作开展。第四，系统原因。国内银行业务系统缺乏统一的规划和有机的整合，不利于形成统一高效的 IT 风险管理模式。

近年，国内银行已逐步提升对操作风险管理的重视程度，并借鉴国外银行最佳实践，力图实现操作风险管理水平的跨越式提升。针对内部欺诈问题的内部控制，针对 IT 风险和模型风险的专项管理，引入并整合应用操作风险管理工具都将成为国内银行加强操作风险管理措施的重要着手点和创新点。

（三）内部欺诈防范是操作风险管理的核心任务

内部欺诈是一类典型操作风险事件，在国内银行业，内部欺诈形成损失在各类操作风险事件中相对较高，其引发的声誉风险也不容忽视。欺诈行为常常由人员因素引发，但其人员因素并非欺诈事件发生的唯一原因。温故知新，分析银行内部欺诈事件的历史案例，可以得出：人员因素与内部程序缺陷共同导致了风险爆发。尽管学界和实业界对此方面均已有研究评述，然而国内外银行业显然并未完全吸取教训。

2007—2008 年，法国兴业银行交易员科维尔的内部欺诈行为，再次为研究内部欺诈问题提供了新案例。

科维尔通过勾结中台交易助理，同时利用其上级主管专业经验不足等缺陷，采用技术手段，突破了一系列内部程序和内部控制关口，完成了巨额欺诈交易，给该银行造成了 49 亿欧元的巨额损失。在这个案例中可以看到，科维尔职业操守沦丧直接导致了操作风险事件的发生，内部人员相互勾结为欺诈交易的实施提供了便利条件。在人员安排上，下面两方面原因为欺诈行为提供了空间：因原交易主管离职，而上级未及时任命新的交易主管，形成了阶段性风险管理的“真空”；在前台部门人员（两年内人员增长近 6 倍）和产品数量都快速扩张的同时，中台部门因人员在 2007 年的大量离职出现了人手不足和工作负荷过重的现象。

以上是人员方面的因素，而内控程序在设计、执行及监督管理方面存在明显的缺陷，成为欺诈事件发生的必要条件：

设计方面，当内部程序和内部控制功能由不同部门或同部门内的不同单元来执行时，其程序和职责不清晰，造成了对情况难以全面把握和对一些异常现象难以准确判断。同时，在机构内缺乏对风险汇集并提示至相应决策层级的程序，这使问题进一步恶化。

程序执行方面，缺乏对欺诈风险的适度了解和警惕，而将重心更多地放在交易的正确执行方面，对于取消或修改的交易、“推迟起始日”交易、高额票面价值头寸等可能发生欺诈行为的风险预警现象和领域均未有相应的风险管控措施。

监督管理方面，尽管检查部门已查找出那些被科维尔利用的内部控制的薄弱环节，但整个内部程序对于这些敏感问题的反应补救措施却过于迟缓。事实上，这些内部程序的薄弱环节贯穿了整个操作链条，使科维尔得以隐藏其投机头寸。

内部程序存在缺陷是造成内部欺诈行为得以实施的必要条件，这就为应对内部欺诈提供了明确对策——建立完善的内部控制环境。内部控制是伴随管理活动而诞生的。商业银行为实现经营目标，通过制定一系列规章制度和程序方法，并配置一定素质、数量的人力资源对业务风险进行防范控制，从而形成内部控制体系。由于商业银行面临的经营环境、提供的业务产品和服务的内部管理需求是不断变化发展的，完善商业银行内部控制体系成为银行管理的永恒任务。完善的商业银行内部控制体系要满足一些基本标准。一是内控体系要覆盖主要业务种类和流程；二是实现所有员工在各项业务操作中有章可循，并且规章制度得到有效执行；三是内部程序对不同的执行对象要体现一定差别化的灵活性，即对经验丰富并得到银行授权认可的执行者在操作中有一定的自主性；四是内部程序的设计和执行要考虑成本，包括管理成本和机会成本；五是内部程序的设计要建立在对业务主要关键流程环节进行风险评估和知晓确认的基础上。

借鉴法国兴业银行的教训和内部控制有效性的标准，国内银行要在以下几方面强化内部控制措施，以降低欺诈事件的发生概率。首先，明确前中后台的内控职责，让每个岗位了解自己的内控任务，并具备相应的素质，使各个条线、产品的内控体系得到有效的人力资源支持。其次，强化岗位分离和制衡机制，对关键岗位实施定期轮岗和强制休假制度，明确问责制度等，确保经营行为在监督范围内。对于快速膨胀的业务和交易，要重点关注，满足“四眼监督”原则。其三，在充分分析业务风险特征的基础上健全内控程序并监督内控程序的执行。通过推进操作风险与内部控制自我评估工作，对重要生产系统、主体业务的制度流程进行梳理、重检，建立制度、流程、系统的持续优化完善机制，确保内部控制程序无漏洞。其四，建立覆盖全业务领域的风险信息报告和应急处理机制，确保发现问题及时补救。其五，分析风险出现频率与预计损失，通过对重大风险、主要风险重点配置内控资源，达到降低风险的同时，控制管理成本，确保服务效率和灵活度。

（四）信息技术（IT）风险在操作风险管理领域越来越重要

随着商业银行业务越来越依赖 IT 系统和网络来实施，IT 风险也成为一类日益重要的操作风险。近年来国内外银行发生 IT 系统事故，导致业务的非正常中断的事件，给银行业和监管部门提出了警示。中国银监会于 2006 年底发布实施了《银行业金融机构信息系统风险管理指引》，明确 IT 风险的重点管控对象，包括总体风险、研发风险、运行维护风险和外包风险，从管理领域角度概括了 IT 风险特征。在遵从监管要求的基础上，中国银行业还对 IT 风险的属性进行区分并出台应对方案，具体包括安全性风险、可用性风险、性能性风险和遵从性风险等几方面。

安全性风险是未经授权方更改、访问或使用银行信息带来的风险。这类风险会对信息安全、信息可信度及管理信息的技术和流程造成危害。风险来源于外部攻击、恶意代码、物理性破坏、不恰当的访问、心存不满的员工以及平台和信息类型的增多。其潜在和深远影响包括：银行信息被破坏、造成外部欺诈、客户身份信息被窃取、金融资产被盗取、银行信誉和品牌受到损害，以及银行 IT 软硬件资产受到毁坏等。

可用性风险是未能提供或延迟提供进行业务交易和操作所需的 IT 流程或信息。风险来源于硬件故障、网络中断、变更管理流程不完善、数据中心故障和其他不可抗力。造成的影响包括：交易终止，丧失销售机会；降低客户、合作伙伴和员工的信心；关键业务流程中断或延迟；降低 IT 员工的工作效率等。

性能性风险是支持业务交易和操作的 IT 流程速度降低或无效。风险来源是系统架构薄弱、网络拥挤、无效代码或容量不足。造成的影响包括：降低客户满意度，降低客户或合作伙伴的忠诚度，降低客户工作效率，关键业务流程中断或延迟，降低IT工作效率等。

遵从性风险是因不遵从法律法规而导致罚款、罚金和信誉受损，或不遵从IT策略而导致一系列后果。造成的影响包括：损害声誉，泄露客户保密性资料，引发诉讼，降低管理人员的工作效率等。

对于以上四类风险，需要采取的共同策略是：首先，定期识别与评估IT系统及其流程设计的安全性，查找漏洞并及时整改。其次，结合识别与评估及日常检查的历史数据，建立关键风险指标（KRI）和预警标准，对参数管理等关键风险点进行实时、动态监控，对信息系统和管理流程的潜在风险进行预警。再次，加强信息系统的审计工作，完善风险再评价机制。

对于安全性风险和遵从性风险，要将IT管理与内控体系结合，特别注重规范IT系统变更管理流程，严格审批授权、密码管理和岗位制衡等内控制度，防止内部人员的违规和恶意行为。同时，加强IT系统重要数据和日志信息的管理，做好重要信息的备份，健全信息存储管理制度，保护重要信息安全和核心机密。

IT风险的识别和管控都需要专业技术能力，为此，需要加强重要IT系统核心人员的管理，健全关键技术人员的激励约束机制，吸引和留住技术人才，维护核心岗位人员的稳定性，同时监控关键岗位的异常操作，避免道德风险的发生。

（五）模型风险是银行操作风险管理的新挑战

自20世纪70年代以来，由于商业银行业务日益复杂，银行从最初主要依靠经验和判断的定性手段逐渐向以定量技术和方法来管理业务过渡。在风险管理领域和资本市场业务领域，商业银行采用了大量计量模型和金融模型，为银行的风险量化管理和资金交易提供了强有力工具，计量模型和金融模型的大量使用也是近30年来金融产品爆炸式增长和金融系统获得深刻变革的主要推动因素之一。但与此同时，由于模型本身的复杂性以及对模型的不当使用，将可能导致模型风险的产生。美国“次贷”危机对众多金融机构造成了不同程度的损失，“次贷”危机发生的其中一个原因是相关金融机构、风险评级机构对各种风险计量模型和定价模型的模型风险未能加以有效控制。鉴于模型风险的重要性日益突出，商业银行应当及时开展对模型风险的评估和研究。

所谓模型，是指通过提取真实对象运作规律的主要特征，将复杂的运作规律进行合理简化以后的一整套逻辑规则。在开发模型过程中，模型可能会抓住它所描绘的真实世界的大部分特征，但同时也可能忽略一些重要的内容，同时商业银行在模型的实施和持续使用中存在的错误和/或不一致性，因上述因素导致重大损失的风险统称为模型风险。在商业银行经营管理过程中，模型风险主要体现在运用数学模型来计量风险、估价、交易套利过程中出现错误、带来损失的可能。模型风险属于操作风险的一种。

商业银行模型风险主要包含定价模型的模型风险和风险计量模型的模型风险。在定价模型中，模型风险是，不能准确计量市场价格带来的风险。在风险计量模型中，模型风险是，不能准确评估计量未来损失的风险。模型风险可能来源于模型开发、测试部署、运行和维护阶段的整个模型生命周期，产生的原因主要包括以下几类：

一是对模型中影响结果的主要因素考虑不全面。就现有的模型能力和现实世界的复杂性来看，由于真实世界要远远复杂于任何能够创建的数学模型，因此选取的模型因素不足以描述真实世界时，即存在该种风险。以评分卡模型为例，由于国内区域经济发展程度、信用水平的差异，导致区域因素是影响评分的主要因素，如果没有加以考虑，就可能导致模型风险。

二是在因素考虑全面情况下，有可能对因素（自变量）本身的运作规律、分布假设不正确①，如将短期利率运动过程假设为几何布朗运动，在给大多数利率衍生品定价时就不太恰当。

三是对因素（自变量）和影响变量（因变量）之间的传导关系假设错误。此处指的是因变量和自变量之间的经济学含义假设不正确。比如一般认为，高收入者的违约率较高的假设是不正确的。

四是建模时成立的模型关系，随着时间的推移，关系不再成立。这里存在两个原因，一是建模时对模型关系稳健性考虑不足；二是模型本身稳健性足够，但是随着时间的变化，输入变量整体分布发生了漂移。如评分卡模型上线几年后，申请人群的风险要素的分布特征发生了漂移，这时就需要重新开发评分卡。

五是模型关系正确，但是选取了错误的参数。如期权定价模型中重要的参数是波动率（Volatility），有多种方法可确定该参数，对参数的不当选择将使定价结果差异极大，可能给银行带来损失。

六是建模时所用的样本数据不正确或不具有代表性也可能导致建成的模型错误。如数据清洗错误，导致使用样本数据建立的模型关系错误。

七是模型在部署实施、使用过程中发生的一些错误，一般也归属于模型风险。如模型部署实施过程中的编码错误，未经规定程序发布模型，模型测试风险，模型使用者未能正确使用模型，如模型运行过程中模型的输入错误，也属于模型风险，如系统上线以后客户经理输入错误

---

① 此处所述“正确”是相对意义上的，所谓“正确”与否主要看是否满足建模需要，以文中例子而言，假设为债券期权定价，在债券到期日远大于期权到期日时，假设利率服从几何布朗运动也是可以接受的。

的数据进行评分。

面对上述诸多模型风险，商业银行应从几方面入手进行防控：

首先，通过建立制度统一规范国内银行模型开发和运用工作。银行业监管部门和商业银行需要共同努力，建立一套制度体系，统一规范商业银行模型开发、测试部署、运用和维护等各环节的工作，提高有关模型工作效率，防范和减少模型风险。

从模型开发的流程来看，商业银行应当制定统一规范的建模流程，其中包括通过制定模型管理办法统一建模流程，通过设置建模关键点控制建模关键环节的风险，通过模型验证、模型测试及时评估模型可用性。从模型部署实施环节来看，需要建立对模型开发过程中的编码进行测试机制，并制定规范的模型发布程序。在模型运行环节来看，银行还应当确立模型维护和定期监测。模型维护包括对模型的输入进行有效控制。定期监测即通过监测模型运行中的关键指标，及时发现模型输入和结果的偏移。同时对于定价模型，可以通过建立风险损失准备金来弥补不同模型估算之间的差异带来的风险损失。对于风险计量模型，应当及时开展情景分析和压力测试，分析风险参数、风险变量在极端变化下模型是否能正常运作。

其次，加强各类模型建设和运用所需数据库的建设。国内银行应积极建立客户的数据库系统，要保障足够的数据质量和数据时间长度，运用数学模型计量、跟踪信用风险，建立规范的征信和信用评级体系，为实施内部评级体系的商业银行的信用风险管理创立信息平台。

最后，要积极加强专业人才的培养，为各类模型的开发运用提供必要的人力资源。在计量模型的具体开发和运用方面，国内银行还面临着技术专家的匮乏和整体人力资源配备不足的情况，同时面对其巨大的工作任务和紧迫的时间要求，因此急需提高风险管理人员的专业素质，加大人力资源的保障力度。

在次贷危机导致的动荡的金融市场环境中，模型风险作为一种可能引发重大损失的操作风险，理应引起各方重视。随着商业银行业务进一步复杂化，应当认识到各种金融模型、计量模型在商业银行以及其他金融机构的使用已是大势所趋，模型风险已经与商业银行的业务经营与管理相伴相生。因此，面对模型风险，商业银行既要避免对其听之任之的态度，也要避免由于存在模型风险而完全推翻风险计量的作用，将一切金融危机导致的损失与错误均归结于模型风险的简单化思维，而应将模型风险视作业务经营中的常态存在来管理，遵循识别、计量、监测、控制的流程，逐步通过分析模型风险的成因与影响，有效控制其可能产生的不利影响。

（六）国内银行应引入和整合应用操作风险管理先进工具

如前所述，国内银行基本进入操作风险管理的第二阶段，操作风险管理架构已初步形成，操作风险管理程序体系得以实施，但总体而言，这些银行的操作风险管理水平尚显落后，与国际领先银行的差距主要体现在：没有灵活应用各类操作风险管理先进工具，尚未形成自我检测、快速纠正的完善机制。

随着操作风险管理研究成果的增多，创新风险管理工具在国际金融机构被广泛应用，常见工具包括自评估、风险地图、KRI、业务持续性管理、计量模型等。引入和整合这些工具，可以快速丰富国内银行操作风险管理手段，使国内银行实现向“第三、四阶段”（全面识别和准确计量）的快速过渡，并为“第五阶段”整合各类风险的全面风险管理提供基础。

经活跃金融机构的实践检验，重要操作风险管理工具的具体形式和作用包括：

操作风险自评估和风险地图。自评估是通过调查问卷、系统性的检查或公开讨论等方式对银行经营中可能出现的操作风险进行识别，评估是否内部管理程序符合操作风险管理政策，发现管理中存在的缺陷和问题。风险地图是在建立自我评估以后，对银行的关键风险敞口制作损失概率和损失程度图。该图能帮助识别每个业务条线所遇风险以及主要风险点，从而使风险管理资源（人员、系统）重点配置在主要风险点。

KRI。KRI 是通过建立和实施一套与关键操作风险高度相关的风险指标体系，敏锐捕捉风险变化，从而形成对风险的实时动态监测和预警。比如交易失败的次数、人员周转率、损失频率或严重性、业务交易量、“防火墙”的破坏等。

业务持续性管理。包括业务持续性规划、应急管理和危机管理三大部分，是一系列事先制定的策略和规划，确保企业在面临突发的灾难事件时，关键业务功能可以持续运作，以保证业务的正常和连续进行。美国银行之所以在“9・11”事件中未受到严重影响，就是因为他们具备完善的灾难备份系统和业务持续性管理体系，在危机发生后，使临时中断的业务能够迅速通过替代途径、人员团队进行恢复工作。同时，灾难发生前的各项业务数据被保留，银行和客户的利益都得到保障。

操作风险计量模型。用于评估和预测操作风险发生的概率及影响。操作风险计量模型以损失分布法最有代表性，该方法根据商业银行内部损失数据，基于业务类别与操作风险损失事件类型的矩阵，估计操作风险损失事件的发生频率及损失严重性的概率分布，在假定未来一段时间和一定信赖区间的基础上，计算累积的操作风险概率分布，并可在此基础上计量操作风险经济资本。在数据质量较高，满足建模需要基础上，计量模型为操作风险的管理与控制提供了有力的工具。

按照操作风险的管控流程划分，自评估用于操作风险的识别，风险地图和 KRI 用于操作风险的评估和监控，业务持续性管理为操作风险的预控和缓释提供了较为全面的解决方案，而计量模型通过量化分析结果，全面支持了风险控制手段的实施。对于国内银行来说，管理者需要充分理解这些工具的适用范围，通过研究本地市场和本机构业务管理特点，将先进工具进行“本地化”改造，采取先进行小范围试点、逐步推广的方式，将工具与日常风险管控密切结合。从支持工具应用的人员素质、基础设施来看，国内银行已经具备应用这些工具的条件。

二

感悟操作风险的管理重点

长期以来，国际银行界始终将操作风险管理列为最重要的管理领域，以充分应对外部环境的变化和内部管理失当可能引发的损失，这足以给我国银行管理者很多启示。我国大型银行自 2005 年启动财务重组、开始商业化改革以后，经营业绩有目共睹，但操作风险形势却日益严峻，有时甚至成为银行改革与发展的掣肘。

（一）经济下行期操作风险呈现新特点

1. 经济下行期，针对银行及客户的欺诈增多

一是针对银行的信贷欺诈。经济下行期间，外部环境和客户群体情况变化很快，因资金链紧张、部分客户信用丧失引发的外部欺诈明显增加。二是针对客户资金的欺诈形式众多。利用伪冒卡盗取资金事件层出不断，而利用电话、短信、网络、第三方支付平台等多种途径诈骗、窃取客户账户信息及资金的事件屡屡出现。三是柜台堵截的存单、票据等欺诈事件数量金额不小，且部分不法分子伪变造的票据真实度相当高，识别难度加大。

2. 经济下行期，针对银行及客户的暴力侵害事件值得注意

近年来，针对银行营业机构、自助设备的盗抢、爆炸等暴力事件明显增多。针对银行取款客户的暴力抢劫事件也发生了多起，并且导致了客户的死伤，给银行带来损失和声誉上的不良影响。

3. 投行业务操作风险管理要注意吸取金融危机的经验教训

从国际投行的实践经验看，投行业务操作风险管理的重点集中在三个方面：一是投行的内部业务流程程序。从前期项目的寻找、调查到后面的决策、执行，都要求非常严密，需要花费大量的精力进行流程程序的完善。二是投行人员管理。投行业务很多问题出在人员管理上，特别是交易人员道德风险的防范及尽职尽责管理，这一点比传统银行业务更显突出。三是投行业务的系统。很多交易必须依靠系统执行，系统的研发在投行业务中占有举足轻重的地位。2012 年以来银行在投行业务风险管理方面采取了很多措施，包括纳入全面风险管理体系，积极建章建制等，在投行业务操作风险管理方面取得了一些成效。但还需要从金融危机中进一步总结经验教训，逐一剖析，并列出未来一段时间投行业务操作风险管理的规划，明确重点工作，打好基础。

（二）县级支行、创新业务、传统低信用风险业务、客户准入环节的操作风险管理仍然薄弱

总体看，银行操作风险管理体系建设取得了长足进步，但仍然存在一些突出的问题，需要尽快加以研究解决。

1. 县级支行成为操作风险管理中的短板

县级支行特别是一些偏远地区的县级支行，处于银行管理链条的神经末梢，银行总行在管理上鞭长莫及，不论在接受上级行业务培训指导、还是检查监督制约上都相对偏少，其业务素质、内控水平和风险意识相对薄弱，但至今尚未找到一种行之有效的管理方式。

2. 一些新业务、新产品的内部流程仍存在缺陷

例如代销保险、理财产品、投行领域的新业务等，在内部流程及管理上还存在一些缺陷，容易给业务操作留下风险隐患。

3. 一些传统的、成熟的甚至违约风险比较低的业务，由于操作不规范引发出大量问题

这些问题与产品设计本身无太大关系，而是在经营或操作过程中出了风险。如代客衍生品、小企业承兑业务、信用证业务、履约保函等，在过去都属于较为成熟、违约风险较低的业务，但因操作中的不规范和随意性引发出大量风险。

4. 部分客户准入端缺乏严格的标准，给后续的风险管理带来较大压力

总体上看，近年来银行反复强调客户选择，客户准入，加强客户结构调整等措施取得一定成效，但对部分客户群体的准入仍缺乏严格的标准。今后应当重点加强账户开立、签约环节的风险控制，将风险控制端前移，避免后期客户交易环节效率降低、风险放大。

（三）操作风险管理要解决好“管什么、谁来管、怎么管”的问题

与信用风险、市场风险相比，操作风险更加难以管理。主要体现在以下几个方面，一是从性质上看，操作风险远比信用风险和市场风险复杂。不论是其风险构成因素、风险来源、风险表现形式，还是损失形态，都呈现出多样性、分散性和复杂性的特征，这决定了操作风险难以像信用风险和市场风险一样准确计量、把握规律。二是从管理技术、工具的发展看，不论是风险计量水平，还是风险控制、抵补和分散的方法手段，信用风险和市场风险的管理都较为成熟，而操作风险管理自身的工具方法十分有限，到目前仍然只有自评估、KRI、损失数据等寥寥几种，高级计量法也仍在探索中。三是从风险管理工具的应用看，信用与市场风险管理工具已嵌入业务操作流程，并对业务发挥着实质性管理作用。以银行信用风险管理为例，内部评级系统已嵌入相关业务系统，适用于内部评级法的对公资产覆盖率在80%以上，成为信贷流程重要环节。RAROC工具在信贷资源配置、授信方案设计、产品定价等方面得到积极应用，科学指导客户选择和合理进行风险安排。而操作风险管理工具，如自评估和KRI只能在业务流程外发挥风险识别、评估和监测的作用，业务流程中的风险控制则主要依赖授权、岗位制衡等内控的完善性和执行力。

这些特点决定了对操作风险的管理不能简单等同于信用风险和市场风险，而要根据其自身的性质、特点，明确操作风险管理思路，重点解决“管什么”、“谁来管”和“怎么管”的问题。

1. 要厘清操作风险管理边界，搞清楚“管什么”

目前，银行执行的是银监会和BCBS对操作风险的定义，即操作

风险是指由不完善或有问题的内部程序、人员及系统或外部事件所造成损失的风险。但这个界定相对笼统，如果从广义角度说，银行所面临的一切风险多多少少都与操作风险有关。这种过于宽泛的界定会造成管理边界不清、重点不明，导致管理效率质量低下，甚至管理无效。因此要结合银行当前的业务特点和管理实际，对操作风险的种类、形态进行梳理，对操作风险的管理边界做进一步的研究和界定，这样才能针对不同类型的操作风险明确采取何种管理模式、建立什么管理架构、运用哪些管理手段，采取哪些管理措施。

2. 从落实全面风险管理责任制入手，解决“谁来管”

操作风险的分散性特点决定了其管理必须依赖于业务流程的管理者、设计者、执行者和监督者等各个主体的共同参与。其中，作为日常管理者，各层级和条线是其所辖领域操作风险的直接责任主体和“第一道防线”。银行整体操作风险管理必须要从落实全面风险管理责任制入手，各级机构要将风险细分，层层落实到分管领导、团队及岗位责任人身上，每一层级、每一条线、每一位员工都要在操作风险的识别、评估、监测、报告、处置等各流程、各环节承担明确的责任，各负其责、齐抓共管，这样才能切实改善操作风险管理现状。风险管理部门作为“第二道防线”，则主要做好对操作风险趋势的分析、评估和判断，并在此基础上加强风险提示。

3. 加强操作风险的分析判断，找准管理重点，解决好“怎么管”

一是银行各部门应当加强对本部门、条线操作风险的定期分析评估，让管理层做到心中有数。定期对本条线的操作风险做好分析评估，并基于分析结果，对分行进行排序，概括出不同分行的操作风险特点。

二是要积极探索有效的操作风险判断分析方法。如何判断操作风险形势的技术方法一直没有解决。操作风险损失数据对于建模和资本计量非常有价值，但简单地将损失数据用于判断操作风险形势是不行的，一方面是因为很多损失数据是对过去发生事件的补报，时效性不足；另一方面数据的全面性也不充分。与此同时，如何发挥KRI在操作风险监测及预警方面的功能目前也还不成熟。通过什么指标、什么方式来分析判断操作风险形势的问题没有解决，还需要大家共同思考。三是加深对操作风险的理解，找准管理重点和关键点。理解操作风险，就要深刻理解业务、把握业务的风险特点，在此基础上，找出重点领域和关键风险点，据此合理配置管理资源，明确管理重点，确保管理有效性。

（四）信贷反欺诈工作是当前信贷领域操作风险管理的重中之重

在经济增速趋缓的阶段，集中于银行信贷领域的欺诈现象明显增多，并且呈现出很多新的特点，其成因也不一而足。“道高一尺，魔高一丈”，尽快扎紧篱笆，是银行信贷反欺诈的基本思路。

1. 信贷欺诈在一些领域呈蔓延态势

随着社会资金面趋紧和少数地方不良风气的传染，针对银行的各种造假、欺诈行为有增加势头。最典型的是媒体曾经多次披露的金融票证诈骗案，不法分子和银行员工内外勾结，通过伪造存款证实书办理质押贷款等方式骗取银行资金。从数据统计情况看，由于信贷欺诈而带来不少直接损失。

信贷欺诈不仅给银行带来经济损失，而且影响银行的声誉和品牌价值，严重的甚至影响区域金融市场稳定。从银行不良贷款成因来看，有相当比例的是欺诈引起或者与欺诈行为密切相关。做好信贷反欺诈工作，不仅是对银行的发展负责，也是对银行信贷从业人员自身的发展和前途负责。

2. 当前信贷欺诈现象主要表现为借款人作假和内外勾结

信贷欺诈存在于信贷业务流程各个环节，具体可分为外部欺诈、内部欺诈以及内外勾结欺诈，其共同特点是通过编造虚假财务数据、交易信息、证明文件及其他信息，误导银行信贷经营和决策，骗取银行资金。信贷经营和决策应建立在真实信息和真实交易基础上，而信贷业务先天具有信息不对称性。借款人与银行之间，前台与中后台之间，下级行与上级行之间，前者相对而言掌握更多的信息，这种信息不对称加大了反欺诈的难度。

现阶段信贷欺诈呈现以下主要特征：一是在宏观调控、银根收紧的大背景下，部分借款人通过造假（例如假项目、假合同、假证明、假报表、假担保、假重组等方式），或是隐匿不利信息套取银行资金。二是有一些内部人员为了“小集体”或个人私利，故意隐瞒不利信息，提供假数据或无事实依据的主观判断，甚至协助、勾结客户造假，帮助客户通过内部审批，或者利用银行管理和内控的薄弱环节，骗取银行资金。

3. 要注意信贷欺诈的隐蔽性、广泛性、局部集中性等特征

一是欺诈行为更加隐蔽。有的客户根据银行关注的关键环节和重点信息有针对性地造假，如篡改财务报表、虚构抵押物或存款证实书、虚构交易等。还有关联企业共谋套取银行贷款的案例。例如，上下游企业非贸易的资金拆借往来频繁，随意取消合同而双方未产生法律纠纷等现象，都可能是关联企业串谋欺诈的“疑似”信号。

二是欺诈行为更为广泛。信贷欺诈由原来的贸易融资、信用卡，

扩大到资金周转类信贷业务、个人住房贷款，甚至是固定资产类贷款；从贷前欺诈，延伸到贷款支付、担保设置、不良资产处置等信贷流程的各个环节。

三是交易与支付环节作假明显增加。例如利用信用证软条款、非标合同中增加隐蔽条款等方式，骗取银行信贷资金、逃避债务；或为规避“三个办法、一个指引”要求，伪造或变造合同、凭证和发票等。

四是国家重点调控涉及的领域，信贷欺诈现象明显增加，甚至出现地方政府参与造假的现象。例如，为获得信贷资金（或到期后能展期、借新还旧），出现人为调整融资平台属性、虚构现金流情况等，这方面尤需关注。

五是由“过度营销，过度授信，过度服务”引发的欺诈。有的分支机构单纯追求规模和增速，人为放大客户授信额度或给予各种形式的优惠，放宽贷款支用条件等，忽略了必要信息的核查，该调查落实的没有尽职调查，导致本来可以发现的风险隐患被忽略或隐匿。有的经办人员为迎合客户，纵容客户造假，以获取高评级、高授信。

4. 从理念、方法、策略、工具、机制入手全面做好反欺诈工作

一是加强宣传和引导，树立反欺诈理念，增强银行全员反欺诈意识。在剖析信贷欺诈典型案例基础上，通过案例汇编、内部专栏宣讲等方式，加强正面经验介绍和反面警示教育，提高全员反欺诈的警惕性和敏感性。尤其要加强信贷人员的反欺诈培训，提高反欺诈专业技能，例如如何分辨票据真伪，如何识别非标合同常见法律陷阱等等。

二是积极借鉴国际先进银行的管理经验和做法。国外先进银行的欺诈案件发生率等指标远低于国内银行水平，除了得益于相对成熟的市场诚信体系外，主要是依赖内部严格的职业操守规则以及基于 IT 系统的信贷欺诈信息识别和过滤技术。例如，花旗银行通过合规管理制度、

内部举报机制等，防止内部人员违规。美国银行等诸多先进银行通过建立信用卡反欺诈评分卡等，提高反欺诈侦测和堵截能力。银行管理者要积极借鉴这些好的经验和做法，认真评估目前信贷反欺诈管理现状，完善反欺诈的政策制度、策略规则、岗位职责、系统工具等，构建“人防”和“机控”相结合的反欺诈体系。

三是抓住欺诈高发部位强化治理。针对客户、信贷产品、风险缓释工具和第三方合作机构、信贷支付、交易背景等重点部位，采用多种方式核实业务的真实性。例如，利用网络和电话了解情况，与利益相关者进行访谈，实地核查、行内外信息系统查询等现场和非现场相结合的形式，甄别信息真伪。很多银行机构在实践中总结和建立行之有效的措施，例如有些基层机构通过明确管理规范，建立信贷反欺诈与真实性管理体系，大大提升了对假项目、假客户、假合同、假担保、假报表和假重组等欺诈行为的识别和防范能力。

四是探索建立反欺诈预警监测机制。梳理总结各类信贷欺诈的特征，探索建立反欺诈预警监测机制。例如，出现频繁更换会计人员或主要管理人员，与大型银行合作意愿一直不强的客户突然主动转向大型银行并提出急迫借款需求等。对于这些异常信号要及时触发反欺诈机制，开展调查核实。预警监测应区别不同客户，对于信用等级较低、初次与大型银行合作的新客户、非知名跨国公司控股的中外合资企业、民营企业和中小企业客户，要加大真实性管理的力度。

五是研发反欺诈行为评价模型和系统。借鉴信用卡反欺诈的经验和方法，依托 IT 系统、数据挖掘分析工具和信息过滤工具，积极探索研发大中型公司类客户行为评分模型，引入信贷欺诈行为特征分析，建立个人、小企业、大中型企业全方位的行为评价模型，并嵌入到信贷流程中，增强欺诈风险的预警识别能力。同时，健全欺诈及未遂欺诈事项的登记和通报机制，建立全银行范围的个人和企业欺诈黑名单，并纳入到风险监测系统中进行实时监控。

六是明确职责分工，建立健全考核机制和问责机制。银行客户经理和评估评价人员在贷前尽职调查报告中，应对照反欺诈工作要求，确认各项规定动作执行情况并提供翔实佐证材料。贷后管理人员应做好持续跟踪评价，发现客户存在异常迹象的要及时核查，并体现在贷后管理报告中，出现问题的要及时启动应急风险处置。贷款审批人要保持专业敏感性，对于存在违背经济规律、财务逻辑、行业惯例、投资规律等疑点的客户，要做认真分析和甄别，审慎决策。

三

推进业务持续性管理，防范业务中断风险*

随着金融不断深化，并伴随银行业技术日益密集化、金融服务高度外部化和对自然灾害的日趋敏感，业务中断风险使管理者感受到前所未有的巨大压力。由此，业务持续性管理（Business Continuity Management, BCM）就成为近年来兴起的一个热门话题。

（一）为防范业务中断风险必须建立完备的业务持续性管理体系

“业务中断风险”（以下简称“中断风险”）是一种危害巨大的“低频高损”风险，是各类风险中导致业务非正常停顿的一类重大风险。中断风险发生时，支持业务开展的某一关键资源或者整个运营平台出现问题或完全失效，造成业务无法按预定流程开展、或者无法达到预期服务水平。例如，营业网点发生了火灾，业务流程系统宕机，员工疏忽丢失客户资料等，都可能造成业务无法开展。

---

* 业务中断风险作为一种“低频高损”风险，可能对银行产生重大冲击。2007—2011年，我对防范业务中断风险的问题进行了专门研究，提出开展业务持续性管理的基本思路。

从诱因看，中断风险主要来自操作风险，只有少部分来自流动性风险和声誉风险①。操作风险中的外部事件、系统失效、人员失误、内部程序漏洞等都可能造成中断风险。因此中断风险的管理一般纳入操作风险管理的管理领域内。

从发生频率看，中断风险发生的总体可能性较小，但随着经营内外部环境的复杂化和对技术的依赖，近年中断风险发生的可能性日趋增加。银行在经营中为获取风险回报，会主动承担部分市场风险和信用风险，因此两者的出现频率远高于操作风险，例如利率波动对资金头寸的影响、客户违约对信贷业务的影响几乎是每天发生的。而传统上，银行对操作风险尽可能采取规避态度，建立了相应内控措施，从而避免了操作风险的频繁出现，影响重大的中断风险出现几率更低。但是，随着金融市场和计算机技术的发展，一方面银行服务形式更趋复杂化、个性化，创新产品层出不穷；另一方面，经营管理对技术平台的依赖日趋增加，这使单一银行服务对应的支持资源和流程环节大幅增加，从而加大了单一业务的操作风险敞口。当支持资源中任意一部分发生问题，就可能导致中断风险的产生。

从影响看，中断风险影响深远广泛，很可能直接决定银行的经营存续。首先，中断风险造成一定程度的业务停顿，造成当期业务收益减少。同时，纠正业务停顿和弥补连带影响带来了成本，例如维修出错设备的费用、代理客户实时交易失败后面临的诉讼费用等。更为重要的是，一旦中断风险造成负面社会影响，可能造成大批客户的流失，交易量减少。综合这些效应，很可能导致一家银行走向倒闭。例如，根据美国劳工局统计，93% 的公司在经历严重数据丢失后 5 年内倒闭，根据 Gartner Group 数据，五分之二的公司在经历灾难后不能恢复运作，另有

① 例如挤兑造成网点停业。

三分之一经历灾难的公司在两年内倒闭。

中断风险不仅会冲击银行自身，对整个金融体系稳定运转、居民投资和储蓄信心都有连带影响。由于金融区域化、全球化和多方交易的存在，单一企业出现的问题很可能影响整个市场。基于这些影响，银行管理层通常面临较大压力，单一中断风险造成管理者去职的例子并不鲜见。因此，怎样保持业务连续成为银行管理者的关注焦点。

业务持续性管理体系的建设对于银行业有着非比寻常的意义。从以下的数据不难看出一些端倪，全球有近一半的灾难恢复中心是专门为金融行业而设立的。系统控制器 CPR（Contingency Planning Research）的调研结果表明，美国灾难恢复和业务持续性的需求有 45% 来自金融行业。那么，银行对业务持续性管理（BCM）的格外关注可以从内外部因素的分析来得出原因。

从外部来看，银行的业务中断可能引发"蝴蝶效应"，波及整个社会。试想有一天客户无法提取存款，无法向亲朋好友汇款，无法通过网上银行进行支付，无法缴付水电费、燃气费，无法进行股票、基金交易；企事业单位无法进行工资发放，无法正常进行交易资金交付；国家无法进行国库资金的集中支付，生活将是如何混乱。在不知不觉间，这些银行服务已经渗透到政治、经济以及居民日常生活的各个领域，而银行之间以及银行与其他行业间的相互依存度也日益加深，一家银行的业务中断的影响会接二连三地扩散到其他银行、全球金融市场甚至其他领域，造成连锁反应，进而引发更深层的社会危机。

于银行内部，如何化险为夷躲过"灭顶之灾"，把灾难造成的影响降到最低，是关乎银行生死存亡的大计。首先是风险的日趋集中，网络时代的来临，给银行带来了数据大集中的深入发展以及以电子货币、网络银行、电子商务为特征的新的银行营运模式，银行管理者越来越意识到，集中到一起的不仅仅是数据，还有风险。原来分散于各个省、市级分行处理的业务，现在都要集中到全国的数据中心，一旦数据中心发生灾难事件，影响不仅是一类业务、一个市、一个省，而是全国范围。其次是客户的流失，银行服务水平是保证公众信心的关键，而业务运营的不间断是公众衡量银行服务水平的关键因素，不断发生中断事件或延长中断事件的恢复时间会削减公众信心，并从而引发汇兑损失、存款安全、贷款资金安全、客户损失等一系列问题，造成客户资源的流失，严重的将会引发挤兑事件。第三是可能造成的巨大损失，美国明尼苏达大学在对灾害所造成的冲击分析中显示了各行业最长可忍受的信息系统停机（业务中断）时间，金融业忍受的时间最短（见图 5–1）。美国的权威信息调查机构 Strategic Research Corporation 列出的各种行业停机一小时所造成的损失，金融业居首（表 5–3）。有资料显示：金融业在灾难停机 2 天内所受损失为日营业额的 50%；严重业务中断两星期，75% 的业务将停顿，43% 的机构将再也无法开业；没有实施灾难备份的机构，将在灾难后 2—3 年破产。

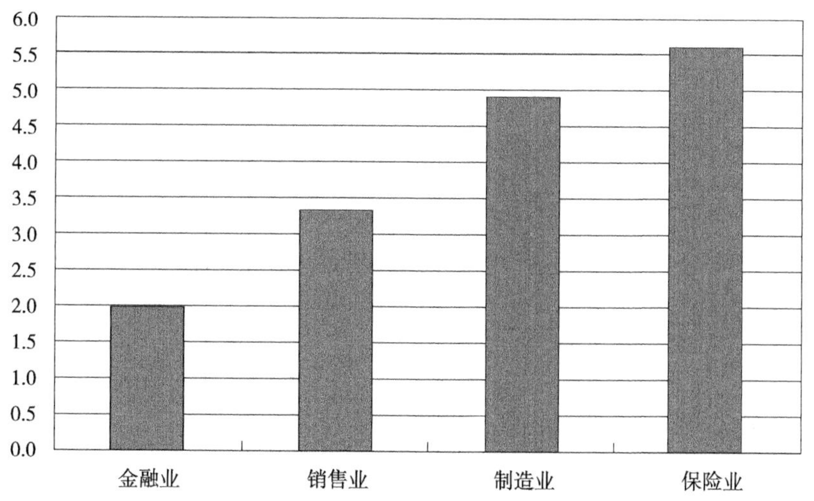

图 5–1　各行业可忍受的最长停机时间（单位：小时）

表 5–3　各行业停机造成的损失

业务	行业	停机 1 小时的损失（万美元）
经纪业务经营	金融	645
信用卡授权	金融	260
付费收看	媒体	15
居家购物（TV）	零售	11.3
预定航班	交通	9
电子票务销售	媒体	6.9
ATM 机费用	金融	1.45

数据来源：Strategic Research Corporation。

笼统而言，业务持续性管理是通过一系列企业资源和流程安排，使一个组织在突发风险事件前能够迅速作出反应，确保关键业务功能可以持续有效，从而避免业务中断或控制中断的负面影响。与银行操作风险管理的范畴相类似，业务持续性管理关注系统、人员、内部程序等方面的风险驱动因素。较为特别的是，相对操作风险管理的广泛定位，业务持续性管理重点针对中断风险，适用于“低频高损”的操作风险，对于一个“厚尾”的银行操作风险分布水平而言，这些风险位于尾端。

由于中断风险具有可预见性差，损失难以准确预测的特点，依靠处理“高频低损”的 KRI、风险地图（Risk Map）、准备金管理（Loss Provisions）不能实现预防、预控此类风险的管理要求。而采用加强内控措施、实施压力情景分析预测和业务持续性管理，则显得更为有针对性。由于内控和情景分析也可作为业务持续性管理体系的组成部分，可以说研究开发业务持续性管理体系，将是打造应对中断风险完整方案的合理选择。

以业务持续性管理控制中断风险的长期回报显而易见。首先是稳定投资者和存款客户的信心，消除对银行能否持续经营方面的顾虑；其次是避免对金融体系的负面外部影响，履行社会责任；再次是借助控制业务持续开展的手段，发现改善关键资源配置、优化流程、提升作业效率的机会。

由于短期内中断风险出现几率较小，目前仍有少部分银行不愿在此方面投入资源，以控制成本，实则得不偿失。由于风险驱动因素特别是外部事件的可控性较差，在一个较长观察期内，银行难免遭遇中断风险，通过业务持续性管理挽回的直接和间接损失，完全可以弥补早期投入的成本。即使中断风险实际并未发生，由于业务持续性管理的投入，通过树立稳健银行形象，可间接造成客户份额增长、融资成本降低等积极影响，其收益也可超出成本投入。这如同汽车、飞机生产企业在安全设备上的研发与投入意义相类似。

（二）国内银行在业务持续性管理实践方面与领先银行存在多方面差距

鉴于业务持续性管理对银行的重要意义，作为国际银行业全面风险管理最权威的监管准则，Basel II 将业务持续性管理作为操作风险管理的重要组成部分，并在 2003 年 BCBS 发布的《操作风险监管的有效实践》中明确“银行应该有应急和业务持续性预案，保证其持续运营能力，并减少严重业务中断事件发生时的损失”。在 2006 年 8 月的《业务持续性高级原则》中给出了业务持续性管理的定义：“业务持续性管理是操作风险管理的重要组成部分，是在业务中断事件发生时，保证关键业务能在一定时间维持或恢复的一整套业务方法，包括政策、标准和流程。业务持续性管理的目的就是最小化操作、经济、法律、声誉和其他一系列由中断事件产生的影响”。同时，提出了业务持续性管理的七大原则。

20 世纪 70 年代，伴随技术进步，银行业务已更多依靠信息系统开展业务，从而出现了信息系统灾难恢复（ITDR）工作，避免系统中断带来的业务影响。至90年代，灾难备份的理念被广泛移植到其他风险管理领域，并将应急管理、危机公关、供应链管理的思想融合进来，从而初步形成业务持续性规划（BCP）方法。在“9·11”事件发生后，金融企业作为先导对业务持续性管理进行了深入研究实践，并促使监管部门也形成了相关导向性、合规性政策，如英国BS25999标准，美国NFPA1600规定，BCBS《业务持续性高级原则》等。由此，业务持续性管理成为操作风险管理的重要主题之一。

从国际领先实践银行的业务持续性管理体系组成要素看，基本包括以下几方面：

1. 建立组织体系

由于业务持续性管理工作涉及风险评估、财务和人力资源配置、业务流程、系统支持等多个领域，须借助特定的组织方式开展。对此，多数银行选取以一个现有部门（如风险管理部门、营运部门、信息技术部门等）为协调中心，组织其他部门共同开展业务持续性管理。部分银行选取在董事会或管理层下设置专门的业务持续性管理决策和协调委员会，行使类似职责，通过提升决策层级来提升所有机构对业务持续性管理的重视程度，减少协调时间。为确保业务持续性管理工作的专业化和集中化，也有部分银行选择设立专门的业务持续性管理机构。

2. 需求分析

需求分析是制定整个业务持续性管理策略的基础，至少包括“风险分析”和“业务影响分析”两部分，前者旨在识别内外部环境中可能造成业务中断的风险因素，后者分析风险如何冲击关键业务，并尽可能量化这种可能的冲击，以此为基础进一步研究银行恢复中断业务的目标和前提条件。

在风险方面，主要关注自然灾害类风险（地震、洪涝、冰雪、台风、海啸、雷电等）、非IT事故类风险（火灾、断电、短路、水浸、污染物泄漏、交通事故等）、IT硬件类和软件类风险（硬件故障、网络失效、程序错误、病毒及外部入侵等），内部人员风险（内部欺诈、人为操作失误，关键人员流失、罢工、行为受限等）与外部人员风险（外部欺诈、盗窃、抢劫、伪造、恐怖袭击等），对于可能造成业务中断的流动性风险（调剂资金不足等）等非操作风险也一并考虑在内。

在业务影响方面，一是要分析各项业务的重要性，作为恢复多项业务时的优先级排序依据；二是要分析支持各项业务的关键资源，将各种风险与关键资源状态关联起来，理解从风险信号出现到业务中断的风险传导机制，评估风险冲击结果，从而厘清从控制风险冲击到实施恢复工作的必要措施；三是要评估业务中断随时间增加的负面影响水平，衡量银行对业务中断的各类容忍水平，包括关键业务中断的总时间、恢复中断所需时间、业务活动需要恢复到的最低水平等。

3. 目标设定和资源的准备

对于业务中断情况，应结合风险冲击水平和银行容忍度，设定不同等级业务恢复的时间目标。在IT领域，主要为系统恢复时间目标（RTO）和数据恢复时点目标（RPO），而在业务领域，需确定受到冲击的不同重要程度的业务，在多长时间内达到正常营业水平。

根据管理目标和管理行动，需要对银行资源进行必要准备或改造。应对员工进行广泛培训，提升支持业务开展的关键员工技能，使关键技能被更多人掌握，避免风险集中。同时，在企业层面建立业务、管理技能相关的知识库，进行知识维护和更新，确保关键技能可保存和转移。为保障办公、系统所在场所的持续可用性，应安排办公备用场所和IT系统恢复场所，制订员工的家庭或远程办公计划。对于信息系统，应建立必要的备份、备用系统。对于数据备份资源，应确保支持在RPO要求内将业务中断前的数据进行恢复；对于备用系统，应与真实生产环境系统具备类似的处理能力，建立必要的外部系统接口，但考虑成本，可允许备用系统降低对所支持非关键业务的量和处理速度要求。对于与关键业务相关的外部服务商、供应商，应避免单一供应渠道。此外，对电力、通信、安全、运输设备也应做好替代选择。

4. 建立政策制度及应急预案

通过政策制度，确定业务持续性管理的标准流程和例外处理原则，包括对突发风险的应急处理、对中断后业务的恢复方式、信息系统的恢复方式等。除了业务持续性管理流程本身，政策制度确定了整个企业业务持续性管理的目标和管理原则，涵盖了整个工作的基本框架和操作细节要求。应急预案是在业务持续性管理政策体系下，用于指导风险出现后员工行动的指南。在应急预案中，应首先说明对何种事件必须启动预案，其后对参与行动的每个人的职责、行动清单、报告线路作规定。

5. 演练、维护和评估

对已制定的业务持续性管理策略，需从几个角度确保其有效性。一是对应急预案进行演练，模拟真实风险发生场景，评估业务替代和业务恢复的效果，发现业务持续性管理的薄弱环节从而纠正；二是对业务持续性管理体系的相关资源分别进行定期检验，如检验备用电力、通信设施等；三是根据环境变更、业务和管理要求变化，定期更新业务持续性管理体系，如重新设立目标、重检政策、重新配置资源等。

6. 把业务持续性管理融入企业文化

应针对所有员工建立业务持续性管理工作的培训方案，通过企业内部的文化传播渠道（如内部刊物）对业务持续性管理的理念做宣传，使员工认同业务持续性管理的管理方式，并意识到自身责任。

从实施层次看，将业务持续性管理理念融入每个员工的思维意识，形成业务持续性管理的企业文化，是银行控制中断风险的最高目标。由于中断风险的偶然性、突发性、可变性较强，当风险来临时，没有充分时间进行文档查询，政策、流程、预案所反映的基本处理原则，这些必须已被员工掌握，关键时刻仅存操作细节需要查询（如联系电话），这与一般业务操作显著不同。同时，由于已有体系可能对各种风险场景的考虑不足，为避免员工无法可依的情况下盲目操作，也应事先培养员工依据业务持续性管理原则进行灵活决策和行动的能力。2009 年年初发生的美航客机在哈德逊河迫降事件，即体现了应急理念融入员工意识的重要性。机长在飞机撞鸟后沉着应对，果断决策降低高度、利用副翼减速并降入水中，机组人员按应急流程妥善安排乘客逃离，避免了慌乱中的人员伤亡。这种应急处置必须依靠事前大量的培训与演练，融入员工意识，才能在关键时刻付诸实践。

与国际银行业发展趋势类似，国内银行业的业务持续性管理工作也是从信息系统灾难备份（ITDR）起步。2000 年后，国内大型银行逐步完成了数据集中工程，利用全国性大型数据处理中心取代原来分散在各省、地区的小型数据中心，风险也随之集中。2005 年前后，几次偶发的 IT 风险事件，显著提高了银行管理层对于灾难备份工作重要性的认识，为此各家银行加快了灾难备份工程建设。2007 年底，国内最大五家银行中，A 行实现了两地三中心灾备布局，B 行实现了两主运行中心和一备用中心模式，C 行完成按区域的集中灾备工作，D 行完成同城灾备模式，E 行则已启动相关建设。

除 IT 系统的灾难备份工作外，实际上，国内银行逐步建立的重大安全事件的应急处置机制、公共关系与企业形象管理体系、自然灾害的应急机制中，已经包含了丰富的业务持续性管理理念和元素。

几乎与企业的尝试同步，监管部门也适时出台了与业务持续性管理相关的指引和规范，包括:《商业银行操作风险管理指引》(2007）指出应“制定应急和业务连续方案，建立恢复服务和业务连续机制”、“定期检查灾难恢复和业务连续方案的质量和全面性”;《企业内部控制基本规范》(2008）指出应当建立“突发事件应急处理机制”;《银行业信息系统灾难恢复管理规范》(2008）指出灾难恢复策略和恢复目标的具体要求。这些规定也促成商业银行加快业务持续性管理建设。

然而，与真正的业务持续性管理体系比较，现有尝试仅是对个别风险的“一对一”应急解决方案，没有形成系统全面的业务持续管理思路，无法满足对中断风险的全面、预见性应对。与国外相对成熟的业务持续性管理实践比较，其主要差距存在于以下方面:

一是管理分散，缺乏统一协调。目前国内银行已有的业务持续性管理尝试分别针对 IT 系统宕机风险、安全事故、自然灾害、负面媒体信息等若干分散领域，对各种导致业务中断的影响缺乏统筹考虑，对中断风险没有依据统一标准、流程建立管理体系。这种做法的可能后果包括:一旦出现的风险种类和水平超出以上范畴（例如流行病、关键人员流失、蓄意破坏等)，可能出现管理真空;一旦出现跨领域的风险情况，需要临时协调大量部门、机构研究共同工作方式，从而严重影响响应效率;在业务恢复过程中，由于个别环节准备不充分造成等待，使业务恢复时间大为延长。

二是对风险的预见性不足。现有工作尝试主要是对风险发生后如何应对作出较为详细的安排，偏向事后处置。而对风险可能何时、以何种方式出现缺乏足够的分析，从而使风险应对过于被动。尽管中断风险本身的可预见性差，但梳理业务、人员、系统中的风险点，并提早建立内控措施，可以最大限度地避免风险的发生以及风险发生时的影响，至少可以减少找到适宜对策所需时间。

三是对风险的业务冲击缺乏足够了解和评估，使相关资源安排缺乏依据。进行业务持续性管理资源规划的基础是了解风险如何影响业务，影响的程度是怎样的。根据业务的重要性排序和受损资源情况，选择备用资源优先用于关键领域。而国内尚缺乏此方面的分析经验。

四是应急预案的可操作性不强。由于国内银行在业务持续性管理政策制度方面以规则性、指导性内容为主，一方面一线人员需要在自己理解基础上执行，可能存在执行偏差；另一方面在紧急情况下，员工必须接受清晰、简单的指令，否则可能不依照制度要求武断行事。因此，将应急要求转变为紧急情况下的简单行动步骤和验证方式，是现有预案中亟待加强的部分。

五是演练工作有限。由于对业务持续性管理的演练，需要动用现有生产资源、人员，并存在演练方式不当而影响正常业务运行的风险，很多银行选择只进行“桌面演练”，即不涉及生产资源的演练，这虽然节省了成本，但因为演练环境与真实环境存在差距，使演练效果被削弱，参与人员的感性认识仍不足。

目前，中国银行业对于业务持续性的认识和意识显然尚处于低洼地带，虽然近些年来，国内银行业渐渐意识到了业务持续性管理的重要性并做了大量工作，但大都停留在IT灾备和应急管理阶段，更存在将业务持续性管理简单等同于IT灾备和应急管理的错误认识，对于业务灾备场地、人员备份、备用通信设施等方面知之甚少。各银行除了少数推动业务持续性管理体系建设的部门外，多数部门和分支机构对低频高损事件的管理都抱有“侥幸”或“自认倒霉”的态度，由此引发国内银行业对业务持续性管理体系建设的重视程度不足、对业务持续性管理体系所包含内容及建设路径的模糊、灾难事件的防范及应对方面的管理薄弱以及国内业务持续性管理的专业人士匮乏等多方面的问题，从而导致我国银行业的业务持续性管理体系建设的滞后。冰冻三尺非一日之寒，其深层次的原因可以追溯到民族文化差异、企业文化及所有制差异以及系统化发展程度等多个方面。

首先，文化差异是导致国内灾难防范意识薄弱的根源。从历史渊源来看，以美国为代表的西方文化，把人和自然当作各自独立甚至相互对立的对象分别加以研究。而中国的文化，重视和强调人与自然的和谐统一，推崇人与自然的因果轮回。这样的文化定位，使西方人更多地诉诸于“求己”，研究自然规律以及天灾人祸的发生机理，从而加以克服应对。而中国人自古以来更多地寄望于“求神”，认为自然现象是神对于人的奖惩行为，通过祭天、祭地等祭祀活动，力求避免厄运的降临。娱乐能够反映文化的一个侧面，美国有大量的经典的灾难片，在百度随意搜索一下灾难片的场景，更是不乏地震类、火山爆发类、天气及风暴类、火灾类、空难类、海难类、恐怖袭击类、登山探险遇险类、流行病毒疫情类、科幻及全球危机类等等，一定程度上反映出国外灾难文化的成熟性，以及被公众接受的普遍性。这些大片将灾难的警示和娱乐融为一体，潜移默化之中给人们灌输着灾难文化，寓教于乐的成效可见一斑。而反观我国的电影，灾难题材还少有人问津。这从一个侧面反映出中国人和西方人在灾难文化的宣传教育上的差距，在心理上还认为灾难很遥远，这种观点本身无疑是个大灾难。在“5・12”汶川地震中，仅有四川安县桑枣中学在此之前坚持组织学生紧急疏散实战演习，才创造了“学生无一伤亡，老师无一伤亡”的奇迹，而震区绝大部分学校对灾难准备不足，学校师生伤亡惨重。不仅仅在震区，国内大多数学校都忽略了可能随时降临的灾难事件以及围绕这一主题的灾难演练。而在国外，中小学生每年都要参加一到两次的全校性甚至区域性的防灾避难演习，并将之记录在册。血淋淋的事实触目惊心，而更应意识到，国内欠缺的不仅仅是灾难演练，更是灾难防范意识的极度薄弱。谁将灾难场景考虑的越全面、越周到、越极端，谁就能在灾难面前应对得越从容、生存的几率也就越大，这也就是“多难兴邦”的道理。对国家如是，对银行机构就更是如此。

其次，中西方企业文化与所有制体制的差异是导致国内业务持续性管理体系认识过程相对迟缓的诱因。企业文化的特征与其国家民族文化息息相关，受西方文化中创新精神的影响，西方的管理模式更倾向于变革和发展，即管理体制、管理理念及管理技术较为容易随着企业内部环境和外部环境的变化而动态变化，企业和员工对于新的体制、理念、技术能够迅速、广泛接纳，并推动其进一步地完善创新；中国传统文化行中庸之道，“棒打出头鸟”、“树大招风”等谚语，无不提示国人中规中矩的道理，体现在管理中就是推崇以稳定、固定化为特征的保守管理模式，其管理理念、管理模式的变革往往不能随着环境变化而实时改变，企业和员工需要经历一个长期的、逐步的认识转变过程，继而推动改革和发展。此外，中西方企业所有制体制的不同，对企业文化产生了反作用。西方先进银行绝大部分实行私有制，这决定了其必然以追逐企业价值最大化为根本目标，而灾难事件对于企业的伤害轻则是财产损失和声誉损失，重则招致倒闭的灭顶之灾，面对关乎生死存亡的大计，企业自然有动力推进并完善业务持续性管理体系建设工作，以最小化灾难事件给企业带来的影响。而中国银行的大股东大都是政府，政府出于金融体系和社会的稳定性考虑，面对灾难事件等给银行带来的损失或影响，自然不能坐视不理，这样企业就了无后顾之忧。而业务持续性管理体系建设本身具有耗资巨大、实施周期漫长且不到灾难之时难见成果的特点，权衡利弊，中国企业就难免表现出实施业务持续性管理的主动性不足的现象。以上的差异性使中西方在业务持续性管理体系建设的路径上产生了差异，西方通常是其活跃银行的先进实践推动行业和各国监管机构业务持续性管理制度的建设，从而推动整个银行体系业务持续性管理体系的建设和完善；国内业务持续性管理体系建设主要是靠国家政府部门、相关监管机构发布的监管要求来推动，大多数国内商业银行抱着“不求有功，但求无过”的思想，对国家政策制度有明确规定的坚决执行，对投资大、见效慢、发生概率小的突发事件管理方面的建设和发展持谨慎态度，而国内业务持续性管理相关制度约束的不全面性，以及多数银行的中庸做法，最终形成国内全面的业务持续性管理体系建设迟缓。

第三，中西方信息化发展程度的不同使业务持续性管理体系的认识起点和基础不同。西方银行业信息化始于20世纪60年代，而我国的信息化始于20世纪80年代后期，20年的建设和发展的优势，使西方银行业建立了较为成熟的系统灾备体系，并进一步展开了更为广泛的业务持续性管理的研究，将业务持续性管理的认识逐步上升到了战略高度，使业务持续性管理不仅作为操作风险管理的组成部分之一，更是创造核心竞争力、实现业务发展的助推器。而国内银行业刚步入系统灾备体系的建设完善阶段，对于业务持续性管理体系的概念、范围以及工作内容的认知道路还很长远，加之国外金融监管机构和专业机构相应制度注重于方法论或实践技术细节，而国外活跃银行的先进实践也未阐明其业务持续性管理体系的建设路径，进一步导致了我国业务持续性管理体系建设路径的不清晰。

（三）全面推进业务持续性管理体系建设

时至今日，业务持续管理已成为应对灾难事件的国际通用规则，我国银行业应树立科学发展的理念，正确地判断我国银行业在业务持续性管理体系建设中的发展阶段，合理借鉴国外活跃银行的先进实践，适应新形势下的发展要求，积极储备相关知识、经验，提升我国银行业的抗灾难、抗打击、抗风险能力。通过立足本土，整合现有业务持续性管理基础，未来全面大型商业银行业务持续性管理体系建设应从以下关键点入手：

1. 从全面的视角出发，关注各类可能引发业务中断的风险因素，做好风险的事前应对

在风险分析环节，应尽可能避免风险类别的遗漏，可从全面的视角出发，不仅仅关注 IT 风险，而是对所有可能引发业务中断的风险点进行全面梳理。这种梳理，可与国内部分银行正在尝试的操作风险自评估结合，从下至上收集关于风险点与其影响特征的信息，作为业务持续性管理措施的依据。在识别风险因素的基础上，应检查现有内控制度是否对风险因素做了必要预控，首先在已有管理流程中建立防范中断风险的第一道关口。

2. 积累历史数据，评估风险对业务冲击的程度，安排必要资源投入

国内银行对中断风险事件的数据积累尚未起步，应通过建立统一的操作风险数据库，尽早将中断风险进行单独归类和记录，通过损失数据和科学计量手段，对损失可能性进行预测。在此之前，可通过压力情景分析手段，以经验判断风险冲击对关键资源的影响，根据关键资源的日常生产效率和资源功能失效时间，推断损失程度，包括直接损失、需要重新恢复功能所产生的成本等。与可能发生的损失相对应，银行须对即时恢复业务、降低损失配备适当的资源。

3. 建立充分的业务持续性管理沟通体系

建立覆盖前、中、后台人员，覆盖客户关系、渠道维护、技术支

持等各个领域的业务持续性管理沟通体系。沟通体系包括常态下和风险出现时的沟通方式，一方面对跨领域风险因素进行事前分析和协同预防；另一方面在风险发生时，可使每个岗位找到明确的汇报、沟通路线，降低信息传导的成本和延迟。

4. 建立统一的业务持续性管理行动指南，每个人在风险来临时都有明确的细节行动方案

在业务持续性管理政策制度体系之内，特别是应急预案中，应明确描述在不同风险因素出现后，员工如何行动。对于风险因素，应按可量化的严重程度进行分级，根据分级确定处理层级、参与范围、领导者。对于一线员工的行动描述，应是易于理解、与现实环境紧密联系的行动内容。

5. 居安思危，推广灾难文化教育

国内银行管理者都在倡导国外活跃银行先进的业务持续性管理体系的建设，殊不知文化的建立才是根本，能达到事半功倍的效果。比如在国外一家银行会在工资条上赫然印着“公司的未来关系你们未来的饭碗”，这样的小行动提示着员工爱岗如家，在这样的氛围下，相信任何人都会自觉自愿地发掘身边可能存在的风险，研究风险对策，防范并有效应对风险的发生，维护公司的利益和声誉，“众人拾柴的火焰”自然比“个别人为之的火焰”高得多。每个公司选择的方式都应该是不同的，然而管理者需要做的就是将灾难文化、将业务持续性管理融入银行的日常管理中，通过应急预案的制定、场景的识别和演练，以及意识技能培训等多种方式，使银行员工积累形成相关的知识、观念、自我保护和应急处置的能力，群策群力，共同为建立全面的业务持续性管理体系营造良好的环境。

6. 抓住重点，统一规划

业务持续性管理是一项涵盖内容广、建设周期长、资金投入量大的复杂工程，涉及系统、人员、场地、设施、制度、流程、工具等方方面面的问题，目前不绝于耳的系统灾备、电力保障、应急预案、应急演练等绝不能涵盖或等同于业务持续性管理，业务持续性管理也绝非仅集中于个别人、个别部门或总行一个层面的事情。面对业务持续性管理这一庞杂的体系工程，不能想当然地简而化之，企图一步登天地达到国外活跃银行的成熟程度；也不能不计成本地全面铺开、毫无重点地进行建设。所谓打蛇打七寸，这是古人在几千年的生存发展中总结出的实践经验之一，也从另一个角度说明做事要找准关键部位，才能手到擒来。那么如何借鉴国外先进经验，抓住关键的“七寸”，走一条符合实际情况的捷径，正是业务持续性管理策略和整体规划所要解决的问题。各家银行、各级机构的策略和整体规划应该是不同的，这来源于机构自身的特点、业务规模及复杂程度、所处地域特点、风险偏好、已有业务持续性管理建设基础以及最终想要达到的建设目标等种种因素。银行可以借助风险分析及业务影响分析等工具，识别银行自身的关键业务流程和业务功能，分析论证可能遭受的各种潜在风险，明确银行业务持续性管理体系建设的实际需求及建设策略，设定科学合理的总体目标，进一步划定阶段性目标，选择与自身业务总量、结构、产品和IT系统以及置信度相适应的建设模式，从而帮助银行根据重要程度分步骤有重点地分阶段实施。

7. 沉着应对，做好应急准备

如果说在灾难面前损失是在所难免的，那么慌乱则是损失扩大的主要原因。在“5・12”汶川地震中，军队和消防官兵能在黄金72小时内迅速调集人员并进行有效救援凭借的就是沉着和冷静。然而不是每个人都能如此的训练有素，试想一下，在天摇地动的地震发生时，人们是何其地震惊，脑海是何其地空白，在这样的情形下是不能寄望于当事人去理性思考并随机采取措施的。那么控制慌乱则要依托于充足的事前准备。灾难备份和应急预案的建设是较为有效地应对灾难的事前准备手段，灾难备份对于灾难情况下，有效接管正常生产，保证业务的持续运营有着无法比拟的优势。而应急响应及灾难恢复预案作为假设场景下的预先设定的一套流程及实施步骤，对于应对“飞来的横祸”具有毋庸置疑的指导意义。当然上述结论的前提是灾备体系和应急预案的行之有效，并将各种灾难发生的可能性都考虑周全。这好比登山爱好者会随身携带速效救心丸，也许永远无用武之地，但也许就是救命的稻草。那么如何能安心地握住这根稻草，这一方面需要完善灾备体系，即进一步加强灾备体系的健壮性和稳定性，不断检验灾备体系的可用性，将灾备体系的覆盖范围逐步由核心系统扩展到整个 IT 系统；另一方面实现应急预案手册化，不断识别潜在风险，有益补充应急场景，有针对性地建立职责到人员、流程到步骤、措施到动作的应急预案，实现应急预案的手册化，增进预案的可操作性，避免流于形式。

8. 长期维护，常规化应急演练

灾备体系和应急预案的建设并非一劳永逸的工作，周期性的演练测试是必不可少的环节。通过演练能够检验包括灾备体系和应急预案在内的业务持续性管理体系的有效性，查找问题并促进改进和完善，同时锻炼员工的应急能力和协同配合，提升危机意识。而压力测试作为演练的一种形式，能验证灾备系统在极端的灾难场景下最大的负荷承受能力，从而找到并解决系统性能的瓶颈。相信大家都对全美航空集团的一架飞机在撞上一群大雁后在哈德逊河上紧急着陆的事件不陌生。机上所有人员全部生还，据目击者说，机长在迫降前成功地逐渐降低高度，利用副翼进一步减速，并用它们缓冲了人水时的巨大撞击力，整个操作和正常着陆时差不多。在感叹机长的纯熟技艺和事件的奇迹性结局之余，不免联想到机长之所以能处之泰然，与他此前作为美国空军飞行员驾驶 F–4 战斗机七年的经历，以及作为全美航空的飞行员 19000 小时的飞行经历不无关系。他在长期的飞行中应对着种种情况并积累了丰富的经验，无异于实战演练，应对的预案和操作步骤早已演化为习惯性动作，由此对演练的必要性可见一斑。那么应将演练融入业务持续性管理的日常工作中，科学模拟风险场景，并从单一的、桌面的演练逐渐过渡到综合的、实战的演练的层面上来，逐步提高业务部门、技术部门、支持保障部门及外部供应商等各方在应急处置工作中的参与程度。逐步将极端的、小概率场景加以考虑，通过压力测试检验并不断加强灾备系统的可用性，避免灾备系统的"有备无换"(有灾备无法切换)。及时发现问题，并实时更新业务持续性管理体系，不断提高各级员工对应急预案重要性的认识理解，以及对应急流程和自身职责的熟悉程度。最终使各级机构的人员形成业务持续性管理意识，即使在非工作时间遇到突发事件或是工作时间遇到未形成预案的灾难事件，员工依然能采取有效措施保护自己并迅速找准自己的职责定位进行应急处置，达到"无招胜有招"的最高境界。

9. 举一反三，加强灾难研究

大家都清楚"不能在一块石头绊倒两次"的道理，然而引申到业务持续性管理上，这意味着仅做好了灾难准备和灾难应对是远远不够的，还需要做好灾难研究，举一反三地进行风险防范，即了解灾难发生的特点、可能影响的关键部位、规避风险的途径，以便从源头上减少风险再次发生的可能性。灾难研究领域在国内还尚待开垦，但国外已屡见不鲜。如某国外一品牌汽车，在春节期间发生爆竹贯穿汽车车身引爆的事件，事后汽车厂商极为重视，组织专家反复进行原景重现的试验，不仅检验这一事件的偶发性，同时测试当车身材料增厚到何种程度时，不会再发生相同事件，从而对该类型车身进行改良。不难看出中西方在这其中的差距，目前我们面对灾难或事故的态度大多是“好了伤疤忘了疼”和“拍脑袋式的开药方”的方式，这两种同样不可取，正所谓“名医起死回生，神医防微杜渐”，更多需要的是具备分析技能的业务持续性管理专家、立足于实际测试的研究分析以及常规化的研究机制，以保证能在科学分析、找准症结、得出办法的基础上不断加强风险防范体系。

罗曼·罗兰说过，“人们常觉得准备的阶段是在浪费时间，只有当真正机会来临，而自己没有能力把握的时候，才能觉悟自己平时没有准备才是浪费了时间”。与其在灾难面前束手无策或怨天尤人，不如做好业务持续性管理建设，让银行真正实现长治久安。

四

应对 IT 风险的关键在于深刻理解与专业管理*

IT 系统本身的脆弱性，是招致操作风险的一种典型因素。除了 IT 系统本身可能存在的问题，与 IT 相关的业务风险，都可纳入 IT 风险的范畴。随着银行业务对 IT 技术依赖性的不断提升，IT 风险也成为操作风险管理最重要的对象之一。

（一）IT 风险对银行来说是一种“猝死风险”

IT 风险不同于信用风险和市场风险。信用风险和市场风险作为伴随着银行业务发展而产生的传统性风险，随着金融创新虽然也会不断呈现出新的风险形态，也会给银行带来巨额财务损失，但不会立即置银行于死地。IT 风险则不同。如果承载大量业务的系统长时间中断或业务数据大量丢失，银行可能顷刻间“死亡”。这主要体现在以下几方面：一是现代银行业务的运营完全依赖于 IT 支撑。这是现代银行与依靠算盘、账本、点现钞支撑的传统银行的本质区别，现代银

---

* 由于工作原因，我有机会近距离观察、分析、研究银行业的 IT 风险及其管理问题，形成一些直观感受。本文稿是 2011 年在金融监管部门组织的一次专题研讨会上的发言提纲，曾刊发于《金融电子化》2011 年第 12 期。

行系统一旦中断，银行业务难以退回到手工操作，难以起死回生。二是影响面广。传统银行误操作可能仅影响少量客户或交易，现代银行一个参数输入错误，可能造成几万、几十万甚至更多客户账户资金清零。三是直接、间接财务损失巨大。为应对业务中断或信息安全问题，银行需要投入大量的人力、物力和资源，这直接体现为巨额的成本支出。而业务中断及客户流失造成的经营损失，以及为了安抚客户而进行的货币赔偿、客户让利，或其他形式的直接支付、间接弥补等都会对银行收益产生严重影响。四是损害银行声誉。声誉是银行的“生命”。银行业务的发展壮大归根结底要靠声誉来支撑、来维持。如果客户的银行信息安全和资金安全得不到充分保证，如果客户急需办理的银行业务被告知无法提供有效服务，银行即使花再大的精力和金钱去做广告宣传、网点改造、客户服务体验改善等，必然是徒劳和枉然。

（二）IT 风险挑战银行的管理能力

相对于信用风险和市场风险，IT 风险管理领域更为宽泛，更具挑战性。对于信用风险和市场风险，银行可通过评级模型筛选客户、规避复杂衍生交易等主动风险管理方式控制风险。IT 风险识别、计量的难度更大，更具有隐蔽性、突发性甚或灾难性的特征，难以简单比照上述经营风险的管理方式进行控制和管理。现代大型银行一般会有上百个系统，数以万计的软件和硬件，任何一个系统或软硬件都可能出现故障，但哪个部件什么时候出故障，上帝也没法具体判断。数十万银行员工，难免有人出现误操作，但哪个员工什么时候犯错也很难掌控。成千上万的犯罪分子总在琢磨着攻击银行系统，何时何地以何种手段攻击也难以获知。自然灾害和暴力事件什么时候会影响银行的数据中心、机房也无从得知。新形势下科技风险的防范，银行信息和系统安全的管理，面临越来越复杂的严峻挑战。

（三）有效管理银行IT风险必须依托专业化体系

1. 强化业务部门在IT风险管理及IT业务持续性管理第一道防线的职能和作用

银行一提到要加强IT风险和安全运营，就想到这只是技术部门的事情，这是绝对错误和狭隘的。国内外银行实践，以及正反两方面的经验和教训一再告诫银行管理者，IT风险是整个银行的风险，IT风险管理绝不只是信息技术部门的事，而是全银行的事，是全员的事，是全面风险管理的事。银行的每一个部门，特别是每一个业务部门都有责任识别评估辖内的IT风险、提出风险防范或缓释的措施，并针对剩余风险开展业务影响分析、业务恢复策略制定、应急及恢复预案制定及维护、预案演练、应急联系人管理等IT业务持续性管理工作，都对IT风险的防范及维持业务持续运营负有不容推卸的责任。银行业应将加强IT风险及IT业务持续性管理的工作重点放在提升全员参与，特别是业务部门的参与程度上，明确业务部门的相应职责，将IT风险管理及IT业务持续性管理的相关工作切实纳入业务部门的日常管理。

2. 强化IT风险管理第二道防线的专业职能

目前，国内银行业的IT风险管理相对分散，第二道防线较为薄弱，影响IT风险管理能力的提升。考虑到IT风险管理的专业性、庞杂性，可以考虑全面整合银行IT风险管理团队和职能，在各层级形成专门的IT风险管理部门或团队，独立于IT生产运营，专注于IT风险管理，并进行条线化管理，形成专业的IT风险管理第二道防线。主要职责是：

负责制定IT风险管理制度、流程、标准和工具，组织IT风险的识别、评估、监控、缓释、控制等具体工作，分析IT风险状况并定期向管理层汇报。西班牙桑坦德银行2008年将科技风险管理部独立出来专注于信息技术风险管理，取得了良好的效果。

3. 发挥IT风险专业审计的作用

银行审计部门承担着独立的测试、验证和评估全银行IT风险管理体系、机制、措施的主要职责，是银行业的第三道防线，应当进一步强化和建设。应设立专门的IT审计团队，培养专业的IT审计人才，结合实际的IT风险状况、国内外监管要求、业界最佳实践等，加强对IT管理的薄弱环节、易发风险的重要部位或分支机构的风险评估，指出问题所在、督促有效整改，全面促进IT风险管理。

4. 探索IT风险计量工具

传统银行的风险管理主要依赖专家经验，以定性手段和方法为主，难以适应现代银行风险管理需要。从定性到定量、从经验到技术，这是IT风险管理的必然趋势。目前IT风险计量虽然难度较大，但开始探索研究应该是重要方向。当前，可考虑将IT风险作为操作风险的重要部分进行计量，如按业务中断和系统失败这一操作风险损失事件类型计量资本，并通过资本配置提升业务部门增强管理各自管辖领域IT风险管理和IT业务持续性工作的主动性、参与程度和能力。

（四）银行IT风险应对的核心是预案，关键是演练

完备的IT风险管理体系和机制能降低IT风险发生的概率，但最小化IT风险事件的影响和损失，以及维持业务的不间断运营，则主要依

靠及时有效的应对：核心是预案，关键在演练。

1. 不断补充场景，细化流程，提高预案的可操作性

近年来，我国银行业开始重视预案建设，也取得了不少进展，但必须进一步完善。应将IT突发事件按严重程度进行分级，根据分级确定处置层级、处置团队、应急响应及业务恢复策略、检测评级、内外部报告、应急处置、业务恢复等关键要素，特别是要将业务恢复的应急策略和手段做实做细。同时，还应注意到预案体系建设是一项庞大的工程，预案应根据场景及管理情况的变化不断补充、更新。对此，应建立IT风险事件库，研究分析IT风险分布，查找重要风险部位，筛选风险场景，针对这些具体情景开展业务分析影响，充分识别和研判潜在影响，从信息系统、人员、场地、基础设施等方面做出安排，指导恢复资源的优化配置，保证预案内容的切实可行，提高预案的可操作性，确保突发事件应对"有章可循"。

2. 推进周期性演练，提升预案质量和人员应急处置能力

预案的完备与否需要演练来评估检测，预案的内容及操作要领也需要演练传导至每个层级、部门及员工。根据事件风险水平相匹配地开展周期性演练，只有多演练才能不断发现问题并调整预案的具体应急措施，确保在危急关头做到冷静、迅速、准确应对。据了解，美国银行对于高风险的突发事件，其预案的演练测试一般每年1次；对于中等风险的突发事件，一般每2年1次；对于普通的突发事件，一般每3年1次。

3. 研究建设预案、演练等支持系统，促进相关工作更好更快跟进

目前，场景选择、预案及演练方案编制、演练报告形成基本靠人

工实现。一个完整预案和演练过程通常需要几个月，并需要完成大量沟通、准备工作，如果没有信息系统支持，容易增加日常工作负担、影响工作热情，且不易持续优化和完善。因此，应结合近年来 IT 业务持续性管理工作推进情况，明确信息化建设需求，研究建设适合各银行工作开展的系统工具，通过信息系统引导应急预案编制。在预案制定、演练设计、信息搜集等方面实现自动化，自动关联相关预案，抽取演练场景及演练方案内容，并通过信息系统收录风险问题、风险程度、整改措施、变化情况等各方面信息，提高工作效率，形成知识积累。

五

电子银行风险管理应有新思路*

广义电子银行业务以其渠道的便利性、低成本优势，成为未来银行发展的重要方向。随着线下交易业务向线上交易业务转移，传统的柜面与流程操作风险也随之向线上转移，对此必须有清醒的认识，尽早建立针对性的电子银行风险管理体系，奠定电子银行业务健康发展基础。

（一）电子银行业务具有渠道灵活、成本较低、客户自操作为主等特点

比较传统银行业务与电子银行业务的区别，我们至少可以看到电子银行业务具有以下特点：

1. 全天候渠道，延伸银行服务触角

突破了传统银行服务的空间限制、时间限制、经营成本和资本限

---

* 近 20 年来，科技进步推动银行业务创新，使得电子银行业务成为商业银行举足轻重的战略支撑。与此同时，加强电子银行的风险管理尤其是操作风险管理的要求也日益迫切。但电子银行业务的风险特征与其他业务领域相比有很大的不同，风险管理必须有新思路。

制，整合银行各类业务信息，构建“网络网点”，节省客户业务办理时间，延伸了银行服务的触角，提升服务能力和服务效率。

2. 前期投入大，边际成本递减

电子银行发展初期，服务器、存储设备、机房等固定投入较高，而客户规模较小，导致单户服务成本较高。但伴随客户规模的成倍增长，边际成本递减趋近于零，边际收益递增。

3. 电子银行只是一个业务平台，不能作为业务单元

电子银行作为渠道更像是高速公路，而业务部门的产品就像是高速公路上跑的汽车，汽车想跑得又快又远，既取决于车的性能和稳定性，又取决于高速公路的施工质量和安全控制措施。同时高速公路要维持正常运营，必须确保汽车不出安全事故。

4. 客户独立操作，银行难于把控流程风险

传统柜面业务由银行员工使用银行端设备完成操作，可见到客户本人，流程标准化、可控性较强。而电子银行业务由客户使用自身设备独立完成操作，银行“不见客”难于识别客户身份和控制流程中的风险，也难于及时对风险交易进行干预。

5. 使用群体年轻化，行为习惯具有时代特点

电子银行使用群体主要为70后、80后，甚至90后[①]，其行为特点与传统网点50后、60后客户群体存在较大差异，他们一方面热衷网络

---

① 2012年1月至6月的统计数据显示，银行有87.6%的个人网上银行客户年龄在18至50岁之间。

购物，网络支付和卡支付较多，现金消费少；另一方面客户忠诚度较低，一旦发现用户体验更好、价格更优惠的平台极易转向，而传统客户养成使用习惯后极难改变。

（二）电子银行业务风险源于系统脆弱性、客户安全意识不足、外部攻击等方面

电子银行业务具有独特的风险特征。

1. 银行系统漏洞将被无限放大

电子银行系统完全暴露在互联网“黑客”面前，一旦系统在顶层架构、系统规则、技术漏洞等方面存在缺陷或冲突，极易遭到黑客攻击，造成系统瘫痪、客户资金损失或者信息泄露。

2. 由于客户安全意识不足而上当受骗形成的损失较多

犯罪分子利用短信、钓鱼网站等方式骗取客户的银行卡信息，部分客户由于安全意识不强、对细节观察不够，误以为是银行发送的真实信息，按照相关指令操作，同时由于操作全部在客户端完成，银行难以及时干预，导致客户资金被盗取。

3. 电子银行签约环节是风险防控的关键

签约环节作为电子银行客户选择的重点，往往被基层员工忽略，准入了部分差客户，将给后期风险监控带来极大困难。如不法分子利用电子银行客户签约环节的漏洞，通过伪造客户信息、冒用客户身份等方式进行签约，进而盗取客户账户资金。

4. 技术更新及攻击方式变种速度快

互联网技术更迭较快，钓鱼网站、恶意软件、中间人攻击[①]等网络欺诈形式层出不穷，这对银行风险管控提出较大挑战，需及时跟进技术发展，应对技术升级产生的新型网络攻击方式。

5. 网络欺诈呈现出与线下欺诈不同的特点

近年发现的网络欺诈案件呈现如下特点：一是作案方式向集团化、产业链方向发展。如已形成恶意软件开发、电话诈骗、盗取资金提现等专业分工。二是由于法律不健全且单笔金额小，对作案人处罚较轻，犯罪成本低。三是对银行端系统攻击较少，多数集中在对前端客户端的攻击。四是销赃容易，极难调查取证，盗取客户资金后立刻通过网络支付方式购买虚拟物品或手机充值。五是向跨渠道作案发展，如在网上银行窃取客户密码，转向手机银行进行提现。

6. 电子银行安全事件极易引发声誉风险

无论是因为银行系统漏洞或内控不严，还是因为客户安全意识不够，导致客户资金损失的情况出现，都将极大影响客户对银行电子银行产品安全性的信心，同时由于网络快速传播的特点，如未及时妥善处理，极易对银行产生极大的声誉风险。

---

① 中间人攻击：一种“间接”的入侵攻击，这种攻击模式是通过各种技术手段将受入侵者控制的一台计算机虚拟放置在网络连接中的两台通信计算机之间，这台计算机就称为“中间人”。然后入侵者把这台计算机模拟一台或两台原始计算机，使“中间人”能够与原始计算机建立活动连接并允许其读取或修改传递的信息，然而两个原始计算机用户却认为他们是在互相通信。

（三）国际先进银行在电子银行风险管理方面积累了较多经验

国外领先银行在电子银行业务领域风险管理的经验包括：

1. 风险管理重心由事后转向事前，通过电子银行签约环节严格筛选客户

如汇丰银行认为前端审核不严，准入了风险较高的客户，事后即使投入几倍的人力物力进行监控，也未必能监控到可疑交易。国外电子银行开户要求严格执行“了解你的客户”的原则，对于不了解的或无法通过现有信息判断风险可控的客户不予开户。同时国外银行对实时转账与跨行转账的要求更为严格，需严格审查客户交易信息，大多未实现实时到账。

2. 实现客户分层，提供差别化服务，高风险交易只面向高等级客户开放

国外银行多根据各客户群的特点和风险状况制定相应的市场开发及服务战略，如富国银行构建了客户关系维护与客户群体系，严格划分客户群，其尊贵级客户仅占全部客户的 2%，将得到增值服务，给予更高的账户操作权限。此外富国银行还建立了客户统一账户服务体系，只需键入客户身份证号，就可以看到整合过的账户资料，可直接对账户进行交易操作。

3. 安全投入较大，后台集中风险监控

渣打银行通过电子渠道的交易量已达到柜台交易量的 6.7 倍，欧美

国家信息安全投资占整个 IT 投资的 8%—12%，而我国目前仅为 1% 左右，整体投入不足使得客户信息处于脆弱的保护下。美国银行简化客户前台操作界面，构建了强大的电子银行后台风险监控系统，将全流程、集中监控客户交易，及时阻断可疑交易。

4. 伴随“大数据”[①]技术兴起，数据成为银行核心资产，海量数据分析和数据挖掘能力的重要性凸显

资料显示，人类过去 3 年里产生的数据量比以往 4 万年还要多，2011 年全球被创建和被复制的数据总量为 1.8ZB[②]。2012 年，奥巴马政府宣布投资 2 亿美元成立“大数据的研究和发展计划”，提高从大量数据中访问、组织、收集发现信息的工具和技术水平。银行存储了海量的客户财务数据、账户数据、行为数据，这些将成为银行的重要资产，随之而来的问题是如何挖掘数据，银行海量数据可构建为“知识库”，分析确定判断规则后布入决策引擎，通过机器学习调用知识库内的数据进行判断。银行也可借助第三方大数据服务提供商提供外包支持，如美国银行已引入大数据技术公司 Splunk 帮助其处理分析数据，深度挖掘数据价值，用于客户风险判断。

（四）做好电子银行业务风险管理，奠定电子银行业务发展的基石

基于对电子银行业务和风险特点的理解以及国外领先银行的实践经验，未来电子银行业务风险管理可从以下几方面着手：

---

① 麦肯锡所给定义，“大数据”是指其大小超出了典型数据库软件的采集、储存、管理和分析等能力的数据集合。

② 1ZB=1024EB，1EB 数据相当于美国国会图书馆中存储的数据的 4000 多倍。

1. 从银行发展战略的高度思考电子银行业务的发展，制定整体安全策略为业务发展保驾护航，防范系统性风险

发挥电子银行突破空间限制、时间限制、经营成本和资本限制的优势，进一步研究如何发挥电子银行在银行全球化发展中的重要作用和实现方式。积极推进银行对公、对私所有业务的网络化和电子化，共享各业务部门的风险预警信息（如信用卡中心的客户黑名单），集合网上银行、现金管理系统等平台，为客户提供一站式办理渠道。加大电子银行安全设施投入，围绕客户安全需求进行技术、产品、服务等层面的创新，通过成体系、综合化、量身定制的解决方案，为用户打造全方位安全便捷的电子金融服务。

2. 进一步研究电子银行业务的风险特征、关键风险点和国际先进银行成功经验，探索适合业务特点的风险管理方法，应用现代风险分析工具提升精细化管理能力

风险管理的前提是了解风险，电子银行业务的风险形态较之柜面业务存在较大差异，可应用操作风险自评估和内控评价工具，梳理电子银行业务流程，分析关键风险点，制定应对措施。不宜采用"人海战术"等柜面业务的风险管理思路管理电子银行，应使用现代风险分析工具进行管理。

如建立反欺诈评分卡，整合交易信息、账户信息、客户行为信息、内部业务信息、外部征信信息等。借助数据挖掘"决策树"技术方法，从某一类型客户（如职业、年龄、性别等特征相近的群体）的交易记录、还款记录、不良信用记录中找出具有规律性的特点，构建反欺诈"规则库"筛选"疑似"的欺诈行为。在基础数据积累和反欺诈规则逐渐丰富的基础上，可以开发更为智能化的反欺诈模型，针对规则库中的

每条规则赋予科学的权重，计量欺诈加权评分。如果最终欺诈加权评分超过系统设定的阈值，则自动启动后续的反欺诈流程，如通过短信、电话等方式作出风险提示，实行现场或非现场调查核实等。银行在信用卡反欺诈领域已经积累了不少经验，可以从技术方法等方面为电子银行提供有益的借鉴。

3. 正确理解电子银行业务发展与风险管理的关系

业务发展与风险管理不是对立的，新兴业务的发展不能以牺牲质量为代价，同时风险管理不好也会动摇客户和管理层的信心，进而影响业务发展。因此做好风险管理工作可以促进业务的健康发展，实现业务发展与风险管理的良性循环。目前电子银行业务已基本实现了风险管理与业务发展的有机结合，风险管理工作考虑得很全面，有些举措已经做到了同业领先，有力促进了电子银行业务的健康发展。

4. 针对业务发展的不同阶段制定差别化的风险管理策略

新业务处于市场拓展期和稳定经营期的风险偏好应存在差异，风险管理政策导向也应有所差异。市场拓展期，为支持业务发展抢占市场，倾斜资源，给予更高的风险容忍度。稳定经营期，应逐渐规范业务，适当调整政策，分析客户结构，总结银行需要重点拓展客户的类型，淘汰高风险低收益客户，提升价值贡献度。可考虑建立账户行为评分卡，分数越高表示客户越优质，建立业务权限与分数的对应关系，分数高的客户可以通过网银办理大额转账等高风险业务；而分数低的客户只能办理查询等低风险业务。目前电子银行仍处于快速发展期，但应做好政策转向的准备工作，确保业务持续健康发展。

第六章

风险经营的根基在于基础架构

本世纪初，中国主要银行完成财务重组之后一直都在面向全球寻找战略投资者，其中的重要原因是寄希望于这些战略投资者能够带来先进的经营理念，改造国内银行业落后的基础架构，尤其是风险管理架构。金融危机爆发之后，国内银行业再次陷入迷茫之中，所谓“国际银行最佳实践”并不能带给我们一套最佳模式，即使是广受称赞的“集中垂直的风险管理架构”也不可能“刀枪不入”。近年来，国内银行业普遍开始了风险管理架构的重检与再造。

禀赋和爱好不同，每个人的选择就不同，不同银行的基础架构选择也基本如此。我将自己对于风险管理架构的一些思考，归纳如下：首先，针对一家具体的银行而言，没有最佳而只有最合适的具体架构安排；其次，基于风险管理的内在逻辑，领先银行风险管理架构具有共性特征；最后，基于内部控制体系的完善，大型银行风险管理架构还有改进的空间。

一
寻找最适合的风险管理架构 *

从结构模式上看，不同的银行采用的风险管理架构各有差异，风险管理架构并不是好或坏的二元选择，没有任何一种架构能够适用所有的银行和所有的情形。商业银行必须综合考量外部经营环境以及内部经营目标、业务战略和资源状况等相关因素，构建最适合的、有效的风险管理架构。

（一）风险管理架构体现战略导向和核心管理观念

从现代商业银行风险管理模式的变迁轨迹来看，不同的银行或者同一银行在不同发展阶段的风险管理组织架构及运行模式不尽相同。在20世纪80年代以前，由于计算机技术不发达，金融管制相对严厉，全球大型商业银行大都采用总分行制的组织结构，银行的风险管理架构也主要以直线职能型的层级管理为主。20世纪80年代中后期以来，随着金融自由化浪潮，银行业务品种急剧增加、业务竞争压力空前增强，原

---

* 2006—2007年，我对银行的风险管理架构安排进行了深入研究，提出“没有最佳而只有最合适的架构安排”，并在分析领先银行风险管理架构共性特征的基础上，提出了完善国有银行风险管理架构的思路建议。

有的组织结构无法适应新的市场竞争环境的需要。同时，业务产品内容的增加、计算机技术的迅猛发展，也为矩阵型、网络型组织结构的诞生创造了新的环境条件。与这一变化相适应，银行传统的“层级式”的风险管理架构正在逐步被集中垂直式的组织结构所替代。从目前现代商业银行主流的风险管理架构模式来看，有以下几个方面的共性特征：

1. 在组织架构设计的指导思想上，十分鲜明地体现战略导向和客户导向

组织架构选择是银行达到所设定经营目标或业务发展战略的组织保障，风险管理组织架构及运行模式的设计和变革，与银行的发展战略（包括风险管理战略）的总体定位和调整相适应。“以客户为中心”不仅是一个理念，而且是具体地体现在银行的组织结构和流程之中，以客户为导向，重新审视和构建风险管理组织结构，注重服务理念，对银行的整个运作流程进行重新改造，在为客户创造价值和提升服务质量的同时，实现银行风险管控和价值创造的目标。

2. 在组织架构设计的模式上，贯穿全面管理和流程控制的思路

风险管理组织架构充分适应全面风险管理（ERM）的要求，风险管理渗透到银行的各项业务过程和各个操作环节，覆盖所有的部门、岗位和人员。在风险管理职能部门的设置上，不仅重视信用风险和市场风险等传统风险，而且重视操作风险、战略风险、声誉风险等更全面的风险因素，在对各类型风险进行专业化分工管控的基础上，进行集中统筹管理。

风险管控应嵌入到业务流程之中，而不是游离于流程之外，这是主流银行在实践中总结出来的有效的风险管控模式。特别是目前在IT技术的支持下（如业务流程系统、信息管理系统、决策支持系统等），流程控制在很大程度上提升了风险管控的效果，而且有助于将由此产生

的效率耗损减少到最低限度。

3. 在组织管理方式上，通常采用矩阵式架构、垂直管理、平行作业、专业分工的模式

矩阵式组织架构就是按照集中化和扁平化管理相结合的原则，在集团、地区、国家每一层面设有完全独立于战略业务单元（SBU）的风险管理部门，从银行整体角度对各类风险因素进行全面汇总和整合。对各业务单元则实施扁平化的窗口式风险管理，在业务单元内部设有相对独立的信贷、操作风险管理功能，对所在业务单元的业务营销和风险回报管理提供精细化的策略和决策支持，业务单元在集团授权内有效平衡风险与回报。集中性与扁平化相结合的矩阵式风险管理组织架构，使风险管理政策制度更能贴近市场，有效平衡风险与收益。

垂直管理就是要建立一个相对独立、职责清晰的风险管理体系和机制。在组织制度上形成由董事会、首席执行官、风险管理委员会和首席风险官直接领导的、以独立风险管理部门为依托、与各个业务部门紧密联系的、职能上独立的风险管理系统。对授信控制、授信审批、授信稽核等部门实行垂直管理，确保授信控制与审批职能的独立性。这是确保风险管理客观性、公正性的要求，更是确保风险偏好统一、提高风险管理执行力的关键。

平行作业体现了流程控制的要求。分别设立客户经理和风险经理，通过平行作业，确保业务流程中的整体联动和相互制约。按照“四眼”原则，协同配合，共同识别和管理客户风险，是实现风险的源头和过程控制的关键。平行作业的突出特点就是，风险经理不是“盯住”客户经理，而是“四只眼”共同盯住客户、盯住市场、盯住风险，通过差别化服务，提高工作质量和效率。

专业分工是风险管理高度专业化特点的重要体现。对于重大的风

险承担、风险管控事项，要强调专家决策。因此，首先要建立一支专业化的，相对集中、稳定的风险管理专家队伍，这支队伍包括审批官、客户经理、风险经理、产品经理和行业经理。其次，区分不同的风险领域，对信用风险、市场风险、操作风险分别实施专业化管理。第三，针对不同的客户建立相应的业务流程。第四，适应精细化管理要求，大力开发风险计量工具，为更有效实施流程控制、提高效率、平衡风险与回报提供技术支持。

（二）不同的风险管理架构没有“最好”，只有最合适

虽然从商业银行风险管理架构的发展演变历史来看，集中垂直的组织结构能够更好地适应变化迅速的市场环境，从而代表了新的发展方向。但事实上，没有任何一种组织结构能够适用于所有的商业银行，风险管理架构没有“最好”的，只有最合适的。尼廷·诺里亚（Nitin Nohria）教授在《组织结构概述》中提出，企业在作出组织结构的选择时应该考虑到以下因素：劳动分工、协调机制、决策权分配、组织边界、非正式结构、政治结构、权威的基础等。同样，在商业银行的组织结构选择中，也需要对这些因素进行考量。除此之外，银行经营者还需要考虑银行的经营目标、银行业务的发展战略，甚至应该考虑新的组织结构是否与现有的人力资源状况相匹配。概括来讲，商业银行风险管理架构的选择应综合考虑以下因素：

1. 银行的经营目标或业务发展战略

战略选择决定了银行风险管理架构的具体形式。在已建立的经营目标或愿景范围内，业务发展战略自上而下地贯穿于银行之中。银行风险管理架构的设计必须与其发展战略相适应，充分考虑银行所有层面的

活动，即从总行层面的战略规划和资源分配，到各业务单元的市场和产品管理。有效的风险管理架构，应当能够对所有影响银行目标的单一风险及其交叉风险进行系统的识别、评估、报告和处置，并为实现银行经营目标提供合理保证。

2. 银行目前的资源状况和业务状况

商业银行的资源包括诸多方面的内容，它既包括一些“硬”资源，比如银行的资金资源、人力资源、技术资源、设备资源等，也包括一些“软”资源，比如银行的风险管理文化、部门之间的沟通能力、战略思想的影响力等等。因此，对商业银行自身资源状况的清晰了解很重要，这常常有利于制止在组织结构改革中出现冒进的行动，同时还有利于根据自身的具体情况采取逐步改良的组织结构改革措施。

银行的业务状况是指银行各项业务发展的规模、管理水平等。对于一家银行来说，不同业务的发展状况和管理水平往往是不同步的，因此，不同业务所适应的风险管理架构应该有所不同。对于银行作为重点发展的业务单元，在其具有较好管理基础的前提下，银行可以选择集中垂直的风险管理架构；对于业务规模和管理水平一般的业务单元，仍应采取传统的直线职能式进行管理。

3. 对银行经营环境的适应性

银行的经营环境，一方面包括银行同业竞争的环境；另一方面包括银行经营所需要的配套环境。例如，在市场经济较为发达的社会中，配套的社会专业化服务内容十分丰富，商业银行在设计其风险管理架构时，可以考虑如何充分地利用这些现存的社会资源，为风险管理提供更加便捷、高效的支撑。与之相反，在市场经济环境尚在逐步完善的发展中国家，商业银行在选择风险管理架构模式时，就不能不考虑新的模式对社会化服务资源的要求，而不能一味求新。

从银行的同业经营环境来看，银行风险管理组织架构的落后可能带来竞争上的明显劣势。因为，落后的风险管理与内控组织结构带来的是市场反应速度的落后和风险管理手段的落后，而营销的乏力或风险的失控对银行特定业务的发展无疑是致命的威胁。

4. 员工积极性的发挥

员工是组织发挥工作效率的基本因子，员工积极性的发挥，对于组织目标的实现至关重要。传统的直线职能型组织结构虽然具有某些优势，但是严密的层级管理体制对员工积极性是最大的威胁。因此，良好的风险管理架构，必须能够在业务单元和风险管理部门之间建立良好的沟通和协调机制，充分调动银行所有员工的积极性，建立全员风险管理的文化和氛围，确保银行统一风险偏好和风险管理策略在全行范围内得到有效的贯彻和执行，从而实现业务发展和风险控制的有机平衡。

5. 可操作性

良好的风险管理架构，需要以实现银行经营目标为最终目的。银行在选择风险管理架构时，常常是将可操作性放在很重要的位置。很显然，即使是在国际上被证明是最优秀的银行，其风险管理组织架构模式，也不一定在某个特定的商业银行能够取得成功。风险管理架构的设计应当首先满足银行内部的业务分工、信息沟通、决策权力分配等方面的实际需要，同时与银行本身的各项业务发展情况、管理水平实现较好的衔接。

（三）随着银行不断发展，集中垂直的风险管理架构日益体现出其独特的体制价值

随着经济全球化的不断发展，商业银行所面临的外部环境也日益复杂。尤其是2008年全球金融危机以来，不确定性成为银行的新常态，银行所面临的各类风险和损失日趋加大。在这一背景下，集中垂直的风险管理架构正日益体现出其独特的体制价值，概括起来，主要有以下几个方面：

1. 有助于统一风险偏好的形成和贯彻

现代银行风险管理架构通常采用集中垂直的风险管理架构，其内在逻辑是银行在经营和安排风险的过程中，要形成统一的风险偏好并以最顺畅有效的机制予以传导，集中垂直的管理架构为首选。在过去分散管理模式下，每个分支机构或业务单元在风险经营中的自由裁量权很大，有的局部来看似乎实现了风险的最优化安排，但是整体来看却偏离了既定的战略。

2. 有助于及时有效地识别、计量和安排风险

面对同样的市场和客户，不同的风险管理架构可能导致风险识别敏感性、风险计量准确性、风险安排有效性的差异。例如，客户经理和风险经理平行作业的模式，往往比链式的管理模式更贴近市场，风险识别的敏感性更高，贷款方案中的风险安排也更加周密。

3. 有助于科学的风险筛选

银行筛选风险总体原则是“能够承担、擅长管理、可以获利”。而

筛选风险主要有边界管理和无边界的风险筛选两类模式。“边界管理”基本做法是，根据既定风险偏好划定准入门槛、基本规则、量化阈值等，而边界之内属于经营人员自由裁量的空间。“无边界风险筛选”则是不划定范围，所有业务（个案）都需要经过风险管理流程的把控。

“边界管理”模式可以充分调动客户部门的积极性，有利于缓解客户部门和风险部门的矛盾。在此模式下，银行可能放弃了边界之外的一小部分市场机会，但是能有效回避掉大部分的风险。这是目前国内银行采取的主流模式。“无边界风险筛选”理论上讲是最理想的模式，但是对数据、系统、技术的要求非常高，就目前国内银行的管理状况来看，采用该模式不太可行。

4. 有助于实现效率和制衡

风险管理的“制衡”不是过去简单的制约、否决，而是体现在从不同的角度来看问题。这种制衡不是相互对立、此消彼长的关系，而是相互讨论、专业互补、责任共担的关系。具体来说，在共同对风险进行识别、选择、承担和安排过程中，客户部门（客户经理）和风险部门（风险经理）以独立的视角，从不同角度来共同盯住风险(而不是过去的“人盯人”)，最大限度地避免风险的选择性失误。

风险管理的效率主要是靠专业化、流程化来实现。专业化体现风险管理在风险经营中的岗位价值。专业化不仅仅体现在先进的系统上，更体现在专业化的人才和技术上。

5. 有助于流程的顺畅高效

风险管理必须进流程，而不是站在流程之外盯着别人。风险管理架构必须基于业务主流程特点来设计，风险管控的功能和窗口应嵌入到业务流程中，并尽可能向流程前端延伸，从事后控制向事前和事中管理转变。串行的风险管理流程要尽可能变为并行的流程。

风险管理融入流程不仅体现在制度安排上，而且还体现于IT系统架构等设计中。例如，在理想模式下，生产系统和风险管理系统之间要实时交互，风险的评估、分析、预警乃至决策功能模块，都应该与业务流程无缝衔接。举个例子，国外很多先进银行在风险管理系统建设中引入决策引擎，其主要目的就是为了最大限度避免风险IT系统的优化升级等可能对业务系统产生的负面影响，使流程更加顺畅高效。

6. 有助于先进风险文化的形成和传播

现代银行风险文化内容丰富，而且因行而异。但是从内涵来看，关键是几个方面：了解你承担的风险，了解你的客户和交易对手，了解你面临的市场情况，了解你设计的产品，了解你的资产组合，了解你的风险缓释有效性，等等。集中垂直的风险管理架构，有助于这些目标的实现，并将风险文化核心理念传播到全体员工，促进前中后台风险共识以及共同价值观的形成。

（四）没有任何一种组织结构"刀枪不入"，集中垂直的风险管理架构也有其自身的缺陷

尽管商业银行对风险管理架构的设计日益重视，并进行了大量的实践探索，但从根本上看，没有任何一种风险管理架构是"刀枪不入"的，不可能适应所有的银行和所有的情形。因此，集中垂直的风险管理架构不可能是完美无缺的，也有其自身的缺陷，总体上看，主要表现在以下几个方面：

1. 在不同的银行治理结构下，集中垂直的风险管理架构都存在一些必然的不足和缺点

随着业务的不断发展和竞争的日益加剧，商业银行的公司治理结构也在不断发生变化。目前，发展中国家的商业银行大多数仍采用总分制或事业部型的组织结构，发达国家商业银行则更多采用矩阵型的组织结构模式，网络型组织结构模式在银行中的采用仍处于研究探讨的阶段，距离全面的实际应用尚有一定差距。在不同的组织结构下，集中垂直的风险管理架构都会面临一些矛盾和问题。

在总分制和事业部型的组织结构下，由于各层级分支行或各个事业部为达到短期经营目标，可能出现过度强调业务发展、忽略风险控制要求的趋势，从而减弱风险管理的独立性和有效性，甚至带来风险管理部门与业务发展部门之间的矛盾和冲突。各分支机构或事业部存在局部利益最大化的冲动，可能对银行整体利益和风险管理的一致性造成冲击。“块块管理”或“条条管理”为主的管理模式，不利于银行对整体经营风险的控制，难以在不同分支机构或业务线之间保持完全一致的风险衡量、评估与控制标准。各层级分支行或各个事业部各自为战，信息资源沟通往往不足，给相互之间的沟通协调带来困难，造成风险管理的成本加大和效率降低。

在矩阵型组织结构下，风险管理部门设在各事业部和区域分支机构的内部，同时接受事业部和上级行风险管理部门的双重领导，这一方面有助于对各事业部或区域分支机构具体业务经营风险的控制和化解；另一方面有助于各事业部或区域分支机构在经营中实现追求利润与风险控制之间的平衡。同时，总行风险管理部门对下实施垂直管理，有利于总行对整体经营风险的把握和控制，保障各项业务和各个分支机构经营的稳健性。但在这一模式下，部门协调压力加大。双重领导带来信息沟通的

工作量加大，要求工作人员具有较强的基本素质和沟通能力。风险管理部门独立性的加强可能导致前后台冲突增加，沟通协调的难度增加。

2. 囿于职责权限等因素所限，首席风险官制度仍不尽完善

首席风险官制度是集中垂直的风险管理架构的重要组成部分，首席风险官作为银行全面风险管理的直接责任人，对各类风险管理具有重要作用。但在实际运作中，各国商业银行的首席风险官普遍囿于职责权限、人力资源、责权匹配等因素所限，未能履行全面风险管理的职责，与其称号“首席”相比，名不符实。在一些国家，大多数银行仅将首席风险官作为一种待遇、一种级别，分管几个部门或几个条线，并未将其作为全面风险管理的总负责人。

3. 受银行风险文化、专业人才、技术手段等因素制约，集中垂直的风险管理架构的实施效果仍不理想

强大的风险文化是商业银行有效的风险管理的核心，风险管理架构的运行必须依赖银行的风险文化。风险文化对每家商业银行而言都是特有的，但必须确保与其风险偏好相符。塑造风险文化是一项长期挑战，不是通过开发一个新的框架、新的控制措施、新的流程或系统就可以解决的。当前，风险文化缺失的现象在银行中大量存在，一些员工对银行整体的风险偏好不清楚、风险管理战略不了解，风险意识淡薄、风险理念缺乏、风险执行力不足，甚至为规避风险管理而“遇到红灯绕着走”。这些问题的存在，大大影响了银行整体的风险管理效果。

现代金融风险管理是一门技术型非常强、非常复杂的新型的管理学科，它不仅以现代管理学、金融学、经济学、数理统计学等学科的知识为基础，而且还引入了系统工程学、物理学等自然科学的研究方法。这就要求银行从事风险管理的人员必须具备很高的专业素质，并经过严

格的专业训练。但与现代金融风险管理的要求相比，许多商业银行的风险管理人才仍然显得相当匮乏。

随着计算机及信息技术的发展，现代商业银行风险管理的技术含量越来越高，风险的识别、选择、安排和管理离不开先进的技术手段和强大的系统支持。尽管商业银行的风险管理技术手段取得了极大进步，但在一些起步较晚的银行中，尤其是发展中国家的银行，风险管理技术手段还亟待进一步发展。此外，许多银行内部的数据储备严重不足，数据规范性、质量不高，也成为银行进行有效风险管理的巨大障碍。

（五）风险管理架构仍处在发展和变革中

商业银行通过建立集中垂直的风险管理架构，基本建立了覆盖信用风险、市场风险和操作风险的全面风险管理体系，风险管理的独立性、有效性显著提升，得到监管部门、投资者和社会公众的良好评价。但从实际运行情况来看，目前商业银行的风险管理架构还存在一些不足和缺陷，特别是金融危机之后，商业银行的治理结构受到广泛重视，对风险管理架构也进行了不断的总结和反思。尽管商业银行风险管理架构的发展趋势还有待于进一步观察，但以下几个方面的趋势是比较明显的。

1. 完善基础架构

（1）突破传统组织结构的缺陷，完善集中垂直的风险管理架构

对风险管理架构的构建，应做到“神似”而非“形似”。银行风险管理架构的设置，尤其是各分支行或各业务单元的风险管理组织架构，应突破传统组织结构的限制，不能简单、机械地把风险管理人员与业务部门人员分开，而应强调的是对风险的独立分析判断和风险信息的垂直报告，实现风险专业化管理、整体风险统一管控和风险决策及时有效的

同时，有效减少矛盾冲突，降低沟通成本，提高管理效率。

（2）完善首席风险官制度

一是强化首席风险官的职责。包括：参与银行所有战略的决策，而不仅仅限于风险战略决策；在银行集团内，无论区域、国家、行业、条线、产品，无论风险类别，均具有风险管理责任；对业务决策具有否决权；必须拥有足够的人力和财力资源确保其风险管理团队履职。

二是完善首席风险官继任计划。定期制订首席风险官的继任计划，加强首席风险官继任人才的储备，完善首席风险官更换程序。此外，首席风险官及继任储备人才应熟知各类风险特征，而不仅仅是某个风险领域的专家。

（3）优化操作风险管理体制

操作风险管理一直是商业银行面临的难题之一。相对于信用风险和市场风险而言，商业银行对操作风险的管理仍较为薄弱，甚至在很多情况下是无效的，对银行造成重大损失和相关的资本冲击。对操作风险管理体制的优化重点在于当前操作风险的高发环节，如基层行、柜面业务等。此外，业务部门的操作风险管理架构（如设置操作风险专职团队或岗位等）也是目前商业银行需要关注和研究的一个重点。

（4）完善业务持续性管理（BCM）

在银行信息化程度越来越高的情况下，因意外事件导致业务中断的案例越来越多，给银行经营和声誉带来损失。这个问题已经引起商业银行的普遍关注。尤其是近几年，外部突发事件多发，监管部门对商业银行业务持续性管理提出了非常高的要求。对业务持续性管理，很多商业银行还处于起步阶段，整体水平较低，需要加快探索推进，相应的风险管理架构也需要尽快建立和完善。

（5）完善组合风险管理架构

从单项交易风险管理向组合风险管理提升，是商业银行风险管理的发展趋势。长期以来，商业银行业主要考虑的是单一客户和单笔交易的风险，相应的管理机制安排也是针对单一客户和单笔交易。实际上，银行资产组合的风险并不是每一笔资产风险的简单加总，在相关性、分散化、风险对冲、转化等多种因素作用下，以单一风险加总的视角已经无法解释组合风险的性质和大小。随着商业银行风险管理的日趋成熟，管理的重点将逐渐转移到组合风险的层面，风险管理架构也将朝着这方面发展演进。

2. 完善配套机制

（1）优化风险管理流程

风险管理流程与银行的内部组织架构、业务管理集约化程度以及风险计量技术支撑能力等因素有关，其优化是一个动态的持续过程。对风险管理流程的优化，应更加突出以下几个遵循原则：

一是精细化管理原则。贯彻“以客户为中心”的理念，在客户细分的基础上，对公司类业务和零售业务实行差别化的业务流程，采取针对性的风险管理模式，在不同的业务单元内细化岗位设置，培养专业化的客户经理、风险经理和产品经理人才，为目标客户提供专业化的风险管理增值服务。

二是联动制衡原则。按照审贷分离、业务联动、集约管理的原则，明确前台客户经理、中台风险经理和后台业务支持人员在授信流程中的职责，在各负其责、相互协作的基础上有效平衡风险与回报。

三是持续改进原则。风险管理流程是一个动态改进的过程，风险管理流程的若干环节构成一个循环，一个风险管理流程的输出构成下一个风险管理流程的输入，通过不断检查、改进和提高，实现风险管理流程的持续优化。

（2）完善绩效考核机制

对风险管理部门和人员的绩效考核，要做好以下三个方面的平衡：

一是风险管理业绩与业务发展业绩的平衡。避免出现过分考核风险管理指标而忽视业务发展，或者过分考核经营业绩而忽视风险管理的情况。既要有利于保证风险管理的独立性，又要适当与经营业绩挂钩，促进风险管理目标和经营目标的共同实现。在具体做法上，可通过推行和运用 RAROC 测量模型，促进风险管理和业务发展的有效平衡，减少或避免短期行为。

二是条线考核与业务部门考核的平衡。对风险管理部门和人员的考核，必须以上级风险管理部门为主，同时相关业务部门也要参与考核。其中，上级风险管理部门负责对下级风险管理部门和人员的全面履职情况和主要业绩完成情况进行考核，业务部门则主要参与考核风险管理部门和人员的沟通协调能力、对业务发展的支持能力等。

三是过程考核与结果考核的平衡。银行的风险管理是一项复杂的管理活动，在这一活动中，管理的过程活动是否有效往往直接影响到管理的结果。因此，对风险管理部门和人员的考核，既要考核风险管理的结果指标，注重管理实绩；也要考核风险管理的过程，确保管理活动的合规性、有效性。

此外，金融危机后，各国监管当局对银行风险管理和控制的要求正在逐步加强。FSB 的部分成员国金融监管当局正在考虑加强对银行高级管理人员继任计划的监管，并要求首席风险官对业务条线的财务或经营方面不承担责任、薪酬不与银行的经营业绩相挂钩。这一新的趋势，应引起商业银行的充分重视。

3. 提升专业管理能力

(1) 改进风险数据加总和报告

在理想情况下，银行的风险信息能够快速、全面地收集和利用，但实际上大多数银行还未做到这一点。2013 年 1 月，BCBS 发布的《有效的风险数据加总和风险报告原则》指出，“在风险数据加总能力及风险报告实践方面做出改进对银行来说仍然是一个挑战，监管机构希望看到更多的进展，尤其是对于那些全球系统重要性银行来说。”有效的风险管理架构，必须能够确保风险信息的快速、全面收集，并保证风险信息的质量和可靠性，以及对正常和压力条件下的风险状况予以及时、精确的报告。

（2）提高风险管理部门人才的深度和广度

随着对银行风险管理能力要求的提升，风险管理团队的深度和广度问题日益突出。由于风险部门被视为是有效风险承担的推手，而不仅仅是合规的一部分，风险管理人员所需具备的经验水平和类型可能会随之扩展。许多风险管理人员通常都具备专业的技术知识，但更广泛的管理和沟通能力也越来越重要。同时，随着风险管理的日益精细化，需要不同的角色具备不同的技能。能否迅速提升风险管理人员的深度和广度，将直接影响到银行风险管理架构的运行效果。

（3）改进风险管理信息技术系统

随着风险管理水平的提升，对银行信息技术系统的要求越来越高。尽管取得了一定的进展，但商业银行在风险管理技术系统建设方面还有很大的进步空间。目前，许多国家的监管机构对银行的信息技术系统依然持批评态度，如美联储最近对美国大型银行所做的一项分析得出的结论是，“过时和（或）孤立、不全兼容，导致需要大量的人工干预来实现系统间的协调。”银行风险管理各项工作的开展，离不开信息技术系统的支持。尤其是在对各类风险的识别、计量、管控、缓释、收集、报告等各个方面，银行必须加快信息技术系统的建设和改进，为风险管理架构的有效运行提供强大的技术支撑。

二

重新考量银行风险管理体系的职责定位*

金融危机过后，全球银行业以及监管机构对银行风险管理架构纷纷进行反思，查找缺陷，做出调整，希望能更前瞻地、有效地识别和管理系统性风险，保持银行自身经营管理以及整个银行体系的稳定。这既是外部监管者针对危机进行的一次风险管理变革，也是商业银行在解决自身风险管理问题时必须经历的一种常态化修复调整。从银行业实践来看，国际国内同业都在对风险管理架构着手改进，从监管机构近期出台的一系列监管文件也可以看出，银行风险管理体系的核心原则更加清晰明确。面对内外部形势变化，要在战略层面对全行风险管理架构、体制、机制进行反思、重检和改进，为有效管控风险和实现持续健康发展提供坚实保障。

（一）金融危机过后国际同业对风险管理体系进行重新定位

金融危机过后很长一段时间内，国际金融市场还处于剧烈动荡时

---

* 2012—2013 年，考虑到金融危机影响、监管要求变化、外部环境变化和银行自身经营模式变化等情况，针对银行业内的迷茫与争议，我多次与国内外同事进行专题研讨，虽然达成一些共识，但也仅仅局限在专业人士之间。为了便于扩大共识，2013 年 3 月，我将相关观点整理为专题文稿。

期，发达经济体开始从全球经济衰退中艰难复苏。这一时期的风险管理更像是危机管理，还不能称之为审视银行整体风险、确保长期可持续增长的前瞻性风险管理。如今，监管机构对监管领域和银行体系进行彻底变革向着更具操作性的层面推进，全球银行业对风险管理的重视和投入也超过以往，引发的内部管理变革涉及公司治理结构、风险偏好、风险管理的组织设计、流程优化、系统整合等方方面面。主要体现在几个方面：

1. 将风险管理体系融入战略规划、目标制定、激励机制、业务决策和绩效管理流程等关键决策过程之中，确保风险偏好自上而下得到正确的理解和执行。

2. 完善公司治理结构，明确向董事会及其专门委员会报告的流程、内容及对重大风险事项的应对处置，确保董事会、高管层及各业务单元、各分支机构之间的风险信息沟通顺畅、应对有效。

3. 更加注重从集团层面统一的风险管控，包括客户维度、政策维度，注重对各类风险的全面计量和压力测试，以准确预测日益复杂的风险形势。

全面、全流程的风险评估，量化工具的开发及应用成为风险管理的一大主要趋势。同时，强化首席风险官对全面风险管理的掌控职能，既关注各类风险的专业管理，更重视彼此间的交叉影响并加以应对。

4. 合理界定风险管理部门与业务部门在全面风险管理框架中的职责，既要保证彼此之间的密切配合，同时也要确保独立履行职责和实现有效制衡。

与风险管理部门派驻人员进入流程中直接监督和控制风险、出了风险直接进行处置的管理模式相比，更多的国际大型银行意识到风险管理部门不应该也不可能替代业务经营部门履行风险管控的第一责任，而是需要在合理的定位和科学的运作机制保障下履行风险管理部门自身的管理职责。

5. 注重持续改进。风险管理是一种持续的、不断发展的能力，也必须根据外部市场环境变化和内部战略调整及时作出改进，灵活应对，才会在实现长期竞争优势和卓越绩效之路上遥遥领先。

从具体金融机构的管理实践也可以看出上述趋势。毫无疑问，百年不遇的金融危机改变了世界银行业的版图。富国银行是金融危机中少有的逆势成长者，它凭借坚持特色化经营、审慎的风险文化和合理的业务结构模式在金融危机中脱颖而出，直至今日已经超越花旗、汇丰等成为全球市值第二大银行。虽然在金融危机前其自身的风险管理机制已经比较成熟，但危机过后它仍然借鉴同业经验教训，对自身风险管理进行了改进。一是与同行业相比，富国银行不断精简房屋净值贷款与信用卡贷款组合的业务规模，保持业务结构的稳健和盈利的持续性。二是成立董事会风险委员会，任命首席信贷官和首席市场风险官，强化专业风险管控职能。三是将风险偏好描述形成书面材料，开发风险偏好计量模型，并将其整合到公司风险管理体系，同时采取主动的风险监控措施。四是在集团层面上扩充了信用风险管理资源，支持全球金融业务开展，成立全球金融业务信贷审批专业团队，开发大型国际银行担保服务的复杂信贷产品；成立了国际金融欺诈风险管理团队，确保为各位客户配备一个专业团队，负责监控由代理行关系引起的金融欺诈风险。五是建立能够接口于所有系统记录及数据的跨企业单一信贷数据库，开发适用于所有交易产品的单一系统（如金融衍生品、外汇、证券交易与融资等），在此基础上进行集中的风险报告，提供统一、全面的风险敞口情况。

再如摩根大通。金融危机期间，摩根大通在风险治理方面表现出诸多不足。一是董事会、高管层成员的风险管理专业能力不足以对风险事项提出客观、合理的审批建议；二是每一业务线（事业部）仅负责管理自身部门的风险，缺乏部门之间的沟通，风险相互传染的可能性增加；三是董事会、高管层对业务部门的放权使得风险控制被忽略，逐步引发“伦敦鲸”事件。危机过后，摩根大通更加强调董事会及高管层的风险治理机制。一是定期汇报经营活动的预期风险敞口变化，定期评估风险管理独立性、政策制定合规性；二是增加委员会间沟通频率，避免对风险事件处置的缺位或重叠，提高成员专业资质要求；三是定期评估并设定风险限额，制订对限额异常变化的应急处置方案，对公司合规风险进行识别；四是增加与监管机构探讨风险管理相关议题的频率，审核确保公司所有管理报告符合风险管理监管规定。

（二）监管机构对银行风险管理体系的基本架构做出进一步明确

BCBS 重点对《有效银行监管核心原则》进行了修订。新的核心原则要求银行具备全面的风险管理体系，及时识别、计量、评估、监测、报告、控制或缓释所有实质性风险，重点突出以下几个方面：一是强调要加强系统性风险防范和宏观审慎监管，宏观和微观审慎监管相结合已成为各国金融监管的重要发展趋势。二是强调有效的公司治理是确保银行稳健运行的关键要素。三是进一步提高了对银行风险管理的要求，强化对董事会、高管层、首席风险官和风险管理部门在风险管理体系中的责任。要求银行内部定价、绩效考核与风险挂钩等等。

国际金融稳定理事会发布的关于金融机构风险治理的评审报告，指出了 2008 年金融危机中金融机构风险治理暴露出的薄弱环节。如部分银行董事会成员缺乏金融行业的工作经验，对所在金融机构业务和运行的复杂性认识有限；管理层向董事会提供的信息量庞大复杂，影响董事会履职能力；缺乏对风险治理框架的独立评估；风险管理职能缺乏权威、声望和对公司风险管理驾驭的独立性，内部评估丧失了对风险治理中薄弱环节的确认能力等等。同时，强调要重点加强对系统重要性金融机构风险治理框架有效性的评估，主要内容包括：董事会应全面、准确、完整、及时地掌握公司的风险水平和各类风险信息，要对公司战略、风险状况和新风险做出有效决策；要提升首席风险官在公司的声望、权威和独立性，确保其与董事会和风险委员会沟通顺畅，并参与可能会影响公司未来风险轮廓的重要活动和决策；董事会、高管层要定期对风险治理框架及其有效性和风险文化进行评估。

综合起来，有以下几方面：

1. 基于建立一套有效的风险信息传导机制和一套科学灵敏的风险监测体系，风险管理部门必须深刻了解银行所面临的风险

正如银行经营管理中一直倡导的"了解你的客户"一样，风险管理部门必须要深刻了解一家银行面临的现实风险和潜在风险。一方面，这依赖于建立一套有效的、横向与纵向相结合的风险信息传导机制，确保风险管理部门能够及时从各层级、各业务条线或者业务单元得到真实、准确、全面的风险信息；另一方面，建立一套与各种生产系统、管理信息系统相连接的，覆盖所有业务、支持各种维度分析的风险监测体系，支持对所有风险类别、产品和交易对手的风险暴露规模、构成和性质进行深度挖掘，及时捕捉风险信号，量化风险，做到心中有数。

2. 在了解、识别和监测风险的基础上，风险管理部门应承担起评估风险的责任

与前台经营部门对客户风险进行评估有所不同，风险管理部门更应注重在集团层面对风险进行评估。评估重点包括：一是外部市场环境、宏观政策以及监管要求等重大变化对银行业务发展以及风险管理产生的影响。二是从行业、区域、产品等维度评估各业务条线、境内外分

支机构、子公司所面临的真实风险。三是对各类风险形态如信用、市场、操作等风险以及各种风险类别交叉形成的整体风险进行全面评估。

3. 风险管理部门要有畅通的报告渠道，将风险信息及时报送至董事会、监事会及高管层

风险管理部门必须拥有畅通的报送渠道，确保风险信息、评估结果、决策建议、重大风险事件的处置进展及影响等能够畅通、及时报送到董事会、监事会及高管层，有力支持科学决策，防止潜在风险演变为实质性风险，避免单个风险事件传染和蔓延形成系统性风险。这就要求风险管理部门具有充足的管理资源、独立性、授权权限，并有专门的渠道可以向董事会、高管层直接报告风险信息。

4. 在评估风险的基础上，推进全面的资本量化管理，在资本配置管理中发挥重要作用

风险管理部门应在科学评估风险的基础上，逐步完善经济资本计量体系，实现对所有风险的资本量化管理。通过资本占用回报的比较分析，推行以资本回报为导向的风险排序 / 风险选择机制，强化以客户为中心的风险调整后资本回报（RAROC、EVA）综合评价，使集团层面的资本约束压力切实传导至各业务经营单元、各级分支机构，提升资本集约化运用水平，实现结构调整和业务转型。

5. 建立有效的、科学的风险管理绩效考核机制

风险管理部门应在全行各业务条线、各层级的绩效考核扮演重要角色，定期对其风险状况及风险管理能力进行全面评估，评估结果将作为整体绩效考核的重要组成部分，将全行的风险偏好、政策导向更好地传导至各业务条线和各层级。

（三）未来银行风险管理部门职责和定位需要重新考量

组织架构是商业银行实现战略目标和构建核心竞争力的载体，一家银行针对市场经济环境、内外部监管以及同业竞争环境的变化，特别是在出现重大风险事项之后，对自身组织架构和管理体制机制进行重检改进，其宗旨正是为了更好地服务于战略目标和提高核心竞争力。为此，每家银行都需要从战略层面上思考未来风险管理部门的职责定位和工作重点，更好地为实现全行战略目标服务。

1. 立足于全面风险责任制和有效制衡的基本要求，考虑风险管理部门的职责定位

一方面，全面落实风险责任制要求，各业务条线、各层级要承担起所辖领域风险管理的职责，承担风险把控第一道关口的职能。例如，在一些重要的业务决策会议、重要产品研发或重要业务推广过程中，风险管理部门应作为重要成员参加，但不是进行审批或者提供可行性评估报告，而是了解各种信息以及新产品、新业务可能存在的潜在风险，为实施集团层面的风险分析和管控提供抓手。另一方面，从公司治理及内控规范要求出发，坚持前台经营部门和风险管理部门之间的横向制衡，分工协作，实现涵盖条线、层级、员工的全面风险管理。

2. 科学评估区域（包括业务条线、业务单元）风险应成为总行、分行风险管理部门的一项重要工作

与过去运用评级工具评估单一客户或产品风险不同，未来风险管理部门应转变工作重心，由评估客户风险向评估区域或业务条线的整体风险转变，利用量化评估工具评估各区域包括各业务条线、业务单元的

风险状况，指出管理薄弱环节，提出改进措施建议，并能及时向经营班子成员或条线负责人反馈。通过与分行经营班子面对面的共同讨论以及实地走访调研，对带有普遍性、趋势性的问题进行系统归纳和总结，对可能引发系统性风险的突出风险因素进行深入分析研判，对大额授信的潜在风险客户逐一进行风险诊断，制定可行有效的应对化解措施，提升区域或业务条线的经营能力和市场竞争力。

3. 区域风险评估结果应作为其绩效考核、资源配置、业务授权、风险处置方案制订的重要依据，切实提升风险管理部门对区域风险的管控能力

大型银行分支机构众多，区位优势各有不同，经营特色差异较大，要想提高精细化管理水平，应坚持持续量化的风险评估，并且评估结果应作为该区域绩效考核、资源配置、业务授权、风险处置方案制订的重要依据，充分发挥区域比较优势，合理配置信贷资源，提高风险应对处置效率。例如，在绩效评估方面，要提高风险管理指标在绩效考核中的占比，通过激励约束机制促进各经营区域风险管理水平的提高。

4. 加强对大额授信客户以及带有集群风险特征客户群的风险监测，研究丰富应对处置手段，防范系统性风险

风险管理部门应加强对大额授信客户的风险监测，包括多元化快速扩张、授信增长过快、多头授信、出现欠息逾期、集群风险特征明显、媒体或外部机构关注等潜在风险迹象，逐户建立风险监测台账，必要时开展现场评估诊断，及时掌握风险变化，指导分行做实风险化解处置。未来，风险管理部门应研究丰富风险化解处置手段，加大创新力度，提高措施的针对性，重在增强风险应对处置的实际成效。

5. 加强风险监测分析和评估工具的建设和应用，提升风险的量化管理能力

现有的工具更注重从客户的角度发现风险，对监测、分析、评估某个业务单元、分支机构的风险还不太适用。同时，目前的工具侧重定量指标的监测，比如财务报表。其实当财务指标恶化时，风险可能已经形成现实损失了。风险管理部门更应该注重分析监测一些先导性风险指标，注重运用非结构性数据捕捉风险信息，运用大数据的思路和方法建立风险识别、监测、分析、评估体系，及早捕捉有效风险信息。量化风险将是未来风险管理的必然趋势，风险管理部门必须适应这一趋势，提升自身的量化管理能力。

6. 强化案例分析，从已经发生的风险事件中提炼总结经营管理中发生的缺陷并加以改进

银行的经营管理仍然存在一些缺陷。一是不了解客户和项目的实际情况，不进行客观翔实的调查就盲目开展业务，甚至对其他银行退出的风险项目盲目接盘。二是过度授信。不考虑客户的实际资金需求，过度进行授信，助长客户的盲目快速扩张，把好客户经营成坏客户。三是监督检查缺位、操作风险管控缺位。如贷款支用未按严格规定操作等。四是只顾眼前利益，忽视长期风险。如片面追求中收，造成风险隐患。五是无视市场和政策信号，对禁令熟视无睹，政策执行力不够。六是欺诈隐患。外部欺诈和内外勾结问题严重，报表作假，反欺诈能力不够。七是疏于管理，特别是贷后管理。八是追求形式合规，忽视实质性风险。以风险缓释形式为例，搞了很多互保，形式上有担保，实际无缓释效果。九是介入技术不成熟的客户。客户技术、市场还在培育，不确定性大，把信贷资金当作风险投资基金，导致出现风险。十是熟人文化。

不按规定程序操作导致风险发生。

银行各业务条线和各层级也应经常地进行这样的反思和总结，查找管理缺陷，特别是政策制度流程中存在的深层次问题，及时弥补改进，从根本上、源头上堵塞漏洞，长期坚持下去也有利于优良风险管理文化的建设。

7. 健全畅通高效的风险报告机制，配置合理稳定的风险计量人员队伍将是风险管理部门有效履行职责的重要基础保障

在新的风险管理架构下，风险管理部门着重于集团风险的分析把控，各条线横向和各层级纵向之间必须要保证风险信息的共享和风险报告渠道的畅通。另外，风险管理工具的开发应用也是风险管理部门的一项重要工作。应保证风险计量队伍的合理配置和基本稳定，推进风险计量能力的不断提升，增进价值贡献。

三

把握银行内部控制体系的核心价值与建设要点*

内部控制与风险管理密不可分，尽管两者的内涵和外延存在差异，但理念和方法有诸多共通之处。从国际实践看，内部控制体系已经成为风险管理的重要基础。2008 年，财政部、银监会等五部委下发了《企业内部控制基本规范》，要求大型商业银行实施企业内部控制基本规范。2010 年，五部委又制定下发了 18 个企业内部控制配套指引，要求从 2011 年起，在境内外同时上市公司施行内控基本规范和配套指引。国内大型商业银行实施企业内部控制体系建设既是外部监管的要求，也是自身提高风险管理水平的内在需要。怎样认识内部控制的核心价值、作用及面临的挑战，客观分析大型商业银行内部控制存在的问题，加强内控体系建设，对于大型商业银行提高风险管理能力具有重要的现实意义。

---

* 内部控制是企业提升内部运作效率、保障合规和长期稳健运行的关键机制，近年内部控制理念被引入国内银行业，与风险管理手段结合起来，成为风险经营的重要基础。2011—2012 年，我在研究建立和完善银行内部控制体系时，提出了一些想法，但未经实践检验。

（一）内部控制是保障企业健康高效运行的标准化体系

1. 企业内控规范源于 COSO 框架，已成为监管要求

1992 年 9 月，美国 COSO 委员会（美国反虚假财务报告委员会下属的发起组织委员会）公布了《内部控制整合框架》（简称"COSO 报告"），对内部控制提出了"一个定义、三项目标、五个要素"，简称"五要素阶段"。1994 年进行增补，逐渐成为世界通行的内部控制权威标准，被各国审计准则制定机构、银行监管机构等所采纳。

《内部控制整合框架》提出"内部控制是由董事会、管理层和员工共同设计并实施，旨在为财务报告的可靠性、经营效率和效果、相关法律法规的遵循性等提供合理保证的过程"，并明确内部控制五要素，即控制环境、风险评估、控制活动、信息与沟通和监督。五个要素相互联系、相辅相成，共同构成内部控制的整合框架。2004 年，COSO 委员会公布了《企业风险管理整合框架》，增加了目标设定、事项识别和风险应对三个要素，将五要素扩展为八要素，更加关注风险，更加强调为企业发展战略服务的控制目标。

金融危机后，COSO 委员会一直致力于吸取危机教训，根据商业环境变化，进一步组织修订内部控制整合框架。2010 年进行有关方面的审阅与评估，2011 年进行设计和构建，2011 年 12 月到 2012 年 3 月，公开征求意见，修改完善，2013 年 4 月正式发布了 2013 年版《内部控制—整合框架》。2013 年新版对 1992 年版框架并没有作出翻天覆地的改动，既考虑到过去 20 年业务环境和经营状况的变化，又保留了内部控制和 COSO 魔方的定义。

1997 年 5 月，中国人民银行下发《加强金融机构内部控制的指导

原则》，2002 年 9 月公布了《商业银行内部控制指引》。银监会于 2007 年 7 月公布了《商业银行内部控制指引》，对国内商业银行实施内部控制提出了要求。《商业银行内部控制指引》借鉴了以美国 COSO 报告为代表的国外内部控制规范性文件的基本精神，在积极倡导全面内部控制和全面风险管理理念的同时，对授信、资金业务等六个主要业务或环节作出了具体的内部控制规定。

借鉴国内外最新研究成果，财政部等五部委于 2008 年 5 月下发《企业内部控制基本规范》(以下简称《基本规范》),2010 年 4 月下发了 18 个《企业内部控制应用指引》《企业内部控制评价指引》《企业内部控制审计指引》，对企业建立和完善内部控制按照五个要素提出了明确的要求。

2. 内控具有多重目标，旨在保障企业健康持续发展

总体讲，有效的内部控制可以帮助企业实现其业绩和盈利目标，防止资源的损失。内部控制不仅仅体现为内部牵制和制衡，还能促进安全合规，防范灾难性风险、业务中断甚至突然死亡，同时也是提高经营管理效果和效率、增强可持续竞争能力的有效手段。

（1）内部控制的目标选择

COSO 报告将内部控制目标分为三类：(1) 经营目标，即经营的效率与效果；(2) 信息目标，即财务报告的可靠性；(3) 合规目标，即法律法规的遵循性。我国内部控制基本规范的五个目标突破了内部控制的管理控制范畴，提出了战略目标。

五部委企业内部控制基本规范强调内部控制是由企业董事会、监事会、经理层和全体员工实施的，旨在实现控制目标的过程，其目标是合理保证企业经营管理合法合规、资产安全、财务报告及相关信息真实完整、提高经营效率和效果，促进企业实现发展战略。

COSO 内部控制整合框架 2013 年版使整体框架更加清晰化。内控

目标定为三类：企业运行的有效与效率目标、报告的可靠性目标、经营合规目标。增加了非财务报告，制订用于开发和评价内控系统的判断依据。按照内控 3 项目标、5 个要素、17 条原则及其相关的 81 个属性评估内控有效性状况，具有更强的指导意义。

（2）内部控制的价值

内部控制所确立的，是由董事会、监事会、管理层及所有员工共同执行的，旨在实现内部控制目标，将影响目标实现的各项风险因素控制在可承受范围内的一项制度安排，是一个动态管理过程、一种控制机制。

有效的内部控制会覆盖一个企业经营管理的所有方面，并将内控环境、风险评估、控制活动、信息沟通与交流、内部监督五个要素内化在企业经营管理的不同层面，共同构成内部控制的整合体系而发挥作用，是一种全面控制。其涵盖了企业文化、公司治理结构、组织机构与权责分配、业务流程、政策制度、工具方法、人力资源等多个方面，对银行安全稳健运营和持续发展的保障支撑更为全面、系统。内控要与企业的组织机构相适应。

有效的内部控制既包括事前、事中、事后的全程控制，同时也通过内部控制设计、执行、监督评价与完善的自我改进机制，不断推动企业提升经营管理能力。其体系设计更注重与时俱进、因势而变、持续优化，形成完整循环，对于银行适应客户需求、经营环境变化，提升市场竞争力都是重要的机制保障。

有效的内部控制强调嵌入经营管理活动，与风险管理、合规管理、业务经营相互融合，共同促进企业的健康持续发展。内部控制通过嵌入业务流程，将促进银行不断提高精细化经营管理水平，夯实基础，增强发展后劲。

2013 年版 COSO 内部控制整合框架提出，内部控制主要改善三项企业表现：一是灵活性，指应对企业经营环境的适应能力；二是信心，指将风险调整到可以接受的水平；三是清晰性，指提供可靠的信息支持科学的决策。

3. 内控管理、合规管理、操作风险管理概念存在差异

第一，内部控制是由一系列制度、措施、程序、方法及其相应的动态控制活动、过程、文化构成的综合体系，其侧重于风险管理的机制建设和优化。内部控制覆盖范围最广，它涵盖合规风险管理和操作风险管理，合规风险管理和操作风险管理是内部控制在某一风险管理领域的深化或具体化。

第二，合规风险是基于信用、市场、操作风险之上的更基本的风险。合规风险简单地说是银行做了不该做的事（违法、违规、违德等）而招致的风险或损失，银行自身行为的主导性比较明显。而三大风险主要是基于客户信用、市场变化、员工操作等内外环境而形成的风险或损失，外部环境因素的偶然性、刺激性比较大。合规风险管理侧重于人员行为的管理，其与操作风险管理两者存在交集，交叉重合部分主要集中在人员层面。

第三，操作风险是商业银行所面临三大风险之一，主要来自于不完善或有问题的内部程序、员工、信息科技系统和外部事件。操作风险大多是在银行可控范围内的内生风险，而信用风险和市场风险则不然，它们更多的是一种外生风险。操作风险是一种纯粹的风险，具有风险与收益之间的不对称性，即承担这种风险不能带来任何收益。同时，内部控制与合规风险管理的目的都是防范和控制操作风险，降低操作风险带来的损失。

（二）内部控制主要作用是实现银行可持续发展和价值创造

大型银行要在未来的发展中可持续，不被内外部安全隐患击垮，

同时还要能够在竞争中立于不败之地，持续为利益相关方创造价值，需要有效的内部控制作支撑。

1. 有效的内部控制是保持一家大型银行基业长青的基础

第一，内部控制提供了构建科学管理架构的方法体系，有利于银行建立完善管理体制与运行机制。大型银行资产负债规模巨大，客观上要求企业内部必须建立科学有效的管控机制，从公司治理结构、组织机构与权责分配、业务流程、政策制度、工具方法、人力资源与财务资源配置、企业文化等方面都要具备完善的管理体系。内部控制正是着眼于银行整体管理框架，又延伸到经营管理的具体产品、流程，保证大型银行的安全有效运营。

第二，建立良好的内部控制有利于大型银行提升声誉品牌形象。按照监管部门确定的系统重要性银行标准，四大国有控股银行，资产规模都超过 10 万亿元，客户数过亿，承担着经济和社会的双重责任，其经营的稳健性、合规性，管理的规范性、精细化，除了直接影响自身的发展外，还将对国家经济金融秩序、社会稳定产生重大影响。

内部控制体系的建设，有利于大型银行树立稳健、合规、负责、高效的市场形象，对外增加美誉度和品牌效应，为真正实现从优秀到卓越的跨越奠定基础、创造条件。

第三，建立良好的内部控制是防范风险的需要。近年来，国际上屡屡显现金融企业重大风险事件，其内部控制失效，可能导致百年老店轰然倒塌。如老牌巴林银行的倒闭、瑞士银行的巨额损失、法国兴业约 71 亿美元的亏空、雷曼兄弟的倒闭，背后都有内部控制方面的重要原因。战略上对风险没有全面衡量，内部控制设计存在严重缺陷，制度执行松懈，部门间沟通与信息共享不充分，内部独立监督未发挥作用，重大风险事项上报渠道被人为阻塞，良好管理的口碑与悠久的历史都没有成为风险的天然隔离带。缺乏良好的内部控制，轻则会使银行逐渐丧失市场地位，造成市场竞争力下降，重则将会带来灾难性风险，而失去生存的机会。

2. 国内外先进银行都非常重视内部控制建设并不断完善

COSO委员会《内部控制整合框架》以及强调财务报告可靠性的萨班斯法案颁布以来，北美、欧洲先进商业银行都按照《内部控制整合框架》建立了内部控制体系。如美国银行在高管层设立操作风险委员会，设立独立的操作风险总监、合规风险总监及相应的管理团队。在业务条线设立业务准备与响应团队，负责本条线操作风险和内控合规措施的落实与监测。在管理工具方面，既有企业级的操作风险评估工具，又有条线级的自评估工具。

西班牙桑坦德银行在短短的25年里快速成长为全球市值第十位的金融集团和欧元区最大的银行。在并购发展中，其非常重视内控体系的建设，在集团层面设立内部控制及内部风险验证总理事会（CIVIR），重点对集团层面的信用风险、市场风险、运营和技术风险、合规风险及声誉风险进行独立评估和验证，单独设立了技术与运营风险管理部，负责在生产、软件、硬件、安全等方面实施非常专业细致的技术风险管理(操作风险管理)。

金融危机后，无论是监管机构还是国际先进银行，无不吸取风险内控失效的教训，对公司治理和风险内控架构进行重新审视、调整和完善，注重避免系统性风险。如强化银行体系的杠杆约束，建立量化的流动性控制标准，完善集团层面与子公司的风险隔离机制，强化风险组合管理并将系统性风险管理内置于日常业务决策之中。强调全面、及时、准确、前瞻性报告风险等。

从国际先进银行内控实践可以看出，在复杂的经济金融环境和业务发展中，内部控制体系建设已成为练好内功、着眼长远、增强核心竞争能力的重要手段，因此必须高度重视内控体系的建设。

3. 内部控制也是价值创造

内部控制的基本目标之一是保证经营的有效性和效率。大型银行实施内部控制，有利于从体制、机制、制度、流程、工具、报告等方面系统性地建立管理框架和运行机制，提高银行的运行效率，增加价值创造。大型银行实施内部控制，能够及时地评估影响控制目标和战略目标实现的内外部因素，有效识别风险，并采取风险规避、风险降低、风险分担、风险承受等风险应对策略，相应采取预防性控制措施，降低价值破坏程度。

（三）大型银行内部控制应具有适应性、合规性、效率性、战略性特征

股改后的国有大型商业银行是完全的企业主体，需要面对商业环境的不断变化，面对更趋严格的监管要求，面对日趋激烈的市场竞争，还要实现内涵式发展的业务转型，这些都需要良好的内部控制基础。

1. 国际国内经济形势复杂多变，风险因素积聚，系统性风险与单一业务风险交错，对大型银行内部控制的适应性提出了更高要求

从国际看，近几年国际经济金融形势复杂多变，金融危机之后的复苏之路异常波折，不确定因素增加。希腊、西班牙、意大利等欧洲国家主权债务危机尚未化解，美国经济增长还面临诸多不确定因素，主要国际货币汇率大幅波动、大宗商品价格震荡，国际金融市场动荡加剧，经济、金融系统性风险引起了各国高度重视。

从国内看，“十二五”期间，我国工业化、信息化、城镇化、市场化、国际化将不断深入，实现经济结构转型，经济增长的资源环境约束强化，经济结构调整步伐加快，这些都将对银行的经营模式、资产风险、盈利能力、行业政策、客户结构、市场竞争产生重大影响。必须建立与之相适应的内部控制体系，才能有效应对市场变化和系统性风险、单一业务风险，促进银行可持续发展。

2. 我国银行业监管逐步与国际金融监管新标准接轨，监管覆盖面、手段方式调整明显加速，监管力度、处罚问责明显增强，对内部控制的合规性提出了更高要求

从国际看，金融危机后，“二十国集团”（G20）取代“七国集团”（G7）成为国际经济金融治理的最重要平台，明确了国际金融监管的目标和时间表。2010 年 6 月，G20 多伦多峰会首次明确了国际金融监管的四大支柱，一是强大的监管制度，确保银行体系依靠自身力量能够应对大规模冲击；二是有效的监督，强化监管当局的目标、能力和资源，以及尽早识别风险并采取干预措施的监管权力；三是风险处置和解决系统重要性机构问题的政策框架，包括有效的风险处置、强化的审慎监管工具和监管权力等；四是透明的国际评估和同行审议，各成员国必须接受，推进金融监管国际新标准的实施。

本轮国际金融监管改革涵盖了微观、中观和宏观三个层面，这三个层面的改革既各有侧重，针对性地解决不同性质的问题；又具有逻辑一致性，相互支持和有机结合。

微观金融机构层面的监管改革，目的是提升单家金融机构的稳健性，监管内容包括改革资本充足率监管制度，引入杠杆率监管；建立量化的流动性监管标准；改革金融机构公司治理监管规则，引导金融机构建立集团层面的风险治理架构；推动金融机构实施稳健的薪酬机制；提

高金融机构的透明度要求，增强市场约束等。

中观金融市场层面的监管改革，目的是强化金融市场基础设施建设，修正金融市场失灵。主要包括：建立单一的、高质量的会计制度；将不受监管约束或仅受有限约束的准金融机构（“影子银行体系”）纳入大金融监管范围；加强外部评级机构监管；推动衍生品场外交易合约标准化；提高不同金融部门监管标准的一致性，缩小监管套利空间；改革金融交易的支付清算体系，降低风险传染性等。

宏观金融系统层面的监管改革，目的是将系统性风险纳入金融监管框架，建立宏观审慎监管制度。包括：建立与宏观经济金融环境和经济周期挂钩的监管制度安排，弱化金融体系与实体经济之间的正反馈效应；加强对系统重要性金融机构的监管，实施更严格的资本和流动性监管标准，提高监管强度和有效性，建立“自我救助”机制，降低“大而不倒”导致的道德风险；建立跨境危机处置安排，降低风险的跨境传递等。

基于本轮金融危机的教训，监管发生了重大改革变化。2010 年 12 月，BCBS 发布了“第三版 Basel 协议”（Basel III）。Basel III 体现了微观审慎监管与宏观审慎监管有机结合的监管新思维，按照资本监管和流动性监管并重、资本数量和质量同步提高、资本充足率与杠杆率并行、长期影响与短期效应统筹兼顾的总体要求，确立了国际银行业监管的新标杆。

从国内看，我国银行监管机构紧密跟进国际监管标准，与国际标准接轨，2011 年 4 月，中国银监会出台了《中国银行业实施新监管标准的指导意见》，根据“第三版 Basel 协议”确定的银行资本和流动性监管新标准，在全面评估现行审慎监管制度有效性的基础上，提高资本充足率、杠杆率、流动性、贷款损失准备等监管标准，建立更具前瞻性的、有机统一的审慎监管制度安排，增强银行业金融机构抵御风险的能力。

上述监管变化已经在当前的监管实践中予以体现，如加大了微观审慎监管，对综合化经营风险、地方政府融资平台、房地产贷款调控、理财产品、案件防控、“三个办法、一个指引”的落实等，都进行了更为细致、精准的非现场监管和现场检查。监管问责不仅仅在制度执行层面，对内部控制体系建设的完善性、制度政策的科学性都加大了问责力度。

针对上述变化，预研、预判监管环境变化，未雨绸缪，统筹规划，在内部控制体系建设中充分体现、传导和落实国际国内监管新标准，这将对大型银行合规经营、赢得良好的外部监管环境，变被动应付为主动调整、完善具有重大战略意义。

3. 金融市场竞争形势严峻，优质客户资源争夺更为激烈，产品创新、流程再造、机制创新成为竞争利器，相应地对内部控制的效率性提出了更高要求

当前，大型商业银行都已完成重组上市，竞争实力明显增强。随着金融业发展和改革的深入，大型商业银行业务逐步迈向国际化、综合化与特色化，纷纷涉足海内外。股份制商业银行凭借船小好调头的优势，提升业务处理效率，灵活应对市场需求，争夺客户资源，市场竞争更趋激烈。

此外，随着金融改革步伐加快和信息科技快速发展，信托、证券等各类机构及其发行的新型金融产品创新数量每年翻番增长，理财产品异常活跃，给传统的存款业务带来较大的冲击。电子商务交易量飞速增长，第三方支付等新的支付结算模式不断涌现，金融脱媒化更趋明显。

市场竞争越来越集中在对客户需求响应的及时性、产品设计创新能力、服务效率等方面，大型银行传统的内部控制模式、部分业务流程、政策制度、IT 系统、服务效率已不能有效适应市场竞争、客户需求，部分业务发展渐现乏力，市场份额下降。

为应对市场竞争，流程、制度、产品、服务创新步伐加快，只有同步跟进相应的内部控制建设，才能在加强创新的同时，避免产生新的风险，保证创新的价值创造，保证可持续的竞争力。

4. 业务转型、综合化和国际化经营、流程重塑等重大战略项目改革，都需要将内部控制有效嵌入经营管理实际，对内部控制的战略性提出了更高要求

未来几年，大型银行将适应经济增长方式转型，深入推进业务转型。扩大基金、信托、租赁、保险等综合化经营范围；不断扩展海外分行业务，国际化发展步伐加快；以新一代核心系统建设为引领的流程重塑、IT 架构搭建、专业化运营、前后台业务分离等都已启动，并迈出了实质性步伐；全面风险管理模式下的组合风险管理体系、绩效考核体系等支撑机制也将不断改革完善。推进上述改革，需要同步完善组织架构设置、权责体系、风险管理等内部控制的体制、机制、工具，才能将内部控制嵌入重大经营管理改革项目，提高内控的基础保证作用。

（四）大型银行在内部控制文化、基础、机制、方法等方面仍存在差距

大型银行在内部控制体系建设方面取得了比较大的进步，但距离高效的内控体系还存在一定的差距与不足。

1. 以责任文化为主体的内控环境仍需进一步营造

公司治理结构中董事会、监事会、高管层以及各部门、各层级应

履行怎样的内控职能、承担怎样的内控责任，需要进一步界定与阐述。

中高级管理人员责任体系有待调整完善，改变侧重于业绩考核，忽略全面责任考核，如对队伍建设、基础管理、重大风险事件等直接影响业务发展后劲的考核不足的状况。

片面地将内部控制等同于牵制、制衡、复核、监督，与业务经营割裂对立，局限地理解为控制活动或仅为内控部门的职责。

2. 大型银行内控基础整体还比较薄弱，尚未形成规范严密的体系，围绕内控的工作规则和程序尚待不断健全完善

组织机构方面，职能缺失、交叉、重叠、边界不够清晰，在不同层级不同程度存在，部门银行色彩还比较明显。

政策制度方面，规章制度缺乏分层分类管理，新产品、新流程、新系统不断推出，需基层员工掌握的操作要求大量增加，散落在庞杂的办法、规程、手册、文件通知中，不利于员工掌握，有些规章制度的设计与业务实际脱节。

流程设计与管控方面，集团化的风险隔离管控设计不足，缺乏明确的流程归属和责任体系，流程整体管控机制、流程间关系还有待明确。

3. 内控管理机制还有待健全完善，尚未形成科学化的体系

内部控制的分类评价体系有待健全完善。对层级机构、业务条线、产品、流程尚缺乏科学有效的评价标准和评价方法，内控评价实施范围、评价组织、缺陷改进等都需要不断完善，评价结果还未充分体现在绩效考核当中。

对发现问题的整改方式有待改进。在一定程度上存在着问题整改就事论事，从制度、流程、信息系统等方面的根源性整改力度不够。

独立的评估制度还不健全。如对战略的制定与阶段性实施成果、组织机构设置合理性等问题缺乏过程评价与监督，对于部分重大体制机制改革的有效性也缺乏独立的后评估。

信息沟通与报告还存在梗阻。自上而下的信息传导不同程度地逐级衰减、截留与变形。同级机构间信息共享、沟通机制有待建立健全，自下而上的信息传导一定程度上存在形式化报告。

风险控制的整合性、协同性需要提升。业务条线缺乏主动识别风险的内在驱动机制，动力不足；风险管理条线对业务条线内控与风险管理的引领、指导、支持、协助不够，尚未建立良好的、有效协作的业务伙伴关系；内部审计较少关注和查验业务条线、风险管理条线主动自查自纠的内控履职情况，再监督职能发挥不够充分。

部分业务领域内部控制存在短板。如金融市场、投资银行等新兴业务，海外机构、子公司等机构的业务管理与风险控制，表外业务内控等。

4. 内部控制的方法、工具还不够丰富和完善

传统控制手段多，创新性控制措施少；手动控制多，自动控制少，习惯于加锁式控制；控制措施的落实受组织机构、管理体制等影响大，涉及多个部门职责衔接的部位，往往是风险控制最薄弱的环节。

缺乏系统性的内控手册，未有效梳理业务流程及产品的控制点，风险控制矩阵编制不够细致、完整。内控手册与业务操作手册的结合度有待提升，多用管理制度、操作规程替代内控手册。

内控 IT 支持不足。整合性的内控合规信息系统建设尚处于起步阶段，内控信息收集、评价尚不足以准确反映内部控制整体状况。对客户信息、交易数据、账务信息等信息的综合加工、分析利用的能力不足。充分应用 IT 技术重组业务流程、提升业务处理效率和内部控制效率的

能力还相对薄弱。

5. 内控合规文化建设与业务快速发展、改革需要、激烈市场竞争的要求还不相适应

部分基层机构负责人重业务发展，轻内控管理，合规意识、责任意识淡薄，准确把握总分行政策、制度和有效执行的能力不足。部分基层员工应该熟悉应知应会类基本操作规范掌握不扎实，业务操作不熟练，技能有待提高。综合化经营、集团化管理、海外市场拓展需要的专业经营人才、风险管理人才、复合型人才匮乏。员工从业行为管理的方法、手段比较单一。

（五）针对大型银行特点，推进内部控制体系建设

1. 大型银行内控体系建设的指导原则

全面性原则。大型银行内部控制体系建设应当贯穿决策、执行和监督的全过程，覆盖全部机构、各种经营管理活动。从内控文化、组织机构、业务流程、政策制度、工具方法、管理机制、人力资源等方面全面构建内控体系。

重要性原则。大型银行内部控制应当突出风险管理，保证合规目标，并在此基础上，通过内控体系建设，提高业务经营效率和效果，促进战略实现。

成本效益原则。既要基于战略，考虑长远，避免毕其功于一役，又要优先解决内控基础薄弱、精细化管理不够等方面的内控问题。既要有体制上的设计，又要有便于贯彻执行的管理机制、控制措施、工具与方法，兼顾成本与收益。

2. 内部控制体系建设的措施建议

第一，确立高层内控基调，营造良好的责任文化、合规文化

通过明确高层的内部控制基调，传导内部控制的目标与理念。进一步明晰董事会、高管层、监事会及组织各方的内部控制责任，营造从大局出发，尽职履责、协同协作的责任文化。

进一步完善责任考核、认定机制。不仅问责制度要有效执行，同时加强对制度设计缺陷责任、监督检查责任的问责。对领导干部，特别是分支机构及部门主要负责人，加强驾驭全局能力、基础管理责任、干部队伍培养和重大风险、案件事故的考核。

在问责方式上，提升责任认定的层级，避免利益冲突，对于引发重大风险事件、案件、责任事故的，要加大问责力度。

第二，建立科学化的规章制度体系

一是解决制度制定问题。按照适用对象不同实施制度分层分类管理，重新规划和明确制度所有者、利益相关者。建立健全制度制定、发布与重检机制，明确重检责任部门与责任人，按年落实定期重检及报告职责。

二是解决制度执行难问题。实现操作类制度手册化，网络化发布、查询、学习，便于各级岗位人员准确掌握和执行。建立政策制度支持帮助热线，为柜面人员、前台销售人员提供业务操作问题支持，有效解决制度执行难问题。

三是配套编制内控手册，提示关键风险点和控制措施，有效防控操作风险。

第三，建立健全内控管理机制

一是健全组织机构设计运行的定期评估改进机制。要建立对组织机构设置、运行评估、优化调整的内控机制，定期评价、验证总分行组

织机构设置与运行的效率效果，重点解决部门职责缺失、交叉、重叠、边界不清晰等问题，适应内外部经营环境变化和经营管理需要，及时优化调整。以并表管理为手段，建立集团与子公司风险隔离制度，完善集团内控与子公司内控机制，强化对子公司发展战略、财务预决算、风险偏好、重大投融资等重要事项的管理。

二是建立健全内控评价机制。制定内控控制评价标准、评价方法，开发评估工具。建立分条线、层级、业务流程的内控独立评价制度，通过评价机制的建立促进内部控制内生动力的产生。

根据内控评价结果，确定内控重点监控与帮扶对象，并与业务授权、绩效考核等级、资源配置相挂钩。制订内控改进方案，鼓励自我发现问题、自我完善，并予以跟踪监督。

三是完善问题整改机制，强化根源性整改。建立问题发现、录入、统计分析、整改方案、跟踪落实、整改评估的工作流程。建立整改责任制，强化条线整改责任。

四是强化重大风险事件、案件事故的报告与应急处理。进一步明确重大风险事件、案件与事故报告责任人、报告路线、报告方式，建立重大风险事件、案件事故隐瞒不报责任追究制度。组建由风险内控部门、业务部门、监察部门组成的专家人员库，一旦发生重大风险事件、案件与事故，专家团队能够快速深入现场，摸清情况，提出风险控制或缓释措施，并组织实施。

五是完善信息沟通报告机制。统筹规划客户信息、交易信息、市场信息、财务报告、专业类管理信息系统的整体布局，统筹设计信息收集、加工、分析、传递和共享的流程、载体与渠道。

利用数据仓库加强客户信息、交易数据分析挖掘处理，强化客户关系管理，促进市场机会发现，提升管理决策支持，实现信息资源利用的科学化和最大化。

六是强化三道防线间协作的内控机制。进一步强化业务部门内部控制责任，建立自我评估、缺陷认定、问题整改、优化提升的内控管理机制。

风险与内控部门加强对业务条线的工具支持、业务指导和监督，积极探索实施业务条线风险内控人员派驻制，实行双线汇报，将内控与风险管理嵌入业务流程。

进一步强化审计部门（第三道防线）对前两道防线体制机制、政策制度适当性、执行有效性的独立监督评价。

第四，整合资源，加强“机控”，丰富与完善内部控制的工具和方法体系

整合操作风险管理、合规管理、内部控制、质量效率管理、案件综合治理、危机管理、突发事件报告等管理资源检查资源，通过建立整合性管理框架和信息沟通例会制度，强化由于人员、系统、流程、外部事件形成的操作风险、声誉风险、合规风险的监测、控制、缓释、报告管理。

以企业级流程建模为契机，在业务流程重塑中，嵌入内控管理要求，加强机控。研究开发标准化的预防性控制、发现性控制方法体系和工具，支持、指导业务条线在制度制定、流程与 IT 系统设计中组合选择内控工具或方法。利用参数与预警模型将相对固定明确的预防性控制措施与发现性控制措施嵌入业务流程，实现机控或及时预警。

健全风险与内控评估工具、监测工具，为发现控制缺陷与持续改进提供支持。建立业务检查支持系统，统筹业务检查，为检查的准备、实施、记录、分析、整改提供方法和工具支持。

健全 IT 系统、风险模型工具的独立测试、验收与设计开发相分离的内部控制程序，以及定期重检制度。

整合信用卡业务、电子银行业务、柜面交易，预防外部欺诈管理

与作业，集中进行预防外部欺诈政策管理、预警模型设计。利用数据挖掘和评分卡等 IT 技术，建立集中化、专业化的反外部欺诈预警、分析、侦测、客户外联、索赔、核销等管理与作业流程。

第五，以人为本，提升履职履岗能力，强化内控执行力

增强各级管理人员的使命感，强化合规责任、履职责任，在绩效考评中强化内控基础管理责任考核。

强化基层员工合规意识和职业技能培训。针对柜面操作人员、前台营销人员创新培训方式，解决工学矛盾问题。突出应知应会操作培训与基本业务技能培训，建立培训积分制度并与绩效挂钩，激励员工提升专业技能。

加强员工行为管理建设。健全员工行为管理制度，改进员工行为管理方法，增强员工对组织的认同感、归属感，促进良好内控执行文化的形成。

四

建立全面风险经营责任制，实现有效风险管理

责任管理是现代管理理论体系中的重要内容，对于企业而言，合理有序的责任机制与科学高效的组织架构结合起来，成为企业健康发展的基础。银行是经营风险的特殊企业，各层级、各条线、各个岗位人员在拓展市场、选择客户、提供金融服务的过程中相应地承担了与之共生的风险。虽然大家面临的风险形态各有差异、风险程度有所不同，但毋庸置疑，每个人都是风险的直接承担者，每个人都有责任去发现、应对、处置、化解风险。对于银行这样一个企业组织来讲，建立全面风险责任制并落实到位，是确保组织顺畅运转、风险管理有效的重要前提和保障。

（一）商业银行经营风险的特性决定了每一个人都是风险的承担者和责任主体

银行是经营风险并获取收益的企业，发展业务实际上就是经营风险，经营风险就意味着要识别发现风险、评估计量风险、处置化解风险，否则风险形成现实损失就会侵蚀收益，损害声誉，影响业务的健康发展。风险管理贯穿于银行经营管理的方方面面，覆盖全部经营机构和

业务流程，所有员工都是风险的直接承担者。所以，商业银行的风险管理是没有边界的，只要是银行经营管理的范畴，都存在风险，无论是直面市场和客户的经营部门，还是承担支持和保障的中后台部门，无论是一个机构、部门的领导者，还是基层网点的柜面操作人员，都是风险的直接承担者，都是责任链条上的重要一环，如果哪个岗位责任缺失，都将沿着整个链条，导致一系列的责任缺失和风险防范失效。

（二）建立全面风险责任制是实施有效风险管理的重要前提和保障

有效的风险管理概括起来，主要包括三个层面：一是知识和能力层面，包括对各种风险的评估能力、识别能力、风险收益的平衡能力以及对风险管理技术的运用能力等；二是政策制度层面，即对经营活动中可能出现的各种风险进行预防和控制的一整套政策制度安排；三是责任和文化层面，是明确各层级、各条线、所有员工在全面风险管理体系中的职责，应承担的责任以及由此形成的体现银行价值取向和行为方式的风险文化。

在这三个层面中，责任文化是实现有效风险管理的重要前提和保障。能力永远由责任来承载，而责任是能力的催化剂。在责任约束下，每一个机构、每一位员工都会抱有强烈的责任心，充分激发自身的潜能，将自己的能力充分发挥并且最大化。政策制度的管控要求要靠责任机制来实现，否则再完美的组织架构设计、管理要求也不能发挥效用。

落实责任不是喊口号、不是简单地发文件、提要求，落实责任必须要通过明确、清晰、科学的责任机制等内控制度规范来加以保证。在统一的内部控制框架下，每一层级、每一条线、每一位员工都要在风险的识别、评估、监测、报告、处置等各流程、各环节承担明确的责任，并将其责任履行同考核、问责挂起钩来。近年来对许多信贷风险事项的跟踪分析表明，如果在贷前、贷中、贷后不良处置中每一责任主体都能切实承担起自身的责任，很多风险信号都能够被及早发现，很多风险隐患完全可以消除在萌芽状态，不至于恶化为现实损失或产生重大声誉影响。

（三）全面风险责任制需覆盖至全员、全流程、全机构和各类风险形态

过去，银行风险管理的重点主要集中在信用风险、市场风险、操作风险等传统领域。近年来，随着银行业务创新不断加快，一些新的风险形态层出不穷，其中一些风险例如理财业务、信息系统、外部欺诈、声誉风险等还比较突出。对这些新的风险形态，银行普遍缺乏充分的思想准备，相关的配套制度和系统建设等方面也未跟进到位。相比较传统风险而言，这些风险对银行运营安全的影响更严重，冲击更大。因此，建立全面风险责任制，既要突出对传统风险形态的管理，更要把新的风险形态统一涵盖进来，从思想上重视起来，从制度、流程、人员方面进行有效管控，确保风险管理覆盖至全员、全流程、全机构和各类风险形态，不留死角。

（四）建立分层次、自上而下的全面风险责任机制

全面风险责任机制的宗旨应包括几个层次：各条线、各机构、各层级主要负责人作为第一责任人，对所辖风险管理负总责；各分管领导对所分管工作负主要责任；全体员工对本岗位工作负直接责任。主要负责人要正确处理好业务发展和风险管理的关系，在风险管理上负有不可推卸的责任。有专家认为，风险管理永远是排在前面的“1”，如果失去有

效的风险管理做保障，其他的都是后面的“0”，没有实际意义。

国际先进银行实践一直十分强调前中后台协调分工、齐抓共管的三道防线机制。前台经营部门作为经营风险的直接部门，既是业务的经营者，也是风险的承担者，应切实担负起风险管理第一道防线的职责。风险管理部门要利用自身的管理工具、系统等专业特长，对影响资产组合抗风险能力的趋势性问题进行风险预警提示，对个案背后隐藏的政策、制度、流程、系统缺陷提出有效的改进措施，帮助前台部门发现问题、分析问题、解决问题，更好地进行客户选择和风险安排。概言之，整个组织都要投入到全面风险管理中。

（五）责任文化是风险文化乃至企业文化的核心所在

从风险文化的内涵来看，它是一种融合了商业银行的经营思想、风险管理理念、风险管理行为、风险道德标准与风险管理环境等要素于一体的文化力。其中责任文化是风险文化乃至企业文化的核心所在。健康的责任文化，是实现风险管理体制、机制、政策、制度、技术的有机统一，促进前中后台在风险管理方面达成共识、形成合力、取得成效的重要支撑。通过责任文化的传播，把责任管理的理念渗透到各个部门、各个岗位和各个工作环节，并内化为员工的职业态度和工作习惯，植根于整个银行的运作行为之中，力求最大限度地发挥各条线、各层级所有员工在风险管理方面的主动性、积极性和创造性，实现风险管理与业务经营相互促进、共同发展的生动局面。

五

大型银行有效监控二级分支机构具有特殊重要意义*

充分掌握各级机构的风险信息，降低层级间的信息不对称，并有效地指导各级机构开展工作，实现“令行禁止”，是大型银行操作风险管理工作的特殊要求。基于二级分支机构对于国内银行经营管理的重要意义，有必要对部分重点二级机构设计直接监控机制，提升操作风险管理的有效性。

（一）层级管理体制下，二级分支机构是业务经营和风险管理的主战场

国内银行长期以来采取“层级管理”模式，这与国外银行不同。国际活跃银行的经营管理职能主要集中在集团总部和各事业部总部，业务活动由事业部及其下属条线单位发起。国内银行则普遍采取“总行——一级分行—二级分支机构—基层机构”逐级分权的管理模式，经营任务主

* 在中国大型商业银行体系中，二级分行具有独特的重要地位，以至于一家银行风险内控的有效性在很大程度上取决于总行对二级分行监控水平，这在国外所谓领先银行的实践上是几乎不存在的问题。在推进操作风险管理体系建设过程中，我曾经与各层级银行管理人员就二级分行直接监控问题展开多方面讨论与探索，形成了一些体会。

要由分支机构承担，大量管理要求也是在分支机构具体落实。在这种“层级管理”模式下，二级分支机构是经营的重心，是承上启下的管理枢纽。目前，银行绝大多数资产业务、负债业务和中间业务的经营集中在二级分支机构。二级分支机构一方面要直接与客户打交道，直接参与市场竞争，具体承担各项经营指标和任务；同时，也是上级行各项管理政策的主要传导者、具体组织执行者。可以讲，二级分支机构是银行业务拓展、价值创造和风险管理的主战场，二级分支机构的经营管理能力、风险管理水平乃至整体精神面貌，直接体现了银行的经营能力和竞争力。

近年来，国内银行大力强化风险管理工作，基础管理得到明显提升。但是，还有不少二级分支机构风险管理仍处于相对薄弱的状态，有章不循、执行政策不力，甚至与银行总行政策博弈的情况时有发生。尤其是个别二级机构风险管理长期积弱，管理不作为，连续发生重大风险事件乃至案件，影响非常恶劣。透过审计、检查发现的问题反映出来的是这些二级分支机构合规经营意识淡漠、基础管理极其薄弱、整改工作流于形式。近年经济金融形势发生很大变化，银行经营面临的环境更加复杂。在严峻的形势下，少数风险管理薄弱的二级分支机构很可能成为风险事件和案件的“重灾区”。因此，对于重大风险事项或案件高发的分支机构，对于虽未发生案件但处于“亚健康”状态的机构，必须要从严管理、强化督导，增强“免疫力”。

按照层级管理框架，一级分行对于所辖的二级分支机构负有直接的管理责任。从银行整体范围看，各一级分行对二级分支机构资源配置、管理指导的力度大不一样。有的一级分行投入力量大、花的精力多，管得比较到位；有的一级分行重视程度不够，甚至在某些方面疏于管理，对所辖机构仅注重业绩指标。是不是认真地去管理，差距还是很明显的。

针对这些问题，可考虑将部分银行二级分支机构纳入总行直接监控的范围，并由相应一级分行进行重点指导。总行直接监控并不是说要改变“层级管理”模式，目的是给各分行发出一个强烈的管理信号，树立一个典范，同时也是在探索一个新的模式。银行总行通过直接监控、督导，帮助这些机构提升经营能力和风险管理水平，同时也借助这种“解剖麻雀”的方式，积累和总结可资推广的经验。银行总行关注的不应是已发生的个别风险事件，也不是为了解决个别不良贷款项目的问题，重点是关注其基础管理中存在的突出问题，包括经营理念、风险文化、领导班子、管理模式和管理能力等方面。如果基础管理的问题得不到解决，滋生风险的土壤还在，那么可能是“按下葫芦又起瓢”，将来问题还可能发生。

（二）提高二级分支机构管理水平，必须坚持对发现问题进行“举一反三”的整改

对这些直接监控的分支机构，要将工作重点放在对问题的整改中，特别是要抓住“举一反三”这个关键，统一思想、明晰思路、掌握方法、完善机制，形成规范化、长效性的整改流程，真正做到标本兼治。

出了问题并不可怕，真正可怕的是没有意识到问题背后的深层根源和潜在隐患。很多人都知道“海恩法则”，这个法则最初是由德国飞机涡轮机的发明者帕布思·海恩提出来的。海恩法则指出：每一起严重事故的背后，都有 29 次轻微事故、300 起未遂的先兆以及 1000 起隐患。这个法则在企业经营管理中也得到印证。从对分支机构检查发现的问题来看，同样存在类似的规律。

因此，整改的关键是“举一反三”，要通过一个具体问题的整改，消除这一类的风险隐患，这样才能做到“治本”。重点监控二级分支机构的整改工作，尤其要强调“举一反三”，要强调问题的系统性整改，不仅仅是解决已经暴露出来的问题。长期以来，一些机构存在“屡查屡

犯”的现象，不是说整改工作没有做，而是做了没有真正起到治本的效果，症结就在于对整改工作的认识不到位、措施和方法不得当、配套机制不到位。

1. 在思想认识上，简单将整改看作具体问题的纠正

不少分支机构对问题整改的任务分解、布置落实和审查把关仅仅是针对具体的问题，所采取的整改措施也只是针对单个问题或者某一具体违规环节，而忽视对这一类问题和隐患的延伸排查和整改。例如，有的贷款被检查发现存在合规性问题，经办机构最后以贷款收回、资金没有损失为由，认为已经完成整改了，而没有去反思贷款经营管理中存在的缺陷，这样的整改只是形式的整改。此外，有的分支机构在整改中也发现了其他地方存在类似问题，但是不愿意自己“揭短”，或者碍于情面不想去碰。其结果往往是此查彼犯、前查后犯，甚至同一机构相继出现情况类似的案件。究其原因，就是在于没有重视“举一反三”。这种现象在个别分支机构长期存在，而且由此滋生出文过饰非的不健康文化，把整个机构的风气带坏了。

2. 在措施和方法上，不懂得怎么“举一反三”

首先，整改工作没有与日常管理结合起来，有的简单将其作为一项临时性的工作，或者通过搞一场“运动”的方式进行。这种做法有效果，但是无法实现“长效”。针对具体问题的整改措施，应该形成制度性的积淀，融入到日常管理中，从而起到防范这一类问题发生的作用。同时应该看到，很多普遍性、多发性的问题，背后都有机制性、制度性的原因。不能简单地归因于当事人的疏忽或者故意，更要看到其背后存在的制度不足、流程缺陷、系统漏洞等方面的深层次问题。这些问题如果不用完善制度、再造流程、优化系统等措施来解决，整改的系统

性和长效性是难以保证的。例如，有些机构被检查出贷后管理方面存在问题，表面上看是贷后检查报告缺失或内容不完整等，实际问题可能在于这个分支行根本就没有按照统一要求建立贷后管理的制度和流程。因此，简单地以补齐贷后管理报告和相关材料等方式来进行整改，实际上只是形式上完成整改，达不到提升管理能力的目的。

3. 在配套机制上，缺乏科学的监督考核和激励约束机制

有的分支机构对整改情况跟踪检查力度不够，仅仅关注具体问题的纠错及处罚。有的是片面理解"整改率"指标，甚至单纯以提高整改率作为工作目标，对整改状态认定尺度偏松，随意性很大。因此，有的分支机构虽然整改率很高，但问题却屡查屡犯。实际上，"整改率"只是体现检查发现具体问题的整改情况，并不能完全体现整改的持续性、系统性效果。此外，一些分支机构在整改工作中，奖惩机制不合理，有的分支机构重视整改任务而忽视处罚违规责任人。有的机构对违规行为处罚很轻，震慑作用不足，面向基层机构、基层员工、执行环节的追究多/处罚重，面向管理机构、负责人、管理环节的追究少/处罚轻。这种奖惩机制难以真正起到警示和教育的作用。此外，对于自查发现的问题、初次发现的问题、屡查屡犯的问题，应该有差别化的惩戒机制，不能各打五十大板。尤其是对于屡查屡犯的，应从严从重处理当事人；情节严重的，对于这个机构的主要负责人也要追究管理责任，因为这反映出管理上的不作为。

（三）做好对二级分支机构管理，必须建立一套督导机制

1. 落实直接督导的职责，不是简单发几个文件提几点要求

银行要进一步细化非现场监控措施，密切跟踪相关分支机构存量

贷款的风险变动情况，发现问题及时进行风险提示；实时监测新增授信的审批情况，关注相关分支机构贷款发放是否合规，并引导这些机构进一步明确营销导向、完善授信方案；同时着力加强对相关机构贷后管理的指导，促进贷后管理能力的提升。此外，要定期不定期对重点监控二级分支机构开展现场督导，直接了解和掌握整改工作的最新进展情况，并帮助相关分支机构分析诊断、研究解决存在的问题。

2. 研究完善二级分支机构重点监控工作机制

总行要开展专题研究，进一步优化完善对分支机构的风险管理等级评价办法，包括信用风险、操作风险和内部控制等方面的专门评价方法。要借助一系列更加科学的评价办法，准确评估和判断分支机构的经营管理能力和风险内控水平，为后续确定监控对象、有针对性地制定监控督导和整改措施提供科学依据。

3. 研究完善针对问题的举一反三、系统性整改的工作机制

当前要重点抓以下几个方面：

（1）建立整改信息的共享和传递机制。一些整改工作开展不及时、不全面，不能做到“举一反三”，很大程度是受制于信息。要建立健全信息的筛选、传播、反馈机制，使各级机构特别是二级机构、基层机构能够获取各类检查、审计、自评估发现问题的提示信息、预警信息，同时能够及时向上级机构反馈整改信息和相关建议。当然，对于一些敏感信息要进行技术处理，健全保密机制。银行总行部门之间也要密切信息共享和工作联动，并按职责分工做好上传下达。应该讲，针对检查发现问题以及整改信息建立共享和传递机制，有助于推进各级机构形成良好的风险内控文化。

（2）建立自查自纠的常态化工作机制。一是针对各类审计、检查、

自评估等发现的重要问题，根据其所处的业务领域、管理环节，由相应机构、业务条线启动延伸自查。如属于普遍性、典型性的问题，则需启动大范围的排查和整改，不能当作偶发个案处理。二是对于存在风险隐患、管理薄弱环节的领域，定期组织自查、抽查。三是以教育培训为主、检查督导为辅，引导分支机构建立自查自纠的良好机制。

(3) 建立系统性解决问题的机制。对发现问题进行分类，对于分支机构自身无法解决的涉及制度、流程、系统等方面的问题，银行总行相关部门要及时做出回应，与分行共同研究问题的解决方案并推动落实。尤其是对于涉及银行全行范围的制度规范、业务流程、信息系统的优化改进，应该作为优先解决的事项列入工作计划，明确完成时限。对于一些属于个案事项，无需对制度或系统做出调整，或者改造成本过高的，银行总行相关部门也要明确向当事机构做出回复。

第七章

风险管理的未来重任

“路漫漫其修远兮”，尽管国内银行业的整体风险管理水平已经得到了大幅度的提高，然而面对未来，还有很多的事情亟待解决。

中国经济和社会难以承受系统性的冲击，因此就监管机构和五家大型银行而言，系统性风险防范无疑是风险管理的底线。就技术而言，银行需要更加关注通过压力测试工具，从而有效地管控整体风险。在信用风险管理方面，也需要尽快加强海外业务、放款环节、贷后管理、押品管理等薄弱领域的管理。国别风险管理、表外业务风险管理历来是中国银行业管理的短板，在新的环境下需要有所突破。当然，借助大数据和机控，能够大大提高我们风险管理的效率。

一
管控银行系统性风险*

传统的基于单笔业务的风险管理模式，以及个体监管、个案干预、行为监管的监管理念和方法不能有效防范系统性风险，监管者应把系统性风险作为重点，建立宏观审慎监管机制。

2008 年金融危机后，进一步增强银行业稳定性成为国际共识。从金融危机的过程来看，单一客户、单笔贷款、局部损失并不会对银行业形成致命打击，真正的威胁来自于系统性风险。次贷业务将全球经济击垮，是因为次级贷款通过多次证券化演变为系统性风险，全社会关注地方政府融资平台贷款问题也是因为其呈现出越来越明显的系统性风险特征。

传统的基于单笔业务的风险管理模式容易忽视系统性风险因素，个体监管、个案干预、行为监管的监管理念和方法也不能有效防范系统性风险。如何识别和防范中国银行业的系统性风险是影响未来中国经济的重大课题，下面就系统性风险管理问题谈一些思路和想法。

---

* 2012 年 9 月，我在国家行政学院“省部级干部金融监管和风险防范专题研讨班”学习时，对宏观形势和系统性风险相关问题进行了专门研究，形成相关专题报告。原文刊发于《财经》杂志 2013 年 2 月 18 日。

（一）系统性风险因素是金融危机发生的根源

2008年的金融危机起始于次贷危机。所谓的次级贷款，是指金融机构对个人信用评分低于620分的个人住房贷款。统计数据表明，截至2006年底，美国次级贷款余额为6000亿美元，这个数字仅占美国银行业约6万亿贷款的10%，占当年美国银行业权益资本的60%，如果仅仅是次级贷款的问题，绝不至于酿成一场百年难遇的、全球性的金融危机。真正对全球经济给予致命一击的是系统性风险。

这些次级贷款被一次证券化、二次证券化，甚至多次证券化后，在资本市场上出售给全球的各类投资者。据分析，到2006年，全球资产证券化市场总量约为93000亿美元，其中基于次级贷款的证券化产品占45%，约为42000亿美元。这些有毒资产导致全球经济得了一场大病。

但仔细分析次级贷款证券化的全过程，可以发现每一个链条和环节似乎都是理性的、客观的。消费者梦想拥有房子，面对上涨的房价和低利率环境，贷款购房很正常。个人住房贷款是银行的优质信贷业务，银行积极发展住房抵押贷款业务也在情理之中。为了更好地分散风险，提高资本利用效率，银行将抵押贷款通过证券化出售是内在需要。面对巨大的市场需求，基于证券化资产再次证券化满足了养老金等众多机构投资者的需要。评级公司基于历史上的违约概率和损失率给出AAA评价也有一定道理。

尽管从微观环节来看，每个市场个体的决策都符合市场原则，但从整体来看，次级贷款业务，已经将消费者、商业银行、投资银行、对冲基金、保险公司、评级机构等社会经济单元联系在一起，整个金融体系和经济体系受共同风险因素的影响越来越明显，而这个共同因素又是高风险资产，这就是系统性风险。正是存在这种系统性风险，监管机构又未能及时识别并有效监管，最终集中爆发导致灾难性后果。

（二）银行资本是系统性风险的防护堤

经过财务重组、股份制改造、境内外上市等全方位改革，工农中建四大行的业务规模、资产质量、盈利能力等都发生了很大的变化，每家银行的总资产都在10万亿元以上，净利润都在1000亿元以上，任何一笔贷款、一个客户出现风险，任何一个局部出现问题，银行都能够承受。

目前银行唯一不能承受的是系统性风险。比如，一家银行的资产配置中如果亲周期性贷款和投资超过三分之一，则经济增速下行就有可能对其资产质量带来巨大压力。如果整个银行体系中这种亲周期银行达到一定比例，则宏观经济波动引发的系统性风险就应该引起高度重视。再比如，银行业的房地产及其相关行业信用风险敞口（包括房地产贷款和以房地产抵押为风险缓释的贷款，再加上房地产上游行业相关的水泥、钢铁、建筑业甚至地方政府融资平台贷款等和下游家电、家具、家装等行业的贷款）约为自身全部贷款余额的三分之一左右，一旦房地产市场出了大问题，影响将是灾难性的。因此，系统性风险是银行风险管理的重中之重。

目前，我国银行业系统性风险管理主要是通过外部强制的监管要求和内部的偏好政策与限额管理实现的。对于单一客户授信的集中度，监管部门已经设置了的监管标准，银行必须严格执行。行业限额则是银行内部通过信贷资源在不同行业的配置，防范在某个特定行业的授信集中度风险，例如钢铁行业、房地产行业，授信余额不得超过这个限额。

不同风险形态之间叠加、蔓延带来的系统性风险是银行经济资本计量中要特别关注的，也就是说，在计量银行经济资本时，必须考虑不同客户之间、不同行业之间、各资产组合之间以及各风险类别之间的相关性，是不是“一损俱损，一荣俱荣”。银行的规模越大，经营越复杂，相关性的计量就应该越精细（国内有的银行尝试使用 120×120 的相关性矩阵），才能较好地捕捉各种风险之间相互传染的影响。

此外，一些银行还通过计算经济资本时设置的置信区间来反映系统性因素导致的破产风险。如果把经济资本看成银行为防范洪灾修建的大坝，那么防范千年洪灾的大坝当比防范百年洪灾的大坝修得更高，这个百年一遇或千年一遇就是计量经济资本的置信区间。置信水平高，说明银行遭遇系统性风险而破产的概率更低，如果资本能够覆盖的话，意味着银行抗风险能力更强。

（三）监管重心应向防范系统性风险调整

按照传统的市场经济理论，各类市场主体可以通过充分的市场竞争实现均衡，政府当好“守夜人”就可以了。一次次的经济危机告诉人们，银行业是一个非常特殊的行业，其特殊性在于银行业的问题将会变成一个全社会的问题。一个工商企业出现问题，风险传导过程是逐渐衰减的。但是银行出现问题，其影响是网状的，通过直接或间接的联系，风险层层扩散，且相互震荡叠加、反馈，导致整个经济体系陷于瘫痪，造成巨大的经济损失。正是因为这种原因，才产生了中央银行制度，才产生了金融监管。

监管机构的重要使命就是防止金融体系出现大规模的损失或危机。如何实现这一使命？传统的方法是加强对银行个体的监管，一般认为每个银行个体不出现问题，银行体系就不会出现问题。在这种思路下，对银行个体的监管逐渐变为对银行个体的检查，对银行个体经营行为的监督，对经营过程中个案的处理和干预，这样逐渐模糊了监管和经营的界限，监管者越来越细致和微观，越来越像银行的管理者。

这种监管模式一度被认为是合理的、有效的，但这次金融危机的发生，再次提醒监管者应该把系统性风险作为重点，建立宏观审慎监管机制。为此，美国成立了金融稳定监管委员会，负责识别威胁金融体系稳定的系统性风险，并对威胁金融稳定的风险提出应对措施。英国成立了金融稳定理事会，负责协调监管措施。欧元区各国成立了欧盟系统风险委员会，监控和评估在宏观经济发展以及金融体系发展过程中出现的威胁整体金融稳定的风险，识别并对这些风险排序，出现重大风险时发出预警。

这些最新实践值得中国去思考和借鉴。监管者最重要的职责是把控系统性风险，例如分析发现监测经济金融体系可能存在的系统性风险驱动因子是什么、到底在哪里，单个主体对金融体系的影响有多大，应该设定在怎样的风险水平，如何通过制定规则矫正潜在系统性风险苗头等等。而属于银行经营管理的问题，属于银行自身应该承担的风险，则应由银行的股东、管理层自己负责，由银行自己来承担。否则就算小事管得再好再严，整个银行业出现了系统性风险，仍然是监管失败。

2011 年以来，监管部门引入宏观审慎监管政策，差别准备金动态调整措施和资本充足率、杠杆率、流动性指标、贷款损失准备四大工具，基本构成了我国宏观审慎监管政策框架。当然，这些政策工具的实施效果还有待实践检验，监管部门也应根据市场变化，及时评价政策效果并予以适当调整。

除此之外，还要高度关注跨市场、跨机构的交叉性金融风险和影子银行业务带来的风险隐患。国内银行纷纷推动综合化、多功能转型，金融控股公司的外部性更强。一些担保公司、典当行、小额贷款公司等具有融资功能的非金融机构游离于当前的监管体系之外，影子银行在社会金融体系中已占相当大的比重，带来的风险隐患更不容忽视，风波可能波及正规金融系统。对此，可以借鉴国外的做法，在分业监管基础上成立负责整体社会金融体系运行维护的监管协调机构。

（四）识别系统性风险的基础是统一对系统性风险的认识

系统性风险监管的难点在于如何识别系统性风险。一个风险因素是否是系统性风险，常常充满了争议。

监管措施安排是否有效，很大程度上取决于系统性风险识别的准确性。在捕捉系统性风险时，应把握以下五个要素：一是社会各界对可能引起系统性风险的问题的认知情况。如果认识清醒且深刻，从风险评估角度来看就是风险可控，否则就要进一步分析。二是风险敞口的变动情况。风险敞口是在迅速扩大还是在收缩，不同发展方向的系统性风险截然不同。三是相关性的变化情况。存在风险的群体对于其他方面的影响是在强化还是在收缩，是否出现倍加的影响，经济下行期，原来相关性不强的行业之间，相关性会突然放大。例如电力行业和批发行业客户，一般资产负债率都比较高，一旦社会资金面紧张，其违约相关性会骤然增加。四是单项风险的集合变化情况。所有敞口加总后风险状况是上升还是下降，是恶化还是好转，整体的资产质量是在好转还是在恶化。五是群体风险是否可监测管控。如果群体风险是可测、可控，风险状况就会相应小；相反，风险就大一些。

国际上对系统性风险识别标准的研究主要从三个方面展开：一是从单一金融机构入手，分析个体的风险暴露状况，然后再将个体的风险暴露进行加总来推算整个系统的风险，包括以CAMELS① 和FIMS②

① CAMELS是一种国际上通用的银行评级制度，银行监管机构根据六个因素对商业银行进行分析。其中，C是资本充足、A是资产质量、M是管理质量、E是盈利、L是流动性、S是对市场风险的敏感性。

② 美国联邦储备委员会于1993年运用先进的统计工具建立了银行破产预警指数，并开发了一套金融风险监管系统，即FIMS。

为代表的指标经验分析法，以及通过模拟多家银行的资产波动，考察系统性风险发生概率的数理模型分析法。二是面向整个金融体系，运用一定的模型从整体上直接识别和估测系统性风险。其基本原理是：将金融系统看作所有金融机构甚至所有金融活动参与个体的总和，利用各部门总的经济数据，同时加入宏观经济指标，来衡量或预测金融体系的系统性风险。三是BCBS在2011年提出的全球系统重要性银行的评价标准，并依此附加资本1%—3.5%。2013年在国内银行业实施的《资本办法》也借鉴了这一做法，通过规模、关联度、不可替代性和复杂性四个指标衡量系统重要性银行，适用1%的附加资本要求。

（五）风险隔离是防范系统性风险的有效手段

从根本上讲，人类的认知都是有限的，并不能把所有的问题都觉察到、消灭掉，发生风险事件是必然的。既然风险事件的发生不可避免，如何有效防止风险事件的传播和影响就变得非常重要。就像大规模传染病，隔离是最有效的手段之一。

此番危机过后，美国银行业做出重大改革，通过了《沃尔克法则》，要求大型银行进行规模限制，将对冲基金和自营交易业务拆分出传统银行业务，这实际上回归到1933年的《格拉斯－斯蒂格尔法案》，重新在较高风险的证券业务与传统银行业务之间建立了防火墙。尽管遭遇了银行业一致反对，但摩根大通巨额亏损事件最终促成各界在《沃克尔法则》批准实施方面达成共识。

及时阻断金融机构的传染链条，是防控系统性风险的重要手段。首先，要合理限制金融机构之间的过度交易，降低关联性。危机后，美联储要求银行剥离对冲基金和私募基金等投行业务，剥离业务链条较长的再证券化业务，将场外市场交易的复杂衍生品通过中央交易对手集中交易、统一清算，提高市场透明度，降低双边结算容易诱发的交易对手违约风险，这些要求的核心是降低大型银行与其他机构的关联，防止风险传染。

其次，要定期评估银行交易对手集中度，避免共同风险敞口对银行系统的冲击。经营管理和效益较好的大企业、大机构一般都是银行竞相争取的优质客户，这从银行经营本身来讲无可厚非，但从整个银行体系来看，就可能由于出现风险敞口过度集中而引发系统性风险。监管部门要定期评估银行交易对手情况，提醒银行及时调整交易策略，控制集中度和风险敞口规模，这样才能有效防控系统性风险。

最后，加强对系统重要性金融机构的监管。系统重要性金融机构的业务品种多，业务量大，容易形成一个巨大的支付和交易网络，导致金融体系的关联性增加。加强对系统重要性金融机构的监管，将能有效避免系统性风险的扩散速度和危害程度。

维持防火墙安排，改进事前准入监管。为防止系统重要性银行经营模式过于复杂，降低不同金融市场风险的传染，继续采用结构化限制性监管措施：一是维持现行银行体系与资本市场、银行与控股股东、银行与附属机构之间的防火墙，防止风险跨境、跨业传染。二是从严限制银行业金融机构从事结构复杂、高杠杆交易业务，避免过度承担风险。三是审慎推进综合经营试点。对于进行综合经营试点的银行，建立正式的后评估制度，对于在合理时限内跨业经营仍不能达到所在行业平均盈利水平的银行，监管部门将要求其退出该行业。

(六)避免群体性行为是防范系统性风险的关键

在金融市场中,“羊群效应”① 是形成系统性风险的主要诱因。羊群效应的表现形式很多,最突出的表现为银行发展战略、经营重点、产品设计等的一致性。国内大型银行在股改上市以来,客户结构、产品结构、战略目标高度趋同,差异性越来越小。当所有机构都集中于同样的市场和客户时,过度集中的问题就会渐渐形成。正如生态系统一样,生态多样性是生态系统稳定的基本条件,当物种越来越单一时,生态系统的脆弱性就会越来越强。过度集中同样会带来金融系统的极度脆弱。

当危机出现时,“羊群效应”同样会放大危机的后果,具体表现就是“追涨杀跌”,对整个金融体系形成系统性冲击。在金融危机中,抛售问题银行资产或股票的行为会激发投资者的从众心理,继而引发对其他银行资产或股票的抛售行为,导致其他银行也陷入危机,这就加速了系统性风险的释放,恶化了系统性风险的影响。在出现系统性风险苗头时,应把群体性行为的监测和防控作为重点。

一般情况下,市场事件发生时,从众者缺少相关信息及必要的判断力而难以进行理性决策,因趋利避害而在“头羊”示范效应下盲目跟风。解决羊群效应的关键在于完善金融市场体系,培育多样化的市场主体,形成错位经营。危机发生时,加强信息披露,增强市场信心,信心比黄金更重要,通过增加信息披露以及投资者教育,能够在一定程度上缓解羊群效应。

监管部门在市场事件发生时,应迅速披露相关信息,如起因、进

---

① 羊群效应(herd instinct;herd behaviour)指追随大众的想法及行为,缺乏自己的个性和主见的投资状态。投资者莫名其妙地随波逐流、追涨杀跌的心理特征。羊群心理或群居本能是缺乏个性导致的思维或行为方式。在经济过热、市场充满泡沫时表现更加突出。

展、影响及监管措施等，避免不相关投资者的恐慌；要做好系统性风险的投资者教育工作，让投资者理解系统性风险的表现、特征及传导机制，从而提升对市场事件影响的判断能力；要定期开展金融体系压力测试，提前制定有效的应对预案，分析在最不利情景下的损失情况，使各方能大致了解市场下跌的最坏情景，提前采取措施。

二

借助压力测试工具管控银行整体风险*

全球金融危机以来，压力测试技术得到各国监管部门和银行业的高度重视。例如，2009 年上半年，美国银行监管部门对资产超过 1000 亿美元的 19 家银行进行了压力测试（这些银行总资产占全美银行业资产总额约 2/3），欧盟银行监管部门对欧洲 22 家领先银行进行了压力测试（这些银行总资产约占欧盟银行业总资产的 60%）。中国银监会近年来也组织各商业银行开展了多次压力测试。尤其是近期针对房地产的压力测试，受到业界乃至媒体、社会公众的广泛关注。

实际上，压力测试技术早在 20 世纪 90 年代就开始在金融领域中运用，一些全球性银行引入压力测试技术来评估其资产组合在极端情景下的表现。最初主要是针对交易账户市场风险头寸，后来逐渐扩展到信用风险、流动性风险、操作风险乃至银行整体风险等领域，相关技术在不断探索的过程中渐趋成熟。Basel 协议则明确提出，银行应定期进行压

---

* 2007—2010 年，在分析银行面临的整体风险和推进计量分析工具建设过程中，我对压力测试问题进行了专门研究，并将相关研究成果编纂为《商业银行压力测试》（中国金融出版社 2010 年版）。该书发行之后，业界同事和市场人士不断就银行压力测试问题提出一系列看法，希望继续讨论。本章摘要讨论了一些对压力测试的基本认识，原文刊发于《中国金融电脑》2010 年第 9 期。

力测试，以反映经济波动对于信贷资产的不利影响。

国内商业银行基本是从本世纪初开始压力测试方面的探索和实践的。近年来，在银监会的大力指导和推动下，银行业压力测试工作取得长足进展，并在金融监管、银行风险管理中发挥了很好的成效。但是客观地讲，由于起步较晚，压力测试对于国内不少银行来说还是新事物，因此也还存在一些模糊甚至不正确的认识。例如，有的人认为压力测试很神秘，属于“屠龙之技”，在银行管理实践中用不着；有的人则认为压力测试也是一种预测，和PD、LGD等计量一样，没有必要予以特别的重视；有的人认为压力测试主要是为了满足监管要求，与银行实际经营管理关系不大等等。作为银行风险管理者，有必要厘清对压力测试的基本认识和逻辑关系，以在未来工作中更准确地把握、科学开展压力测试工作。

（一）压力测试是量化分析极端损失的重要手段

按照银监会《商业银行压力测试指引》，压力测试作为一种以定量分析为主的风险分析方法，通过测算银行在遇到假定的小概率事件等极端不利情况下可能发生的损失，分析这些损失对银行盈利能力和资本金带来的负面影响，进而对单家银行、银行集团和银行体系的脆弱性做出评估和判断，并采取必要措施。要理解和运用好压力测试技术，首先要把握以下几个方面：

1. 压力测试关注的是极端损失

极端损失（极端风险）是指在异常情况下所发生的风险，属于概率很小的“尾部风险”。虽然发生的可能性很小，但是一旦发生则往往给银行带来巨大损失，甚至导致银行倒闭。实际上，避免破产古往今来始终是银行业风险管理的第一要务。从本质上讲，银行是经营风险的企业，既要管控好日常的风险，更要应对好极端风险。长期以来，银行业对于管控日常风险已经积累了一整套相对成熟有效的政策、制度以及技术工具体系，但在识别和应对极端风险方面则相对落后。适用于日常风险管理的工具和手段，在极端风险的情况下往往是发挥不了作用的（甚至完全失效）。随着现代金融的日趋复杂和动荡，应对极端风险是现代银行风险管理的重点和难点之一。因此 Basel 协议也明确要求，实施内部评级法的银行必须通过对极端损失情景假设来进行压力测试，评估其面临的潜在风险，并制订相应的应急预案和解决方案。

2. 压力测试强调“用数据说话”

“用数据说话”是压力测试的最大的特点。一方面，它以数据为基础，所有情景假设与测试结果均以数据来表达。数据是最客观、通用的“风险管理语言”。尽管有些时候“用数据说话”较为困难，但是唯有基于数据才能做到直接、准确、量化地描述风险，展示银行在最差情形下所承受的压力。另一方面，“用数据说话”强调价值中立，避免受到风险偏好、主观意愿等因素的干扰，为管理和决策提供客观、可信的依据。

3. 压力测试的关键在于针对性的决策和行动

很多人仅仅关注压力测试的过程和结果，过程和结果固然重要，但这不是压力测试的目的所在。压力测试不能停留于“实验室”式的研究，而应该成为支持和驱动风险决策和应对的工具。压力测试能够帮助银行充分了解潜在风险因素在极端情景下的损失状态、可能带来的后果等，而核心的工作还在于后续的响应机制，即如何采取针对性的措施，制定应对预案，提前避免或者降低极端风险可能对银行带来的冲击。因此对于银行来说，一项压力测试的成功，并不在于事后发生的情况印证了测试结果，而在于通过提前的决策和行动避免了不好结果的发生。

（二）必须厘清压力测试的“几个关系”

在压力测试的开展以及压力测试结果运用的过程中，需要厘清几个相关事项的逻辑关系。

1. 压力测试和风险预测的关系

通常说的风险预测有两个基本要素，一是可能发生的损失多大；二是发生这种损失的概率多大。以大家熟悉的 VaR 为例，它预测的就是在一定的持有期和给定的置信水平（通常取 99% 的置信水平）下，可能发生的潜在最大损失。压力测试虽然也属于广义上的风险预测，但与银行风险管理实务中的风险预测不同。虽然它也要给出特定情景下可能发生的损失有多大，但是它通常并不回答这样的损失概率是多少。压力测试并不解决甚至并不考虑发生概率的问题，而是解决极端事件发生会导致哪些问题，从而提前做好相关的应对以缓释风险。以美国银行为例，它将情景分析压力测试定义为分析似乎可能的事件造成的损失增量，是从事件角度出发进行定义，而不论事件发生的概率有多大。香港金融管理局对此也有同样见解，其《监管政策手册》中“关于对压力测试结果的诠释”认为，压力测试用于评估机构受某特定压力事件影响的程度，但没有交代发生有关事件的可能性。因此，如果从风险预测的角度来理解和运用压力测试工具，很可能会出现很多偏差。

2. 压力测试与其他风险计量工具的关系

压力测试与现有的其他风险计量工具（例如违约率、违约损失率、经济资本等）既有联系，又有区别，是密切关联、有机互补的关系。传统风险计量工具重点针对“常态化”市场下的风险识别和计量，而压力测试则是针对极端市场状态下的风险分析，二者的内在逻辑、运用领域等都不一样。虽然传统风险计量工具和成果可以为压力测试提供很多支持（例如数据、技术等方面），但是无法相互取代。从国外银行的实践来看，压力测试与传统风险计量工具体系是互补的关系，都属于现代银行风险管理“工具箱”的有机组成部分（例如，德意志银行将压力测试作为其风险管理的四大工具之一）。

实际上，在金融危机之后，这种“互补”的关系得到了高度重视。以BCBS在金融危机之后提出的市场风险资本监管新方案为例，重大的变化就是要求计量压力情景下的风险价值（即压力VaR），并提出市场风险监管资本至少是压力VaR的3倍与正常情况下VaR值的3倍之和。此外，在Basel II第二支柱内部资本充足率评估程序中，着眼于解决风险计量结果是否可靠的问题，解决如果资本充足率达不到要求如何补充的问题。同时明确由监管机构运用压力测试工具进行评估，“监管当局应检查银行压力测试的执行情况，直接运用压力测试结果判断银行是否应持有高于第一支柱计算的资本要求。监管当局应注意银行资本是否充足，并对资本不足做出适当的反应，要求银行降低风险或持有超额资本，确保资本水平能同时满足第一支柱的资本要求和压力测试反映的结果。”

3. 不同金融机构之间压力测试的关系

虽然银行业压力测试的方法论大同小异，但是不同机构之间压力测试的技术、模型等是不能简单移植的，而且压力测试结果也是不具有可比性的。近期监管部门布置国内各银行开展了房价下跌对贷款质量影响的压力测试。部分银行陆续披露的压力测试结果一时间成为媒体以及公众关注的焦点。虽然说大家都来关注银行的风险状况是件好事，但是也要警惕对压力测试结果的“误读”。最典型的就是看到某家银行压力测试结果比较好，贷款不良率上升不多，就认为其风险更小、资产质量更好。实际上，不同机构之间的压力测试结果不具可比性。其中原因，一是不同银行的贷款结构、客户群体等存在较大差异，其管理状况（特别是“薄弱环节”）也各不相同，因此在极端情况下对不同风险变化的敏感性不同。二是由于数据基础、选择的压力测试模型等不同，导致特定压力情景下的测试结果可比性不强。例如，有的银行选择基于截面数据构建的模型，有的选择基于时间序列数据构建的模型，或者有的选择 Wilson 模型，有的选择财务分析模型。模型构建的机理不同导致压力测试结果不具可比性。

4. 监管部门和银行压力测试的关系

监管部门组织开展的压力测试和银行自身开展的压力测试各有不同的侧重。监管部门的压力测试更多是从宏观层面来分析极端风险冲击对金融系统稳定性的影响。与具体金融机构开展的压力测试相比，监管部门的压力测试有更广泛的覆盖面（即金融体系及其重要的组成部分），更关注风险的传播路径，特别是风险在整体金融体系中的传导与蔓延，并据此制定针对性的监管措施。应该说，个别的金融机构是否能够承受极端情景下的压力，并不是监管部门压力测试要考虑的重点（当然，“大而不能倒”的机构除外，因为这类金融机构倒闭可能引发金融体系的系统性风险）。对于金融机构来说，一方面要积极参与监管部门压力测试，并在管理和决策中有效运用宏观压力测试成果，增强对系统性风险的管理能力；另一方面要立足自身实际，组织开展针对自身风险状况的压力测试，为政策制定和日常经营管理提供支持。实际上，对于银行来说压力测试并不是简单地满足监管要求，更多的是满足自身内部管理的需要。

（三）压力测试工具可对信贷决策和风险管理提供重要支持

开展压力测试应该成为银行常态化的工作。BCBS《稳健的压力测试实践和监管原则》要求，压力测试应成为一家银行整体治理和风险管理文化的组成部分，是董事会和高管层做出战略性业务决策的重要参考。压力测试应覆盖全银行范围内各类风险和各个业务领域。银行应能有效地整合压力测试活动，以提供一个全面风险的整体法人情况。应该针对可能产生巨额损失或声誉受损带来损失的事件开展压力测试。压力测试方案也应确定哪些情景会影响银行的存续（反向压力测试），从而可以发现潜在风险以及风险之间的相互作用等等。基于当前银行业的实际情况和管理基础水平，各银行可根据自身管理需要，根据轻重缓急，循序渐进地推进压力测试。可以先从单项产品和业务的压力测试入手，与业务经营管理实践紧密结合起来，随着压力测试经验的不断积累，再逐步过渡到组合的、整体的压力测试。

在开展压力测试过程中，关键是要抓好运用。压力测试结果不能束之高阁。要将压力测试结果运用于银行实际的经营管理决策中，使其真正发挥作用。目前首要工作有以下几个方面：

1. 将压力测试成果运用到信贷政策、资产组合管理等重大决策中

银行在发展过程中不可避免要面对经济周期性波动的风险，但有的银行受影响较小，有的银行则非常大。之所以出现这样的差别，主要原因来源于资产结构的差异。经济周期波动带来的系统性风险是大型银行面临的最大风险，而银行经营活动特别是授信业务本身就具有相当程度的亲周期性。在信贷政策等重大发展政策制定中，要充分考虑到“亲

经济周期”问题，增强资产组合的抗风险能力。实践证明，压力测试技术在定量分析经济波动的影响方面有很好的效果，可以帮助银行管理层从长期可持续发展、防范系统性风险的角度，对信贷投向、资产组合摆布等做出科学的决策和判断。

2. 识别风险管理中的薄弱环节以及风险程度

压力测试能够帮助银行发现和确定风险承受能力较差、压力情景下违约和损失较重的区域、客户、产品、债项等，从而帮助管理人员甄别关键的薄弱环节，对风险程度做出量化判断，并采取针对性的措施。同时，压力测试通过评估银行自身在极端情形下的表现，能够帮助银行分析和检验未来发展趋势与银行既定的风险偏好是否吻合。

3. 监测风险来源，支持建立动态的预警和应对机制

例如基于流动性风险压力测试，银行可提前安排应急预案，应对可能发生的偿付性危机。从这次金融危机来看，北岩银行、雷曼兄弟等金融机构倒闭，最直接的原因就是没有充分估计极端情况下流动性可能存在的问题，缺乏应对流动性和偿付性危机的针对性措施，最终陷入困境。

4. 将压力测试作为共同的管理工具和风险沟通平台

由于可以从历史数据中得到较好的验证，PD、LGD 等风险计量工具相对容易为银行内部各层级、前中后台所认同。但是由于压力测试不同于传统风险管理工具，且压力测试结果也很少得到实证数据的印证，因此往往难以取得共识。例如在某些问题上，风险管理部门基于压力测试结果认为风险很大，而经营部门人员则可能基于经验认为风险不大。要使得压力测试成为共同的管理工具和风险沟通平台，一方

面需要在开展压力测试过程中（特别是建模过程中）充分吸收和综合专家的经验和智慧；另一方面则要加快形成“用数据说话”的风险管理文化。

（四）压力测试必须关注模型的有效性和适用性

目前国内银行业开展压力测试的时间还不长，经验积累还相对欠缺，除了大家普遍关注的基础数据和具体技术问题外（这方面已有不少研究，兹不赘述），还需要重点关注以下两个方面问题：

1. 关注压力测试模型是否能够真正反映“压力下的变化”

目前，国内银行业大多是基于历史数据统计回归来构建压力测试模型，从技术方法上与国外银行并没有太多差异。但是，由于国内金融市场发育时间较短，数据基础较薄弱，不少数据长度不足，很可能导致压力测试模型不能准确反映“压力下的变化”，从而低估风险（压力测试结果过于乐观）。例如，由于历史数据不能覆盖一个完整的经济周期（周期下行幅度不大），那么可能导致回归出来的模型难以准确识别深度危机（周期下行较深）情景下的风险。这个问题在国内很多领域压力测试中都存在（例如房地产压力测试）。目前可行的解决途径，一是在历史数据回归的基础上加入专家经验判断对模型进行校正；二是参考国外的历史数据的周期变化规律来进行调整。

2. 压力情景设计既要满足测试目标，又要考虑风险应对成本

这与过去修建水库的情况很相似。从风险防范的效果出发，当然水库大坝越高、越牢固越好，但是这需要支付很高的成本；如果从建造成本的角度出发，当然是越节省越好，但是安全性可能难以得到保证。

因此，合理的方法是取其二者的平衡点。一方面，压力情景设计要与压力测试目标相结合，能够恰如其分地体现压力测试目标的压力情景就是最好的压力情景。2009 年初，美国银行监管当局开展的压力测试，实际上就是围绕金融救援计划的目标，依托经济学家们对美国经济增长的预测平均值作为基准进行假设（两种不同情景下的 GDP 增长率、失业率、房价的变化）。另一方面，压力情景设计还要考虑后续的风险应对成本，即考虑自身解决问题的能力，或者说要关注那些力所能及的事情。压力测试的落脚点是决策和行动，压力测试结果往往是一系列应对计划的触发点，如果将不必要考虑的严重情景纳入压力测试，客观上就是将银行置于“永久高度戒备”的状态，容易造成资源浪费，甚至影响正常的经营管理，压力测试也可能失去其应有的意义。

从近年来国内银行业开展的压力测试情况看，已经有了令人可喜的开端。但是，与国外银行业相比，还存在不小差距，下一步还需要银行和监管部门从不同的角度继续加大推进力度。一方面，商业银行要立足国内市场环境，基于自身业务实际（特别是自身的数据），借鉴国际成熟技术方法，尽快探索建立一整套科学适用的压力测试技术与管理体系。这方面国内银行业有一定的“后发优势”，可以在充分借鉴、分析比较国际先进银行经验做法的基础上，选择最适合银行的技术方案和发展路径，避免走不必要的弯路。另一方面，建议监管机构及相关管理部门大力组织推动压力测试方法论、情景设计等方面的研究。例如，可以设计压力情景、传导机制的规范模板，在技术上指导和推动各银行开展压力测试，帮助部分具备较强技术实力的银行开展前瞻性研究，进行专题压力测试等。此外，监管机构也可以利用自身的优势，牵头组织开展针对系统性风险、风险传染等全局性的压力测试，增强对银行体系整体风险的识别和管控能力。

三

探索完善信用风险管理的薄弱环节*

近年来，国内大型银行改革发展取得令人瞩目的成绩，得到了监管部门、投资者和市场的高度认可。在这次全球金融风暴中，国内银行经受住了考验，而且表现一枝独秀，工建中交等大型银行的业绩指标都达到全球银行业先进水平。但是也要清醒地看到，良好的财务指标和靓丽的年报，并不能说明国内银行的经营管理特别是信用风险管控已经达到国际先进银行水平。客观对照分析，差距还是很明显的。

（一）弥补信用风险管理技术和信贷管理基础短板

虽然国内银行的信用风险管理取得很大进步，但是在技术和基础管理方面仍然很薄弱，远未达到精细化、专业化的水平。

1. 信用风险管理技术方面

国内银行业在数据基础、IT 系统、计量技术、管理工具等方面都

---

* 2006—2010 年，我就国内银行信用风险管理的薄弱环节提出若干观点。2010 年 6 月，相关观点整理为专题文稿。

存在较大差距。在很长一段时间，信用风险管理基本停留在基于经验判断甚至“拍脑袋”的阶段。近年来虽然有较大提升，但是风险管理技术特别是风险计量技术仍较为落后。现代金融风险管理中有个说法，“无法计量就无法有效管理”（You can't manage what you can't measure）。这方面的差距需要尽快弥补。

应该说，在提升风险管理技术方面，国内银行具有一定的“后发优势”，可以在充分借鉴、分析比较的基础上，选择最适合银行管理者的技术方案和发展路径，避免走不必要的弯路。我个人认为，当前国内大型银行最为有效的技术研发思路是：借鉴国际成熟技术，立足国内市场环境，基于自身业务数据。这样银行管理者可以用最短的时间、最少的成本，研发出最适合银行管理者自身需要的技术工具。

2. 信贷基础管理方面

国内银行业信贷基础管理还需要一个全面提升的过程，特别是在基础制度和基础流程方面，亟须进行系统的梳理、优化和再造，提升精细化和专业化水平。从银行已经出现的信用风险事件看，有些固然是受到外部因素的影响，但内部基础管理也确有问题，个别问题还属于低水平的管理缺陷，超越现代银行可容忍的底线。这类问题在监管部门以及银行自身检查中经常发现，而且长期存在、屡查屡有，与现代大型银行的形象很不相称。有的问题虽然现在还无碍大局，但将对银行长远发展战略带来负面影响。近年来，国内银行业在强化信贷基础管理方面开展了很多卓有成效的探索和实践，目前也基本找到了有效的实施路径，即对照领先实践和 Basel 协议倡导的治理要求补齐短板，系统提升基础管理水平。

（二）提高海外业务信用风险管理能力

近年来，国内大型银行的海外业务发展很快，这是必然趋势。随着大量国内企业实施“走出去”战略，银行服务自然要同步跟进。客户全方位、全球化的金融服务需求，客观上要求国内银行“跟随客户”加快国际化步伐。目前国际化战略已经成为国内大型银行发展战略的一个重要组成部分。

但是，海外业务并不是境内业务的简单延伸。国内银行在海外经营中面临的市场环境、法律环境、人文环境等与境内差异很大，仅仅依靠在境内业务中积累的信用风险管理经验、方法和技术手段，无法适应海外业务信用风险管理的要求。

1. 海外机构风险管理能力与国际化战略和大银行地位不相称

目前，国内大型银行的市值排名已位居全球银行业的前列，国际化步伐也在加快。工中建交等大型银行的一举一动都成为外界关注的焦点。近年来，虽然国内大型银行海外机构的经营管理特别是风险管理水平有了长足提升，但是与国际化大银行的地位相比还是不相称的。长期以来海外机构的风险管理更多还是依靠属地监管以及自我约束，基本上游离于银行整体风险管理体系之外，管理基础薄弱。

此外，国内银行海外机构还存在转变定位的问题。过去，海外机构主要是作为境内银行在海外的“窗口”，自身在当地市场的定位还不是很清晰，换句话说，还没有真正融入当地的市场主流，并找到体现自身特色的业务定位。应该说，就国内大型银行海外机构目前的状况来看，从“窗口”定位到立足当地市场的战略性、功能性定位的转变还没有完成。

2. 这次金融危机暴露出境外业务信用风险基础管理薄弱

虽然国内银行业在这次金融危机中受到的损失在可承受范围之内，但是绝对金额也不小，而且从中暴露出海外业务信用风险管理方面的诸多薄弱环节。从危机之初的雷曼兄弟倒闭到后来的迪拜世界债务危机，都能够从债权人中找到国内银行境外机构（分行或子公司）的名字，不仅金额不小，而且很多是无担保债权。

当然，最令人担心的还不是受到多大损失，而是国内银行在面对像雷曼事件等重大风险时，还做不到在第一时间准确了解自己到底有多大的风险敞口。换句话说，面对复杂的国际金融市场，银行对违约风险的识别、响应等基础管理方面还存在明显差距。此外，近年来银行的内外部检查中，也发现不少海外机构存在信贷制度不健全、信用风险内控和制衡机制不完善、信用风险计量和监控能力不足等问题。这些都是基础管理的问题，尤其需要引起重视。

3. 找准定位、统筹管理，全面提升信用风险管控力

在后金融危机时期，国内大型银行的国际化战略既面临着挑战，也迎来了历史机遇。海外业务拓展不能有“抄底”的心态，更多地要基于自身的实力和能力，而风险管理是其中重要的核心能力。

做好海外业务信用风险管理，需要找准定位，统筹管理，全面提升基础管理水平。结合海外机构属地监管要求和当地市场情况，打造独立、健全的风险管理架构和运行机制。将海外信用风险管理纳入全行统一的信用风险管理体系，实现境内外统筹管理。着力从技术、流程、人员等方面提升基础管理水平。

我个人认为，目前要着重抓好以下几个方面工作：一是发挥好境内外联动优势。很多“走出去”企业与境内银行相关分支机构已经有了长

期的合作，俗话讲就是“知根知底”，通过境内外联动可以有效减少“信息不对称”，提高信用风险管控的有效性。二是全面提升海外机构的信用风险管理技能，特别是对风险识别和管控的技能，尽快融入当地市场，增强对客户的综合服务能力和市场竞争力。三是防范合规风险。熟悉并严格遵循东道国的法律以及监管规章，对合规风险实行“零容忍”。四是完善覆盖全球的统一 IT 支持平台，实现对境内外各项业务、各类风险的统一监控和有效管理。

（三）解决贷后管理薄弱问题

近年来，银行在贷后管理重要性方面的认识不断深化和提升，但审计、银监会检查以及一些风险事项也暴露出一系列贷后管理缺失或者不到位的问题。表现在，一方面贷后管理虽然有制度、流程的要求，但是执行不到位问题非常普遍，贷后检查流于形式，没有真正起到监督作用；另一方面，无论从岗位角度、层级角度还是职责角度，贷后管理的职责界定和追责机制尚不够清晰。为此，首先要建立对贷后管理的正确认识，及时采取行动，解决贷后管理薄弱问题。

1. 贷后管理的实质是贷款生命周期管理

现代银行信贷经营有两种模式：一是“发起—转让”；另一种是“发起—持有”。前一种模式下，贷款仅仅是作为基础资产，银行更多是关注后续的金融服务（收益也主要来自于此）。而在“发起—持有”模式中，银行收益则主要来源于对贷款生命周期的管理，换句话说，银行的价值实现主要是在贷款发放之后。在整个信贷生命周期中，贷后环节是持续时间最长、不确定性最多的环节。其中任何一个环节出现问题或纰漏，都可能导致银行价值目标的落空。

长期以来，国内银行比较重视客户选择（包括贷款审批），但实际上，贷款质量不仅仅取决于客户选择。还主要有其他两个方面原因：

一是银行在选择客户的时候，由于信息不对称，很难保证能够在较短时间内做出完全准确的决策和周密的风险安排（例如贷款条件、风险缓释等）。信贷决策中不可避免会出现瑕疵，这需要贷后环节的工作来弥补。这种情况在国外银行也是很常见的，银行本身在合同中就预设了很多保护性条款（像预期违约条款等），实际上也是为贷后的主动管理和有效干预提供支持。

二是即便银行在审批决策时信息充分、判断正确，但在贷款发放后漫长的生命周期中，客户自身的生产经营状况、外部市场环境、宏观经济形势、国家政策法规等都会发生变化，很多变化可能直接或间接地影响到客户还款能力。在此情况下，银行必须根据新的变化，迅速对风险作出应对方案、控制策略、缓释安排，乃至贷款交易结构等进行调整（如调整还款计划、期限、利率等）。如果做不到这一点，那么贷款质量是难以得到保证的。从国内银行的历史数据来看，在整个信贷生命周期中，贷后环节是出问题最多的环节，带来的损失通常要占到全部损失的六成以上。

2. 贷后管理的核心内容是决策和行动

过去很多人将贷后管理简单等同于跟踪监测，实际上跟踪监测仅仅是贷后管理的一方面内容，贷后管理的核心内容是决策和行动。通过客户情况跟踪、风险监测分析，发现存在的问题。但是发现问题只是第一步，关键是必须在此基础上迅速拿出解决问题的方案，要有人拍板。决策定下来的方案，要有人迅速予以落实，付诸行动。市场情况瞬息万变，早做决策、早采取行动，损失将会大幅减少。这方面有不少正面和反面的案例。

3. 当前贷后管理要解决的问题

贷后管理问题本质上是体制性问题，整个信贷经营管理体制没有理顺，贷后管理方案也不可能有根本性的优化。目前，解决贷后管理问题有两种思路，一是在现有体制下解决最突出、最棘手的问题，采取针对性的措施，取得实质性的改善，这是现实可操作的解决方案；二是从体制上进行优化，按照专业化原则设置机构、岗位、人员来解决贷后管理问题，这需要对银行整个信贷经营体制作出重大的根本性的调整，需要慎重研究。

在第一种解决方案中，重点要解决贷后管理面临的一些突出问题，核心是要深刻理解贷后管理的实质，深刻理解贷后管理的工作职责，在现有的制度框架基础上进一步修改完善方案，通过采取一系列的措施，解决目前存在的缺陷和薄弱环节，有效提升银行贷后管理水平。需要重点研究下面问题。

一是强调和培养贷后管理的责任文化和责任意识。

二是通过职责、流程和机制设置，体现出贷后管理原则和目的。

三是进一步明确和细化贷后管理当中的一些日常性、技术性的要求，使之可遵循、可操作、能解决实际问题，其中包括：

(1) 进一步明确岗位职责和规定动作。包括明确分行一把手和主管经营、风险领导的贷后管理职责，还应进一步明确信贷经理、客户经理的职责。

(2) 强调各级领导在贷后管理中的决策作用。贷后管理发现问题必须立即决策、采取行动，客户经理、信贷经理无法完成的，必须明确分行主管经营、风险的领导在采取行动、实施决策方面的职责。

(3) 强化账户监控和市场监控在贷后管理机制中的重要作用。国外银行非常重视贷后监控工作，特别是账户监控和市场监控。无论是信贷经理还是客户经理，日常做好监控工作，就能做到风险事项的早发现、早处置。

(4) 加强贷后管理的非现场监测和分析工作。非现场分析的实质是对客户群体的分析，能发现很多现场分析发现不了的问题。分析发现问题后，要下发核查单进一步核查，有问题及时解决，没问题解除警报，消除隐患。

(5) 在科学的风险评价机制和评价管理体系基础上，建立贷后管理激励机制。贷后管理同样创造价值，如果没有相应激励机制，功效会大打折扣。贷后激励机制建立的关键是如何评价贷后管理效用，必须综合考虑现实风险和潜在风险，建立科学的风险评价机制和评价管理体系。

(6) 强化追责机制，进一步明晰贷后管理的具体部门、岗位责任。目前，贷后管理责任追究很少，信贷责任认定仅是追究审批责任和贷前评估调查责任。只有真正追究贷后管理责任，贷后管理才能加强。而要追责，就必须对贷后管理的具体部门、岗位责任明晰化。

如果按照专业化管理模式，公司部、集团部、机构部是典型的客户部门，主要任务是营销，另有专门的信贷管理部门负责贷后管理、信贷政策、行业分析等工作，国内银行同业已有采取这种模式的。这种改变涉及对银行现行的信贷经营体制作出重大的根本性调整，其对于现有信贷经营文化的冲击以及可能带来的负面效应，要有充分估计，需要进行大量的分析研究、周密的方案设计和审慎的决策判断，短期内完成的难度很大。

（四）建立专业化的押品管理体制

押品管理是国内银行业信用风险管理的薄弱环节。近年来，各商业银行大力推进押品制度建设、系统开发等基础工作。从整体进展来看，押品管理的规范化、专业化水平有了明显提升。但是客观地讲，长期以来管理薄弱的状况还没有得到根本的改观，未来仍要作为重点予以加强。

1. 收取押品的目的是缓释风险，不是为了满足表面的合规要求

押品对风险的缓释是通过两个方面来实现的：一是押品本身具有价值，银行对押品变现后的价值拥有优先于其他债权人的受偿权，这就是“第二还款来源”功能。二是客户的某些资产（如厂房、设备、个人住宅等）设定抵质押后，客观上能够对其日常生产经营、心理感受等方面产生压力，起到督促客户履约的作用，这就是防范道德风险的功能。

在授信业务中引入押品来缓释风险是银行业通行做法。国外银行也仅仅是对少数优质客户发放信用贷款，通常总量不到1/3，而且准入条件非常苛刻。究其原因，主要是因为银行在评估风险、选择客户中难以做到有100%的把握，通常还有很多不确定性因素银行无法事前考虑并作出相应的风险安排。因此，选择押品作为风险缓释措施，本身就是降低不确定性的一个重要手段。

对于押品要关注其经济价值，而不是形式合规。重视外在形式而忽视风险缓释的内涵，则背离了押品管理的初衷。目前“重形式轻内涵”的现象还比较普遍，有的基层行同志在信贷经营管理中，仅仅将设定抵质押视为贷款的形式要件，没有对押品的经济价值、法律效力、变现能力等做实质性审查，有的甚至搞形式主义乃至弄虚作假。①

① 例如，检查发现有的拿过期的押品评估报告来应付申报要求，还有以监狱办公楼设定抵押、以汽车合格证设定质押等情况。再如，有一些以账户设定质押的贷款，虽然从表面上看满足担保要件，但实际上除法律特别规定的个别类型账户（如出口退税账户）外，一般账户质押并不具备物权担保效力，加之管理中对账户内资金缺乏必要的监管，账户质押往往有名无实。

2. 当前国内商业银行押品管理的主要薄弱环节在于准入、估值和贷后管理

(1) 对押品的准入标准，特别是一些新的押品类型的规定相对原则、笼统

像一些生产生活中常见的知识产权（商标、专利等）、生产资料、新型收益权、金融资产等，目前都还缺乏详细明晰的规定。另外，还未能做到针对不同押品的特点以及价值波动、变现能力等，对抵质押率设定差别化的标准。由于标准不够清晰、严谨，客观上导致实际操作中主观判断、自由裁量的空间较大，有的经办机构对押品选择较为随意。有的以借款人的设备作为押品，但未将成套设备完整设定抵押登记，遗漏部分关键设备，造成处置变现困难。还有的缺乏必要的市场调查，押品在当地市场有价无市等等。

(2) 权证办理、放款前押品落实、贷后检查等流程关键环节缺乏刚性的风险管控机制

主要问题包括：一是放款与落实押品衔接不畅，导致无抵质押物或未签订抵质押合同即放款的情况时有发生。二是操作流程的岗位设置要求不明确，一些分支机构客户经理和押品权证办理等不相容岗位没有分离，导致出现管理疏漏、抵质押悬空等情况。三是贷后检查不到位，缺乏常态化的抵质押监测机制，往往未能发现押品变动乃至灭失等情况，补救措施不及时。四是权证管理不规范。有的在会计部门保管，有的则放在业务部门、风险等部门保管。

(3) 估值方法和标准不统一，职责不清晰，押品价值重估尚未有效开展

长期以来，国内银行对押品的估值方法、重估频率、岗位职责、管理流程等缺乏清晰具体的要求，价值重估工作进展滞后。重估不及时导致押

品价值的不利变化难以被及时发现和处理，风险缓释效果无法得到保证。

3. 完善基础管理，提升押品管理的专业化水平

当前押品管理主要任务是抓基础，重点是以下方面：

（1）政策要统一

押品政策作为风险管理政策的一部分，要遵循银行统一的风险偏好。银行愿意接受什么样的押品（不是所有法律允许的押品银行都接受）、针对不同押品愿意接受多大的抵押率等等，需要根据银行自身的风险偏好、管理状况等科学确定。

（2）岗位要明确

无论是采取集中还是分散的管理模式，明确管理职责都是基本要求。要避免出现“谁都管理，谁都不管”的现象。基于专业化分工的要求，总行、条线、层级在押品管理方面要明确岗位，把责任落实到具体的岗位上。

（3）职责要分离

接受押品、价值评估、风险审核等不相容的职责要实现分离，杜绝“一手清”现象。职责分离主要在流程中实现，基于管理需要，部分职责也可通过建立独立的部门/团队等形式来实现。

（4）覆盖要全面

押品种类繁多，而且随着金融发展创新，很多新的金融产品和权利也将要进入押品的范围（以权利质押为主）。基于全面风险管理的要求，银行押品管理的视野不能仅仅局限于传统的土地、房产、设备、存单等抵质押，要做到全面覆盖。

（5）监测要及时

押品接收以后不是一劳永逸，需要密切跟踪，风险监测要及时。发现押品不足值或者低于合同约定警戒线的，需要迅速采取针对性措施

（例如要求客户追加担保）。很多押品市值波动较大，实时监测是做好风险管控的基础。

（6）估值要专业

要改变押品估值凭经验甚至靠拍脑袋的状况。完善不同押品估值的统一标准和技术方法，建立抵质押率标准、押品回收效果等关键风险参数的日常管理和动态维护机制。同时，可引入地理信息系统（GIS）等外部信息源，提高押品估值的科学性和准确性。

（7）审查要自主

银行可以借助第三方专业机构的力量来承担押品管理的部分工作（例如特定押品的评估、处置等），但是不能完全依赖第三方或者将核心工作外包。必须坚持做到对押品风险状况的自主审查。这次金融危机中，很多金融机构就因为没有坚持自主的风险审查和估值，依赖外部评级结果做决策，最终吃了大亏。

（8）系统要配套

要尽快从落后的台账管理模式过渡到基于IT系统管理。特别是押品的风险跟踪、定期估值等方面，没有专业化的系统支持是难以实现的（人工和台账管理成本高，效率也跟不上）。

（五）提升信贷政策区域差别化水平

信贷政策区域差别化情况是衡量银行信贷管理精细化水平的重要方面。过去，在国有银行统一法人制度不健全、统一政策不完善的情况下，信贷导向的区域差别化很容易成为各区域机构"自行其是"。现在谈区域差别化，是在统一法人、统一风险偏好下的差别化，目的是把各个区域的潜在优势发挥出来，把积极性最大限度调动出来。以往国有大型银行总行在信贷政策制定中，往往对不同区域的具体情况考虑不够充分，调查研究也不深入，很多政策是“一刀切”。当前，复杂的风险形势和激烈的市场竞争，要求银行进一步提高经营管理的精细化水平，针对不同区域、行业、客户和产品的风险特征，采取差别化的信贷政策措施。

1. 长期以来，政策没有充分考虑不同区域的市场环境和资源禀赋，以及分行的比较优势和业务特色

全国各个区域的资源禀赋不同、市场环境不同、发展阶段不同、发展路径不同，总体上看具有明显的不均衡性。东部地区发展水平较高，基础设施相对完备，新的投资需求相对较少。中西部地区基础设施建设相对滞后，但面临较好的政策机遇，投资规模大、增长速度快。信贷政策的制定必须考虑这样的现实。此外，不同区域在某个行业可能形成特殊的集群优势。一个行业在某个区域受到限制，却在另一个区域可能非常有竞争力。

此外，大型银行的各地分行在当地长期发展过程中，从经营重心、业务结构、客户组成等方面都形成了自身的特点，具有特定的比较优势。因此，用同一个政策、同一个标准来要求不同区域的分行，必然会制约竞争力的发挥。

2. 找出“五个优势”，使“长板”更加突出

实施差别化政策的意义，一是在于通过为分行提供政策支持，使得那些确实具备比较优势的行业、具有市场竞争力的客户可以获得信贷资源，也使得各个区域分行的“长板”更加突出。二是在于引导各分行按照区域优势和经营重心合理配置有限的信贷资源，充分发挥各自的竞争优势，形成合力，促进全行信贷组合的不断优化。

区域差别化的要点和难点是找出“五个优势”，即市场优势、资源

优势、技术优势、区位优势和管理优势，确定这种优势必须放在全国、全行业的维度来比较，而不是“矮子里头拔高个”。当然，这说起来相对容易，做起来是比较困难的。对于一家大型银行来说，重点是要抓好以下两个方面：

(1) 根据国家区域发展规划和城镇化政策，立足区位优势，明确各区域发展方向。一是对于区域振兴规划涉及的地方分支机构，适度给予政策倾斜；二是针对东部、中西部、东北等不同地区的经济发展和市场特点，采取差别化的信贷政策安排①。

(2) 甄选各个分行的优势行业和客户，实施差别化信贷政策。各个分行在执行统一信贷政策的前提下，可从以下几个方面选择具有“比较优势”的行业和客户。1) 国家宏观政策、产业政策、行业和区域发

---

① 例如，东部地区应重点支持构建区域经济一体化的大型交通、能源设施建设项目，城市密集区的城建、能源基地和移动通信设施项目以及金融、航运物流等高附加值的现代服务业发展。要紧跟产业升级步伐，大力支持大型先进装备制造业、石油化工业，掌握核心技术的电子、信息技术业，纺织等产业中具备全球竞争力的先进企业。主动从环境污染重、资源耗费大、技术含量低的项目和客户中退出，充分利用总部经济优势，以全国性、资源集中、发展潜力巨大的集团企业、行业龙头企业、绩优上市公司等优质企业客户为重点，巩固扩大优质客户占比。加快发展小企业业务，大力发展中间业务、国际业务、投行业务，着重提升为客户提供综合化金融服务能力，实现业务结构率先转型。

中西部地区应重点根据各区域的资源禀赋特点，积极支持优质基础设施项目、资源能源型骨干企业和具有比较竞争优势的特色行业。中部地区要结合提升产业层次、加快推进工业化和城镇化的区域经济特征，继续优先支持能源、交通、通信等优势行业，有选择地支持有竞争力的高技术产业发展。同时围绕“两型社会”建设，支持符合国家政策的节能、环保改造项目，调整和控制高耗能、高污染等行业信贷投放。西部地区要积极支持公路、铁路、机场、电力、能源、水利、通信等基础设施建设，重点支持具有资源优势和比较优势的煤炭、石油天然气、有色金属、矿产开采和加工、棉花、畜牧、旅游等产业中的优质企业以及部分先进装备制造和高新技术产业的龙头企业。

东北地区应抓住国家实施振兴东北老工业基地战略、加快国有企业改革改组改造和实施辽宁沿海经济带国家战略时机，稳健支持当地基础产业升级、经济结构调整和国有企业技术改造，积极支持石油石化、汽车、重型装备制造业、生态农业、医药、航运、物流等优势行业中的重点客户及其上下游中小企业。

展规划重点支持；2）具有资源禀赋、产业集群效应，具备成本、技术等比较优势；3）上下游产业链较为完整，掌握定价权；4）政府在税收、用地等方面给予政策倾斜或支持；5）在当地GDP贡献度或工业总产值占比较高；6）不良率低于同口径全行平均水平；7）受宏观经济周期性波动影响较小，发展前景良好；8）对该行业管理水平和风险控制能力强，如已成立专业的营销团队或研究团队，已制定专门的审批指引或规章制度等。

（六）探索建立集中放款审核中心

信贷发放是银行信贷流程的重要部分环节。银行业界有句俗语："贷款发放之前我是爷，贷款发放之后我就有可能是孙子。"形象地说明了贷款发放环节在整个信贷流程中的重要地位。实践中发现，在环境、人员、管理适宜的条件下，可以建立集中处理放款程序的业务中心，在提升效率的同时，可以更好地执行放款审核职能，起到提升信用风险管理有效性的作用。

1.信贷发放环节存在若干风险点

信贷发放环节存在诸多风险点，其中包括：

（1）签约（支用）审查未尽职

审查未尽职可能造成信贷发放时，客户、项目或形式要件方面存在问题，酿成风险隐患。如部分客户在信贷发放时未能落实用款条件，项目在信贷发放时未能达到外部监管、内部政策或审批决策明确的放款标准，必要的董事会决议、商业合同、承诺书要件缺失等。此外，审查疏忽还可能造成流程的反复和中断，影响客户体验，如存在信贷业务指标及价格未经有权部门核准，对客户承诺后信贷仍不能发放的情况，影响了客户资金正常周转，引起客户不满。

(2) 合同瑕疵

银行部分分支机构未能与客户签订正确、完整的信贷合同，造成对客户的法律约束弱化，还可能面临法律风险。

(3) 抵质押登记、权证保管不到位

如未办理抵质押登记、权证管理混乱现象较多，造成信贷风险缓释安排弱化。

(4) 客户在信贷发放过程中提供虚假信息，涉嫌欺诈

如客户通过虚构交易背景套取信贷资金，资金流向无法把控。客户未经上级单位授权签订合同，或提供假印鉴、假资料，造成合同失效、担保失效等。

(5) 系统操作失误

如在信贷流程系统中录入错误信息，造成后续管理混乱，增加管理成本。

(6) 发放流程效率低下，影响服务水平。

2. 设立放款中心的目的

为加强信贷业务办理过程中信贷发放的管理，提升贷中审核环节的政策执行力，强化业务操作合规性，确保信贷发放符合各项政策法规和信贷条件，可在符合条件的银行经营机构中集中设立放款审核中心。设立放款审核中心的管理目的包括：

(1) 确保信贷发放符合统一风险偏好和政策要求

根据客户、市场、政策和监管要求的变化情况，重检客户或项目授信条件，确保信贷发放符合各项政策要求及统一的风险偏好。

(2) 合理有序配置信贷资源

根据信贷经营部门提供的规模安排和拟发放贷款排序名单，优先

审核排序名单中排名靠前的客户。

（3）强化信贷发放合规性管理

专人专岗负责合规审查、条件落实审核、柜台操作等环节工作，强化贷前条件、用款条件的落实，保证贷款支付的合规性。

（4）提升集约化、专业化操作水平

通过规范统一流程，制定统一标准，设置专门岗位，配备专业人员，实现信贷发放环节的流程化处理和集中管控，提升集约化、专业化操作水平。

（5）提高整体工作效率

放款审核中心集中、整合原分散在多个部门的签约审查、贷款条件落实审核等职责，在强化风险防控的同时提高信贷全流程工作效率。

3. 放款中心设立应考虑的问题

集中放款审核中心的设立应考虑以下几个问题：

一是方案设计中要体现出“三个办法，一个指引”的相关要求，这是落实监管要求的一个重要措施。

二是集中放款审核中心要重点解决资本约束条件下的放款顺序选择问题。每年全行已经批复而未使用的额度大概是实际放款量的数倍，在资本约束和风险资源有限的情况下，公司业务部门可以根据经营的需要提出优先放款排序建议，集中放款审核中心通过全面平衡资本、收益、风险和贷款合同约束条件等因素，最终完成放款排序。

三是要考虑政策偏好以及风险偏好的执行问题。如产能过剩行业信贷总量不断增长的情况下，每笔投放单个看来似乎是合理的，但实际存在对整体风险偏好和政策执行不力、执行不一致的问题，要通过成立放款中心，解决整体风险偏好、政策有效执行的问题。

四是要通过放款中心解决市场、客户、监管要求变化后，贷款审批结论的重检问题。信贷审批决策的客户额度授信有效期一般为1—2年，最长可为3年，审批要求落实的授信条件是根据审批时的市场环境、政策要求、监管要求提出，而市场、客户、监管要求变化后再发生放款业务时，如果不重检审批结论，就会隐藏很大风险，出了问题也难以认定责任。

五是要对贷款结构和贷款合同进行合理性审核。现在有些合同不是标准合同，是根据客户量身设计的，这种合同是否合理、是否存在交易结构和法律缺陷，应通过放款审核环节进行集中审查来判断。

六是贷款条件落实审查。放款审核中心要审查授信审批时设立的审批条件是否落实，包括条件落实的真实性审查，防止客户欺诈问题的出现。

此外，集中放款审核中心的建设思路还有几个问题需要进一步研究：

一是要审核范围和隶属关系问题。应将大中型客户放款、小企业放款统一纳入放款中心集中进行放款审核。可以按城市设立一个独立审核中心。

二是要进一步清晰界定集中放款审核中心职责、岗位名称、数量。

三是要进一步细化集中放款审核流程，解决好机构和岗位的横向和纵向衔接问题。纵向衔接，包括从总行、一级分行、二级分行到具体网点的衔接；横向衔接，包括从审批到法律事务、会计柜台等的衔接。

四
关注新形势下的国别风险管理

国别风险是近年来引起金融界、尤其是国际化程度较高的大型商业银行广泛关注的一种新的风险形态。之所以认为其“新”，是因为过去我国银行业国际化程度较低、全球经济政治比较平稳，并不需要过多关注这种由于某国经济政治情况变动引发的风险。但是近年来，我国银行和企业“走出去”的步伐不断加快，世界经济形势异常复杂，国际金融市场剧烈动荡，国别风险作为一种新的风险形态，将越来越为监管机构和银行业所关注。

（一）国别风险的表现形态多样

2010年6月，银监会下发《关于印发〈银行业金融机构国别风险管理指引〉的通知》（银监发〔2010〕45号，以下简称《指引》），首次对商业银行国别风险管理提出全面明确的要求。

《指引》定义的国别风险是指由于某一国家或地区经济、政治、社会变化及事件，导致该国家或地区借款人或债务人没有能力或者拒绝偿付银行业金融机构债务，或使银行业金融机构在该国家或地区遭受其他损失的风险。这种法规性语言虽然很准确，但不便于深刻理解与把握国别风险，实践中一般都是通过具体的国别风险形态感悟来体会国别风险管理的重要性，国际化程度越高的银行体会越深刻。

一是转移风险。指借款人或债务人由于本国外汇储备不足或外汇管制等原因，无法获得所需外汇偿还其境外债务的风险。

二是主权风险。指外国政府没有能力或者拒绝偿付其直接或间接外币债务的可能性。

三是传染风险。指某一国家的不利状况导致该地区其他国家评级下降或信贷紧缩的风险，尽管这些国家现在并未发生这些不利状况，自身信用状况也未出现恶化。

四是货币风险。指由于汇率不利变动或货币贬值，导致债务人持有的本国货币或现金流不足以支付其外币债务的风险。

五是宏观经济风险。指债务人因本国政府采取保持本国货币币值的措施而承受高利率的风险。

六是政治风险。指债务人因所在国发生政治冲突、政权更替、战争等情形，或者债务人资产被国有化或被征用等情形而承受的风险。

七是间接国别风险。即某一国家经济、政治或社会状况恶化，威胁到在该国有重大商业关系或利益的本国借款人的还款能力的风险。

其中，前六项为直接国别风险。近年来，银行海外机构数量和涉外资产比重不断增加，这使得银行境内外机构经营活动中面临的直接国别风险越来越大。第七项是最难管理和统计、但是同样最为普遍存在于银行的是间接国别风险。随着“走出去”的国内客户越来越多，部分高外贸依存度客户、境外直接投资和承包境外工程的国内客户由于国别风险引起的偿债能力下降、资金链断裂等间接国别风险，直接影响到贷款银行的资产质量。

（二）金融危机之后国别风险日益突出

2008年国际金融危机发生以后，各国采取了一系列经济刺激政策和措施，在很短时间内收到初步成效。但好景不长，全球经济再次放缓，同时出现持续恶化和动荡不稳的迹象，消费者和商业信心受到侵蚀，对全球经济的恢复带来不利影响，国别风险不断暴露和蔓延，形势不容乐观。尤其是当前欧、美、日等发达经济体的增长动力普遍不足，尽管美国经济整体上并不缺乏流动性，但是资金很难流入实体经济，因此通过向市场注入流动性难以达到提升经济活力的目的。受到部分欧盟成员国主权债务问题拖累，欧元区整体经济形势恶化，法国和德国的金融机构（银行）有很多跨境业务受到比较大的影响。新兴市场国家的内部经济问题也开始显现，世界经济的不确定性大大增加，风险前所未有。造成目前复杂形势既有各国财政货币制度缺陷、经济失衡等深层次原因，也有投机资金短期肆意炒作等原因，是长、中、短期各种因素相互交织造成的。在当前形势下，全球风险呈现出交叉蔓延的趋势，市场存在很大的不确定性，过去传统的理论已经不能解释当前经济形势的变化，传统方法和手段也已经不能解决当前存在的问题和风险。从现实情况看，各国至今没有找到解决这些问题、促进经济增长的良方，全球经济的不确定性可能持续较长时间。银行管理者应认真研究各国经济增长动力的影响因素和经济增长模式的可持续性，并据此重新审视所在国家的业务发展方向和风险管理策略。

国别风险不断暴露和蔓延也得到了评级公司的印证。2008年以来，标准普尔等公司已经调降了多个国家的主权评级，并集中在三类国家和地区。

1. 中东、北非和西亚地区，这些地区政权更迭风险给全球政治经济形势增添了较大不稳定因素

中东、北非和西亚历来是不稳定地区，近年内，埃及、阿尔及利亚、巴林、也门、苏丹、利比亚等多个国家相继发生动乱，并且多数动乱旨在推翻现有政权，政权更迭的风险大幅上升，国别风险非常突出。这些地区局势的持续动荡、地缘政治危机不断升级，引发国际能源、金融与大宗商品市场的异常波动，给世界经济增添了新的不确定性。

2. 美欧主权债务危机此起彼伏，危机很有可能进一步升级

2008 年以来，美欧等发达经济体的经济刺激方案和对金融机构的救援与接管将私营部门的债务转变为政府主权债务，恶化了主权财务状况，使得局部性的、金融行业的风险逐步演变为国家和地区层面的系统性风险，导致美欧主权债务危机此起彼伏并不断蔓延和扩散，西班牙、爱尔兰、葡萄牙、塞浦路斯、希腊、意大利和美国等国家主权信用评级先后被调降，比利时主权评级被列入负面观察，并致使美国和欧元区经济形势出现恶化迹象。

3. 新兴市场国家经济一方面受自身发展的周期性问题（通货膨胀、利率上升等）所困扰；另一方面也受发达经济体的经济增长放缓和市场频繁大幅波动所拖累，其内部经济问题也开始暴露，世界经济的不确定性大大增加，风险前所未有

从主要的新兴市场国家来看，巴西面临由于货币过度升值造成影响其国际竞争力的窘境；澳大利亚受世界经济增速放缓影响，资源出口严重受挫；印度依靠人口红利的经济增长模式难以持续；中国依靠外延式的资源和劳动大量投入的经济增长方式面临转型等。国际评级机构对

中国经济增长模式转型存在一定程度的担忧。主要原因是此前中国经济以劳动密集型制造业为主，成为世界工厂，这带来中国经济在较长时期内的快速发展，但最近几年此种经济增长方式的弊端逐步显现，当前正在推进的经济转型遭遇世界经济环境恶化并受到影响，因此转型能否顺利进行存在一定的不确定性。另外，地方政府债务问题也是外界所担忧的重点。从我国实际情况来看，地方政府债务问题在短期内不会出现较大风险，但需要及时控制债务规模，创造新的途径来妥善解决地方政府的债务融资问题。

（三）新风险形势下需要把握的国别风险管理的重点

如此复杂的经济形势是考验银行经营管理能力的时候。要防范复杂形势下，个别国家采取贸易保护、外汇管制、资本市场管制等极端措施给银行相关业务带来直接和间接的风险，因此进一步加强国别风险管理势在必行。

1. 尽快完善国别风险管理体系

按照《指引》要求，参照美国货币监理署《国别风险管理手册》，银行的国别风险管理架构至少要包括：董事会监督、风险管理的政策和程序、国别风险管理的信息系统、国别风险分析过程、国别风险管理评级和限额、日常监控预警、压力测试和情景分析、内部控制和审计等方面。

银行的国别风险管理架构不仅要保证日常国别风险管理工作正常运作，而且需要有能力及时应对类似美国主权降级这样的突发事件。面对突发事件，银行的董事会应该及时审议国别风险策略和政策以及国别风险评级和限额，同时全面分析受到国别风险事件直接影响和间接影响的头寸，及时掌握对准备金、资本及盈利的影响。

银监会《指引》下发后，各家银行对照检查了国别风险管理的现状。目前银行业仍缺乏系统性的国别风险管理政策，还没有建立独立的国别风险内部评级模型，管理工作主要依赖于外部评级，缺乏专门的国别风险管理信息系统，国别风险管理质量、效率和水平较低，与银监会《指引》和银行内部管理要求还存在较大差距。

为了落实监管要求和满足内部管理需要，各家银行已分别推进国别风险管理专项工作，旨在制定国别风险管理政策制度、建立内部评级体系、提升限额设定和管理水平、建立压力测试体系、建立监控预警体系和报告体系、制定信息系统需求等。建立银行完备的国别风险管理体系，使银行具备了全面提高国别风险管理能力和水平，促进积累相关业务稳健发展所需的基础知识储备。但是国别风险治理架构、部门职责、限额管理等方面的建设还有待进一步加强，国别风险管理体系的完善还任重道远。

2. 以全方位的视野强化国别风险管理

国别风险的管理必须要有国际化的视野，密切关注各类国别风险的演变和发展，既要关注国别风险直接影响，又要关注国别风险的间接影响和连锁反应；既要关注外币业务的相关国别风险，又要关注国别风险可能引起的人民币业务的风险；既要关注海外机构的国别风险，又要关注境内分行可能面临的直接和间接国别风险。

3. 高度重视发达国家的国别风险管理

与以往的国别风险主要集中在新兴市场国家明显不同，近年来的国别风险已不局限于欠发达国家和地区。当前，欧盟成员国、日本和美国发生国别风险的可能性大幅上升。欧盟受自身制度设计缺陷影响，救助陷入主权债务危机的成员国常常犹豫不决、行动迟缓。日本和美国分别是全球债务比率和债务金额最高的两个国家，陷入债务泥潭难以自拔。发达经济体国别风险的加大对全球金融秩序带来巨大冲击，打乱了全球经济的复苏步伐，触发了新一轮的金融体系危机，并牵连到新兴市场国家，导致其国别风险也出现了上升势头。目前，银行海外机构主要集中在发达国家和地区，而跨境业务遍布全球71个国家和地区。因此，银行在关注欠发达国家和新兴市场国别风险的同时，必须对发达国家的国别风险保持高度的重视，全面加强国别风险管理。

4. 根据不同风险表现形态抓住重点关注不同地区国别风险

从国别风险的构成要素来看，国别风险可能来自于政治、经济、制度、社会安全等各个方面。目前国别风险在不同的地区呈现出不同的特点，需要从不同的角度重点关注。

对于欧美国家，要重点防范银行危机、实体经济下滑、贸易保护主义以及欧元崩溃带来的风险。由于欧美银行持有大量的欧元区国家的国债和金融机构的债券，欧债危机有通过这种债务链向银行和实体经济扩散的迹象，银行相关业务部门和机构应谨慎与那些大量持有欧元区国债、金融机构债券、衍生品的交易对手和客户进行交易往来，充分做好风险缓释和风险转移。要高度关注欧美国家的经济走势，谨防其经济衰退给银行相关客户带来的风险。要特别注意防范贸易保护、外汇管制、资本市场管制等不利因素对银行相关客户履约行为的影响。要结合自身业务实际情况提前制定应对欧元崩溃的应急预案，尽量减少这种极端系统性风险可能带来的损失。

对于新兴市场国家，要重点防范资产泡沫、通货膨胀、汇率波动和实体经济下滑的风险。由于欧美国家经济前景的不确定性，大量国际资金涌入新兴市场国家，这一方面对新兴市场国家货币造成较大的升值压力，削弱其国际竞争力；另一方面，大量资金的流入容易催生新兴市场国家的资产泡沫，引发通货膨胀，出现虚假繁荣。一旦这些资金出现集体撤离不仅会导致新兴市场国家货币大幅贬值、资产价格暴跌，而且会对其实体经济造成沉重打击，从而出现类似于1997年东南亚金融危机的情形。在这种背景下，银行要高度关注新兴市场国家资产价格、物价和汇率的变化，加强对其经济基本面的分析，加强项目的真实性审查，审慎评估抵押品价值。

对于中东、北非和西亚地区的国家，要重点防范政权更迭的风险。商务部和中信保披露信息表明，近期，我国在这一地区的对外直接投资和对外承包企业已经受到了较大负面影响。银行与这些地区存在业务往来的部门和机构要注意分析和监控这些国家的地缘政治变化情况和局势的演变情况，将客户或交易对手所在国家的国别风险状况纳入业务的综合风险评估中，业务审批要充分考虑国别风险对客户或交易对手可能产生的不利影响，尽量避免因为政权更迭、动乱、战争、国际制裁等导致客户出现到期无法履约的情况。

对于拉美国家，要重点防范履约能力和履约意愿的风险。历史上，拉美国家有国家违约的记录，在目前的形势下，一旦出现经济上的问题，其履约能力和履约意愿都较为脆弱。与这一地区的国家存在业务往来的部门和机构在进行业务审查、风险监控和贷后管理时，除了要重点评估交易对手、客户或发行体的履约能力外，还要重点考察其履约意愿，全面审查其以往的信用记录，避免与那些存在较差信用记录的客户、交易对手或发行体发生业务往来。

对于非洲国家，要重点防范履约能力和外汇管制的风险。一直以来，欧洲都是非洲国家的重要出口市场。欧洲经济形势恶化将使非洲的出口企业面临严峻的考验，部分企业的偿债能力可能出现问题。同时，非洲国家普遍经济实力较弱，外汇储备较少，在发生风险时，容易采取外汇管制的政策。与非洲国家存在业务往来的银行要认真分析欧洲经济形势恶化对业务所在地的影响，在具体业务审查中，不仅要全面评估客户的偿债能力，还要评估客户受国家干预的风险。

5. 注意防范国别风险引发的系统性风险

银行要高度慎重，保持清醒的头脑，持续研究所在国家和地区的经济金融形势，按照统一的风险偏好，重新审视业务发展和风险管理策略，防范系统性风险。对于具体项目和投资，要反复研究、分析和评估。既应杜绝抄底的侥幸心理，也不能简单依靠提高准入门槛来消极回避风险。要有原则、有理念、有态度、有判断、有新的思路，通过积极主动的识别、区分、选择和经营风险来实现风险管理对业务发展的指导，体现风险管理的价值，确保银行在危机中稳健发展。另外，由于国家和地区形势恶化，市场信心不足，“流动性陷阱”问题开始隐现，资金市场上需求持续增加，资金面趋于紧张，拆借资金依存度较高的海外机构要特别注意加强流动性管理。

6. 高度关注金融、大宗商品等市场普遍下跌引发的国别风险

要高度关注当前全球金融市场、大宗商品、贵金属、石油等出现普遍下跌的现象，仔细研究市场波动背后的根本原因。从各国的货币政策来看，各类市场和商品价格的下跌并不是由于全球银根紧缩所导致的，而是由于各国经济失衡等更加深层次的原因造成的。当前，各国没有找到解决这些问题、促进经济增长的良方，全球经济的不确定性将持续较长一段时间。银行有相当一部分业务是与大宗商品交易相关的贸易融资业务。2008 年全球经济遭遇到严重的危机，按照历史经验，波及全球的经济危机至少会使大宗商品市场价格低迷 3 年以上。但此次大宗商品价格仅用了半年的时间就走出了颓势，这主要是由于投机资金在当

前世界经济低迷情况下，无处可去，于是集中攻击大宗商品市场。在这样的背景下，全球大宗商品已经改变了以往较为有序的周期性运行规律，暴涨暴跌和涨跌周期明显缩短似乎会成为近年来的主要特征。在这种情况下，贸易融资客户可能因商品价格波动而遭受损失，发生违约。银行应仔细研究市场波动背后的根本原因，抓住影响市场波动的关键因素，并据此来判断市场的走势，要杜绝盲目跟风。应密切关注国际大宗商品价格变动对自身相关业务的潜在风险，进一步强化尽职调查，严格落实盯市和跌价补货、补保证金工作，加强货物的有效监管，强化业务担保措施，合理安排交易结构，选择适当的融资方式和融资工具，加强对货权的控制，有效管理此类风险。

7. 高度关注间接国别风险

银行应高度关注对外直接投资企业的间接国别风险，注意防范高外贸依存度客户的间接国别风险，注意防范境外工程承包企业的间接国别风险。银行境内外机构有一部分客户是中国的“走出去”企业，其中部分企业缺乏海外投资和运营的经验，且“走出去”本身就消耗了大量的资金。在欧、美、日等发达经济体发展普遍放缓、消费和投资萎靡的大背景下，银行部分“走出去”客户的经营风险可能会急剧上升，尤其是一些亲周期性行业的客户必将遭受严峻的挑战，并可能带来违约风险，要高度关注。同时，部分国内企业可能会在此时急于到海外抄底或者进行跨国并购，对于这部分客户的投资冲动，要审慎判断，切不可盲目开展业务。

必须清醒地认识到，在中国经济深度融入世界经济的今天，中国已经很难再做到独善其身，必须高度关注国际经济形势变化对国内经济的影响，提前做好风险防范。银行客户中，有一批高外贸依存客户，这些客户的市场主要在国外，容易受到国外市场需求波动的影响。欧盟、美国和日本是中国前三大出口市场，欧、美、日经济增长的放缓将直接导致这些企业经营状况的恶化。这些客户可能办理外汇类信贷业务，也可能办理人民币信贷业务，但是无论本外币业务，都面临着国别风险，需要在贷前、贷中、贷后加以防范。

当前，银行的部分客户是从事境外工程承包的企业，面临的国别风险需要特别予以关注。第一，部分企业承包的工程位于局势较为动荡的中东和北非地区，这些地区的政治经济形势不稳定，往往存在运作不规范和腐败现象等问题，行业风险较大。有些国家恐怖活动频繁，给项目执行带来很大的风险。第二，汇率变动给对外承包工程带来相当大的风险，特别是 BOT 项目[①]，由于投资回收期很长，汇率风险更为突出。同时，有些非洲国家因采取汇兑限制政策，即使承包商能够得到暂借外汇的期票，其规定的利率也很低，而且要多年以后才归还本金。第三，通货膨胀在某些发展中国家相当严重，甚至个别国家的年通货膨胀率超过百分之百，这会给对外承包工程的客户带来很高的风险。对于这类客户，应同时关注国别风险对具体承包项目和客户整体经营状况所造成的影响，在办理业务中，加强对国别风险的控制。

---

① BOT 是私人资本参与基础设施建设、向社会提供公共服务的一种特殊投资方式，分为建设（Build）、经营（Operate）、移交（Transfer）三个阶段。

五

认清表外业务的挑战与机遇*

世纪之交的前后几十年间，表外业务浪潮席卷全球，出现与表内业务并驾齐驱的态势，深刻改变了国际银行业的面貌。近年来，我国银行业表外业务也快速崛起，业务规模和重要性已不容忽视。表外业务创新活跃、结构复杂，蕴含着多样化的风险形态，怎样理解和管理好表外业务风险具有很大的挑战性。金融海啸中众多银行的惨痛经历也提醒银行管理者必须重视并着力加强表外业务风险管理。

（一）表外风险敞口之大，足以颠覆一家银行，甚至引发一国乃至全球性金融风险

1. 表外业务内涵与外延不断扩大

按照现行的会计准则，表外业务（off-balance sheet activities）是不计入

---

* 20 世纪 80 年代以来，金融创新推动银行表外业务快速发展。然而新世纪的金融危机也将大家的目光聚集到银行表外领域。应该说，又爱又恨、难以割舍、路径不明是业界的共同感受。结合观察到的国际经验教训，我把对表外业务风险管理问题进行的专门研究在 2010 年 3 月整理为专题文章，刊发于《财经》的“金融实务”专栏，2010 年第 7 期。

资产负债表内，不形成现实资产负债，但能改变损益的业务，传统意义的表外业务主要包括贷款承诺、资本性租赁、备用信用证、信贷担保等。20世纪七八十年代以来，随着全球金融及商品市场波动性增加、金融工程发展及清算结算的技术性革命，金融衍生产品作为表外业务的新品种开始出现，引领表外业务爆炸式增长，大有与银行传统的资产负债表平分秋色之势，并成为国际金融市场最显著、最重要的特征之一。进入新世纪以来，特别是安然、世通事件之后，出于风险隔离的需要，美国大型金融机构发起设立众多管道公司（Conduits），通过发行短期票据（表外融资）筹集资金，并投资于CDO等高风险资产，逐渐形成了“影子银行体系[①]（Shadow Banking System）”，成为国际大型金融机构表外业务的重要内容。

2. 名义余额巨大，与实体经济比例悬殊

从国际大型银行年报看，表外业务规模巨大，且增长迅速。除传统的贷款承诺外，表外衍生产品业务与影子银行占主导地位。国际清算银行（BIS）统计报告显示，截至2007年底，金融衍生品场外交易工具（OTC）与场内交易工具名义本金之和已超过676万亿美元，而1987年这个数字还不到1.6万亿美元。1987年到2007年，金融衍生品规模增长了400多倍，与此同时，全球GDP只是原来的3倍。1987年金融衍生品规模仅占全球GDP的9%，20世纪90年代中期，二者基本持平，到2007年，全球金融衍生品规模已经达到全球GDP规模的数十倍。金融体系是实体经济的衍生工具，GDP代表实体经济，意味着在这20年中全球的金融杠杆率大幅增加（如图7–1所示）。全球衍生产品交易市场中充斥着大量无真实经济内涵的虚拟交易。

---

① 当前，国内商业银行发起的依托于信托公司的理财产品，其实质与国外管道公司并无二致，属于影子银行体系范畴，日益成为商业银行表外业务的重要内容。

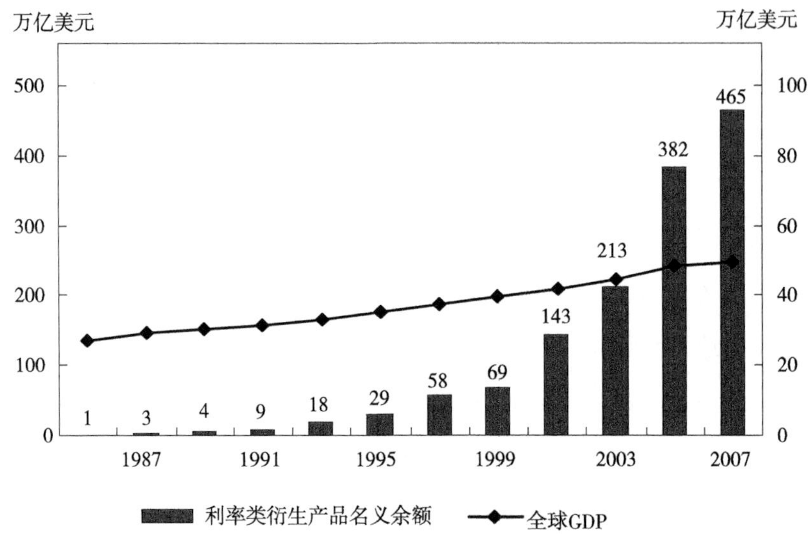

图 7–1 利率类衍生产品名义余额与全球 GDP 关系（1987—2008）

资料来源：ISDA Market Survey，1987-2008。

3. 考虑未来潜在敞口才能反映表外业务风险全貌

从实际风险承担看，表外融资除承担表外融资同等的违约风险外，由于表外融资结构复杂、参与主体多元等特点，还额外承担了市场风险、产品链条延展增加的操作风险、产品设计风险以及声誉风险等。其中，表外衍生产品的风险不确定性高，只有考虑当前敞口和未来敞口后才能客观反映表外业务风险全貌。根据国际衍生产品协会对全球主要金融机构的一份调查问卷结果，各类衍生产品的名义余额与重估市值（当前敞口）随时间呈现不同的变化，其中股票衍生产品的当前风险敞口一般在名义余额的 15% 左右（如图 7–2 所示）。

进一步分析，衍生产品重估市值仅仅反映了金融工具当期交易双方应收应付现金流的情况，并未对因未来市场变化导致协议项下交易双方的债权、债务关系变化进行描述。只有把当前敞口和未来敞口合并计算，才能真实反映衍生产品风险全貌。根据美国货币监理署对美

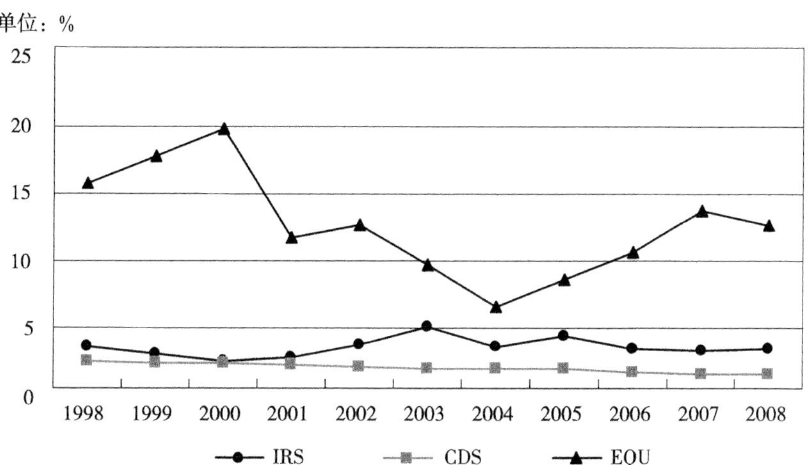

图 7–2 衍生产品市值和名义余额之比的变化情况

注：利率互换（IRS）、信用违约互换（CDS）、股票衍生产品（EQU）。

资料来源：国际清算银行

国前二十五家表外业务衍生品活跃银行信用风险敞口的统计（如表 7–1 所示），1999—2007 年间，潜在敞口总体上远大于当前敞口，且两者之比呈不断放大的趋势，到 2007 年衍生工具的潜在敞口是当前敞口的 7.8 倍。由于当前敞口是银行当期真正需要支付的现金需求，在市场保持正常状态时，未来潜在敞口尚不能形成对银行当期支付的压力，一旦市场出现压力状态，潜在敞口将通过交易对手寻求用保证金缓释（Call Margin）或平盘的形式迅速转化为当期流动性压力。

表 7–1 二十五家表外业务衍生品活跃银行信用风险敞口

年份	潜在敞口与当前敞口比	总敞口与名义金额比	总敞口与资本比	总敞口与总资产比
1999	122.5%	1.2%	102.7%	15.0%
2000	143.3%	1.1%	86.8%	14.7%
2001	180.0%	1.1%	104.0%	15.5%
2002	236.9%	1.0%	58.1%	13.3%

续表

年份	潜在敞口与当前敞口比	总敞口与名义金额比	总敞口与资本比	总敞口与总资产比
2003	195.7%	1.1%	85.6%	17.4%
2004	283.4%	1.0%	95.1%	17.9%
2005	368.3%	1.0%	82.7%	18.8%
2006	603.0%	1.2%	103.9%	24.2%
2007	775.9%	1.2%	109.6%	25.7%

资料来源：OCC Bank Derivatives Reports.

4. 压力环境下高敞口、低资本的银行将率先破产并引发系统性金融风险

从国际上看，金融衍生市场上各种不同的衍生产品交易已在 1200 种以上，每天衍生产品交易的金额高达 10 万亿美元，即使按 BCBS 规定的 0.5% 的信用风险系数保守估算，其损失的期望值也有几百亿美元，考虑潜在敞口后，损失将更为巨大。表 7–1 数据显示，美国大型银行总敞口与总资产的比例快速上升，基本上超过了被调查银行的资本规模，2006 年和 2007 年以来这一趋势尤为明显。在交易总敞口已经超出资本的情况下，在压力环境下，外部流动性缺失，势必导致银行破产，贝尔斯登和雷曼破产充分说明了这一点。

在混业经营而又缺乏防火墙的情况下，一家银行的危机会通过信贷违约互换等金融衍生产品交易，迅速将交易对手风险向与其续做交易的所有交易对手转移和传染。根据国际互换和衍生品协会（International Swaps and Derivatives Association）提供的数据，2001 年，信贷违约转换的市场价值将近 1 万亿美元，到 2008 年就超过了 54 万亿美元，接近全球 GDP 的总和。正是通过信贷违约转换等金融衍生工具，原本单一的房屋贷款就成为横跨银行、证券和保险等各个领域的金融衍生产品。银行危机将有可能变为金融行业系统性危机。

信托计划、理财产品等表外业务大多利用了银行的回购和担保作为销售支撑，实际上并未实现风险转移，风险迷惑性和隐蔽性强。表外衍生金融产品具有技术复杂、高杠杆性等特征，压力测试结果显示，对于部分结构性衍生工具，潜在敞口可能高达名义金额的 70% 以上。上述特征使得表外业务的巨大风险往往识别难度大，容易导致风险敞口过度，只有在损失造成时才能被证实和发现。开展衍生产品交易和表外融资应以对冲风险和真实交易背景为前提，以对其全部风险内涵“可知、可量、可控”为保障，如果盲目发展表外业务，小则颠覆一家银行，大则有可能引发一国乃至全球的系统性金融风险。

（二）表外业务收益之丰厚，足以使传统业务相形见绌

1. 全球大型银行表外业务收益快速增长

近 30 来，全球大型银行的担保、期权与掉期等表外业务都有了很大增长，无论业务总量还是利润贡献都逐步接近或超过传统的存贷款业务，成为新的竞争核心。从 1981 年到 90 年代初，美国大型商业银行从表外业务中获取的利润占其全部利润的比例就由 24% 上升到 42%，部分银行的表外业务收入甚至达到 70% 以上（如表 7–2 所示）。以美国银行为例，2006 年非利息收入[①] 高达 381.82 亿美元，占总收入的 52.47%。即使在危机发生的 2008 年，美国银行非利息收入也高达 274.22 亿美元，占总收入的 37.68%。

---

① 卡业务收入、佣金及手续费、托管及经纪服务费用、投行业务收入、股权投资收入、交易性业务收入、保费收入及其他表外业务收入。

表 7–2 各大银行近年收入情况表

单位：百万原币种

银行	2006		2007		2009	
	净利息	非利息	净利息	非利息	净利息	非利息
摩根大通	212.42	407.57	264.06	449.66	511.52	492.82
美国银行	345.94	381.82	344.41	323.92	471.09	725.34
花旗	379.28	483.99	453.89	319.11	489.14	313.71
汇丰	344.86	355.84	377.95	498.06	407.3	379.01
瑞士银行	65.21	408.06	53.37	266.22	64.46	179.87
德意志银行	70.08	214.86	88.49	219.8	124.59	201.2

注：考虑到金融危机情况，未汇总 2008 年数据。

从增长速度看，非利息收入增长速度总体上也快于利息收入增长速度。图 7–3、图 7–4 分别为汇丰银行和摩根大通从 2001 年到 2007 年以来利息收入和非利息收入变动趋势。从图中可以看出，两大银行利息收入和非利息收入增长较快，但非利息收入增长更快，且从 2005 年以来非利息收入总量上已超过利息收入。

2. 业务和风险管理技术创新、资本节约推动表外业务获得超额回报

国际大型银行通常是表外交易的设计者或做市商，通过创新不断获取市场领先优势和资本节约的好处，同时利用先进的风险计量模型、强大的风险对冲能力和发达的资讯系统，为其实施这一策略提供了技术和手段支持，使这些机构能够在全球范围内续做无风险套利业务，获得巨额利润。

规模经济与创新领先。信息处理和电子计算机等技术的长足进步、电信的全球化创造了全球性的金融市场，促进了表外业务规模经济化，取得了传统表内业务无法获得的巨大规模效益。也使商业银行有可能设

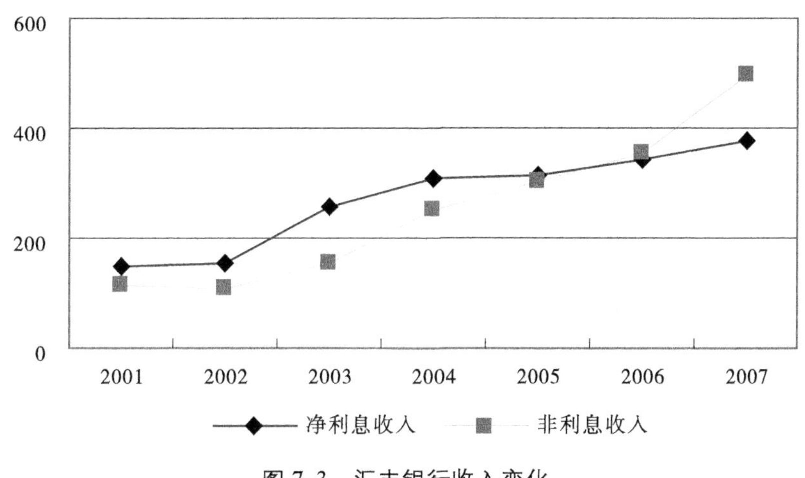

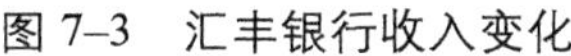

图 7–3　汇丰银行收入变化

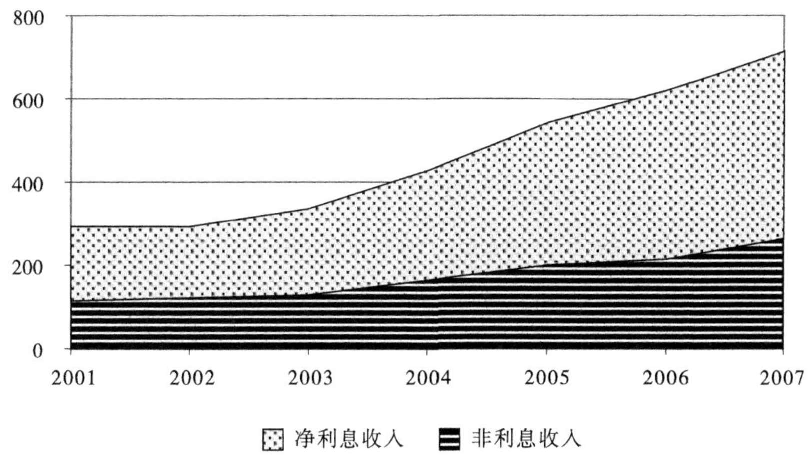

图 7–4　摩根大通收入变化

资料来源：各银行年报。

计出新的更为个性化的表外业务金融工具，为其客户量身订制了金融服务方案，用以满足客户财务管理和风险对冲的需要，通过创新与领先迅速满足用户需求，优化风险收益回报，获得超额利润。

资本节约。除了直接收益外，利用表外业务风险系数小、盈利水平高的优势，将表内业务表外化，可以将高风险资产转换为低风险、无风险和流动性强的资产，实现规避监管和节约资本的目的。证券化的广泛应用就是此类创新的典型代表。由于各类证券化工具的出现，使得金融机构得以迅速将表内资产进行打包出售，在短时间内获得流动性并调整资产负债结构、释放资本，给这些机构带来了前所未有的发展潜能，并新发展形成了“发起—分销”的信贷经营模式。

风险对冲。国际大型金融机构在全球范围内与客户做各类风险业务，并将全球各分支机构吸收的风险头寸统一汇集到总部进行管理，风险头寸汇集中首先产生大量的自对冲效应，在收益既定情况下，自身风险的相互对冲将大大提高表外业务组合的风险收益水平，形成超额利润的重要来源。

3. 风险收益失衡下的绩效考核导向有可能引致表外业务畸形发展

按照银行业主流的业绩考核模式，一笔业务的真实绩效用EVA[①]衡量，主要受收益和风险成本两类因素的影响。与传统的资产负债表业务相比，表外业务一般不涉及资金占用，没有资金成本。由于衍生产品交易通常是以电话或传真等通信手段达成交易，人力成本偏低，人均交易量可以是传统信贷业务的数十倍甚至上百倍。风险成本按照目前新协议的规定只有表内业务的1%不到，由此计算得出的绩效必然高得惊人。在巨额利润的激励下，表外业务呈爆炸式增长、新的虚拟交易不断被创造出来，潜在风险也开始不断聚集。正是由于表外业务特别是衍生产品交易业务的丰厚利润，驱使安然、世通、雷曼等前赴后继。

从根本上看，客户和市场需求是推动表外业务在全球范围内的蓬勃发展的主要原因，一定程度上代表了银行业未来发展的方向。而金融

① 经济增加值EVA=利润－资金成本－营运成本－预期损失－资本成本

机构对表外业务丰厚利润的追逐和风险收益失衡下的绩效考核导向则推动了表外业务的过度繁荣。发展表外业务，首先应立足于满足客户的真实需求，不能忽略标的资产的真实状况；治理表外业务的虚假繁荣，需要在全面客观反映风险全貌的基础上，在绩效考核制度层面上加以落实，以此来有效约束表外业务的发展冲动。

（三）表外业务规则之模糊，足以使其成为藏污纳垢的垃圾桶

表外业务发展速度惊人，不仅交易品种千差万别，操作程序也相当复杂，统一的外部监管措施难以包容现有的全部产品，外部监管整体上滞后于表外业务的发展步伐。从风险资本监管规则、到国际会计准则、到市场中介机构管理、到交易条款标准化等方面规则都很模糊，金融机构在资本充足率约束、监管监督检查及市场约束、乃至法律约束等一系列主要规则下腾挪辗转，导致表外业务藏污纳垢。

1. 资本充足率监管规则模糊

BCBS 规定了信用转换系数（CCF），将表外业务按照一定比例转化到表内适用资本比率要求。第二支柱中对于表外业务的监管规定少有提及，对银行开展衍生产品业务的政策、流程及系统等没有明确要求。金融危机之后，针对性出台的《新资本协议框架改进方案》中，第一支柱中进一步提高了再证券化产品的风险权重，在第二支柱中要求在银行层面实现跨账户、跨业务条线、跨风险种类的统一管理，同时要求进一步披露资产证券化风险敞口、资产支持的流动性便利、各类管道机构等表外业务的相关信息。

从新资本协议及其改进情况看，新资本协议作为全球主流的银行

监管规则，对表外业务用规定系数的方式比照表内业务来处理，无法显示表外业务的风险特性，必然导致部分表外交易资本敏感性不足，不能有效解决表外业务当前存在的问题。Basel 协议引入资本约束，就是为了防止银行资产负债表过度扩展形成潜在的破产风险，而以“监管资本套利”为动机的表内业务表外化，实质风险并未因“出表”而下降，在账面资本相对稳定而表外业务呈几何级数增长的情况下，灾难的发生就仅仅是个时间问题，也正印证了墨菲定律① 所描述的最朴素道理：会出错的，终将会出错（If anything can go wrong，it will）。可以预见的是，随着表外业务发展，国际监管必然会出现一整套类似表内业务信用风险内评体系的表外业务风险监管体系。

2. 表外业务会计准则适用上自主性空间大

根据会计准则，表外业务符合有关或有资产和或有负债的界定，因此表外业务也一直作为银行的或有资产和或有负债，在资产负债表附注中予以披露。随着金融创新活动越来越多，衍生金融工具占表外业务的比重越来越大，对企业的财务状况、经营成果和现金流量的影响越来越不容忽视。1998 年国际会计准则委员会批准公布 IAS39《金融工具：确认和计量》，对传统会计确认原则进行扩展，从风险和报酬的实现原则扩展到以风险和报酬的实质性发生和控制作为会计确认的原则，同时引入公允价值概念，以此对衍生金融工具进行确认和计量。

虽然会计准则根据市场变化及时进行了调整，但整体上滞后于表外业务的发展步伐。对表外衍生工具通过公允价值方式转入表内记载，反映的也只是当前敞口，未来潜在敞口在会计准则上未有规定。同时，

① “墨非定律”（Murphy’s Law）：任何事都没有表面看起来那么简单；所有的事都会比你预计的时间长；会出错的事总会出错；如果你担心某种情况发生，那么它就更有可能发生。

对公允价值的定义和把握上也有较大空间，导致不同机构对同一笔交易的公允价值判断出入很大，容易藏污纳垢。从以房地美（Freddie Mac）为例，2001 年为了规避借款人提前还贷导致的公允价值变动风险，利用会计准则关于套期保值方面的规定，导致高达 65 亿美元其他可供出售证券(被套期项目）的公允价值波动损益没有得到及时、恰当反映(即与对应衍生工具的套期利得和损失进行抵消)，而是按照财务会计准则委员会（FASB）第 115 号准则反映在“累计其他综合收益”，掩盖了套期活动抵消公允价值波动的有效性。雷曼破产前大量使用“回购 105”（REPO 105）人为粉饰资产负债表，造成净杠杆比率健康的假象，不断延迟“绝症”发病期的来临。

3. 对市场中介机构监管基本缺失

在银行业监管规定和会计准则均较模糊的情况下，市场对于表外业务进而银行财务稳健度的信心只能来自银行的自查和市场中介机构的结论，而中介机构的不作为导致表外业务成为部分银行藏污纳垢的垃圾桶。在雷曼破产事件中，先是信用评级机构将次贷市场上近八成的产品被评为优级投资产品，后有律师及会计师事务所默许或帮助雷曼通过“回购 105”粉饰财务报表。利益相关群体的全球性交易和过度自由的市场监管体系，使原本暗流涌动的市场更加动荡。目前，全球范围内，没有针对评级机构等的监管制度，对市场中介机构主要通过行业协会的自律，20 国集团和部分国家针对这种情况，拟将市场中介机构纳入到政府监管视野中，以强化中介机构的实务守则。

在缺乏有效的监管环境约束下，商业银行发展表外业务必须要有清醒的认识，不能仅仅立足于或停留在满足外部监管要求上，还要在建章立制，风险计量能力建设，内部考核机制完善，提高法律合同文本、交易条款设计能力等方面进行综合治理，才能确保银行表外业务健康发展。

(四) 对表外业务的认识之混乱，足以使人误入歧途

当前商业银行对表外业务管理上的种种不足，主要来源于对表外业务的模糊认识，以下是几种典型的认识误区：

1. 认为表外业务是低风险业务

有人认为，表外业务不动用银行资金，或很少动用银行资金，所以是低风险业务。从业务性质分析，有些表外业务如短期投标保函、短期质量保函等因不占用银行资金且风险敞口较小，客户违约率较低，信用风险较小，但并不能以此推断所有的表外业务都是低风险业务。判断一种业务风险的高低，应以是否承担风险敞口、承担什么样的风险敞口来衡量。比如，银行对外提供融资性保函的同时承担了与保证金额相同的信用风险敞口，办理银行承兑汇票时承担了与票面金额相同的信用风险敞口，这些表外业务的风险并不比表内业务低。

更重要的是，有些表外业务结构比表内业务还复杂，其涉及的风险种类或风险敞口可能多于或高于表内业务。如代客衍生品。有些人对代客衍生产品交易的风险本质认识不清，简单地认为代客业务是中间业务或低风险业务，银行不承担信用风险。需要指出的是，目前国内银行办理的代客衍生品交易多是银行分别与客户、国外交易对手签署的两两合同，实质上并不是严格意义上的代客协议（严格意义上银行作为中间人签署三方协议才是代客协议），因此银行实际上承担了双份信用风险（银行—客户，银行—交易对手）。交易过程中，市场风险可以进行对冲，但信用风险始终存在。如自 2008 年中期以来，国内银行为客户办理的挂钩欧元 CMS 长短期互换利率的代客衍生产品交易因部分客户违约导致银行发生垫款，形成实实在在的信用风险敞口。

2. 认为表外业务垫款率指标能衡量其风险大小

从某种意义上看，表外业务出现垫款的性质和影响比贷款出现不良更为严重。因为表外业务垫款形成银行坏账后，客户在银行的整个贷款也将因“同一借款人分类大致相同”的原则转为不良贷款，引起一系列连锁反应。同时，如果说贷款出现拖欠大部分是由于客户经营恶化、缺乏现金流等客观原因，则表外业务出现垫款有相当部分是主观违约造成（比如代客衍生产品垫款），是一种更加典型的信用风险，更应引起银行关注。

同时，有些表外业务风险并没有通过垫款表现出来，比如一些信托贷款类理财产品到期后如客户无法支付，国内银行普遍通过后续授信予以替换，风险从表外转移到表内，掩盖了短期风险，垫款率指标反映不出该风险。贷款承诺业务同样如此。贷款承诺是银行已经对客户承诺的准贷款，由于其业务特性不可能出现垫款（直接转为贷款计入表内），因此垫款率指标也未反映这部分风险敞口。

3. 认为表外业务不会给银行带来颠覆性的系统性风险

有人认为，表外业务是一种局部风险，不会对银行构成致命性损害。事实恰恰相反，如果不重视表外业务管理，或者管理得不好，表外业务很有可能给银行带来颠覆性的系统性风险。给全球经济带来巨大冲击的金融风暴，其祸源在很大程度上正是来自于银行表外业务风险管理的缺陷。

表外业务不在表内记载，风险积聚的过程容易被忽视，银行疏于管理，一旦积聚到系统性风险的程度，银行会因措手不及而陷入困境甚至倒闭。表外业务不像表内业务，比如贷款，单个客户出现欠息等信用问题银行比较容易及时发现，并采取措施逐步化解，防止风险积累到最后一刻。由于表外业务不在资产负债表内反映，一般收取手续费后缺乏其他指标提前预警风险，或者由于交易高杠杆率掩盖了风险，银行往往在到期日不得不垫款或支付时才发现问题变得始料不及的严重。1994年巴林银行倒闭就是源自交易员里森在从事代客买卖衍生品及银行自身的套利操作中违规操作，导致了8.6亿英镑的巨额损失。

二是一些新兴表外业务经过多次证券化和复杂的产品设计后，表面上看风险似乎完全被分散甚至消失，但其实蕴含了大量不为人知的风险，由于信息不对称，银行对这类产品的风险识别、计量和管理控制变得相当困难，只有在损失造成时才能被证实和发现。如果银行大量从事自己不熟悉、无法计量和控制风险的业务，那么离真正的灾难就为期不远了。

4. 认为表外业务是一种技术含量较低的业务

有人认为，表外业务技术含量较低，因此发展业务或占领市场主要依靠低水平的价格战，谁收费低就能赢得客户青睐。

实际上，表外业务不需要银行的资金借贷，需要投入的主要资源是银行的信用、知识和网络，很多表外业务技术含量并不低，甚至可以说是高技术含量产品。如银行为客户开立信用证，不仅需要一整套先进的进出口业务电子系统作为平台，业务人员还需掌握专业的国际贸易准则、法律知识和银行业务知识等。又如从事外汇期权、期货等金融衍生品交易，不仅要和全球外汇交易商打交道，还必须使用国际通用的交易平台，掌握大量的专业交易知识。再如银行提供保函、贷款承诺、银行承兑汇票等，客户能够接受主要在于银行信用，银行信用是银行规模、管理水平和技术水平的综合反映等等。

表外业务已成为当前各家银行“兵家必争之地”，但仅靠打价格战等低水平方式来争做表外业务是不可取的短期行为。客户选择银行主要看是否能提供出满足需求的产品或一揽子服务方案。银行的产品创新能力以及提供的服务技术网络是赢得客户的关键所在。

5. 认为表外业务收入来自于表内业务

有人认为，表外业务与表内业务具有简单的替代关系，这一点在收入转移上体现得更加明显。比如，2009年初，国内商业银行承兑、贴现数额大幅上升，其中不乏个别工作人员为了完成中间业务收入指标，“指导”客户采取先承兑再贴现的方式获得融资。表面上看银行一举三得，完成了存款、贷款和中间业务三项指标，实则不计成本，不赚反亏，因为赚取的中间业务收入（承兑手续费）加上贴现利息仍远远低于同期流动资金贷款利率（约低2—3个百分点），违背了风险收益相平衡的经营原则。甚至个别银行为了“创造”出中间业务收入，在审核客户与对手交易真实性方面放松尺度，出现“虚假”承兑或贴现，潜伏大量风险。

又如，银行创新出信托贷款类理财产品，本可以直接给客户提供贷款，却由于规模紧张等原因采取募集理财资金以信托贷款方式发放给客户，在监管部门叫停之前，银行往往提供全额担保，相当于承担了整个信用风险敞口，而发行理财产品获得的中间业务收入完全不能覆盖该风险。

应该说，表外业务和其他业务之间存在一定的替代效应，但并不是完全替代或简单替代，而应该是倍增关系或互赢关系。资产负债业务带动表外业务，表外业务反过来促进资产负债业务发展。那种单纯靠业务品种转移的做法毫无意义，不仅掩盖了风险，而且存在弄虚作假赚取绩效之嫌。

（五）表外业务管理基础之薄弱，足以让人胆战心惊

表外业务作为金融创新最快的领域，包含多种新产品和新型金融

工具，由于标准化程度低、形式多样、部分产品结构复杂、透明度低，导致对表外业务“不知道是否有风险”，或者“不知道风险有多大”，进而表现为管理上的空白，抑或模式上的错位，难以有效管控潜在风险。

1. 统一风险偏好下的差别化风险政策缺位

表外业务形式多样，创新活跃，新兴表外产品不断涌现，需要在统一风险偏好的基础上，根据金融衍生交易类、担保类、承诺类、资产证券化和理财产品类业务的特点，提出差别化、针对性的风险政策要求。其中，统一的风险偏好是前提，需要将表外业务纳入风险偏好管理，建立与表内业务风险准入标准、风险收益平衡取向、经济资本回报要求等相一致的风险政策体系。差别化则是根据各类表外业务特点，将统一的风险偏好细化为产品风险政策，融入业务流程的各个环节。

金融衍生交易类业务，应以真实交易需求和对冲风险为目的，选择结构简单易于理解和掌控的产品，建立产品风险分级和客户适应度评估机制，运用保证金、合格押品将风险缓释到客户和银行可承受的范围内，有效防范和化解市场风险和客户（交易对手）信用风险。担保类业务（银行承兑汇票、备用信用证、各类保函）和承诺类业务要比照表内信贷业务建立完备的客户准入、审批和业务后续管理机制。资产证券化、理财产品和信托计划业务，要围绕发行人、受托人、顾问方、销售方、投资人等利益相关体建立从研发到销售、售后管理一整套风险管理政策要求，有效控制过程中出现的操作风险、市场风险、信用风险、流动性风险及潜在的法律风险和声誉风险。

2. 各类风险的整合化管理机制有待建立

表外融资除承担表外融资同等的违约风险外，由于表外融资结构复杂、参与主体多元等特点，还额外承担了价格风险、市场流动性风险、产品链条延展增加的操作风险、产品设计风险以及潜在的法律风险和声誉风险等。因此，照抄照搬表内信贷业务信用风险和交易业务市场风险分而治之的模式来管理表外业务风险难以奏效，需要建立各类风险整合化管理的机制。一是风险职能的整合和有机联动，客户风险、产品风险、市场风险、法律风险等专业化风险管理职能团队需要密切配合、有机联动，全程参与到从产品创新到到期的全周期之中。二是风险计量工具的整合，全面、客观反映表外业务风险，需要多种风险计量工具的综合运用，同时需要对各类风险相互转化进行量化评估，并通过经济资本进行整合管理。

3. 表外业务全流程的风险管控需要加强

与表内融资相比，表外融资流程长、参与主体多，部分产品易受外部市场波动影响，潜在的风险点也多。提升表外业务的质量和效率，应该建立表外业务全流程的风险管控机制，明确在产品研发、风险分级、客户适应度评估、市场中介机构选择、客户风险提示等关键环节风险管控标准。对于部分杠杆率高、潜在风险大的表外产品，考虑在上述关键环节引入平行作业机制。在当前表外业务一批（发）了之、后续管理尤为薄弱的情况下，要考虑建立表外业务后续管理机制，适时评估产品、客户风险，以及时进行风险应对。

4. 表外业务风险识别、计量水平有待改进

一是缺乏计量风险敞口的能力，对承诺业务、保函业务和金融衍生品交易目前主要依靠专家经验来判断表外业务的风险敞口，通常考虑不同业务的风险特征、期限和缓释情况等设置风险折算系数，管理相对粗放，尤其是对于金融衍生品交易的风险认识和计量能力不足。二是缺乏表外业务的风险抵补机制。从表外业务本身蕴含的风险及可能导致的

损失来看，表外业务也应该计提相应的损失准备金，如何提，提多少还需要研究。三是缺乏表外业务多种风险形态整合计量能力，尤其是对其中风险之间的转化和迁徙情况认识不够，如何综合表外业务风险大小进行在风险收益平衡管理方面还有大量工作需要开展。

（六）金融服务需求之转变，足以展现未来商业银行发展趋势

当前中国银行在外部市场波动性加大、客户需求发生深刻变化、市场竞争日趋激烈、监管越来越严的环境下，必须未雨绸缪，积极分析客户和市场变化，把握现代商业银行发展趋势，明确表外业务发展定位，提升风险管理水平，确保表外业务又好又快发展。

1. 客户金融服务需求推动银行服务调整升级

随着经济体制、机制的深入调整、资本市场的快速发展和企业微观治理的持续转型，市场需求正由简单的银行信贷资金需求向综合金融服务需求转变，市场供给也由单一的商业银行供给向多元化的金融机构供给转变，金融需求的日益增长和快速变化正在成为近年来银行市场发展的显著特点。市场需求的波动性和客户金融偏好的差异性加大，客户对金融服务和产品创新，乃至风险管理的要求已趋深入。

随着专业分工越来越细、市场竞争激烈程度加剧，客户要求银行的产品和服务符合自身独特的经营环境，对金融服务需求的个性化彰显，带来了金融需求层次和需求结构的重大变化。随着企业经营范围和经营规模的扩大，企业除了信贷资金需求外，为解决应收账款问题，需求保理业务；为解决集团资金分散问题，需求现金管理业务；为解决资金使用效益问题，需求财务顾问业务和资产增值业务等。除原来的

资产驱动型融资外，产权驱动、品牌驱动、上市驱动和收益权驱动等新的融资模式开始出现，并形成对银行固定资产贷款、项目贷款以及铺底流动资金贷款的替代。另一方面，企业在资产重组、债务重组、兼并收购和资本运作时，需要银行或其他机构提供新型咨询顾问业务，企业债券、股票的承销、买卖、转让及基金的发售、管理、买卖与转让等，银团贷款、项目融资、资产证券化、企业及项目财务与投资、发展战略顾问、企业年金托管、保理业务、个人投资者理财与投资顾问等。

2. 表外业务日益成为客户金融服务需求的重点

当前，商业银行大型优质客户对金融服务的需求，开始从信贷资金需求逐步向非信贷型金融服务需求转变，从传统型产品向表外业务转变。企业金融服务需求的升级，核心是要求银行以企业战略价值实现为出发点，围绕企业的风险与收益平衡，进行交易设计和风险安排，信贷资金需求退居为企业金融服务需求的一个环节。

一是金融市场的迅速发展，导致直接融资规模不断扩大，各种长短期有价证券在发行、转让及债权债务的结算等环节上的违约风险不断加大，从而客观上产生了大量信用担保的需求，促成了商业银行贷款承诺、信用担保、信用证、海外代付等表外业务的快速发展。

二是随着全球化进程的不断推进，利率市场化和汇率波动幅度逐步加大，商品价格风险的国际传导，对实体经济构成了巨大冲击。企业面临的风险越来越多，避险及套利的需求也随之增强。越来越多的中国企业开始利用境外的期货、期权互换等衍生金融工具来进行商品价格风险管理，套期保值已成为许多企业经营活动中的重要组成部分。根据ISDA的调查，全球32个国家的世界500强企业中，有94%的企业使用衍生品交易对冲风险，凸显金融衍生产品应用范围之广。从大型企业到投资组合经理及对冲基金，都在广泛使用 OTC 衍生品。

三是随着经济增长方式的不断转变，投资型金融需求开始逐步下降，交易型金融需求和消费型金融需求将不断上升。虽然当前投资对 GDP 增长居于主导地位，国际经验表明，经过大规模基础建设投资的特定阶段，投资对 GDP 的增长贡献将逐步让位于消费和外贸。与此对应，金融需求也将由投资型金融（传统的信贷需求）向消费需求和交易需求转变。

3. 发展表外业务是商业银行提高综合竞争力的重要途径

发展表外业务是提高客户忠诚度、持续提升赢利能力、有效应对市场竞争的必然选择。在直接融资市场快速发展下，企业可通过券商、信托公司等非银行金融机构的交易设计，综合运用股本融资、租赁、信托、短期融资券等手段获得资金，对银行信贷资金的依赖度逐渐下降，一家机构的金融供给跟不上金融需求的变化，客户群体会逐步流失。同时，中外资银行逐步由早期的错位竞争转向了更为直接的正面竞争，外资银行集中争夺高端业务、高端客户和高端人才，都对中资银行形成较大影响，高端业务、高端客户集中的表外业务成为中外资银行竞争的核心领域。目前国内银行在代客理财、咨询、衍生金融产品等表外业务服务方面与外资银行的差距仍十分显著。加快表外业务产品创新和提高服务水平，为高端客户提供全方位的综合金融服务，是国内商业银行维持本土优势、提高国际竞争力的重要途径。

发展表外业务有助于缓解新资本协议实施过程中商业银行所面临的资本短缺问题。国内商业银行传统的经营模式下，通常不考虑资本的硬约束，大肆扩张资产规模，以信贷规模的增长降低不良资产率，随着巴塞尔新资本协议在国内银行业的实施，这种粗放式经营增长方式将使得我国商业银行普遍面临资本严重短缺的问题。而表外业务的发展，使银行获得了资本消耗低、不承担或较少承担信用风险、有稳定现金流来源的银行收入，有利于银行在资本硬约束条件下扩大资产规模、提高业务收入。

发展表外业务是国内商业银行抵御经济周期性风险的重要途径。中国经济周期性波动的风险正在积累，银行资产质量面临新的考验。周期性波动是经济运行不可避免的规律性表现。从短期看，经济调整将带来银行信贷格局的重新调整，国内商业银行将经历重大的资产结构调整并将面临资产质量恶化的可能。适度发展表外业务，有利于商业银行分散经营风险，有效缓冲信贷业务“亲周期性”所带来的风险。此外，金融机构本身所面临的资产负债缺口风险、期限错配和币种错配风险也更加突出，如果不能通过表外业务对相关风险进行积极主动的管理，将对金融机构本身的财务状况造成不利影响。

近几年来，我国商业银行表外业务发展迅速，债券承销、融资租赁等传统业务增长强劲，理财产品、代客衍生产品等众多新型表外产品的出现，更是推动了表外业务的快速增长。总体上看，我国大型银行表外业务总量和利润贡献与国际大型银行还有较大差距，与当前客户不断上涨的金融服务需求还有较大差距。当前，商业银行表外业务基础管理还异常薄弱，认识上有误区，管理上重视程度也不够，阻碍了表外业务的健康发展。只有从危机中吸取教训，科学把握客户需求变化趋势，客观认识和定位表外业务，才能抢占战略制高点，赢取发展先机。

六

探索建立大数据管理体系*

现代银行各种风险经营和决策，都强调“数据说话”。当然，数据本身并不会说话。如何从海量数据中萃取出银行风险经营、决策所需要的信息？国际先进银行是通过数据挖掘的技术方法来实现的。目前，数据挖掘已经成为现代银行推动风险管理技术创新、提升风险经营能力的驱动引擎。在数据挖掘、分析、应用的基础上，推进量化管理变革，建立“大数据管理”体系，是银行风险经营的重要课题。

（一）大数据管理促进了银行管理精细化的发展

大数据是在信息技术快速发展的基础上产生的，反映了企业所能获得的大量数据资源，包括企业内部的经营交易信息、物联网世界中的商品、物流信息、互联网世界中人与人间的交互信息、位置信息等等。大数据管理理念，核心是要推进量化管理变革，需要管理者转变思路，从“基于经验”的管理模式转变为“基于数据”的管理模式。从实业界

---

* 2006—2012 年，我有意识地将大数据理念引入银行管理并广泛开展实践。2013 年 6 月，受中国征信中心邀请，我对商业银行大数据的应用作了专题分析。

的经验看，这种变革具体表现在几个方面：广泛地使用数据、统计及定量分析方法，利用解释和预测模型，以注重事实的管理方法制定决策和行动方案；从传统意义上的联机交易数据、联机分析数据，到客户行为实时数据、外部数据，都要纳入管理决策依据的数据范围；提高数据使用能力，在识别客户需求、产品营销、风险管理、客户管理等方面主动使用数据，基于数据规律进行决策；"基于数据"的决策要求不能存在条条框框，要真正从数据分析出发找到规律、发现问题，而不是通过数据来证实管理想法。

大数据为银行管理者观察客户、分析客户提供了一个全新的视角。基于海量的、多样性的数据，银行可以获得客户更及时的、更具前瞻性的信息，大数据技术为银行管理者深入洞察客户提供了新的图景和可行的解决方案。不可否认，大数据使银行进入了一个用数据进行预测的时代，虽然银行管理者可能无法完全解释数据背后的社会学、经济学原因，但数据本身的规律已可以帮助银行管理者解决很多管理问题。银行在日常经营过程中积累了很多的数据，客户的、市场的、交易的等等，利用这些数据之间的相关关系就可以进行预测，并作为业务决策的基础。

在某种程度上，银行数据中最重要的部分是客户行为数据。与客户财务数据等静态数据相比，行为数据具有更强的稳定性，基于行为对未来的预测更加准确。例如，违约率是风险计量中最核心的指标，使用大数据技术，可以使银行管理者从客户行为数据中发现对违约率判别有重要帮助的信息（尽管有时候这些信息在经验上看来可能与违约不相关），用于违约预测和客户风险评级。例如通过分析零售客户通信方式（电话、邮件地址等）的留存情况，可以判断其在信用卡和房贷业务中的信用表现，准确度甚至超过基于客户财务（收入）状况的预判。对企业客户而言，目前银行主要依据财务报表对客户违约率进行建模预测，但实践证明这种预测的准确性、前瞻性不是很理想。对银行风险管理者来说，如果等企业的亏损反映到报表而为银行得知时，为时已晚，再等到利用这些情况对评级结果、业务决策进行调整时就更晚了，所以通过财务报表来判断企业的违约概率已经明显滞后。而通过研究企业账户行为（如现金进出、投资行为等），建立行为评分模型，可以在客户出现风险信号的时候就及时作出预警和应对，其时效性要快于财务数据评级。因此，要打破单纯依赖财务数据进行风险评价的传统做法，重视非结构性数据及行为在客户风险评价中的作用，提高风险预测的精准性。当然，目前行为评分的技术还很有限，需要各方合作研究。

大数据促成了银行管理转向以数据分析为基础的精细化管理。以往，由于数据和分析手段的缺乏，银行专家更多依靠经验、逻辑判断进行业务决策，对较长时间跨度的数据分析应用较少。这种单纯依靠经验判断的弱点体现在：一是无法获取准确的业务趋势信息，不能“先知先觉”；二是不能对客户进行充分细分，不能支持满足客户需求的差异化策略；三是无法准确跟踪评估业务策略的效果；四是无法准确权衡收益、风险、成本、贡献，造成顾此失彼和业务条线矛盾。随着大数据时代到来，以数据分析为基础的精细化管理已具备条件，并显示出巨大优势：一是量化分析的结果更为客观，更易于理解、被管理者接受，更容易让不同层级、条线的人员达成共识；二是量化分析结果可以长期储存和反复跟踪验证，比人为判断更能准确获取市场规律并在实践中印证，从而也具有更好的预测能力和事后评估能力；三是能够照顾到不同客户群体的各种细分需求，使针对性服务水平大幅提升；四是可以用于权衡复杂的风险收益关系，确保价值创造最大化。

银行业要抓住大数据时代的发展机会，让数据发声，利用大数据提升银行的产品和服务。当然，对大数据的应用也要客观看待，毕竟技术上还不是很成熟，再加上部分数据的真实性问题，银行管理者不能过度依赖，应该是在有甄别、有筛选的基础上，用大数据的分析理念为银行业务发展服务。

（二）要基于大数据的先进理念开展风险管理创新

现代银行相对于传统银行的最大进步就是数据的深度利用，现代商业银行各种风险管理的技术方法都基于数据。一方面，随着信息网络化、计算机技术发展、征信体系日益健全，银行获取内外部信息的能力、掌握信息的广度和深度、处理信息的技术和方法等方面都有质的提升，原先困扰银行的信息不对称问题得到明显缓解。另一方面，信息化带来的海量数据，为银行更为有效地甄别风险并从中发现市场机会提供了可能。因此，现代银行风险管理的理念和方法又有了新的变化，已经从被动地承担风险向积极主动地经营风险转变，通过对数据信息的定量采集与分析，寻找发展的机会，平衡风险与收益之间的关系，将积极的风险经营与严谨的内部控制相结合。按照这种理念，数据信息的收集与分析对银行风险管理来说就显得至关重要，一是可以最大限度地减少信息不对称带来的风险；二是在分析基础上开展积极主动的风险识别、风险选择和风险安排，最终实现风险的价值创造。大数据时代为银行主动选择风险提供了可能和机会，这是实现良好风险管控的基础。

在大数据的支持下，风险管理工作不仅是量化和控制风险，还是合理平衡风险收益，挖掘客户价值，实现更大的价值创造。在高效风险管理手段支持下，可以实现对银行客户整个生命周期的价值管理，包括客户获取、客户保留、客户服务和客户提升等等。例如，目前国内大型银行的信用卡业务在客户中的渗透率普遍不高，如果依托现有数据，借助数据挖掘技术，研究开发响应评分卡等工具，以此区分信用卡目标客户群并针对风险可控的群体进行交叉销售，将会大大提高营销的针对性和风险选择的有效性。同时，基于海量数据，运用数据挖掘方法，在信用卡应用领域可以实现反欺诈识别、实时发卡审批、信用卡催收等环节风险管理工作的批量化、自动化，提升运营效率。再如，可以通过数据挖掘技术，研发相关风险识别模型，建立信贷客户的生命周期管理机制，不仅有利于风险管控，而且可以大大增进客户忠诚度，挖掘客户的潜在价值，提高客户的综合贡献度。

（三）海量数据是国内大型银行有待挖掘的“富矿”

长期以来，国内大型银行在业务发展过程中积累下了海量的客户信息、交易信息等各种信息。这些信息是宝贵的资源，是“金山宝藏”，也是那些小银行、新成立的银行所不具备的资源。在现代信息社会，虽然银行需要的数据可以从多种渠道获得（例如从外部购买），但是真正最有价值的数据是要依靠自身积累的。近年来，国内银行特别是大型银行在数据管理方面有了很大进步，但是与国际先进银行相比，对数据的挖掘利用还远远不够，主要还是限于在低层次的录入、查询、统计等功能，信息资源优势还没有发挥出来。这其中有多方面的原因。一是观念上不够重视，很多人还没有形成基于数据进行管理的习惯。二是技术水平较低，特别是数据挖掘技术还比较落后。三是数据质量参差不齐，标准化程度不高。现代银行的分析决策模式必须建立在高质量的数据积累之上，这要求对数据的长度、标准化、准确性和真实性作出严格的规范。例如，建立对零售客户的一揽子产品组合安排，需要客户在全行的统一账务信息，以确定客户的资产和现有债务情况，这就需要具备统一可查的客户 ID 标识和相应的客户全景数据。如果客户信息在各个业务系统中是分散的、非标准化记录的，无法统一查询，或者数据质量不佳，难以作为分析基础，那么统一的客户产品服务方案也就难以形成。

当前国内大型银行数据管理的重点，一是提高数据质量，二是加强数据挖掘利用。在提高数据质量方面，要特别重视客户数据管理的规范、安全和效率，保证经营数据储存的及时、准确，做到对数据的产生、变化进行客观、全面的记录、跟踪更新、分析评价。对于某些重要但尚未有效积累的数据，可以根据实际情况，制定相应的收集和积累计划，以此支持数据库的持续改进和提升。在数据挖掘利用方面，要尽快研究制定数据管理战略指引，积极推进数据挖掘技术的探索和运用。这方面国外先进银行有很多成熟的经验可资借鉴。目前，国内大型银行都基本完成了数据集中平台的搭建，下一步应着力研究如何运用好海量数据信息，同时专门针对数据管理建立完善的体系，包括组织、制度、流程、系统，提升风险经营的精细化、专业化水平。这方面国内银行与国际先进银行的差距还比较大，但从另一个角度来看，也意味着有很大的潜力。

（四）价值与风险分析中心建设是大数据管理的重要任务

价值与风险分析中心的建立是银行“大数据管理”的一个重要任务，这不是一个新概念，它在不少国外先进银行都有过成功的实践（虽然名称不尽相同）①。价值与风险分析中心是一个集管理理念、分析模型、方法论和技术工具为一体的分析平台。具体而言，银行通过建设独立于行内其他部门的数据分析中心，集成内外部客户信息数据，形成定量分析IT平台，为行内业务部门管理决策提供定量化支持服务，其定位是支持不同业务部门的商业智能中心。价值与风险分析中心的主要业务领域覆盖客户细分、价值管理、产品与渠道管理、交叉营销等领域的分析和

① 例如汇丰银行设在香港的策略中心，为亚太地区各个分支机构提供开放式的集中化平台，用于支持模型开发、客户行为分析、营销战略分析等工作。

策略设计，是集中、开放和高效的平台。应当说，价值与风险分析中心的建设思路突破了银行原有的以业务前、中、后台为主线的组织和系统分割，最终服务于提升银行价值创造能力。

价值与风险分析中心业务运行模式包括为客户获取、保留、提升、服务管理等提供全生命周期的支持。

在客户获取方面，价值分析的作用突出表现在帮助银行获取高端和有价值的客户。通过分析来自银行内部的客户行为信息和外部的人口学、社会学数据，银行可以识别那些潜在的高附加值客户，并设计满足客户需求和偏好的金融产品。在另一方面，银行也可以对现有客户的行为表现信息进行“过滤”分析，识别出那些有潜力的高附加值客户，主动地展开针对性的营销活动，以实现“以最小的营销成本实现最大潜在价值”的经营目标。

在客户保留方面，银行可以基于各个渠道所获得的信息持续地跟踪客户的表现，归纳影响客户价值创造的关键要素，并通过模型预测和揭示客户的价值趋势，如客户流失的可能性、发生违约的可能性、创造价值的潜力等等。在有迹象显示客户可能流失的情况下，银行可以基于对银行价值创造和价值潜力的分析，确定是否需要对该客户进行保留，以及需要采取何种保留策略。

在客户提升方面，通过价值分析银行可以基于现有客户过往的表现识别优质客户，进而主动发起交叉销售和升级销售活动，实现客户价值及忠诚度的持续提升。而交叉销售和升级销售也是遵循通过价值分析所确定的业务规则而展开的。

在客户服务和管理方面，最佳的客户服务是基于对所有客户相关信息分析进而对客户行为和客户价值进行预测，银行能够因此设计事件驱动的营销活动、预算营销费用、合理配置渠道等资源，并建立个性化的、长期的客户服务策略。银行还可以根据客户细分，对不同类别客户的优先级进行排序，针对目标客户有选择性地展开营销活动，提高客户的满意度。同时，完善的信息技术能够同时分析跨渠道的信息，支持实时的客户差异化服务。

通过对以上业务环节的决策支持，价值与风险分析中心可以帮助业务部门实现以下管理目标：

- 更有效地获取高价值客户，从而提高每个客户的平均利润水平；
- 更有效地获取客户和交叉销售，从而促进业务的增长；
- 支持业务部门提供价值创造的客户服务，从而降低运营成本；
- 支持业务部门开展实时的产品营销活动，从而促进业务增长和利润提升；
- 更加有效地整合银行的渠道资源，从而提高经营效率和有效性。

价值与风险分析中心的第一个特点是“数据挖掘”，即在实现对业务前台、风险中台、管理后台以及外部数据科学整合的基础上，通过数据挖掘获得对业务经营和风险管理决策有价值的信息。第二个特点是“价值驱动”，它可以支持对客户整个生命周期的价值管理。第三个特点是“业务导向”，价值中心所模拟、分析的问题都直接来源于业务部门，价值中心的成果也将被直接应用于业务部门的日常经营、风险识别和管理中，例如制定市场策略、客户细分、风险选择、风险定价、交叉销售等。

目前，国内各大银行在这方面已经有了比较好的数据基础和技术储备，数据大集中已经完成，覆盖公司和零售客户的评级体系框架也已建立起来。总的来看，建设价值与风险分析中心的条件已基本成熟。这个平台搭建起来以后，商业银行的数据管理（特别是数据质量管理）、数据挖掘利用的广度和深度都将迈上一个新台阶，并将支持和促进银行风险经营与价值创造能力的快速提升。

价值与风险分析中心的建设可以参考两种路径：

选择 1：整合银行现有的各条线资源，建设全行性的价值与风险分析中心。目前，根据商业银行不同部门业务需要，各相关部门在业务实践中已经开始探索并初步形成了价值与风险分析中心的雏形。例如有风险管理部门牵头建设风险计量模型开发平台、各业务部门的业务信息分析平台等，也具备了价值与风险中心的雏形。然而，这些前期探索所面向的客户和应用相对单一，如信用卡数据分析系统主要针对信用卡业务的评分卡建设，个人贷款数据分析中心主要针对个人贷款类客户的数据挖掘和交叉营销，没有实现零售类客户的资源整合和资源共享。可以考虑完全整合各条线、部门资源，统一建设一个全行性的价值与风险分析中心。建设价值与风险分析中心需要单独设计如下几项内容：一是设计一套良好的组织架构，建立单独的数据分析和挖掘组、数据维护组、系统管理组、业务分析组，建立日常运营管理机制；二是建立完善的数据获取、流转和维护机制，建立一套基于全行数据库的，确保数据正常流转的机制；既要包括商业银行内部动态数据，又要包括行外动态信息（大数据）；三是在数据仓库基础上建立一套 IT 系统。

选择 2：保留各条线价值与风险分析的独立性，重构现有数据挖掘业务模式，实现价值与风险分析中心业务模式的分别落地。可以看到，国内各银行的内部数据挖掘分析已经有了一些建设经验，但各团队处于各自为战，业务应用相对单一的模式，没有认识到客户群体价值与风险分析的综合性和统一性，没有认识到价值分析中心对全行精细化管理能力提升的核心作用，没有形成鲜明的、面向业务的应用模式。在整合数据分析和挖掘的资源基础上，应当先从重构数据挖掘模式开始，由多个分析团队统一协调联动，共同推进客户生命周期内的价值与风险分析管理，实现价值与风险分析中心业务模式在各条线的分别落地，最终服务于全行精细化管理需要。

七

借助机控实现全面风险的有效管理是每个银行家的梦想*

过去几年，国内银行风险管理系统、工具建设取得了很大的成就，在业务应用中取得了良好的效果，但与领先实践仍然存在差距。借助“机控”开展风险管理，不仅仅是建立一个操作流程系统，更是借信息技术体系建设的机会，搭建全面风险管理框架，有效提升经营风险的能力。

借助信息技术手段，构建全面的风险管理系统体系，加强风险机控能力已经成为大型银行风险管理发展的趋势。国外先进银行，特别是部分大银行成功实现了银行流程再造的管理变革，从根本上对银行的业务流程和管理模式进行了重新设计，并将风险管理要求内嵌于业务流程，在强化风险管理机控能力的同时，极大地促进业务持续健康发展。

近年来，以实施新资本协议为契机，结合业务发展战略和内部管理要求，国内银行风险管理信息化建设取得了极大的进步，初步建成了适应风险管理需要的 IT 系统体系，涵盖了主要业务和主要风险。但与

---

* 2011—2012 年，在推进全面风险管理体系建设过程中，我与有关专家和同事就风险管理的 IT 支持功能及其落地方式展开多方面讨论。应该说，风险管理 IT 化是业界的趋势，也是银行家的理想，更是一件无休无止的风险管理重任。2012 年 6 月，我的同事将相关观点整理为专题文稿。

国外先进银行相比，国内银行在全面风险管理能力与整体 IT 支持方面仍存在一定差距，一些重大风险事项也暴露出风险管理系统功能的不足。由于系统建设的全局视角不够、整合程度不高，缺乏全面统一的风险视图，难以准确掌握组合层面各类风险敞口总量和敞口结构，单一客户的风险敞口也难以全面、及时地汇集；由于业务系统缺失或者功能滞后，部分业务关键环节的风险控制缺失，尤其是一些创新业务和境外业务，甚至基本的统计功能都需要依靠手工完成；部分业务缺乏机控，仍是凭经验做出决策，靠指令推动执行，还有一些业务机控方式落后，不能及时响应政策与市场变化；风险管理的系统功能仍存在空白之处。

未来银行信息技术系统体系构建的企业级客户和产品视图、企业级渠道管理和营运管理架构，为企业级风险管理提供了有力支持，也为风险管理 IT 体系的全面升级和优化创造了有利的条件。要以信息技术系统体系构建为契机，结合系统重构、业务转型和流程优化工作，针对风险管理发展需要以及当前风险管理领域的突出问题，对风险管理的系统架构进行规划，构建全面、贯穿、有效的风险管理系统群。同时，应认识到业务经营是风险管理的前沿，业务流程系统更是风险管理的第一线，全面风险管理的 IT 支持体系不仅仅是建立风险管理系统群，更重要的是在业务流程系统中实现风险管理、控制的功能。

银行信息技术系统建设过程中要从全面风险管理的视角审视和把控风险管理要求：一是要满足内部管理需要和监管要求；二是实时掌握银行总风险敞口，并对能够承担多大风险敞口有清晰准确的判断；三是要掌握和了解风险敞口的内部结构，支持组合管理的决策和策略实施；四是具备对单一客户的管理能力，准确掌握客户的风险敞口（包括信贷、理财等各类产品，还包括集团、关联客户的授信情况），衡量是否超过其承受能力；五是通过系统参数、授权设置，实现对业务交易过程的风险管理，实现对业务交易事前主动的风险控制，避免事后的“被动处置”；六是具有全方位、多维度的风险预警、监测、报告的能力。

银行信息技术系统建设可以分为三个层面，即全视图风险报告与监测、专业的风险管理系统和工具群、业务流程的风险控制单元。风险管理系统建设过程中，要注重体系的先进性、完整性和前瞻性。优化、升级现有系统的同时，重点做好风险管理的缺失点建设，如海外、子公司、新兴产品等薄弱环节，能够做到提前的预判与预控。要从数据层面、功能层面和操作层面实现风险管理系统的有效整合，满足全局性的统一的风险偏好和风险管理要求，如授权、押品等在不同业务管理要求和操作流程。还要重视数据的基础性作用，依托核心系统，建立完整的数据管控体系，保证数据质量和数据应用。

（一）实现风险管理机控功能的全覆盖

要对系统功能是否覆盖全部业务、主要业务流程系统功能是否完备进行专业性判断，确保所有业务必须通过系统完成，确保风险管理偏好、政策、标准、管理要求等应用贯穿产品服务和业务流程的始终并有效执行，做到“全面覆盖，不留死角”。风险条线应研究风险管理控制功能的量化、标准化和参数化，以便高效嵌入流程，提高风险控制的效率和效果。相关业务系统开发和优化过程中应做好风险管控功能的设计。

（二）实现银行统一的风险视图

要以客户统一视图和各类产品、渠道的整合为基础，在系统中构建集识别、监测、报告于一体，整合各类风险的系统平台。通过建立银行统一的风险视图，实现对全行层面各维度、各种类风险的通盘考虑。

该平台不是解决某一部门的问题，而是要解决全行层面的风险管理的问题。平台应实现统一的风险管理报告功能，及时、全面地反映全行风险管理轮廓，提示和挖掘风险点，对全行总体风险趋势进行判断和预测；能够满足管理层监测分析客户、产品、区域、行业，甚至全球的国别风险的要求；该平台同时还能够提供强大的信息查询功能，提供对内部相关风险管理信息的查阅和对外部资信的查询；具有跟踪重大风险事项的功能，提高重大风险事项的监测和处置能力。

（三）实现风险计量工具开发精细化和深度应用

进一步完善贯穿全流程的信用风险管理体系，提高信用风险的计量、排序、筛选、风险成本计算、风险监控以及组合层面的限额管理、回报管理能力。优化信用风险管理工具在对公业务的信用评级、授信方案设计、授信审批、额度管理中的应用；通过零售业务流程系统改造，支撑零售信贷业务的批量化、自动化、精细化的风险管理模式；实现押品的流程操作管理，建立押品估值与盯市工具的联动机制。

建立以客户为中心的统一授信体系，实现客户（公司、集团、小企业、国内外金融机构、交易对手）、产品（信贷、信用债、资金交易、国内外金融机构产品、理财、委托贷款、代理信托等）和机构（涵盖境内分行、海外分行和境内外子公司）的全覆盖，利用系统规范对公业务申报、审批、发放和后续管理的全流程额度管控，提高额度使用效率和管控的效果。

重新规划审批功能，支持客户综合服务方案授信审批机制的建立，推进小企业、零售、供应链融资等业务领域的专业化、电子化审批机制建设。利用系统功能实现信用类经营与审批的分离，理财、代理信托等业务统一审批。

优化升级授信业务监测系统，提高风险信息的挖掘能力，增强客户风险事项反应的及时性、监控的有效性。深化债项评级在十二级分类与准备金计提中的应用，提高风险防御能力。

完善客户评级工具，建立完备的PD/LGD/EC等模型工具集群。开发海外机构客户、国别风险评级工具。完善零售业务评分卡，建立全生命周期的评分卡体系。引入决策引擎，优化评级工具和政策工具的发布模式。

结合金融市场业务交易管理系统平台开发，通过系统连接与互动，实现交易过程的电子化控制和交易员操作关键风险环节刚性控制。消化外部系统技术，实现本地部署或自建替代系统，增强对重要系统的把控力，保证系统信息安全。优化现有市场风险管理系统功能，建立覆盖全部交易品种的全行市场与头寸数据集市，构建独立的、企业级的估值和计量引擎，支持市场风险VaR、压力测试、返回检验、交易对手风险和资本的计量。

结合前后台分离、参数管理、营运集中等专项建设，实现操作风险的识别、评估、控制/缓释、监测、报告的嵌入，保障操作风险信息的有效传递、汇集和分析报告。

优化操作风险管理系统功能，满足操作风险管理工具、方法的不断拓展的要求。实现风险与控制自我评估、操作风险损失数据收集功能，建立关键风险指标和关键风险点监控检查模块，开发操作风险资本高级计量法功能，实现IT系统的业务持续性评估与灾备系统等级评定。

（四）优化组合风险管理系统功能，实现积极主动的风险选择和安排

优化组合风险管理系统功能，满足管理流程对组合管理信息的需

求，推动组合优化工具应用，实现组合的合理选择与摆布，形成积极主动的风险管理。开发分层级、条线的组合管理功能模块，实现将银行组合风险信息从业务一线到管理层面的汇集和组合风险分析和决策信息向经营一线反馈，建立资本规划、资源配置、组合交易（买入、卖出）和组合处置（准入、退出）、组合绩效考核流程的各项功能，支持组合风险战略、政策的落地，确保组合风险分析和管理能够借助主要业务系统平台实时开展，提升组合管理的前瞻性和对业务的指导性。

（五）在信息技术系统项目推进过程中，要做好 IT 风险防控工作

还需关注 IT 系统自身的风险防控。IT 风险不仅仅是技术问题，而且是技术、管理、流程、人员等问题的集中体现。在项目的推进过程中，要明确系统开发建设的规程和规范，建立项目风险控制措施，确保系统开发、运行的合规性。要开展针对系统建设的评估、验证和测试，避免业务需求方面的缺陷和 IT 缺陷。还需要对下一步 IT 系统运行维护做出安排，规范系统运营维护的流程。

附　录

优势是怎样形成的——以个人住房按揭贷款风险经营为案例 *

国内银行多数是从做公司信贷业务发展起来的，应该说，长期以来在对公信贷风险管理领域积累了不少经验。但是，在进入个人住房信贷这一新领域以后，大家很快发现，过去一些行之有效的经验和做法不太管用了。究其原因，就是因为个人住房贷款的风险特征与公司贷款大不相同。 在多年的经营实践中我们渐渐感悟到，无论是自己熟悉的领域还是刚刚进入的全新领域，只有深刻理解风险，把握住风险特征，才能找到规律，把风险经营好。

一、个人住房贷款具有"独特"的风险形态

（一）兼具消费属性和固定资产投资属性

首先，个人贷款购买住房总体上属于消费行为（当然也有小部分

---

* 住房按揭贷款历来都是商业银行的优质资产，在商业银行资产组合中始终占据重要地位。但这种优质资产不是天然的，是需要精细化经营和管理才成为现实的。2006 年以来，我有幸与国内外的一些风险管理专家就银行按揭贷款技术进行了多次深入交流，收获颇丰，业界也关注我对按揭贷款问题的看法。这篇文稿是我的同事根据几次演讲录音整理而成，基本上可以从一个业务考察过程，体现出我的观察方法和风险经营理念。收录于此，权当本书收尾之作。

是投资或投机），因此与普通公司贷款“经营性”的特点有非常明显的区别。用于分析公司客户经营的投入产出、现金流变化等风险管理工具和方法，对于个人住房贷款来说显然是不适用的。比较典型的例子就是，购买的住房即便是升值了，购房人通常也不可能将房子卖掉获得增值收益作为还款现金流。

其次，个人购房不同于一般的消费行为，本身又具有固定资产投资的属性（因此在国民经济核算体系中，购房支出不作为消费，而作为固定资产投资来统计。大家关心的CPI也是不包括购房支出的），它与一般的个人消费信贷（包括信用卡透支）有着明显的区别。消费贷款的风险管理，主要关注借款人短期的资金周转状况，而个人住房贷款则重点关注借款人长期的稳定资金来源情况。

（二）客户分散化和个体差异化

个人住房贷款客户群体分散在全国各个区域、不同行业和职业、不同社会阶层，年龄段、教育和文化背景等也存在差异，这给银行风险识别和管理带来很大难度。面对大量、分散、差异化的零售客户，如果缺乏特殊的风险管控制度和标准，那么在不同的区域、不同的渠道，不同的人员可能对同样的风险做出截然不同的判断，出现把握标准不一的问题，甚至偏离银行既定的风险偏好和政策。另外，从客户的角度来看，也可能由此导致客户体验的不一致。

同时从另外一个角度来看，这种客户分散化和个体差异化的特点，也使得个人住房贷款的集中度风险大大降低。公司贷款中非常重要的集中度控制、行业限额管理等制度和工具，在个人贷款中并不适用。

（三）授信笔数多、金额小

个人贷款笔数较多，发生频繁。此外，个人贷款通常金额较小，几百笔个人贷款金额可能才相当于一笔公司贷款。因此，在对公信贷领域，银行可以采取专家判断，采取“一户一策”的定制化服务和风险管理模式等等。但是，零售信贷业务由于金额小、笔数多，传统的手工操作和单一的专家决策模式难以适应业务发展的需要。一方面，银行难以在短期内配备足够的专家队伍；另一方面在人力成本上也是难以承担的。同时，人工操作在业务流程效率方面，也难以满足客户的要求。应该说，随着零售信贷业务的快速发展，这些矛盾在国内商业银行中已经逐渐显现出来。例如由于人员不足，特别是风险管理、信贷审批专家不足，而同时业务发展很快，“萝卜快了不洗泥”，导致贷款出现把关不严、管理粗放的现象。

（四）贷款持续时间长、风险变数大

个人住房贷款通常期限较长。在漫长的贷款生命周期中，借款人的资信状况、还贷能力可能发生重大变化，例如家庭财务状况恶化、收入降低、失业、重大疾病以及婚姻情况变动（现在年轻夫妇离婚率越来越高，离婚后夫妻财产分割势必涉及住房按揭贷款的债务分担等问题）、住所地变更等等。从这个角度来说，个人住房贷款贷后风险跟踪和管控的难度要超过公司类贷款或其他个人消费类贷款。

二、针对个贷风险特点需要有“独特”的管理思路

个贷业务的风险特点决定了其风险管控模式必须有别于传统的公司贷款管理模式。针对上述几个特点，需要有不同于公司类贷款的风险管理思路：

一是针对风险特点构建专门的风险计量体系。风险计量是风险管理的基础。个人住房贷款的计量需要跳出传统公司风险计量的框框，重

新构建一套契合其风险特征的风险计量体系。基于数理统计技术和数据挖掘技术的零售评分卡是目前国际先进银行个人住房贷款的主流风险管理工具。

二是强化统一风险政策，引入“大数法则”管理思路。针对个贷分散化的特点，需要建立一套统一的风险政策和标准体系，以确保整个银行个人住房贷款业务风险偏好的统一和政策取向的一致，同时确保客户体验的一致。

在风险政策和标准体系中，客户评分是一个重要维度，这实际上体现了个贷风险管理“大数法则”的思路——银行出于风险管理成本—收益的权衡，不可能逐一对客户进行风险甄别，或者像对公司客户那样实行一对一的风险管理。当然，在基于“大数法则”风险管理思路下，不可避免会出现按照统一标准拒绝掉“坏客户”的同时，也把一小部分“好客户”拒绝掉了。这在国外银行来说也是很正常的现象。

三是建立统一的IT系统，打造流程化、工厂化的管理模式。针对个贷笔数多、金额小、发生频繁的特点，风险管控不能依靠手工操作的模式，需要依托现代IT技术，建立一套科学的技术工具和管理系统，形成批量化、流程化、工厂化的管理模式，确保在科学识别、有效管控风险的同时大幅降低运营成本，提高流程效率和市场响应能力。

目前国内银行在个贷流程化、IT化管理方面还比较落后，亟须引入先进技术，再造流程，改变个贷业务高成本、低效率的作业模式，这样才能从根本上解决制约个贷可持续发展的瓶颈。

四是重视贷款的整个生命周期管理。依托风险计量技术和管理系统，建立覆盖个人住房贷款生命周期的风险监测和管控机制。特别是要重点强化贷后管理环节的风险跟踪、识别、处置应对。实际上，重视住房贷款生命周期管理，不仅可以有效管控风险，而且能够从中挖掘客户有效需求，提高银行交叉销售水平。这方面国内银行有很多好的做法。

例如，银行基于对存量个人按揭贷款客户的风险分析，筛选出行为评分较高的客户——风险管理意义上的“好客户”，基于现有的住房为押品，在已偿还贷款额度范围内或者对住房重新评估的基础上，为客户设定消费贷款额度。这种交叉销售模式不仅风险小，而且营销成本小，收益高(国外专家做过分析，向一个新客户营销产品的成本是向老客户营销成本的2—6倍)。

三、准确计量风险是做好风险经营的基础

现代银行业风险经营的突出特点是风险计量技术的广泛运用。国际银行业风险管理中有个说法，“凡是无法计量的风险就无法管理”。虽然这话有些绝对，但也表明了风险计量的基础性地位。

抛开Basel协议、资本监管等概念，仅仅从银行风险管理实务来看，风险计量的重要性主要体现在以下两个方面：

一方面，风险计量是银行客户选择、贷款定价、风险缓释、贷后管理的基础。

第一，客户选择方面。首先是区分“好客户”和“坏客户”。如果搞不清客户风险，选择客户就是“拍脑袋”，风险选择准确与否完全依赖审批人(风险经理）的专业技能。因此可能把“好客户”拒绝了，把“坏客户”准入进来了。这方面国内银行吃过很多亏。其次是风险排序。风险计量还有一个非常重要的功能就是风险排序。同样是“好客户”，银行是不是都满足他的信贷需求？这显然是办不到的，因此要排出先后顺序。因为银行信贷资源是有限的，不仅有资本约束，而且监管部门对规模也有严格的控制。那么怎么把有限的资源用好，关键是选择客户，要进行风险排序。怎么才能准确排序，靠定性判断显然不行，需要准确的风险计量。

第二，风险定价方面。风险定价对于银行信贷来说非常重要。这个问题后面还要讨论。怎样才能做好风险定价，关键是要把风险成本准确算出来，然后通过定价（风险溢价）对风险成本进行充分覆盖。低了不行，定价没有办法覆盖风险成本，那么就是“赔本赚吆喝”；太高了也不一定是好事，吓跑了客户，丢掉市场份额，同时可能带来“逆向选择”的问题。

第三，风险缓释方面。如果银行基于风险计量和判断认为客户风险较低，在可以承受范围之内，那么可能采取信用放款的方式，无需采取额外的风险缓释措施（抵质押等风险缓释措施毕竟是存在交易成本的）。不过这种信用放款的情况比较少，在国外银行也仅仅是对少数优质客户发放信用贷款，通常总量不到1/3。对于大多数客户来说，银行通常都会要求提供抵质押、保证、保险等风险缓释措施。例如，通过保证金、金融证券质押等降低风险敞口，通过保证、抵押等方式增加第二还款来源等。如何确定合理的风险缓释措施，包括类型、价值、折扣率等，都需要基于科学的风险计量。

第四，贷后管理方面。贷后管理的实质内涵是跟踪贷款生命周期中客户风险的变化，并采取针对性的风险管理和主动干预。如何来及时、准确地追踪分析客户风险变化，风险计量是基础工具。西方先进银行以及目前国内部分银行基于风险计量结果，根据客户违约率、债项违约损失率等变化，对不同类型客户建立分层次、差别化的贷后管理策略，提高贷后管理的针对性和有效性，降低贷后管理成本。应该说，这体现了一个大趋势。

另一方面，个贷业务特点决定了风险计量技术在风险管理中的“特殊”地位。

前面谈到，个人信贷覆盖面广、笔数多、金额小等特点，决定了个贷风险管理不可能采取公司贷款的管理模式，更不能采取一户一分析的风险识别和管理方式。因此，借助风险计量技术工具进行管理是国际银行业零售信贷风险管理的主流。

当然，有人会担心这种基于计量结果的风险管理模式是不是可靠。从实际情况来看不存在这个问题。风险计量技术特别是评分模型看起来很抽象，究其实质，无非是用一种数学语言归纳银行的业务经验（对大量客户信用表现的历史分析），这与专家判断并没有质的区别。例如，面对一个住房贷款申请，有经验的审批人看到申请人职业不稳定、首付比例低等情况通常都会特别警惕，因为过去的经验告诉他们，这类贷款违约概率比较高。同样，在住房贷款风险计量模型中，也从数据统计分析中得出这个规律，而且能够给出定量的风险计量结果。从实务经验来看，风险计量结果和专家经验存在一个相互印证的关系。此外，零售风险计量还可以弥补专家经验的不足，通过对大量的客户行为、账户行为数据的分析挖掘，可以从中找出专家经验或直觉无法发现的风险规律，这对银行的风险识别和管控非常有效。

（一）个人住房贷款风险分析计量经历三个发展阶段

专家分析判断。这是以专业人士（信贷人员、审批人、风险经理等）分析判断为主的传统风险分析衡量方法。即由风险管理专家主导，主要依赖于专业人员的主观判断，利用个人的知识、经验和直觉，通过对信贷调查中所收集的资料，对借款人信用历史、收入水平、年龄、居住条件、生活费用、债务负担等各方面因素进行综合分析，对贷款的风险状况作出评估。在这种模式下，专家的经验和直觉起着相当重要的作用。专家需要将评估对象与其他申请人的情况进行比较和分析，因此只有经过必要的训练并积累了一定的经验的人员，才能胜任这项工作。

信用风险打分板。打分板的方式是在专家分析判断基础上的一种改进。基本做法是根据专家经验，确定若干风险评价指标并设定一定的权重，风险分析人员根据指标打分标准确定每个指标得分，最后加权计算得出客户信用风险分值。打分板的方法比专家分析判断防范有了进步，提高了规范性水平，但是同样存在科学性、准确性不足的问题。

专家分析判断和信用风险打分板的主要缺陷在于：一是成本高。在个人信贷业务的金额和占比达到一定规模以后，要培养、训练并维持一支合格的风险评估专家队伍，成本是相当高昂的。而且随着业务规模的扩大，专家队伍的规模也必须要同步增长。二是效率低。由于个人信用风险分析判断涉及诸多方面，单笔金额小、数量巨大，依靠专家逐笔进行人工判断分析，在效率上难以满足业务的需求。三是标准不统一。由于每个专家的能力、经验以及偏好不同，虽然有统一的制度标准，但是基于主观判断的评估必然导致信贷的审批、管理乃至风险定价等重要环节的把握尺度缺乏统一性和连贯性，不利于个贷产品的规范化和标准化管理。四是难以定量分析贷款风险回报。传统的信用分析方法主要基于定性判断，难以提供定量化的贷款风险信息（例如违约概率、违约损失率等）。

信用评分模型。现代商业银行在个人信贷风险管理方面采用的评分卡，多是基于信用评分模型构建的。个贷业务具有客户数量大，单客户业务量小，风险分散的显著特点，决定了基于大数定律的统计模型在个贷业务风险管理体系中能够很好地发挥作用。因此，引入风险计量模型是全球个贷风险管理的大趋势。

当然，从国外的情况来看，信用评分模型一类是银行根据自己的数据研究开发的模型（定制评分），另一类是由外部征信机构开发的评分模型（通用评分，最著名的是美国的 FICO 评分）。大型银行通常是自行开发，同时在风险分析决策中也可能参考外部征信机构的评分。小型银行或放贷机构由于数据量不够、成本较高等因素，可能直接采用外部的同样评分。

（二）个人信用评分模型的原理和技术方法

各类个人信用评分模型都是以个人信用原始资料为基础，通过量化处理，预测客户未来一定时期内违约概率。通用的建模方法主要包括判别分析、决策树、神经网络、逻辑回归等。

1. 判别分析（discriminant analysis）

判别分析是在分类确定的条件下，根据某一研究对象的各种特征值判别其类型归属问题的一种多变量统计分析方法，模型可以这样来描述：有 k 个总体 $G_1, \cdots, G_k$，它们的分布函数分别是 $F_1(x), \cdots, F_k(x)$，均为 p 维分布函数，对给定的一个新的样品，要判断它来自哪个总体。判别分析有许多种，如距离判别、贝叶斯判别、费歇判别等。

2. 决策树（decision tree）

决策树根据需要预测的目标变量（在信用评分模型中是区分客户是否违约的变量）作为树根，然后根据卡方检验、最大熵减少量、基尼系数减少量等算法，从树根开始不断选取新的变量来分割样本，如此反复循环，直至合适的程度，最后的子集称为叶子，被认为整体地属于某一信用级别，这样产生的模型就是决策树模型。

3. 神经网络（neural network）

神经网络是一种模仿人脑信息加工过程的智能化信息处理技术，其原理是由神经元组成复杂的网络系统，根据特定的学习算法，按照所提供的数据进行学习和训练，改变每个节点上的加权系数，找出输入与输出之间的内在联系，并最终形成预测客户违约概率的模型。具有代表性的有 BP 神经网络、Hopfield 模型、自适应共振理论（ART）等。

4. 逻辑回归（logistic regression）

逻辑回归是计算违约概率的传统工具，基本原理是对已有客户按照是否违约进行 0—1 分类作为因变量，对因变量进行 logit 变换，使得由在 [0，1] 范围取值变换为在正负无穷大取值，并根据业务规则建立的自变量，采用最大似然法（maximum likelihood，ML）估计回归参数，对 logit 变换后的因变量建立回归模型。逻辑回归模型要求因变量应具有二分特点，自变量则可以是分类变量和定距变量。逻辑回归模型的优点在于可以直接生成信用评分分数，解释起来也比较容易，是目前建模常用的方法。

在具体的模型开发过程中，要基于所拥有的数据情况来选择合适的模型（包括是否具有优秀的风险预测、排序能力，模型是否稳定、可靠等），而且要经过数据和实证的检验。

（三）外部机构的信用评分——以 FICO 为例

国外征信体系较为完善，有很多外部征信机构基于征信数据积累开发出了信用风险评分模型，并将评分结果作为产品提供给金融机构、社会公众使用（通常是有偿服务的形式）。这些征信机构有不同的类型，包括市场主导模式、政府主导模式和会员制模式。美国、加拿大、英国和北欧的部分国家采用的是市场主导型模式。例如美国的三个征信局艾可飞、益百利和环联（Equifax、Experian、Trans Union）都是市场化的征信机构。政府主导型模式的代表国家是法国、德国、比利时、意大利等欧洲国家，日本则采用会员制模式。

这里以最著名的 FICO 评分作为例子进行介绍，美国三大征信局采用的都是 FICO 评分的方法（只不过各自的数据基础不一样）。

1. FICO 评分的简要介绍

FICO 评分模型最初在 20 世纪 50 年代由工程师 Bill Fair 和 Farl Isaac 发明，后来组建了著名的 Fair & Isaac 公司（中文翻译为费埃哲公司）。从 80 年代开始在美国广泛使用，被称为个人信贷业务的“黄金标准”。FICO 评分模型利用高达数百万的海量样本数据，将个人信贷主要风险指标进行具体细化、评估、筛选并赋予不同权重，加权得出最终总分，分值范围为 325—900，得分越高说明借款人信用情况越好。金融机构在运用 FICO 评分在审查各种贷款申请时，可能设定的标准不尽相同，但一般地说，如果申请人的 FICO 分达到 680 分以上，可以认为属于信用优良客户；如果申请人的 FICO 分低于 620 分，金融机构往往要求借款人增加担保或寻找理由拒绝；而 FICO 分介于 620—680 分之间，则需要进行调查核实（如采用其他信用分析工具）或者进行专家判断。

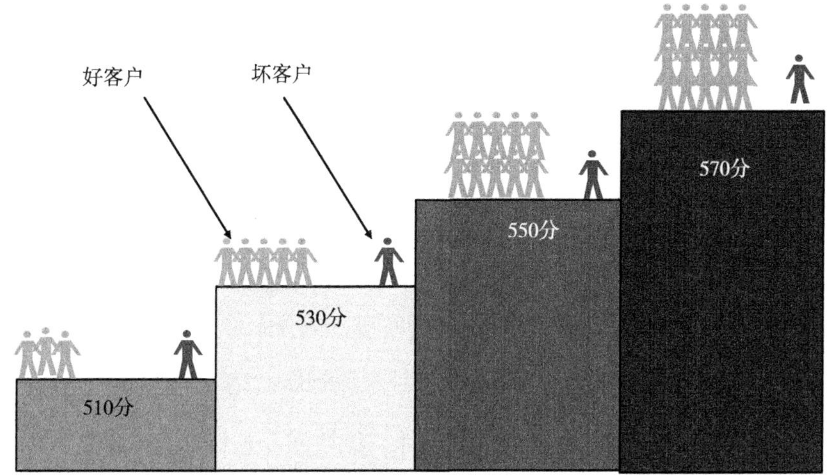

图 1　分值变化与违约关系

2. 评分模型原理

FICO 信用评分模型是运用数理统计模型和数据挖掘技术，通过对客户的人口特征、信用历史、交易行为等信息进行挖掘、分析和提炼，找到消费者风险特征和预期信贷表现之间的规律，开发出模型预测贷款申请人或现有借款人违约的可能性，并以评分的形式予以展示，分数越低表示客户未来违约可能性越大，反之则越小。如图 1 所示，随着分数增加，违约客户占比降低，按照图中的比例，510 分对应的违约概率为 25%，570 分时为 6.25%。

3. FICO 评分对个人信用风险管理的贡献

FICO 评分以其直观、定量、科学的风险展示形式，得到银行等金融机构、企业、社会公众等广泛的接受和认可，它不仅大大提升了金融机构个人信贷风险管理水平，而且也促进社会信用环境的不断完善。可以说，FICO 信用评分在美国经济社会中具有广泛而深远的影响。

（四）银行内部的信用评分

1. 银行个人信用评分卡简要介绍

按照评分卡的开发方法论、开发数据及其用途，常见的个人信用评分卡分为三类：一是申请评分卡（A 卡），用于个贷新申请客户的风险判断和贷款审批；二是行为评分卡（B 卡），用于个贷存量客户的风险判断和贷后管理、交叉销售等；三是客户评分卡，用于判断客户的总体风险（在客户的各类行为评分卡的基础上开发）。

银行内部个人信用评分卡的模型构建思路、方法论与前面介绍的 FICO 评分基本类似。但是具有一些自身的特色。主要包括：基于自身积累的数据，立足本土环境，将评分模型和风险政策有机结合，并内嵌到流程中，直接在系统中实现风险评分和审批决策支持。

以申请评分卡为例。在基于统计模型对客户进行评分后，对评分较高的一部分客户实行系统自动审批通过，对于评分较低的一部分客户进行系统自动拒绝，对于处于中间区域的客户进行人工审批。对于高分、低分区间但具备某一重要特征的客户，应用挑选政策转由人工审批见图 2。同时，房贷申请评分上依据客观统计规律对客户实施了自动区分处理，保证了风险政策在全行的统一。借助评分审批的统一平台，原

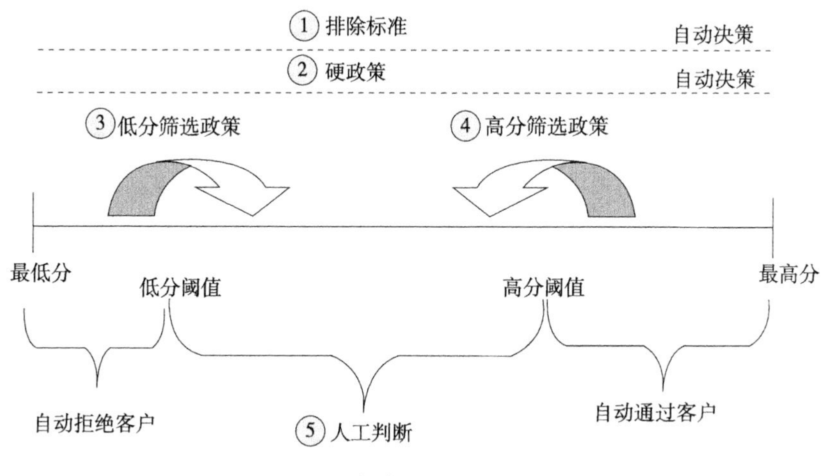

图2 申请评分卡的应用

来各个分支机构参差不齐的个贷审批流程得以优化，大大提高了风险管理的效率。

2. 银行个人信用评分卡的主要优势

从实际运用情况来看，个人信用评分卡有以下几个方面的明显优势。

——确保风险偏好和风险标准尺度统一。过去在银行个人信贷业务风险管理中，很难统一全行成百上千的审批人的风险决策标准，同一个客户，不同的审批人可能做出完全不同的审批结论。通过引入评分卡，基于客观数据分析判断风险是否存在、风险性质和程度如何，这能够在很大程度上避免因个人主观判断、个人偏好以及特定的情景乃至情绪等因素影响造成偏差，确保整个银行机构风险偏好的统一。

——显著提高流程效率。评分卡体系具有集中、批量乃至智能化的处理能力，使风险管理效率大为提高，从而保证了市场响应速度。

——实现风险精细化管理。基于评分结果对管理对象进行细分，并对应实施差别化的管理规则组合，使风险管理的精细化水平大为提升。

——增强风险政策、标准的刚性约束。将评分卡工具内嵌到IT系统和业务流程中，业务人员是不能选择执行还是不执行计量工具确定的规则的（因为只要做业务，就必须按照系统确定的规则来），以此形成刚性约束，大大增强风险政策制度的执行力。

——更好地适应市场变化。评分卡具有较强的可延展性、灵活性。在统一工具平台上，风险管理规则可以得到不断开发、变革、扩展，保障了风险管理对市场形势的快速反应。同时，在评分卡系统中设置不同的准入阈值，实现由系统来控制通过客户的比率，随着经济周期的调整和信贷周期的变化，商业银行可以及时收紧或放松贷款审批，对全行范围的零售审批政策进行统一调控，这样就提高了政策调整的灵活程度。

四、风险选择是个人住房信贷风险经营的核心

在对个人贷款进行风险分析计量的基础上，银行需要对风险进行选择，决定要承担哪些风险，避开哪些风险。银行选择什么样的客户、选择什么样的风险，直接关系到未来的资产质量、盈利能力，以及市场竞争力和可持续发展能力。目前，国内还缺乏资产证券化、信贷转让等成熟的市场，银行发放贷款后绝大多数只能“持有到期”。因此，选择不好的客户，短期内会有一些利润，但是长远看可能后患无穷。有的客户“拉”进来以后甩都甩不掉，非常被动。

从这次美国次贷危机来看，根源也在风险选择上，将一些FICO分很低、风险很高的客户纳入贷款对象，最终造成风险失控，并通过证券化等形式向整个金融体系蔓延。这其中有很深刻的教训。

风险选择不是简单地挑选那些低风险的客户。因为风险越低，客

户群越小，而且这些客户都是各个金融机构争抢的对象，银行从中获得的利润可能也相对要小很多。从国外先进银行的实践来看，追求高资产质量的银行可以将准入（审批通过）的分数（阈值）定得很高，这样选择进来的客户违约率就比较低，质量就比较好，但是势必会否决掉很多客户的申请；追求高市场份额的银行，可以将准入的分数定得比较低，尽可能地增加审批通过率，这样获得的客户和业务量就比较多，但是势必会降低整体贷款的质量。当然，多数银行都是根据自身的风险偏好和政策，在资产质量和市场份额之间找一个合理的平衡点，追求风险调整后收益最大化。

——能够承担。不能为了眼前利润承担超过自身承受能力的风险。由次贷引发的金融危机就是一个教训，为了当期收益而盲目承担超过自身承受能力的风险，最终酿成危机。

——可以获利。在风险识别和计量的基础上，找出“有利可图”的客户和业务，通过合理有效的风险安排获取风险溢价（Risk Premium）。所谓“风险溢价”，不是简单的息差概念，而是银行在各项收入中扣除资金成本、营运成本、税务成本、风险成本之后所得到的剩余。在个贷风险选择中，根据上述各项成本的计算（难点在于风险成本），得出盈亏平衡点，可以作为风险选择的底线。

——擅长管理。不同的银行在不同的领域有各自的专业特长。这个专业特长体现在良好的管理技能储备、专业化的队伍、完善的制度流程和技术工具等。银行不能随大流，看什么赚钱就做什么，需要专注于自己擅长的领域。只有专注于自身擅长的领域，才能在激烈的市场竞争中赢得优势。

在具体的业务实践中，要想切实做好风险选择，我们有这样一些体会：

一是以信用评分为主要的依据，以专家判断为必要的补充。

信用评分作为客观、统一、科学的尺度，是客户选择的主要依据。从国际先进银行的风险管理实践来看，在客户选择时都会设定最低的分值准入门槛（低分 cutoff 点），除了特殊情况外（符合低分挑选政策），低于该分值的一律自动拒绝，根本就不进入后续的流程环节。

另一方面，考虑到由计量模型得出的风险排序是基于“大数法则”，换句话说，低分客户里头也不排除有个别“好客户”，高分客户群体里头也不排除有个别“坏客户”。因此，银行通常做法是根据经营管理需要，在风险计量模型的基础上引入专家判断和决策，这是必不可少的补充。

二是坚持个人住房贷款风险选择的“5C”原则。

从国际先进银行的管理实践来看，个人按揭贷款风险选择主要看5个方面，有人归纳为“5C”原则，包括：借款人的基本条件（Condition），如年龄、户籍、居住稳定性等；借款人的品德（Character），如借款人的还款意愿，信用记录等；借款人的财富（Capital），如个人住房情况、资产情况等；借款人的能力（Capacity），包括年收入及稳定性、抚养人数、月还款占收入比率等；贷款的担保（Collateral），是否是产权明确、价值足值的资产，以及是否有第三方担保以及信用保险等。

三是重点关注客户、押品、合作方的选择。

——客户。除了看信用评分之外，需要重点分析甄别以下几个方面情况：客户收入的真实性、合理性、稳定性，资产和负债情况，偿还能力和还款意愿，信用历史，购房行为真实性等。对于特殊群体如自雇人士，通常还需要根据其执业情况进行补充调查。除通过内部管理信息系统共享信息查询外，还可向借款人聘用单位、税务部门、工商管理部门、征信机构等外部独立的第三方调查核实。此外，还要看客户的购房目的，是为了自住，还是为了投资或者投机。在银行风险选择中，对于投资或者投机的购房贷款申请人应该从严审核，提高准入标准。这不仅仅是宏观调控政策的要求，也是银行自身风险管理的要求。

——押品。住房作为高价值的不动产押品，在风险选择中是非常重要的内容。住房类押品重点是看地段、看权属、看户型。例如，要认真查看住房所处的地段（像香港一些银行甚至还要看看住房的“风水”怎么样，因为“风水”不好的房子价格低，不容易出让）。另外，银行通常要审慎接受借款人唯一住房（特别是小户型的唯一住房）作为抵押品，因为从法律环境、社会稳定的角度来看，这样的押品处置变现难度很大①。

具体操作中，银行经办人员通常是采取到房屋坐落地实地调查，并与购房合同比对检验，核查借款申请人提交的抵押物权利凭证的权属，向房地产管理部门查询购房交易行为或房屋权属情况，在“面谈”、“面签”时查验等方式。

——合作对象。合作对象选择包括开发商、中介机构、评估机构、

---

① 目前法律对强制执行个人住房的一些限制性规定。对于已经依法设定抵押的被执行人及其所扶养家属居住的房屋（包括被执行人及其所扶养家属生活所必需的居住房屋），人民法院可以根据抵押权人的申请，依法拍卖、变卖或者抵债。但是：1. 人民法院在裁定拍卖、变卖或者抵债后，应当给予被执行人六个月的宽限期。在宽限期内，被执行人应当主动腾空房屋，但人民法院不得强制被执行人及其所供养家属迁出房屋。只有在宽限期满后，被执行人仍未迁出时，人民法院才可以裁定强制迁出。2. 强制迁出时，如被执行人无法自行解决居住问题且经人民法院审查属实，可以由申请执行人为其及所供养家属提供临时住房。该临时住房的房屋品质、地段可以不同于被执行人原住房，面积参照国家规定的人均廉租房面积标准确定。对于申请执行人提供的临时住房，应当计收租金。租金标准由双方协商确定；协商不成时，由人民法院参照当地同类房屋租金标准确定；无同类房屋租金标准可以参照的，参照当地房屋租赁市场平均租金标准确定。对于已经产生的租金，可以从房屋拍卖、变卖价款中优先扣除。3. 如果被执行人属于低保对象且无法自行解决住房问题，人民法院不能强制其迁出。

担保机构的选择。由于中国信用环境还不完善，近年来商业银行在这方面吃了不少亏。大家非常关注的“假按揭”，很多都是因为合作机构选择不当、监督不力造成的。

在实务中，对个人住房贷款合作楼盘、外部合作机构要实行严格的准入管理。在业务开展前，首先要对拟合作的新建楼盘、开发商、二手房中介机构、房地产价格评估机构和担保机构，进行资质调查，符合要求的予以准入。重点关注其经营状况、财务状况、担保能力、高层管理人员的经历与信誉情况。此外，在条件具备的情况下，可建立合作机构内控名单管理制度，对存在不良信用记录的严格禁止准入。

五、风险安排同样是有效管理个贷风险、实现稳定收益的重要途径

银行选择并承担风险以后，需要通过合理有效的风险安排来实现既定的价值创造目标。从风险承担到价值实现的“惊险一跳”的过程，是通过风险安排来完成的。

（一）交易结构安排

面对同样的客户，交易结构安排方案不同，最终风险管控效果可能大相径庭。合理的交易结构安排，实际上是将客户的需求和银行的风险安排有机组合在一起。

银行通常是通过提供针对性的产品和服务方案，实现与客户需求和风险特征的匹配，从而有效降低风险，满足客户需求。例如，银行可以根据客户需求和现金流特点，提供灵活还款方式。除等额本息和等额本金还款法外，还可以采取等额递增还款、宽限期还款、弹性还款、定

额还款等还款方式[①]。

交易结构安排主要是通过银行和客户的契约（合同）来实现的，即在合同条款中对相关风险的承担进行明确约定。例如，在合同中，银行经过识别、衡量后认为无法有效管理的风险，通过合同约定等方式予以排除，或者约定由客户来承担。因此，在贷款合同中往往有很多银行的免责条款，外界有人指责是“霸王条款”，实际上很多条款对银行来说也是无奈之举。

（二）风险缓释

风险缓释是指通过抵押、质押、第三方保证、保险等方式，在贷款第一还款来源出现问题的情况下，起到第二还款来源的作用，缓冲客户违约带来的风险。

风险缓释也是国际银行业创新非常活跃的领域，例如信用违约互换（CDS）等。这方面我国监管部门比较审慎。

（三）风险定价（风险补偿）

风险定价就是在准确计量风险的基础上，通过合理定价来充分覆

---

① 等额递增还款法：还款额随时间推移逐步递增。在还款期内，初期以稍低的金额进行月还款（不低于当月贷款利息），之后以固定的间隔期和递增额度进行还款。该产品初期还款压力较小，适用于收入预期不断增加的职工，如刚毕业的大学生或青年职工等。

宽限期还款法：对特定中低收入职工，在房屋交付入住以前的一段时间内（一年），设定每月最低还款额（不低于当月贷款利息），借款人在约定期限内按最低还款额进行还款，在约定期限届满后再开始正常还本付息，以减轻借款人初期还款压力。

弹性还款法：指在确定贷款金额、期限后，确定每期还款的最低额度（不低于当月贷款利息），借款人在不低于最低还款额度的情况下，可根据自身收入状况，弹性选择每月的还款额度。这非常适合于收入具有季节性特点（例如从事农林牧副渔等行业的经营户）的借款人。

定额还款法：针对日常生活支出较低的中低收入职工，以借款职工家庭月收入扣除家庭每月日常生活所需支出之后的余额核定月还款额，然后再灵活匹配和确定贷款期限，借款人可在月还款额和贷款期限的不同组合中，选择确定一款适合自己的还款组合。

盖风险成本。这是西方商业银行信贷业务风险管理的通行做法。风险定价在实务操作中主要有三种模式：一是成本加成贷款定价法。即在计算资金成本、风险成本、经营管理成本和税费分摊的基础上，加上目标收益。二是市场价格领导定价法。即在市场基准利率的基础上，根据市场竞争情况、客户信用状况等加上风险溢价点数（例如 LIBOR 加上若干点）。三是客户盈利综合定价法。即在客户关系管理的基础上，衡量客户整个账户综合收益（而不是单笔贷款），以此确定贷款利率和费率水平。

目前，国内银行在个人住房贷款方面基本上是采取无差别定价方式，有的银行虽然针对不同的首付比例、购房套数等做了差别化的利率上浮或下浮规定，但这还不是严格意义上的风险定价。这方面与国外先进银行还存在不小的差距。

无差别的定价方式可能出现两个方面的问题：一是可能出现一些贷款收益无法覆盖风险成本的情况。这在实务中经常能够见到。二是可能引发逆向选择和道德风险。如果不考虑不同贷款风险成本的差异而采取一刀切的定价，那么可能造成高质量客户被低质量客户挤出的现象——所谓“柠檬市场”现象。①

（四）证券化等其他方式

国外银行业还广泛采取资产证券化、贷款转让等途径，将风险全部或部分地转移给第三方。个人住房贷款由于具有数量大、产品标准化、现金流稳定等特征，是最适宜证券化的资产类型之一。

---

① 柠檬市场 (The Market for Lemons) 也称次品市场。“柠檬”在美国俚语中表示“次品”或“不中用的东西”。柠檬市场现象是美国经济学家阿克洛夫提出的，是指在交易双方信息不对称的情况下，往往好的商品被淘汰，而劣等品会逐渐占领市场，从而取代好的商品，导致市场中都是劣等品。

六、贷后管理是保障贷款质量的关键

（一）贷后管理的实质是贷款的生命周期管理

个人住房贷款通常期限较长，从西方银行的经营情况来看，个人住房贷款经营有两种模式：一是“发起—转让”；另一种是“发起—持有”。

在“发起—转让”模式下，个人住房贷款仅仅是作为基础资产，贷款方发放贷款后即进行资产证券化，因此银行更多是关注后续的金融服务和收益（从这次次贷危机来看，之所以很多银行或贷款公司不负责任地向不符合要求的客户发放贷款，一个重要原因就是这些贷款它们并不持有，而是直接转让出去）。

在“发起—持有”模式下，银行收益则主要来源于对贷款生命周期的管理，换句话说，银行的价值实现主要是在贷款发放之后。在整个信贷生命周期中，贷后环节是持续时间最长、不确定性最多的环节。其中任何一个环节出现问题或纰漏，都可能导致银行价值目标的落空。

（二）贷后管理是贷前、贷中风险管理的补充和延续

首先，银行在选择客户的时候，由于信息不对称，很难保证能够在较短时间内做出完全准确的决策和周密的风险安排（例如贷款条件、风险缓释等）。即便是借助评分卡等先进的识别风险的工具，但是也无法完全排除掉所有的风险因素。此外，风险识别和决策中不可避免会出现瑕疵，这需要贷后环节的工作来弥补。这种情况在国外银行也是很常见的，银行在合同中本身就预设了很多保护性条款（像预期违约条款等），实际上也是为贷后的主动管理和有效干预提供支持。

其次，即便银行在审批决策时信息充分、判断正确，但在贷款发放后漫长的生命周期中，客户自身状况往往会发生很大的变化，例如失业、婚姻状况变化、疾病、伤残、死亡、迁徙等等，这些变化都可能直接或间接地影响到客户还款能力。在此情况下，对于这些风险变化需要银行进行贷后长期、大量的动态管理，必须根据新的变化，迅速对风险安排方案、控制策略、缓释安排，乃至贷款交易结构等进行调整（如调整还款计划、期限、利率等）。如果做不到这一点，那么贷款质量是难以得到保证的。从国内银行的历史数据来看，贷后管理是信贷流程中出问题最多的环节，贷后管理不善带来的损失通常要占到全部贷款损失的六成以上。

（三）个人住房贷款贷后管理的实务操作要点

1. 做好个人资信状况和账户行为特征的风险监控

一方面是对客户资信状况的跟踪。例如发现家庭财务状况恶化、收入降低、失业、重大疾病以及婚姻情况变动、住所地变更等等，都需要进行风险监测分析。同时，要关注客户的账户行为特征。举个例子，如果发现客户账户内资金往来异常，或者利用信用卡进行大额取现等，那么该客户的风险往往就需要重点关注。

2. 强化对关注类客户的早期风险预警

高度关注客户的早期风险预警信号，做到早发现风险、早做出决策、早采取行动。预警信号发现得越早，可以采取措施的空间越大、工作越主动。例如，对于十二级分类中“关注一级”的信贷资产管理，管理的重点在于消除风险隐患，促使关注类贷款向正常类迁徙；对“关注二级”的信贷资产，管理的重点在于降低贷款潜在风险程度，防止质量恶化；对“关注三级”的信贷资产，则要着手追索催收等预案准备。

3. 根据不同风险特征采取差别化的催收策略

目前很多银行在配置贷后管理资源方面往往没有采取差别化的策略，导致效率不高。根据不同客户的风险特征，可将拖欠客户进一步细分。例如，对于风险偏高、主动还款可能性较小的，应尽早采取人工沟通、上门、委外等较为直接的手段；对于风险较低、只需一般提醒即可主动还款的，应采取委婉的短信、电子邮件、信函等提示方式。这种差别化的手段配置，可在有效控制成本的前提下最大程度提高贷款回收额，也避免过多使用低效催收手段，从而节约成本。

4. 做好押品的风险监测和处置变现

押品风险监测方面，经办行（机构）要加强与登记部门的联系，查询押品登记信息，及时发现抵押登记错误、登记失效、抵押人擅自转让、重复抵押等影响银行抵押权行使的风险。应定期实地察看押品，及时发现押品毁损、灭失、被征用、被处分、拟拆迁等风险。监测房地产市场价值波动情况，对于价格呈下行趋势的，应及时评价抵押率是否符合规定要求等等。

押品处置变现方面，按照现行法律，主要有抵押物折价、拍卖抵押物、变卖抵押物三种方式（在拍卖抵押住房时，如确实无人买受，银行可以通过法院裁定以抵押房地产折抵债务，持法院裁定到土地管理部门或房地产管理部门办理有关土地使用权或房屋所有权的变更登记手续）。只要能够以合理的价格变现，银行应该优先考虑拍卖或者变卖的形式，而不是通过折价收回抵押品。以前国内很多银行很喜欢收取抵债资产，结果什么东西都有，简直成了“当铺”了，最终又管不好，往往造成二次损失。

5. 借助技术工具和管理系统

个人住房贷款笔数多、期限长，因此贷后管理不能依靠手工操作和“人海战术”。传统的一对一管理模式不仅效率低，而且效果也不好。现代银行的个人住房贷后管理都是借助先进的风险管理技术工具、管理系统来实现的。

——个贷催收系统。银行可开发个人贷款催收系统平台，将贷后催收管理“规定动作”（包括电话、短信、信函催收、上门催收、诉讼等）嵌入到系统中，建立标准的催收操作手册，大大提高催收的效率和效果。

——行为评分卡的运用。依托客户行为评分卡信息，可提前识别潜在的风险信号并采取针对性的风险预警和拖欠防范措施。以往仅仅依靠人工，难以对数量庞大的全部个人客户进行逐户风险排查。有了行为评分卡以后，借助评分卡的批量监测、分析能力，可以将全部客户纳入监测范围内，并通过预测客户信用行为特征，挑选风险水平较高客户交由人工处理。借助行为评分，可在违约行为（一般为拖欠 90 天以上）发生之前，乃至拖欠发生前即开始对客户的适当沟通、干预。结合不同风险预期水平和各种客户特征，可以设定不同的客户沟通、干预方案。这种做法在国际先进银行广泛应用，通常称为“拖欠前管理”或“拖欠预防”，可将个人信贷损失大幅降低。

同时，借助评分卡可显著提高催收的针对性和有效性，优化催收资源配置。通常银行对于同一产品、同一地区、拖欠同样时长的客户，一般采取统一催收手段，例如短信、委外等。根据行为评分等风险计量信息，可将同一时间拖欠的客户进一步细分。这种差别化的手段配置，可在有效控制成本的前提下最大程度提高贷款回收额，也避免过多使用低效催收手段，从而节约成本。

七、压力测试是防范个贷系统性风险的重要机制

银行传统的各种风险管理技术和手段，基本上都是针对常态化市场情况下的可能发生的风险，但是对于系统性风险、对于极端情况下的风险，传统的风险管理技术和手段往往力不从心。这次金融危机也证明

这一点。很多在平常表现非常好的风险管理模型，在剧烈的市场波动下根本就用不上了。

因此，压力测试实际上是针对可能发生的系统性风险进行模拟预测，定量分析其影响以及银行可承受的范围，进而为风险管理和经营决策提供支持。通常压力情形发生的可能性很小(特别是“重度压力情景”，发生的概率是微乎其微)，通过压力测试可以做到“有备无患”，避免系统性风险发生时措手不及。

压力测试是一种以定量分析为主的风险分析方法，测算银行在遇到假定的小概率事件等极端不利情况下可能发生的损失（银监会《商业银行压力测试指引》的定义)。

作为衡量极端风险、管理潜在危机的基础工具之一，压力测试并不是新概念，在软件工程、医学等领域很早就得到广泛运用。在金融领域，20 世纪 90 年代初一些全球性的银行开始引入压力测试技术来评估其资产组合在极端情景下的表现。最初主要是针对交易账户市场风险头寸，后来逐渐扩展到信用风险、流动性风险、操作风险等领域，乃至对金融机构整体风险的压力测试。运用压力测试工具，可以分析极端情景下风险因子的运行趋势，以及风险因子之间的关联、耦合等变化形态，进而分析极端情景下风险因子对金融机构所要考察对象的影响，了解风险的传导机理以及压力环境下的薄弱环节，并为提前做出科学的决策和应对（如规避、分散、缓释、抵补等）提供支持。

在应对金融危机的过程中，压力测试的重要性逐渐凸显。特别是在经历了这次金融危机之后，金融机构和监管当局都开始重新审视现行风险管理及监管体系，进一步认识到压力测试在管理极端风险中的重要性。在奥巴马政府提出的以资本援助方案（CAP）为核心的第二次金融救援计划中，则要求根据压力测试结果来决定是否对 19 家大型银行和金融机构进行援助。银监会也组织各商业银行针对房地产市场波动可能带来的影响开展压力测试。

个人住房贷款压力测试的基础是个人房贷违约理论。根据国际上有关研究文献以及银行的实践，主要有以下几种房贷违约理论：

权益违约理论（或称为主动违约理论、理性违约理论）。该理论认为，作为理性人，借款人通过考量自身在房贷中所处的权益与负债情况，进而做出是否履约的决策。例如，一旦房屋价格出现大幅下跌，甚至出现未偿贷款余额大于房屋市场价值的状况，借款人在违约成本不高的情况下，会选择“理性违约”以谋取自身利益的最大化。基于该理论，考察一笔房贷违约可能性的关键指标是未偿贷款与房屋价值比率（CLTV）。

偿付能力理论（或称为被动违约理论、现金流违约理论）。该理论认为，导致房贷违约的主要原因是客户自身财务状况发生恶化，现金流出现问题导致无法支付贷款月供，借款人不得不违约。该理论可以解释为何很多借款人在按揭房屋成为“负资产”的情况下仍然正常还款。基于该理论，考察一笔房贷违约可能性的关键指标是客户收入偿债比率（CDSR），即按揭月供与客户当前收入的比率。

两种理论的综合。香港金管局 Jim Wong、Laurence Fung (2004)[①] 等学者针对香港房贷违约率压力测试所做的研究显示，在房地产价格出现大幅下跌时，经常会出现上述两种理论同时发生作用的现象。以香港房地产市场为例，1998 年亚洲金融危机以后，一方面不少香港居民受金融危机影响收入下降、财务状况恶化，导致按揭贷款发生被动违约；另一方面，房地产价格下跌导致贷款价值比率大幅升高，1998 年以后的几年内，甚至出现了许多客户贷款 CLTV 高于 100% 的现象，导致出现

① Residential Mortgage Default Risk in Hong Kong , by Jim Wong, Laurence Fung, Tom Fong and Angela Sze. (Hong Kong Monetary Authority Working Papers RM2004-07)

大量的主动违约。因此在实际情况中，被动违约和主动违约现象往往同时存在。

鉴此，银行管理者可在个人住房贷款压力测试中将上述两种理论结合起来，综合考虑未偿贷款与房屋价值比率（CLTV）以及客户收入偿债比率（CDSR），将其一并纳入压力测试模型。

【资料】个人住房贷款压力测试模型构建案例

采用 Wilson（1997）开发的国际通用的宏观压力测试模型框架，模型要点如下：

1. 违约定义以及违约率计算

本案例中将房贷客户连续拖欠 90 天以上定义为违约，便于与 Basel 协议保持一致。

违约率计算公式如下：

$$PD = \frac{\text{上年度正常且在下年违约的客户数}}{\text{在上年度正常的客户总数}}$$

其中，“上年度正常且在下年度违约的客户数”是指在考察时点前一年内为正常，且该考察时点后一年内发生违约的客户数量；“在上年度正常的客户总数”是指在考察时点前一年内正常的所有客户数量。

2. 个人住房类贷款压力测试模型

$$\ln\left(\frac{PD_{t,m}}{1-PD_{t,m}}\right)=\alpha+\vec{\beta}\vec{X}_{t-1,m}$$

其中，α 代表方程的截距项，$\vec{\beta}$是方程自变量的系数项向量，$\vec{X}_{t-1,m}$分别代表影响个人住房类贷款违约率的向量，包括平均未偿贷款与房屋价值比率（CLTV）和平均客户收入偿债比率（CDSR）。

上述公式中，m=1……12，表示一年中的12个月份，主要考虑到目前可获得的数据时段相对较短，对于年度数据PD以及X，是采用月度前进的年度值，这样可使得数据量增加12倍。具体而言，在年初时候，得到一组PD和X，到该年度第一月份末，又将得到一组PD和X，依此类推。这一数据处理方法另一个优点是，在每个月初都可以预测往下一个年度（非自然年度）的PD。

为计算银行未偿贷款与房屋价值比率（CLTV）走势数据，采用逐笔逐月计算每个客户的CLTV并在每个月进行平均处理的方法。考虑到大多数银行无法获得考察时点的房屋评估价值，因此在计算具体客户CLTV时，采用了近似计算的方法来替代，如以房屋初始价格乘以房价变化系数作为考察时点的房屋价格。同样地，为计算银行平均客户收入偿债比率（CDSR）走势数据，采用了逐笔逐月计算每个客户的CDSR并在每个月进行平均处理。在计算单个贷款客户当前的收入情况时，也同样采用一些近似的计算方法来替代。

目前国内银行业压力测试工作刚刚起步。在监管部门的大力推动下，目前取得很大进展。但是，如何将压力测试工具真正用起来，成为防范系统性风险的利器，我个人认为要重视以下几个方面问题：

（1）充分认识压力测试的重要性

做压力测试并不是为了满足监管部门的要求，而是银行自身防范系统性风险的需要。目前，国内银行业对压力测试的重要性整体上认识不足，有的认为是“杞人忧天”，或者认为仅仅是风险管理部门的事情。在国外，压力测试通常是由银行的董事会、高管层、风险管理部门以及业务部门共同来推动实施的。

（2）要将压力测试常态化

压力测试应该是一项常态化的工作，通过持续追踪风险动向并作出管理策略上的响应。在银行内部，要建立压力测试的组织发起、报告、执行与反馈的常态化管理流程，明确压力测试的目标、程序、方法、频度、主管部门、报告线路以及相关应急处理措施等制度要求。

（3）要将压力测试成果充分运用于管理实践

压力测试不是“屠龙之技”，需要与银行管理决策密切结合。压力测试的结果，要运用于银行重大经营管理决策中，真正发挥出作用。从应用的具体策略来看，银行可根据实际压力测试经验的积累情况，采用不同层次的压力测试，制定相应的极端风险应对措施。对于完全没有开展过压力测试的银行，可以先从某些局部重要业务入手，随着经验的不断积累，再逐步过渡到整体、组合的压力测试。

（4）把重点放在模型的风险传导机制和情景设计上

压力测试不仅仅是构建一个精细的模型，更要重视对压力测试背后风险传导机制的分析研究，重点考虑风险因素的准确性和完整性，以及风险因素在压力情景下的相关性，即风险因素传导至承压变量的逻辑是否正确，考虑因素是否全面，是否考虑到压力在各种风险之间的传导等。在设计压力情景时，需要重点考虑那些可能对银行造成极大损害的风险情景，并对相关风险因素设置合理的情景。

缩略词对照表

Basel Ⅰ　第一版巴塞尔资本协议（1988 年版，也称巴塞尔老资本协议）

Basel Ⅱ　第二版巴塞尔资本协议（2004 年版，也称巴塞尔新资本协议）

Basel Ⅲ　第三版巴塞尔资本协议（2011 年版）

Basel 协议　对巴塞尔资本协议的统称

BCBS　巴塞尔银行监管委员会（Basel Committee on Banking Supervision）

BCM　业务持续性管理（Business Continuity Management）

CDO　债务抵押证券业务（Collateralized Debt Obligation）

CDS　信用违约互换（Credit Default Swap）

COSO　美国全国反虚假财务报告委员会发起人委员会（the Committee Of Sponsoring Organizations）

CPR　应急规划研究（Contingency Planning Research）

CVA　信用评估调整（Credit Value Adjustment）

EAD　违约风险暴露（Exposure At Default）

EC　经济资本（Economic Capital）

ERM　COSO 提出的企业整体风险管理框架（Enterprise Risk Management）

EVA 经济增加值（Economic Value Added）

FSB 国际金融稳定理事会（Financial Stability Board）

GDP 国内生产总值（Gross Domestic Product）

ICAAP 内部资本充足评估程序（Internal Capital Adequacy Assessment Process）

IRS 利率互换（Interest Rate Swap）

IMF 国际货币基金组织（International Monetary Fund）

IRB 内部评级法（Internal Rating Based approach）

KRI 关键风险指标（Key Risk Index）

LEI 美国经济咨商局发布的先行经济指数（Leading Economic Index）

LGD 违约损失率（Loss Given Default）

Libor 伦敦同业拆借利率（London Interbank offered rate）

NIM 净息差（Net Interest Margin）

OTC 场外交易市场（Over The Counter)

PD 违约概率（Probability of Default）

PMI 采购经理指数（Purchasing Manager’s Index）

RAROC 风险调整后的资本收益（Risk Adjusted Return On Capital）

ROA 资产收益率（Return On Assets）

ROE 净资产收益率（Return On Equity）

Shibor 上海同业拆借利率（Shanghai Interbank offered rate）

SIV 结构投资载体（Structured Investment Vehicle）

VaR 风险价值（Value at Risk）

责任编辑:曹　春
责任校对:张红霞

图书在版编目(CIP)数据

风险经营:商业银行的精髓/黄志凌 著. —北京:人民出版社,2015.8
(2023.4 重印)
ISBN 978-7-01-014511-2

Ⅰ.①风…　Ⅱ.①黄…　Ⅲ.①商业银行-风险管理　Ⅳ.①F830.33

中国版本图书馆 CIP 数据核字(2015)第 032610 号

风　险　经　营

FENGXIAN JINGYING

——商业银行的精髓

黄志凌　著

人民出版社 出版发行
(100706　北京市东城区隆福寺街 99 号)

北京九州迅驰传媒文化有限公司印刷　新华书店经销

2015 年 8 月第 1 版　2023 年 4 月北京第 3 次印刷
开本:710 毫米×1000 毫米 1/16　印张:34
字数:431 千字

ISBN 978-7-01-014511-2　定价:79.00 元

邮购地址 100706　北京市东城区隆福寺街 99 号
人民东方图书销售中心　电话 (010)65250042　65289539